Whistleblowing

Europäische Hochschulschriften
Publications Universitaires Européennes
European University Studies

Reihe II
Rechtswissenschaft

Série II Series II
Droit
Law

Bd./Vol. 2916

PETER LANG
Frankfurt am Main · Berlin · Bern · Bruxelles · New York · Oxford · Wien

Daniela Graser

Whistleblowing

Arbeitnehmeranzeigen im US-amerikanischen und deutschen Recht

PETER LANG
Europäischer Verlag der Wissenschaften

Die Deutsche Bibliothek - CIP-Einheitsaufnahme

Graser, Daniela:

Whistleblowing : Arbeitnehmeranzeigen im US-amerikanischen und deutschen Recht / Daniela Graser. - Frankfurt am Main ; Berlin ; Bern ; Bruxelles ; New York ; Oxford ; Wien : Lang, 2000
(Europäische Hochschulschriften : Reihe 2, Rechtswissenschaft ; Bd. 2916)
Zugl: München, Univ., Diss., 2000
ISBN 3-631-36561-6

D 19
ISSN 0531-7312
ISBN 3-631-36561-6

Für Christopher

Vorwort

Die vorliegende Arbeit wurde im Wintersemester 1999/2000 von der juristischen Fakultät der Ludwig-Maximilians-Universität München als Dissertation angenommen. Rechtsprechung und Literatur wurden bis August 1999 berücksichtigt.

Die Thematik wurde maßgebend von meinem sechsmonatigen Forschungsaufenthalt in den USA inspiriert. Der Harvard Law School danke ich für die Ermöglichung der Recherchen sowie für viele anregende Vorlesungen.

In ganz besonderem Maße danke ich meinem Doktorvater Herrn Prof. Dr. Michael Coester für sein großes Vertrauen, für die überaus freundliche und engagierte Förderung und hilfreiche Kritik. Ferner schulde ich Herrn Prof. Dr. Dr. h.c. mult. Claus-Wilhelm Canaris Dank für die zügige Erstellung des Zweitgutachtens.

Herzlich danken möchte ich auch meinen Eltern, Monique und Manfred Weiss, sowie meinen Großeltern, Bertl und Siegfried Stecher, die meine Arbeit in vielfältiger Weise großzügig gefördert haben. Ganz besonders danke ich meinem Mann Alexander für seine Geduld und seine ermutigende Unterstützung in allen Stadien dieser Arbeit. Nicht zuletzt danke ich meinem jetzt zweijährigen Sohn Christopher für seine stets aufmunternde Fröhlichkeit und seine langen Mittagsschläfe, ohne die diese Arbeit nicht in der Zeit hätte fertiggestellt werden können.

Die Arbeit wurde mit einem Stipendium nach dem „Gesetz zur Förderung des wissenschaftlichen und künstlerischen Nachwuchses“ des Freistaates Bayern gefördert.

Taufkirchen, im Februar 2000 Daniela Graser

“Sun is the best disinfectant“

Inhaltsübersicht

Gliederung

Teil I: Einleitung

A. Einführung

Was in den USA seit langem keine Besonderheit mehr ist, scheint auch in Deutschland an Bedeutung zu gewinnen. Die Rede ist von „whistleblowing“, d.h. von Arbeitnehmeranzeigen und -enthüllungen von Mißständen und Fehlverhalten in ihrem Unternehmen. In jüngster Zeit häufen sich auch in Deutschland Berichte in den Medien, nach denen Arbeitnehmer die Öffentlichkeit oder die zuständigen Behörden über illegale Zustände in ihrem Betrieb informiert haben. Je nach Perspektive mag man solche Arbeitnehmeranzeigen als illoyales Verhalten bzw. gar als Denunziantentum ablehnen oder aber als Wahrnehmung staatsbürgerlichen Verantwortungsgefühls preisen. Zur Veranschaulichung seien zunächst ein paar berühmt gewordene „whistleblower“-Fälle skizziert, bevor eine genaue Begriffsbestimmung vorgenommen und die sich stellenden Rechtsfragen benannt werden.

Einer der bekanntesten whistleblower in den USA war Ernest Fitzgerald, dessen Schicksal über Jahre im Rampenlicht der Öffentlichkeit stand. Fitzgerald hatte Patronage im Pentagon aufgedeckt. Er war in den sechziger Jahren in einer für die Wirtschaftlichkeitsprüfung zuständigen Abteilung des Verteidigungsministeriums beschäftigt gewesen. In dieser Funktion hatte er mehrfach intern Praktiken des Pentagon kritisiert, überhöhten Kostenforderungen privater Auftragnehmer (wie etwa der Firma Lockheed, die Militärflugzeuge herstellte) widerstandslos nachzukommen, um diese quasi als Verbündete für gegenseitige Gefälligkeiten zu gewinnen. Fitzgerald trug seine Kritik auch der Leitungsebene des Ministeriums vor, die jedoch nicht reagierte. Als später überhöhte Kostenforderungen der Firma Lockheed öffentlich bekannt wurden und ein entsprechender Untersuchungsausschuß des Senats sich mit der Aufklärung der Vorgänge beschäftigte, wurde auch Fitzgerald als Zeuge befragt. Obwohl vorher seitens des Verteidigungsministeriums massiv Druck auf ihn ausgeübt worden war, enthüllte er gegenüber dem Senat wahrheitsgemäß die Korruptionspraktiken des Pentagon, woraufhin er seine Stelle verlor. Ganze zwölf Jahre lang kämpfte Fitzgerald vor Gericht gegen seine Entlassung. Wenige Tage bevor der Supreme Court eine abschließende Entscheidung fällen sollte, erklärte sich das Pentagon bereit, Fitzgerald wieder zu beschäftigen.[1]

Weithin bekannt ist – zumindest in den USA – auch der sogenannte „Ford-Pinto“-Fall. Frank Camps, ein bei Ford beschäftigter Ingenieur, hatte intern gegen die unsichere Bauweise des damals entwickelten „Ford Pinto” protestiert. Die Bauweise verletzte zwar keine der damals existierenden Sicherheitsvorschriften, barg aber nach seiner Einschätzung dennoch die Gefahr schwerer Brandunfälle in sich. Sein

---

[1] Vgl. genauer Glazer/Glazer 1989, S. 21 ff.; Deiseroth, Berufsethische Verantwortung, S. 234 f.

Protest gegenüber Vorgesetzten und Kollegen blieb jedoch erfolglos und wurde mit Hinweis auf Wirtschaftlichkeitsgesichtspunkte abgetan. Als Camps sich mit einer schriftlichen Eingabe an das Management wandte, wurde ihm mit massiven Sanktionen gedroht. Er kündigte schließlich selber. Seine Prognosen bestätigten sich später in zahlreichen tragischen Unfällen, und der Ford Pinto wurde zum traurigen Symbol eines rücksichtslosen unternehmerischen Gewinnstrebens auf Kosten der Verbrauchersicherheit.[2] Ein Einzelfall sollte der „Ford Pinto"-Skandal allerdings nicht bleiben. 1999, mehr als 20 Jahre nach Camps´ Ausscheiden bei Ford, hat ein Geschworenengericht General Motors zur Zahlung von 4,9 Milliarden Dollar Schadensersatz und Schmerzensgeld an sechs Brandunfallopfer verurteilt. Auch bei General Motors war skrupellos mit dem Leben der Autofahrer kalkuliert worden. Ebenso wie Ford hatte General Motors es für kostengünstiger gehalten, eventuelle Entschädigungen zu zahlen, als das Brandunfallrisiko durch Konstruktionsänderung zu beseitigen. (Bei den 4,9 Milliarden handelt es sich übrigens um den bisher höchsten Schadensersatz, der nach einem Produkthaftungsprozeß an Einzelpersonen gezahlt werden muß[3].)

Ein weiterer, in den USA sehr bekannter whistleblower-Fall war der des Roger Boisjoly, einem am Projekt der US-Weltraumfähre Challenger beteiligten Ingenieur, der mehrfach seine Vorgesetzten auf gravierende Sicherheitsmängel der Challenger hingewiesen hatte. Noch in der Nacht vor dem 28. Januar 1986, an dem kurz nach dem Start der Challenger alle sieben Besatzungsmitglieder tödlich verunglückten, hatte er seine Bedenken wiederholt. Später sagte er vor der damals eingesetzten Untersuchungskommission über die Geschehnisse im Vorfeld des Challenger-Startes aus. Er bekam daraufhin erhebliche Probleme mit seinem Arbeitgeber, weshalb er in der Folgezeit aus dem Arbeitsverhältnis ausschied.[4]

Berühmtheit, die über die Grenzen der USA hinausreichte, hat zweifellos ein anderer whistleblower erlangt, der allerdings nur als „Deep Throat" bekannt wurde. Dieser hatte die maßgeblichen Informationen zur Aufdeckung des Watergate-Skandals geliefert. Bei „Deep Throat" handelte es sich höchstwahrscheinlich um einen Staatsbediensteten, dem es gelungen war, seine Anonymität zu wahren und folglich jeglicher Vergeltung zu entgehen.[5]

Deutsche whistleblower-Schicksale haben dagegen bislang nur wenig öffentliche Beachtung gefunden, obwohl sie zuweilen nicht minder erwähnenswert sind. So z.B. der Fall eines Elektronikers der Firma Kraftwerk-Union, der mit der Entwicklung von Reaktormeßinstrumenten für den Schnellen Brüter in Kalkar befaßt war.

---

[2] Glazer/Glazer 1989, S. 20; Deiseroth, Berufsethische Verantwortung, S. 236

[3] So FAZ vom 12.7.1999

[4] Vgl. Deiseroth, Berufsethische Verantwortung, S. 7 m.w.N.

[5] Glazer/Glazer 1989, S. 35 f.; Bernstein/Woodward 1974, S.7

Dieser Elektroniker hatte mehrfach gegenüber Vorgesetzten und Betriebsleitung seine Zweifel an der Zuverlässigkeit bestimmter Sicherheitseinrichtungen vorgetragen, die aufgrund konkreter Erfahrungen mit Isoliermaterial und Formveränderungen entstanden waren. Dort beruhigte man sich damit, daß eventuelle Meßfehler durch andere Sicherheitssysteme aufgefangen werden könnten. Außerdem wies man ihn auf die Kosten einer Überprüfung aller möglicherweise schadhaften Steckverbindungen und auf die negative Publicity hin. Für den Fall, daß er an die Öffentlichkeit gehen sollte, werde man gerichtlich gegen ihn vorgehen. Der Arbeitnehmer wandte sich schließlich an den Technischen Überwachungsverein und an die Öffentlichkeit, woraufhin er fristlos entlassen wurde. Seitens seines Arbeitgebers, der zu den größten in der Region gehörte, wurde ihm bedeutet, daß er in dieser Gegend keinen Arbeitsplatz mehr zu suchen bräuchte. Per einstweiliger Verfügung wurde ihm untersagt, weiterhin zu behaupten, die Sicherheit des Schnellen Brüters sei gefährdet. Später wurde die einstweilige Verfügung aufgehoben. Der Ingenieur ist seit seiner „Zwangspause" ein begehrter Referent, der jede Gelegenheit nutzt, seine Erkenntnisse mitzuteilen. Zu seiner Motivation gibt er an, daß er sich nach einem möglichen Atomunfall nicht nachsagen lassen wolle, er habe es gewußt, aber geschwiegen. [6]

Der zwar nicht deutsche, aber derzeit in Deutschland wohl bekannteste whistleblower ist sicherlich Paul van Buitenen, der Finanzkontrolleur bei der EU-Kommission in Brüssel, der im Januar 1999 an die Öffentlichkeit gegangen ist, weil er, wie er sagt, „den inkompetenten Umgang der Brüsseler Administration mit Betrügereien und Unregelmäßigkeiten" nicht mehr mitmachen wollte.[7] Er hat deshalb dem Europäischen Parlament ein 34seitiges Dossier mit Anlagen übergeben. An den Europäischen Rechnungshof in Luxemburg hat er 14 Aktenordner mit weiteren belastenden Dokumenten geschickt. Längst waren die Affären in Grundzügen bekannt, doch seine Dossiers enthüllten weitere Details über Mauscheleien der Kommission mit Personal und Geldern und auch darüber, wie manche Kommissare über Scheinverträge Gelder veruntreuten, die für humanitäre Hilfe in der Dritten Welt bestimmt waren. Die Kommission reagierte prompt: Suspendierung vom Dienst, Halbierung des Gehalts, Hausverbot und Einleitung eines Disziplinarverfahrens, an dessen Ende die Entlassung sowie der Verlust der Pensionsansprüche drohten. Das rasche und entschiedene Vorgehen gegen van Buitenen sollte potentielle Nachahmer abschrecken. Er galt als Verräter. Hohe Brüsseler EU-Bürokraten verunglimpften ihn als Querulanten, andere versuchten, ihn als bemitleidenswerte Spottfigur hinzustellen. Er selbst dagegen sah in seinen Enthüllungen einen „Akt der Loyalität" mit

---

[6] Vgl. Ropohl u.a. Fallanalysen zur Berufsethik technischen Handelns (soweit ersichtlich nicht veröffentlicht), teilweise abgedruckt in WS, Das „Prinzip Verantwortung", S. 62, vgl. auch Deiseroth, Berufsethische Verantwortung, S. 10 f.

[7] Zit.: Spiegel 2/99 S. 122

einem besseren und saubereren Europa[8]. In seinem Dossier an das Parlament hat er angegeben, „als loyaler Mitarbeiter und Christ zu handeln". Es sei ihm darum gegangen, etwas für die Glaubwürdigkeit und Transparenz der EU-Verwaltung zu tun und Schaden abzuwenden. Freiwillig auszuscheiden kam für ihn trotz aller Anfeindungen nicht in Frage. Denn, so sagte er, „wenn die Kommission mich kleinkriegt, dann werden künftig alle schweigen."

Im März 1999 trat die Kommission zurück - wegen der Vorwürfe, die durch van Buitenens Dossiers erhärtet worden waren. Das Disziplinarverfahren endete schließlich mit einer Abmahnung für den inzwischen auf eine andere Stelle versetzten van Buitenen[9].

B. Thema

Gegenstand dieser Erörterung ist die *rechtliche* Behandlung des eben skizzierten sozialen Phänomens, das in den USA als „whistleblowing" bezeichnet wird. Im folgenden soll zunächst eine genaue Definition dieses Begriffs vorgenommen und sodann sollen die sich stellenden Rechtsfragen umrissen werden.

I. Begriffsbestimmung

Unter „whistleblowing" versteht man kritische Äußerungen, Beschwerden oder Anzeigen von abhängig Beschäftigten über Mißstände oder Fehlverhalten in ihrem Unternehmen bzw. ihrer Behörde.

Der Begriff „whistleblowing" umfaßt sowohl interne Beanstandungen als auch Enthüllungen gegenüber externen Stellen. Denkbare *interne* Adressaten von Arbeitnehmerkritik sind insbesondere Vorgesetzte oder spezielle betriebsinterne Beschwerdestellen, möglicherweise aber auch der Arbeitgeber selbst oder – falls vorhanden – die betriebliche Arbeitnehmervertretung. Als *externe* Adressaten kommen insbesondere die Staatsanwaltschaft oder andere zuständige Behörden, aber auch die Medien, Interessenverbände oder die Öffentlichkeit als solche (etwa bei Äußerungen auf öffentlichen Veranstaltungen) in Betracht.

Soweit Fehlverhalten enthüllt wird, kann es sich sowohl um arbeitgeberseitiges Fehlverhalten handeln als auch um Fehlverhalten von Kollegen oder Vorgesetzten, unabhängig davon, ob dies dem Arbeitgeber bekannt ist oder von ihm gebilligt wird.

Die von einem „whistleblower" gemachten Enthüllungen können zum einen illegales Verhalten zum Gegenstand haben. Als Beispiele seien folgende Fälle ge-

---

8 Vgl. Die Zeit vom 14.1.1999, S. 2

9 So die Süddeutsche Zeitung vom 5.10.1999, S.2

nannt: Ein Arbeitnehmer, dem Steuerhinterziehung seines Arbeitgebers bekannt wird, informiert die zuständigen Finanzbehörden. Ein Arbeitnehmer in der Chemieindustrie, der weiß, daß sein Unternehmen anfallende Chemieabfälle umweltfeindlich entsorgt, schaltet die Staatsanwaltschaft ein, nachdem er zuvor vergeblich versucht hat, die Unternehmensleitung zur Änderung ihrer Entsorgungspraktiken zu bewegen.

Möglich ist auch, daß der Arbeitnehmer Verhaltensweisen oder Zustände anprangert, die zwar nicht illegal, aber dennoch gefährlich, moralisch verwerflich oder zumindest kritikwürdig sind. Beispiel hierfür ist etwa der Arbeitnehmer eines Reaktorbauunternehmens, der öffentlich Sicherheitsbedenken hinsichtlich der Bauweise eines neuen Reaktortypes äußert. Ebenfalls in diese Kategorie gehört der Behördenangestellte, der organisatorische Schwerfälligkeiten seiner Behörde gegenüber den Medien kritisiert.

In Deutschland gibt es für das soziale Phänomen der Arbeitnehmeranzeigen und -beschwerden keinen speziellen Terminus. Auch eine Übersetzung des Begriffes „whistleblowing" fällt schwer. „Whistle" bedeutet Pfeife, „to blow a whistle" muß also mit „auf einer Pfeife blasen" übersetzt werden. Daraus ist im übertragenen Sinne „whistleblowing" geworden[10]. Über die Genese dieses Begriffes herrscht Uneinigkeit. Zum Teil wird behauptet, er nehme auf das „Abpfeifen" eines Spieles durch den Schiedsrichter Bezug[11], andere bringen ihn mit dem Alarm-Pfeifen durch Polizisten in Verbindung.[12] „Whistleblowing" mit „Verpfeifen" zu übersetzen, wäre unzutreffend, da der amerikanische Begriff nicht die negative Konnotation hat, mit der bei uns dieser Ausdruck belegt ist. Unser „Verpfeifen" entspricht wohl eher dem amerikanischen "finking" oder "snitching", während „whistleblowing" auf deutsch treffender mit wertneutralen Begriffen wie „etwas anzeigen oder enthüllen " umschrieben werden dürfte. Da die deutsche Sprache demnach über keinen speziellen Terminus verfügt, der gleichermaßen neutral das Phänomen des „whistleblowing" beschreibt, soll auch im folgenden der amerikanische Begriff verwendet werden.

---

[10] Darüber, was der Begriff „whistleblowing" im Kontext von Arbeitsverhältnissen genau umfaßt, herrscht in der amerikanischen Literatur Uneinigkeit. Während viele Autoren den Begriff sehr weit fassen und z.B. die Weigerung eines Arbeitnehmers, illegale Handlungen vorzunehmen, mit unter diesen Begriff fallen lassen ((so Adler/Daniels, 8 Lab. Law 19, 21 (1992); Westman 1991, S. 19)), soll hier einer engeren Definition gefolgt werden, die unter „whistleblowing" lediglich Anzeigen und Beschwerden über illegales oder u.U. auch legales, aber gesellschaftsschädliches Verhalten faßt (vgl. die Definition von Miceli/Near 1992, S. 15 „ the disclosure by organization members...of illegal, immoral, or illegitimate practices under the control of their employers, to persons or organisations that may be able to effect action").

[11] Miceli/Near 1992 S. 15

[12] Kuhlmann-Marco, 41 Drake L. Rev. 339 FN 7 (1992)

II. Vergeltung als juristisches Problem

Wie die eingangs skizzierten Fälle zeigen, riskieren whistleblower vielfach, für ihre Enthüllungen oder Beschwerden sanktioniert zu werden. Dies gilt insbesondere bei Anzeigen gegenüber externen Adressaten, kann aber auch bei unternehmensinternen Beanstandungen der Fall sein.

Das zentrale juristische Problem, das sich im Zusammenhang mit whistleblowing stellt, ist die Frage, ob Arbeitnehmer, die derartige Mißstände bzw. Fehlverhalten intern oder extern beanstanden, vor Sanktionen seitens des Arbeitgebers geschützt sein sollen. Konkret möchte sich diese Arbeit damit beschäftigen, welchen Schutz vor Vergeltung whistleblower nach geltendem Recht in den USA und in Deutschland genießen, und sich schließlich der rechtspolitischen Frage widmen, ob der hierzulande bestehende Schutz verstärkt oder whistleblowing sogar bewußt gefördert werden sollte.

III. Unterschiedliche Vergeltungsmaßnahmen

Die schärfste Form arbeitgeberseitiger Reaktion auf whistleblowing ist regelmäßig die Kündigung. In der Mehrheit jedenfalls der vor Gericht gelangenden Streitfälle geht es um solche arbeitgeberseitigen Vergeltungskündigungen. Dies darf jedoch nicht darüber hinwegtäuschen, daß dem Arbeitgeber zahlreiche weitere Vergeltungsformen zur Verfügung stehen.

Unter den rechtlich noch faßbaren Instrumenten wäre etwa zu denken an die Versagung von Gratifikationen, das „Kaltstellen" des Arbeitnehmers durch Aufgabenentzug oder Versetzung auf einen „unschädlicheren" Arbeitsplatz, das Übergehen bei Beförderungen etc. Hierbei stellen sich regelmäßig erhebliche Beweisprobleme, insbesondere hinsichtlich der Kausalität. Außerdem gibt es natürlich auch Vergeltungsformen, die subtiler und mit den Mitteln des Rechts kaum zu beeinflussen sind - etwa wenn der Arbeitnehmer persönlich schikaniert, geschnitten oder auf anderem Wege psychisch unter Druck gesetzt wird[13]. Diese Vergeltungsmethoden müssen in der juristischen Diskussion insofern Berücksichtigung finden, als sie *tatsächliche* Abschreckungsfaktoren bezüglich der Wahrnehmung von whistleblower-Rechten darstellen können. Erwähnenswert ist auch, daß whistleblower oft über das Ende ihres jeweiligen Arbeitsverhältnisses hinaus mit „Sanktionen" zu rechnen haben. Hier sei insbesondere auf die amerikanische Praxis des „blacklisting" hingewiesen, mit der sich Unternehmen gegenseitig vor whistleblowern warnen. Whistleblower werden auf unter den Arbeitgebern kursierende schwarze Listen ge-

---

[13] Vgl. auch Glazer/Glazer 1989, S. 137 ff.

setzt, die den faktischen Ausschluß dieser Arbeitnehmer vom Arbeitsmarkt ermöglichen[14]

Eine Studie des amerikanischen U.S. Merit Systems Protection Board[15] von 1992 hat die Vergeltungsmaßnahmen anläßlich von whistleblowing genauer untersucht. Die meisten Arbeitnehmer, die Anzeigen gemacht hatten, gaben an, subtile Formen von Vergeltung erlitten zu haben. So waren 49% in der Folge von Mitarbeitern oder Vorgesetzten geschnitten, 47% verbal angegriffen oder eingeschüchtert worden, 47% hatten schlechte Leistungsbewertungen erhalten und 37% waren in der Folgezeit weniger begehrte Arbeiten zugewiesen worden. Schließlich berichteten 30%, daß ihnen Belohnungen versagt, und 19%, daß ihnen eine anstehende Beförderung oder Weiterbildung verweigert worden war. Die Zahl der Arbeitnehmer, die schweren Vergeltungsmaßnahmen ausgesetzt waren, war nach der Studie auffallend gering (nur 1% gaben an, gekündigt, und 3%, versetzt worden zu sein). Dieses Ergebnis ist jedoch mit Vorsicht zu betrachten, zumal die Studie nur Arbeitnehmer in bestehenden Arbeitsverhältnissen befragte, so daß jene, denen nach einer Vergeltungskündigung der Wiedereinstieg in den Arbeitsmarkt nicht gelungen ist, nicht erfaßt wurden.

Daß whistleblower auch mit subtilen Vergeltungsformen unterhalb der Kündigung erheblich unter Druck gesetzt und ihnen der Verbleib im Arbeitsverhältnis unerträglich gemacht werden kann, veranschaulichen manche der eingangs dargestellten Schicksale. Viele whistleblower scheiden deshalb in der Folgezeit „freiwillig" aus dem Arbeitsverhältnis aus wie etwa Franc Camps im „Ford Pinto"-Fall und Roger Boisjoly im „Challenger"-Fall.[16]

---

[14] Glazer/Glazer 1989, S. 137

[15] Die Studie erfaßte 13.000 Bundesangestellte, U.S. Merit System Protection Board, Whistleblowing in the Federal Government: An Update I (1993); vgl. Estlund, 71 Ind. L. J. 101, 120 (1995)

[16] Die Frage, ob whistleblower vor Vergeltung geschützt werden sollten, stellt sich unabhängig davon, welches Gewicht der Angst vor Vergeltungsmaßnahmen bei der Entscheidung zum whistleblowing zukommt. Erstaunlicherweise spielt Angst vor Vergeltung amerikanischen Untersuchungen zufolge nur eine untergeordnete Rolle ((so Dworkin/ Callahan, 15 Hastings Comm./ Ent. L. J. 357, FN 26 (1993); Miceli/Near 1992, S. 154 f., 176)). Nach den Ergebnissen der empirischen Studien scheint das Gefühl, Veränderungen herbeiführen zu können, whistleblowing viel eher zu begünstigen als ein verstärkter Schutz vor Vergeltungsmaßnahmen. In einer Studie des U.S. Merit System Protection Board von 1992 wurden Bundesangestellte, die Kenntnis über Mißstände hatten, diese aber nicht anzeigten, nach den Gründen für ihre Passivität befragt. 59% gaben an, sie seien davon ausgegangen, es würde ohnehin nichts unternommen, und nur 35% erklärten, sie hätten Vergeltung gefürchtet (U.S. Merit Systems Protection Board S.9, 13 f.) In der sozialpsychologischen Literatur wird jedoch einschränkend darauf hingewiesen, daß die Tendenz bestehe, eigenes Verhalten im Nachhinein in einer Weise zu interpretieren, die es besonders sozialverträglich und moralisch hochwertig erscheinen lasse („ Respondents may rationalize their actions or failures to act because attitudes may sometimes follow from, rather than direct behavior", Miceli/Near 1992, S. 42). Vielleicht läßt sich so auch er-

IV. Die involvierten Interessen

Die in der Einführung skizzierten Fälle haben bereits einen Eindruck davon vermittelt, welche (tatsächlichen) Interessen in whistleblower-Fällen aufeinandertreffen. Sowohl für als auch gegen den Schutz von „whistleblowing“ können individuelle wie kollektive Interessen angeführt werden.

1. Interessen des Arbeitgebers

Die Arbeitgeberinteressen liegen auf der Hand. So begründet die vertragliche Nähebeziehung eine gewisse Loyalitätserwartung. Darüber hinaus ist der Arbeitgeber daran interessiert, intakte Vertrauensbeziehungen innerhalb des Betriebes zu erhalten und Belastungen des Betriebsklimas durch gegenseitige „Bespitzelungen“ o.ä. zu vermeiden. Unter Umständen hat er auch ein besonderes Geheimhaltungsinteresse an bestimmten Informationen, die im Zuge von whistleblowing zwangsläufig mit enthüllt werden müßten.

All diese Interessen verlieren natürlich erheblich an Schutzwürdigkeit, wenn sich die Enthüllungen auf bewußt illegales Verhalten des Arbeitgebers beziehen.

2. Interessen des Arbeitnehmers

Der Arbeitnehmer hat zunächst ein Interesse an seiner Äußerungsfreiheit. Hinzu kann – je nach Fallgestaltung – das Interesse kommen, sich selbst vor Rechtsverletzungen seitens des Arbeitgebers bzw. vor Gesundheitsgefahren zu schützen. Wenn es um die Verletzung von Rechten Dritter oder um Gefahren geht, die der Allgemeinheit oder der Umwelt drohen, kann der Arbeitnehmer außerdem ein Interesse an der Anzeige haben, um nicht in erhebliche Gewissensnöte zu geraten, weil er nichts unternimmt.

3. Interessen der Öffentlichkeit

Auf Seiten der Öffentlichkeit kann man Interessen *für* wie auch *gegen* den Schutz von whistleblowing anführen. Denn soweit die genannten Interessen des Arbeitgebers Voraussetzung effizienten Wirtschaftens oder humaner Arbeitsbedingungen sind, hat auch die Öffentlichkeit ein manifestes Interesse an ihrem Schutz und damit an der Verhinderung von whistleblowing. Auf der anderen Seite hat die Öffentlichkeit ein Interesse an der Äußerungsfreiheit des Arbeitnehmers. Dies ist zunächst das in Art. 5 GG zum Ausdruck kommende generelle Interesse an einem ungehinderten Diskurs als Grundvoraussetzung einer freiheitlich-pluralistischen Demokratie. Dabei kann es ein spezielles öffentliches Interesse gerade an Äuße-

---

klären, daß kaum einer der Befragten angegeben hat, er habe einfach den mit einer Anzeige verbundenen Aufwand gescheut oder es sei ihm schlichtweg egal gewesen.

rungen aus der *Arbeitnehmerschaft* geben, zumal diese aufgrund ihres Insiderwissens und ihrer Sachnähe die öffentliche Diskussion besonders zu bereichern vermag. Dies lenkt den Blick auf ein weiteres öffentliches Interesse: Arbeitnehmer sind oft die einzigen Zeugen illegaler oder unlauterer Unternehmenstätigkeiten. In vielen Bereichen sind ein effektiver Gesetzesvollzug und eine wirksame Strafverfolgung wesentlich auf Arbeitnehmeranzeigen (bzw. die mit der Möglichkeit von Anzeigen verbundene Abschreckungswirkung) angewiesen.

Diese kollidierenden Interessen müssen zum Ausgleich gebracht werden, sowohl, wenn es darum geht, eine rechtliche Regelung der whistleblowing-Problematik allgemein zu finden, als auch, wenn bei der Entscheidung von einzelnen Fällen die Wertungsspielräume ausgefüllt werden sollen.

C. Praktische Relevanz

In den USA gibt es zahllose dokumentierte Fälle von whistleblowing. Whistleblowing ist dort Gegenstand eines ausdifferenzierten Geflechts von Richterrecht und speziellen gesetzlichen Normen. Es gibt Rechtsanwälte, die eigens auf diesen Bereich spezialisiert sind. Auch in der nichtjuristischen Öffentlichkeit werden whistleblower-Fälle rege diskutiert. Es existieren Verbände, die sich ausschließlich der Förderung solcher Arbeitnehmeranzeigen verschrieben haben und zum Teil sogar Belohnungen für altruistisches „whistleblowing" aussetzen. „Whistleblower" werden vielfach als Helden gefeiert. Einige „whistleblower"-Schicksale wurden sogar verfilmt, etwa in dem Kinofilm „Silkwood"[17] oder der mehrteiligen Fernsehserie über einen Polizisten namens „Serpico"[18]

In Deutschland ist die Situation eine ganz andere. Hier könnten in der Regel wohl nicht einmal Juristen spontan mehrere solcher „whistleblower-Fälle" nennen. Daß es jedoch auch hierzulande „whistleblower" gibt, beweist eine wenn auch vergleichsweise geringe Anzahl zu diesem Problem ergangener richterlicher Entschei-

---

[17] Dieser Film schildert das Schicksal von Karen Silkwood, Technikerin in einem Atomkraftwerk in Oklahoma, die vor der für Atomenergie zuständigen Behörde über die Verletzung von Sicherheitsvorschriften durch den Kraftwerksbetreiber und mögliche radioaktive Verseuchung von Arbeitnehmern aussagte. Im Begriff, weitere Enthüllungen zu machen, kam sie bei einem mysteriösen Autounfall ums Leben, Sie war gerade auf dem Weg zur New York Times, um dort die von ihr zusammengetragenen Beweise über von ihrem Unternehmen gefälschte Berichte über die Konstruktionssicherheit von Brennstäben einem Reporter zu übergeben. Die Familie Silkwood, unterstützt von zahlreichen Organisationen aus der Frauen- und Anti-Atomkraft-Bewegung, erhob später Klage gegen den Kraftwerksbetreiber, der schließlich wegen fahrlässiger radioaktiver Kontaminierung verurteilt wurde, vgl. Glazer/Glazer 1989, S. 27 f.

[18] Frank Serpico, ein Polizist, hatte einen großen Korruptionsskandal innerhalb der New Yorker Polizei aufgedeckt und, nachdem seine internen Anzeigen fruchtlos blieben, die New York Times informiert, auf deren öffentlichen Druck hin schließlich Untersuchungskommissionen eingesetzt wurden, die die Vorwürfe bestätigten, vgl. Glazer/Glazer 1989, S. 53 ff.

dungen. Das spärliche Fallmaterial ist sicherlich mit dafür verantwortlich, daß eine Linie oder Tendenz in der Rechtsprechung nur schwerlich auszumachen ist. Auch in der Literatur haben sich bislang kaum herrschende Positionen herausgebildet. Lange Zeit fristete das Thema Arbeitnehmeranzeigen ein Schattendasein. Während man hierzulande der verwandten Frage des Arbeitsverweigerungsrechts aus Gewissensgründen seit langem große Aufmerksamkeit widmet und zum Teil schon von einem „Literaturboom" zur Gewissensfreiheit gesprochen wird[19] (vgl. insbesondere die Diskussion zum „Ärztefall", in dem das BAG ein deutliches Votum für die Bedeutung des Art. 4 GG auch im Arbeitsverhältnis formulierte[20]), wird das Problem des whistleblowing eher stiefmütterlich behandelt. Die Rechtsprechung hat sich zwar seit der Weimarer Zeit bemüht, einen Ausgleich im Spannungsverhältnis von Meinungsfreiheit und arbeitsrechtlicher Bindung zu schaffen. Der Schwerpunkt lag dabei aber stets auf Kündigungen wegen Mitgliedschaft in einer politischen Partei oder wegen politischer Betätigung im Betrieb (Plakettentragen, Flugblätter verteilen etc.). Außerdem gab es zahlreiche Entscheidungen zum Spezialkomplex gewerkschaftlicher Werbemaßnahmen im Betrieb[21]. Kritische Meinungsäußerungen und Anzeigen von Arbeitnehmern haben dagegen bei weitem nicht die Bedeutung der eben genannten Themen erlangt.[22] Erst in jüngerer Zeit scheint das Thema mehr ins Blickfeld gerückt zu sein (in den neueren Auflagen der arbeitsrechtlichen Lehrbücher wird das Thema nun immerhin knapp angesprochen), und sogar der Gesetzgeber zeigt erste Ansätze, sich des Problems anzunehmen.[23]

Nach alledem ist davon auszugehen, daß auch in Deutschland durchaus Bedarf an juristischer Diskussion in diesem Bereich besteht. Dabei sollte selbstverständlich auch die Frage nach dem Grund für die relative Seltenheit von bekannt gewordenen

---

19 So Wendeling-Schröder, Autonomie im Arbeitsrecht, S. 27

20 In dem Fall hatten Mediziner eines Pharmaunternehmens sich geweigert, ein Strahlenschutzpräparat zu untersuchen, weil das Präparat auch in einem Atomkrieg militärisch hätte verwendet werden können. Sie waren daraufhin gekündigt worden. Die beiden ersten Instanzen wiesen ihre Klage mit der Begründung ab, Arbeitsverweigerung aus Gewissensgründen sei zwar bei sittenwidrigen Aufträgen zulässig, jedoch seien diesbezüglich nicht die „subjektiven Moralanschauungen des einzelnen maßgebend." Geschützt werde ein ethischer Minimalkonsens, „nicht dagegen das in eine bestimmte Richtung besonders stark ausgeprägte Gewissen einzelner". (Zitate aus AG Mönchengladbach 5 Ca 585/87 vom 12.8.1987) Das BAG hat demgegenüber ein verfassungsmäßiges Recht auf subjektive Gewissensentscheidung ausdrücklich anerkannt, BAG vom 24.5.1987, AP Nr. 1 zu § 611 BGB Gewissensfreiheit.

21 Vgl. Buchner, ZfA 1982, S. 49 (75)

22 Vgl. auch Erfurter Kommentar/Dieterich, Rdnr.34 zu Art. 5 GG; Löwisch z.B. geht in seinem umfangreichen Lehrbuch an keiner Stelle auf das Problem der Arbeitnehmeranzeigen ein, während er die Frage des Arbeitsverweigerungsrechts aus Gewissensgründen und die politische Meinungsfreiheit von Arbeitnehmern ausführlich erörtert. Nach Wendeling-Schröder, Autonomie im Arbeitsrecht, S. 26, muß der Problemkreis zumindest der externen Kritik betrieblicher Mißstände als gänzlich ungeklärt angesehen werden.

23 Gefahrstoffverordnung, Arbeitsschutzgesetz, s.u. Teil III B III 1 a aa)

Fällen von whistleblowing gestellt werden. Eindeutig ist nur, daß die Antwort nicht sein wird, daß anzeigewürdige Mißstände und Fehlverhalten bei uns nicht existieren[24]. Erklärung für das seltene Vorkommen derartiger Rechtsstreitigkeiten kann außerdem – soviel sei hier vorweggenommen - nicht sein, daß die Rechtssituation hierzulande so klar ist, daß die Anrufung der Gerichte überflüssig erschiene[25].

Sicherlich muß man fragen, ob Anzeigen in Deutschland vielleicht nur deshalb so selten sind, weil das deutsche Recht befriedigende innerbetriebliche Konfliktlösungsmöglichkeiten bereitstellt? Oder sind sie deshalb so selten, weil die rechtliche Situation (Rechtsunklarheit oder whistleblowerfeindliche Rechtslage) abschreckend wirkt? Oder liegt die Ursache darin, daß die öffentliche Meinung whistleblowing als Denunziantentum mißbilligt,[26] und die Angst, als „Nestbeschmutzer" geächtet zu werden, gegenüber der Zivilcourage überwiegt? Oder ist whistleblowing gar nicht so selten und führt nur nicht zu Rechtsstreitigkeiten, weil es den Arbeitnehmern gelingt, ihre Anonymität zu wahren? Diese Fragen müssen im Auge behalten werden, wenn es darum geht, nach sinnvollen Lösungen für den rechtlichen Umgang mit whistleblowing in Deutschland zu suchen.

D. Ziele des Rechtsvergleichs und Gang der Untersuchung

Angesichts des „Erfahrungsvorsprungs" in Sachen whistleblowing verspricht ein vergleichender Blick auf die USA durchaus einige Anregungen für die deutsche Diskussion. Dennoch ist Vorsicht geboten.

Zwar ist whistleblowing in den USA Gegenstand zahlreicher gesetzlicher Normierungen und eines ausdifferenzierten Richterrechts. Doch wäre es voreilig, daraus schließen zu wollen, daß whistleblower in den USA größeren Schutz genießen als in Deutschland. Bei solchermaßen pauschalen Aussagen über das amerikanische Recht wäre größte Skepsis angezeigt, weil dies dafür ein viel zu uneinheitliches Bild bietet, teils infolge der bundesstaatlichen Kompetenzzersplitterung, teils aufgrund der für das „case law" typischen geringeren Systematik. Auch wird die Vergleichbarkeit mit dem deutschen System dadurch erschwert, daß die USA als einzige Industrienation bislang kein allgemeines Kündigungsschutzrecht entwickelt haben.[27]

---

[24] Vgl. z.B. die Aussagen des Bundes der Steuerzahler , unten Teil V B I a aa, Fn 37

[25] Dies gilt zumindest für den Problembereich externer Anzeigen.

[26] Vgl. z.B. die Stellungnahme der SPD-Finanzexpertin Matthäus-Maier vom 7.1.1998 zu Belohnungen von Informanten im Kampf gegen Steuerhinterziehung: „Ich fordere keine Honorare, wehre mich aber dagegen, daß solche Belohnungen von vornherein als Denunziantentum denunziert werden", BB 1998, S. 241

[27] Harvard Law Review (Note), 93 Harv. L. Rev. 1816, 1844 (1980)

Dementsprechend kann es, wenn nach Lösungen für die Behandlung von whistleblowing-Fällen hierzulande gesucht werden soll, nicht primär darum gehen, nach „besseren“ Lösungen im amerikanischen Recht zu suchen, um sie sodann zu importieren. Zu unterschiedlich sind die Arbeitsrechtssysteme beider Länder, in die solche Regelungen einzupassen wären. Ziel des Blickes auf die USA ist deshalb vorrangig, ein differenzierteres Verständnis des zu lösenden sozialen Problems sowie der für die Entscheidung relevanten Kriterien zu erlangen. Aber auch wenn die Übertragung konkreter rechtlicher Lösungen ausscheidet, so können der „fremden“ Rechtsordnung doch immerhin Anregungen für die künftige Entwicklung hierzulande entnommen werden.

Im einzelnen gliedert sich die Untersuchung in vier Arbeitschritte. In den beiden anschließenden Teilen II und III findet sich die Darstellung der Rechtslage zunächst in den USA, dann in Deutschland. Wie gesehen, weisen beide Rechtsordnungen erhebliche Unterschiede auf, und zwar nicht nur in Hinblick auf ihre Grundstruktur sowie die materielle Ordnung der Arbeitsbeziehungen, sondern auch hinsichtlich ihres Entwicklungsstandes in der whistleblowing-Problematik. Eine symmetrische Darstellung beider Rechtsordnungen scheidet deswegen aus, weil sie Gefahr liefe, mindestens eine der beiden verzerrt wiederzugeben, indem sie ihr ein Raster aufzwänge, mit dem allein die andere angemessen erfaßt werden kann. Vielmehr folgen die beiden Landesberichte jeweils der Logik ihres eigenen Systems, der US-amerikanische einer eher induktiven, fallorientierten, der deutsche einer stärker deduktiven.

Symmetrie ist freilich dennoch insoweit erforderlich, als die unterschiedlichen materiellrechtlichen Lösungen für bestimmte soziale Probleme verglichen werden sollen. Allerdings gibt es eine Reihe solcher Probleme, die zwar in den USA, nicht aber in Deutschland eine Klärung durch Gerichte oder Gesetzgeber erfahren haben. Eine solche inhaltliche Symmetrie herzustellen, ist Ziel von Teil IV. Dort wird die „lückenhafte“ Problemsicht hierzulande um Fragestellungen aus dem US-amerikanischen Recht ergänzt und so eine Systematisierung des deutschen whistleblower-Rechts versucht. Die damit einhergehende Gegenüberstellung beider Rechtsordnungen wird dabei zugleich grundlegende Unterschiede in den Werthaltungen offenlegen, wie sie in der rechtlichen Behandlung des whistleblowing zum Ausdruck kommen.

Hieran knüpft der abschließende Teil V an, indem er zunächst in Abschnitt A versucht, diese unterschiedlichen Wertungen im Recht des whistleblowing aus dem weiteren Kontext der jeweiligen Rechtsordnungen zu erklären, und zwar aus strukturellen Verschiedenheiten beider Systeme ebenso wie aus unterschiedlichen Grundwertigkeiten, wie sie auch in anderen Rechtsbereichen zu Tage treten. Vor diesem Hintergrund wendet sich Teil V in einem zweiten Schritt dann den Entwicklungsperspektiven des deutschen Rechts zu. Hierzu sollen in Abschnitt B I und

II einige Denkanstöße aus dem US-amerikanischen Recht aufgegriffen und auf ihre rechtspolitische Zweckmäßigkeit hin untersucht werden. Besondere Bedeutung wird dabei den Erfahrungen zukommen, die man in den USA mit den entsprechenden in Frage stehenden rechtlichen Instrumenten gemacht hat. Abschnitt B III widmet sich schließlich der Frage der Umsetzbarkeit dieser Anregungen. Konkret geht es darum, welche Änderungen hierzulande nötig wären und inwieweit an Bestehendes angeknüpft werden könnte.

Teil II: Whistleblowing im US-amerikanischen Recht

A. Anfänge des whistleblowing in den USA

Whistleblower, auch „ethical resisters" genannt, sind ein geschichtlich relativ neues Phänomen. Vor allem einige berühmt gewordene whistleblower-Figuren in den sechziger und siebziger Jahren wie Eduard Fitzgerald, Frank Camps, „Deep Throat", Frank Serpico und Karen Silkwood (siehe Einleitung), haben dafür gesorgt, daß der Begriff „whistleblowing" Eingang in das amerikanische Vokabular gefunden hat[28]. Natürlich gab es auch schon früher vereinzelt Arbeitnehmer, die Mißstände veröffentlichten und Illegalitäten anzeigten, doch erst seit den sechziger Jahren häuften sich die Fälle von Arbeitnehmeranzeigen und Beschwerden derart, daß von einem kontinuierlich auftretenden sozialen Phänomen gesprochen werden konnte.

Die Zunahme von whistleblowing wurde vielfach auf das damalige öffentliche Klima zurückgeführt, das von Mißtrauen gegenüber den Machenschaften der Privatindustrie und des staatlichen Sektors bestimmt war. So erschütterten insbesondere der Watergate-Skandal und die Veröffentlichung der „Pentagon-Papiere" zum Vietnamkrieg das Vertrauen in die Integrität der politischen Führung. Auch aus der privaten Wirtschaft wurden Korruptionsskandale und mafiöse Verstrickungen bekannt, die das öffentliche Unbehagen noch verstärkten.

Darüber hinaus wuchsen im öffentlichen Bewußtsein die Zweifel, ob Staat und Privatindustrie in der Lage seien, die vorhandenen Gefahrenpotentiale zu beherrschen. Anlaß waren u.a. die damals heftig geführten Auseinandersetzungen um den Ausbau der Atomindustrie, die Ausdruck eines erhöhten Risikobewußtseins der Bevölkerung in Bezug auf neue Technologien waren[29].

Ein weiterer wichtiger Faktor für die Zunahme von whistleblowing war nach Ansicht vieler Sozialwissenschaftler der wachsende Eindruck, daß auch der Einzelne einen merklichen Beitrag zur Bekämpfung der beobachteten Mißstände leisten könne.[30] Dafür war entscheidend, daß sich - inspiriert von den Erfolgen der amerikanischen Bürgerrechtsbewegung der sechziger Jahre und der Studentenproteste der Achtundsechziger - nach und nach ein Netzwerk von Organisationen und Institutionen bildete, die potentielle whistleblower berieten und dafür sorgten, daß diese

[28] In älteren Wörterbüchern ist der Begriff dementsprechend nicht zu finden.

[29] Vgl. Deiseroth, Berufsethische Verantwortung, S. 240 f.

[30] Vgl. Glazer/Glazer 1989, S. 59 ff.; unterstützend Miceli/Near 1992, S. 148; siehe auch U.S. Merit Systems Protection Board 1993, S. 34

gegebenenfalls öffentlich Gehör fanden[31]. Sogenannte „public interest"- Gruppen boten juristische, persönliche und psychische Unterstützung für whistleblower und trugen durch ihre Öffentlichkeitsarbeit wesentlich dazu bei, whistleblowing öffentlich zu legitimieren[32].

Eine wichtige Rolle in diesem Zusammenhang spielten außerdem die Medien. Oft konnte nur der durch die Medien erzeugte öffentliche Druck verhindern, daß whistleblower massiven Vergeltungsmaßnahmen ausgesetzt waren, bzw. die durch die Medien hergestellte Öffentlichkeit garantieren, daß die publik gemachten Mißstände wirklich angegangen und bekämpft wurden[33].

Auch die Legislative leistete einen Beitrag: Indem ihre Untersuchungsausschüsse whistleblower als Zeugen anhörten, trugen sie wesentlich dazu bei, whistleblowing „salonfähig" zu machen.[34]

Die ersten berühmt gewordenen whistleblower-Fälle waren Meilensteine auf dem Weg hin zu einer breiten öffentlichen Akzeptanz von Arbeitnehmeranzeigen. Ihr Beispiel und die unterstützende Tätigkeit der eben genannten Organisationen und Institutionen waren wesentlich dafür verantwortlich, das Loyalitätskonzept der Öffentlichkeit neu zu prägen und ein öffentliches Bewußtsein zu schaffen, das whistleblowing nicht wie in Deutschland primär mit Denunziantentum assoziiert, sondern whistleblower überwiegend als selbstlose Verteidiger des Allgemeinwohls wahrnimmt[35].

---

[31] Bedeutsam in diesem Zusammenhang waren auch die Veröffentlichungen des Rechtsanwalts Ralph Nader und die von ihm 1971 organisierte Konferenz über berufsethische Verantwortung, die ein Forum für whistleblower zur Verfügung stellen und ihren Aktionen breite Legitimation verschaffen sollte. Die Konferenzteilnehmer betonten das gesellschaftliche Interesse an Arbeitnehmeranzeigen und machten sich stark für eine whistleblower-Schutzgesetzgebung (vgl. Glazer/Glazer 1989, S. 59 ff): ..."the willingness and ability of insiders to blow the whistle is the last line of defense ordinary citizens have against the denial of their rights and the destruction of their interests by secretive and powerful institutions. As organisations penetrate deeper and deeper into the lives of people - from pollution to poverty to income erosion to privacy invasion – more of their rights and interests are adversely affected. This fact of contemporary life has generated an even greater moral imperative for employees to be reasonably protected in upholding such rights regardless of their employers' policies." zitiert in Lofgren, 38 S.D.L. Rev. 316 Fn 33 (1993)

[32] Genauer dazu siehe unten, Teil II K

[33] Vgl. Glazer/Glazer 1989, S. 168

[34] Vgl. Glazer/Glazer 1989, S. 59 ff., 39 ff.

[35] Vgl. Callahan/Dworkin 37 Vill. L. Rev. 279, Fn. 235 (1992); Glazer/Glazer 1989, S. 41, 170 und S. 59: „Defining the whistleblowers as more than employees with integrity, public-interest groups saw them as living witnesses to the existence of serious problems and as testaments to the idea that individual citizens could take action to promote organizational accountability."; anschaulich auch Kamer/Abbott, 22-SPG Hum. Rts. 22 (1995) (27): „....these whistleblowers found themselves taking a long walk off shortplanks. They nearly lost everything. How many of us would have the courage to stand up and take on a major corporation at the risk of losing jobs, careers, reputations and even families? It is always hard when you are the odd one out on the

B. Whistleblowing in der First Amendment-Rechtsprechung

I. Hintergrund: Die „employment at -will"- Doktrin

Traditionell hatten unter der amerikanischen „employment at- will"- Doktrin, die aus dem späten neunzehnten Jahrhundert stammt[36], Arbeitgeber wie auch Arbeitnehmer das Recht, unbefristete Arbeitsverhältnisse jederzeit und ohne besonderen Grund zu beenden. In dem Fall Payne v. Western and Atlantic Railroad Co. von 1884 beschrieb das Gericht die „at-will"- Doktrin folgendermaßen: „All may dismiss their employees at will, be they many or few, for good cause, for no cause or even for cause morally wrong, without being thereby guilty of legal wrong... Trade is free; so is employment. The law leaves employer and employee to make their own contracts.... This secures to all civil and industrial liberty. A contrary rule would lead to a judicial tyranny..."[37].

Mit Beginn des zwanzigsten Jahrhunderts mehrten sich die Stimmen, die dieser absoluten Vertragsfreiheit Schranken setzen wollten. Zunächst wurden jedoch noch alle Versuche des Kongresses, Arbeitnehmer z.B. durch Mindestlohn- oder Arbeitszeitgesetze zu schützen, vom Supreme Court als verfassungswidrige Eingriffe in die Vertragsfreiheit gewertet[38].

---

wrong side of the profit picture. These guys might be called whistleblowers, rats or informers, but they can also be called ethical and moral heroes.", „...whistleblowers perform valuable civic services by making public vital information that their superiors chose to suppress. Applying the old adage that `sun is the best disinfectant, whistleblowing represents some of the best medicine for misfeasance, malfeasance and nonfeasance by government and corporate bodies."

[36] Die „at-will"- Regel wird auf einen Vertrag zurückgeführt, den der New Yorker Anwalt H.B. Wood im Jahre 1877 entworfen hatte (siehe H.G. Wood, A Treatise on the Law of Master and Servant, 1877). Vgl. zur Entwicklung der „at-will"-Doktrin Moskowitz, 23 Val. U.L.Rev. 33, 35 ff. (1988) und Rothstein u.a. 1994, S. 9 ff.

Im frühen 19. Jahrhundert war das Arbeitsverhältnis noch als ein „Status" (status-based relationship) betrachtet worden, der gewohnheitsrechtliche Pflichten und Verantwortlichkeiten sowohl für den „master" als auch für den „servant" mit sich brachte. Im Laufe des 19. Jahrhunderts setzte sich jedoch zunehmend eine vertragliche Betrachtungsweise durch mit der Folge, daß die gewohnheitsrechtlichen Pflichten verneint wurden und nur noch gelten sollte, was konkret vereinbart worden war. Dies hatte einen erheblichen Verlust von Sicherheit für den Arbeitnehmer zur Folge. Während früher der „master" qua Gewohnheitsrecht für Gesundheit und Wohlergehen des Arbeitnehmers verantwortlich war, wurde dies nun bei fehlender Stipulierung klar abgelehnt. Auch die gewohnheitsrechtliche Annahme, daß unbestimmte Arbeitsverträge als auf ein Jahr geschlossen galten, wurde zugunsten der „at-will"- Theorie aufgegeben, vgl. Harvard Law Review (Note), 93 Harv. L. Rev. 1816, 1824 f. (1980)

[37] 81 Tenn. 507 (1884); die Kündigung von *befristeten* Arbeitsverhältnissen war und ist dagegen - ebenso wie bei Bestehen einer entsprechenden tarifvertraglichen Klausel - nur mit „just cause" (berechtigtem Grund) möglich (vgl. dazu unten Teil II D).

[38] So Rothstein u.a. 1994, S. 23. Jede staatliche Beschränkung der Vertragsfreiheit wurde als Verletzung des 5. oder des 14. Amendments angesehen, vgl. Moskowitz, 23 Val. U. L. Rev. 33, 39 (1988); richtungsweisend und namensgebend für diese Periode, in der der Supreme Court die Wahrung liberaler Marktprinzipien strikt überwachte, war seine Entscheidung in der Rechtssache Lochner v. United States, 198 U.S. 45 (1905); vgl. auch Coppage v. Kansas, 236 U.S. 1, 14

Eine Wende brachte erst die Zeit des sogenannten „New Deal“ unter der Roosevelt-Administration in den dreißiger Jahren. Der Kongreß reagierte auf den wachsenden Einfluß der Arbeiterbewegung bzw. der Gewerkschaften und auf die wirtschaftlichen Härten, die die Great Depression (1929-1940) verursachte, mit einer Reihe von Gesetzen zum Schutz der Arbeitnehmerschaft[39]. Durch den National Labor Relations Act (NLRA) von 1935 wurde die Diskriminierung von Arbeitnehmern, die sich Gewerkschaften anschlossen oder diese unterstützten, verboten[40]. Der Supreme Court erklärte in der berühmten Entscheidung National Labor Relations Board v. Jones & Laughlin Steel Corp.[41] den NLRA für verfassungsmäßig und leitete damit einen entscheidenden Wandel in der verfassungsrechtlichen Beurteilung von Arbeitnehmerschutzgesetzen ein.

Seitdem hat der Gesetzgeber die „at-will“-Doktrin durch zahlreiche Gesetze eingeschränkt. An ihrer grundsätzlichen Gültigkeit hat sich allerdings bis heute nichts geändert. Insgesamt unterfallen heute zwischen 50 und 75 Prozent der Beschäftigten in den USA nach wie vor der „at-will“-Regel.[42]

Die „at-will“- Doktrin galt und gilt auch im öffentlichen Sektor[43]. Der Staat kann also seine Arbeitnehmer grundsätzlich wie ein privater Arbeitgeber „for no cause,

---

(1914): „Included in the right of personal liberty and the right of private property - partaking of the nature of each - is the right to make contracts for the acquisition of property. Chief among such contracts is that of personal employment, by which labor and other services are exchanged for money or other forms of property. If this right be struck down or arbitrarily interfered with, there is a substantial impairment of liberty in the long-established constitutional sense.“

[39] So Kohn/Kohn 1988, S. 12

[40] Act of July 5, 1935, 49 Stat. 449; Senator Wagner (der NLRA wird auch „Wagner Act“ genannt) betonte in den Gesetzgebungsberatungen: „The fathers of our Nation did not regard freedom of contract as an abstract end. They valued it as a means of insuring equal opportunities, which cannot be attained where contracts are dictated by the stronger party. The law has long refused to recognize contracts secured through physical compulsion or duress. The actualities of present-day life impel us to recognize economic duress as well. We are forced to recognize the futility of pretending that there is equality of freedom when a single workman, with only his job between his family and ruin, sits down to draw a contract of employment with a representative of a tremendous organization having thousands of workers at its call. Thus the right to bargain collectively,...., is a veritable charter of freedom of contract; without it there would be slavery by contract.“, United States, 78 Cong. Rec. 3678 (1934), zitiert in 23 Val. U. L. Rev. 33, 40 (1988); vgl. auch den Railway Labor Act, der bereits 1926 erlassen wurde und ebenfalls die Diskriminierung wegen Gewerkschaftszugehörigkeit verbot, dem Arbeitnehmer jedoch keine Beschwerde- oder Klagemöglichkeit gab, 45 U.S.C. § 152.

[41] 301 U.S. 1 (1937)

[42] So Deiseroth, Berufsethische Verantwortung, S. 248 m.w.N.

[43] Ca. 17% der Arbeitnehmer in den USA sind im öffentlichen Sektor (Bund, Einzelstaaten, Gemeinden) beschäftigt, davon werden knapp 38% von kollektivvertraglichen „just cause“ Bestimmungen erfaßt (s.u. II D), so daß sie nicht at-will gekündigt werden können (vgl. Bureau of Labor Statistics, Union Members Summary Stand 01.97). Zum Teil werden Staatsbedienstete auch durch das öffentliche Dienstrecht vor at-will Kündigungen geschützt (dazu s.u. II E).

for good cause or even for cause morally wrong"[44] entlassen. Hinsichtlich der Frage, ob und inwiefern er dabei durch die verfassungsrechtlichen Garantien, insbesondere durch das First Amendment eingeschränkt ist, hat die Rechtsprechung des US Supreme Court in diesem Jahrhundert eine deutliche Wandlung vollzogen.

II. „Freedom of speech" im öffentlichen Arbeitsverhältnis

Eine Einschränkung der „at will"-Regel durch Verfassungsrecht kam und kommt überhaupt nur in Bezug auf öffentliche Arbeitsverhältnisse in Betracht, da dem amerikanischen Recht eine Drittwirkung der Verfassungsrechtsgarantien fremd ist[45]. Die folgenden Ausführungen beziehen sich deshalb ausschließlich auf Arbeitnehmer des öffentlichen Sektors.

1. Ausgangssituation

Das First Amendment gewährt jedem Bürger grundsätzlich das Recht, sich offen und kritisch zu äußern, ohne Sanktionen seitens des Staates fürchten zu müssen: „Congress shall make no law...abridging the freedom of speech."[46].

Für Bürger jedoch, die gleichzeitig öffentliche Arbeitnehmer waren, war dieses Grundrecht lange Zeit nur von theoretischem Wert. Der Staat diskriminierte oder entließ seine Arbeitnehmer wegen Äußerungen, die jeder normale Bürger ohne Furcht vor Sanktionen hätte machen können[47]. Staatliche Arbeitgeber durften frei die Konditionen für das öffentliche Arbeitsverhältnis festsetzen, auch wenn sie dabei verfassungsrechtliche Garantien der Arbeitnehmer vereitelten. Beschäftigung beim Staat galt als Privileg, weshalb dem Staat gestattet wurde, die staatlichen Arbeitnehmer mit allen Beschränkungen zu belegen, die dem effizienten Funktionieren seiner Institutionen dienlich waren[48]. Supreme Court Richter Holmes hat im Jahre 1892 die damals herrschende Betrachtungsweise in seiner vielzitierten Stel-

---

[44] Zit.: 81 Tenn. 507 (1884)

[45] Siehe dazu unten C III 2; nur in seltenen Ausnahmefällen können die Verfassungsgarantien die Rechtsbeziehungen zwischen Privaten beeinflussen, und zwar über die „state action doctrine". Ausführlich dazu Giegerich, Privatwirkung der Grundrechte in den USA, S. 465.

[46] Zit.: Amendment 1 (1791), U.S. Constitution; im Vergleich zum Wortlaut unseres Artikel 5 GG fällt auf, daß hier „Äußerungen", nicht bloß „Meinungsäußerungen" geschützt werden. Die in der deutschen Rechtsprechung diskutierte und weitgehend bejahte Frage, ob auch Tatsachenbehauptungen unter den Schutz des Art. 5 GG fallen sollen, stellt sich also in den USA gar nicht.

Das First Amendment wurde lange Zeit als nicht auf die Einzelstaaten anwendbar angesehen, vgl. Prudential Ins. Co. of America v. Cheek, 259 U.S. 530, 543 (1922); Später hat der Supreme Court seine Auffassung jedoch dahingehend geändert, daß das First Amendment über das 14. Amendment auch die Einzelstaaten bindet, vgl. Gitlow v. New York, 268 U.S. 652, 666 (1925); Murdock v. Pennsylvania, 319 U.S. 105 (1943).

[47] Bodner, 68 Temp. L Rev. 461, 466 ff. (1994)

[48] Lofgren, 38 S.D.L. Rev. 316, 319 (1993)

lungnahme im Supreme Court von Massachusetts folgendermaßen auf den Punkt gebracht: „Ein Polizist, der für politische Aktivitäten, die gegen polizeiliches Dienstrecht verstoßen, gekündigt wird, mag unter Umständen ein in der Verfassung garantiertes Recht auf politische Meinungsäußerungsfreiheit haben, aber er hat kein verfassungsrechtliches Recht, ein Polizist zu sein“[49].

Diese sogenannte „privilege doctrine“, nach der sämtliche Beschränkungen des „free speech“- Rechts, die der Staat seinen öffentlichen Arbeitnehmern auferlegte, verfassungsrechtlich unbedenklich waren, hielt sich vom späten neunzehnten Jahrhundert an bis in die Mitte dieses Jahrhunderts. Als Begründung wurde stets auf die Notwendigkeit der Effizienz des öffentlichen Sektors hingewiesen.[50]

2. „Loyalitätseid“- und „politische Gesinnungs“-Fälle

Wenn auch die diesbezüglichen Entscheidungen des Supreme Court fast nie einstimmig ergangen waren, so regte sich doch erst in den fünfziger Jahren deutlicher Widerstand gegen den Umgang mit dem First Amendment in Bezug auf öffentliche Arbeitnehmer[51]. Anlaß für ein Umdenken waren einige sehr umstrittene Praktiken in der Mc Carthy-Ära und während des Korea Krieges: Die öffentliche Hand ergriff in dieser Zeit verschiedene drastische Maßnahmen, um sich vor der „kommunistischen Gefahr“ zu schützen. So wurden z.B. öffentliche Arbeitnehmer bzw. Stellenbewerber per Gesetz gezwungen, ihre politische Vergangenheit oder Organisationszugehörigkeit detailliert offenzulegen oder sogenannte politische „Loyalitätseide“ zu schwören. „Free speech“ - Verfechter griffen diese Maßnahmen als verfassungswidrig an, weil sie Individuen, die ihre First Amendment - Rechte ausübten, mit der Verweigerung staatlicher Beschäftigung sanktionierten.[52]

Nach mehreren heftig kritisierten Entscheidungen[53] wandte sich der Supreme Court zunehmend von der Betonung des Effizienzgedankens ab und begann, den verfas-

---

[49] Zit.: McAuliffe v. Mayor of New Bedford 29 N.E. 517,517 (Mass. 1892)

[50] Vgl. z.B. United Public Workers of America v. Mitchell, 330 U.S. 75, 103 (1947), wo die Verfassungsmäßigkeit eines Gesetzes (Hatch Act) in Frage stand, das Arbeitnehmern der Exekutive verbot, sich aktiv politisch zu betätigen. „Congress and the administrative agencies have authority over the discipline and efficiency of the public service. When actions of civil servants in the judgement of Congress menace the integrity and the competency of the service, legislation to forestall such danger and adequate to maintain its usefulness is required. The Hatch Act is the answer of Congress to this need. We cannot say with such a background that these restrictions are unconstitutional.“;vgl. auch Fortner, 18 U.Ark. Little Rock L.J. 463

[51] Vgl. Fortner, 18 U.Ark. Little Rock L.J. 463

[52] Bodner, 68 Temp. L.Rev. 461, 467 (1994)

[53] Vgl. Garner v. Board of Public Works. of City of Los Angeles, 341 U.S. 716 (1951) und Adler v. Board of Education, 342 U.S. 485 (1952)

sungsrechtlichen Garantien auch im Arbeitsverhältnis mehr Gewicht beizumessen[54]:

In Wieman v. Updegraff[55] entschied er, daß den Arbeitnehmern des Staates Oklahoma, die gesetzlich gezwungen waren, Loyalitätseide zu schwören, eine Beschäftigung nur versagt werden konnte, wenn sie sich bewußt kommunistischen oder subversiven Gruppen angeschlossen hatten, nicht aber wenn sie dies ohne Wissen um deren „staatsgefährdende" Aktivitäten getan hatten, da sonst ihr verfassungsrechtlich garantiertes Recht auf ein faires Verfahren (due process) verletzt würde.

In Shelton v. Tucker[56] wurde die Verfassungsmäßigkeit eines Gesetzes von Arkansas verneint, das Lehrer verpflichtete aufzulisten, welchen Organisationen sie in den letzten fünf Jahren angehörten. Das Gericht entschied, diese Pflicht verletze ihr First Amendment - Recht auf Vereinigungsfreiheit.

In Keyishian v. Board of Regents[57] stand die Verfassungsmäßigkeit eines New Yorker Gesetzes in Frage, das bestimmte öffentliche Arbeitnehmer u.a. verpflichtete, schriftlich zu bestätigen, daß sie keine Kommunisten seien und nie gewesen waren, andernfalls ihr Beschäftigungsverhältnis enden müsse. In dem zu entscheidenden Fall hatten Fakultätsmitglieder einer staatlichen Universität sich geweigert, diese Erklärung abzugeben, weshalb ihnen eine weitere Beschäftigung versagt wurde. Das Gericht hielt das Gesetz für verfassungswidrig, da es zu pauschal das First Amendment beschneide[58], ohne daß etwa bewiesen werden müßte, daß die konkreten Personen Kenntnis von irgendwelchen ungesetzlichen oder subversiven Tätigkeiten dieser Gruppen hatten bzw. deren illegale Ziele fördern wollten. In dieser Entscheidung distanzierte sich das Gericht explizit von der Holmes`schen „privilege doctrine".[59]

---

[54] Zu dem ganzen Fortner, 18 U.Ark.Little Rock L.J. 463, 471 ff.

[55] 344 U.S. 183 (1952)

[56] 364 U.S. 479 (1960)

[57] 385 U.S. 589 (1967)

[58] „Because the First Amendment freedoms need breathing space to survive, government may regulate in the area only with narrow specificity" N.A.A.C.P. v. Button, 371 U.S. 415, 432f. (1963), zitiert in Keyishian, 385 U.S. 589, 604(1967). In Adler v. Board of Education (1952), 342 U.S. 485, wo ebenfalls ein solches Gesetz zur Debatte stand, hatte dies noch ganz anders geklungen: „It is clear that such persons (in dem Fall ging es um Lehrer an New Yorker Schulen) have the right under our law to assemble, speak, think and believe as they will. It's equally clear that they have no right to work for the state in the school system at their own terms. They may work for the school system upon the reasonable terms laid down by the proper authorities of New York. If they do not choose to work on such terms, they are at liberty to retain their beliefs and associations and to go elsewhere."

[59] „The theory that public employment which may be denied altogether may be subjected to any conditions, regardless of how unreasonable, has been uniformly rejected." vgl. Keyishian v. Board of Regents, 385 U.S. 598, 605 f.(1967)

Vor dem Hintergrund dieser Fälle begann der Supreme Court in der Folgezeit, die materiellen Eckpunkte des „free speech“- Rechts von öffentlichen Arbeitnehmern zu definieren.

3. Pickering v. Board of Education

In der wegweisenden Entscheidung aus dem Jahre 1968, Pickering v. Board of Education,[60] urteilte der Supreme Court, daß die Verfassung unter bestimmten Voraussetzungen kritische Äußerungen eines öffentlichen Arbeitnehmers zu Fragen von öffentlichem Interesse schütze.

Marvin Pickering, ein Lehrer aus Illinois, war von der dortigen Schulbehörde („Board of Education“) gekündigt worden, weil er einen Leserbrief an eine lokale Zeitung geschickt hatte, in dem er das Verhalten der Behörde kritisierte. Der Leserbrief erschien anläßlich einer kurz zuvor vom „Board of Education“ vorgeschlagenen Steuererhöhung zugunsten der Schulen. Pickerings Kritik galt einer früheren Initiative des „Board“, neue Einnahmen für Schulen zu erschließen, sowie der Art und Weise, wie damals in der Folgezeit die Schulmittel zwischen akademischen und Sportprogrammen verteilt wurden. In dem Leserbrief warf er außerdem dem Leiter der Schulaufsichtsbehörde vor, Lehrer davon abzuhalten, sich gegen die vorgeschlagene Steuererhöhung auszusprechen.

Pickering wehrte sich gegen die Kündigung mit dem Argument, sie verletze seine First Amendment- Garantien, und bekam vor dem Supreme Court recht. Der Supreme Court stellte klar, daß einerseits öffentliche Arbeitnehmer ein verfassungsmäßiges Recht hätten, ihre Ansichten zu Fragen von öffentlichem Belang frei und ohne staatliche Sanktionen zu äußern, andererseits der Staat als Arbeitgeber ein legitimes Interesse habe, der Meinungsäußerungsfreiheit seiner Arbeitnehmer dort Grenzen zu setzen, wo diese die Effizienz des öffentlichen Dienstes beeinträchtigen würde. Zwischen diesen Interessen müsse eine Abwägung vorgenommen werden. In diese Abwägung sollten zugunsten einer unbeschränkten Äußerungsfreiheit die verfassungsrechtlich geschützten Interessen des Arbeitnehmers sowie das öffentliche Bedürfnis nach freien und unbehinderten Debatten zu Fragen des öffentlichen Interesses bzw. der Wert einer informierten Öffentlichkeit für das Funktionieren der Demokratie eingestellt werden.

Auf Seiten des Staates müßten im einzelnen folgende Bedürfnisse Berücksichtigung in der Abwägung finden, die allesamt einem effizienten Funktionieren des staatlichen Sektors zu dienen bestimmt seien: die Aufrechterhaltung von Disziplin, das Interesse an einem harmonischen Klima unter den Mitarbeitern, das Bedürfnis

---

[60] 391 U.S. 563 (1968). Die dort entwickelte Doktrin wurde als sogenannter „Pickering test“ bekannt.

nach Loyalität und Vertrauen zwischen Vorgesetzten und Untergebenen, wenn und soweit sie eng zusammenarbeiten müssen sowie das Interesse an einer reibungslosen Erledigung der der konkreten Behörde zugewiesenen Verwaltungsaufgaben[61].

In dem zu entscheidenden Fall betonte das Gericht, wie wichtig die Insider-Informationen von Lehrern für einen kompetenten öffentlichen Diskurs seien. Die Frage, ob ein Schulsystem zusätzlicher finanzieller Mittel bedürfe, sei eine Frage von berechtigtem öffentlichen Interesse, denn schließlich müsse am Ende der Wähler über sie entscheiden. Lehrer seien nun einmal in diesem Bereich die Bevölkerungsgruppe, die die öffentliche Diskussion hier mit den sachkundigsten Stellungnahmen bereichern könnten.

Manche der von Pickering gelieferten Informationen seien zwar unrichtig gewesen. Das Gericht sah dies jedoch nicht als schädlich an, da der Lehrer *diese* konkreten Angaben mit keiner größeren Autorität gemacht habe als jeder normale Steuerzahler, da er diesbezüglich kein besonderes Insiderwissen hatte. Das „Board of Education" hätte seine Angaben durch Veröffentlichung der richtigen Zahlen unproblematisch widerlegen können, ohne durch die falschen Behauptungen Schaden zu nehmen. (Das Gericht ließ explizit offen, wie der Fall zu entscheiden gewesen wäre, hätte es sich um unrichtige *Insider*-Informationen gehandelt. Insbesondere habe es nicht entscheiden müssen, ob in einem solchen Fall der Lehrer gehalten gewesen wäre, vor der Veröffentlichung der Informationen erhebliche Anstrengungen zu unternehmen, um die Richtigkeit seiner Behauptungen zu überprüfen[62].)

Angesichts der Tatsache, daß die Kritik gegen niemanden gerichtet war, mit dem Pickering normalerweise bei seiner täglichen Arbeit in Kontakt komme, sei hier weder das Bedürfnis nach der Aufrechterhaltung von Disziplin gegenüber direkten Vorgesetzten noch die Harmonie unter den Mitarbeitern tangiert gewesen. Die Beziehung zu dem „Board of Education" sei dagegen keine so enge Arbeitsbeziehung, daß persönliche Loyalität und persönliches Vertrauen für ihr Funktionieren notwendig seien.

Die Vorwürfe, ein zu großer Anteil der Schulmittel werde für Sport ausgegeben, konnten nach Auffassung des Gerichts nicht als per se schädlich für das effektive Funktionieren der Schulen gewertet werden[63]. Auch hätten sie keinerlei negative

---

[61] 391 U.S. 563, 569 ff.(1968)

[62] Im vorliegenden Fall hatte das Gericht keine Anhaltspunkte, daß der Lehrer die Angaben vorsätzlich oder grob fahrlässig falsch gemacht hatte. Es ließ aber bewußt dahingestellt, ob vorsätzlich oder grob fahrlässig falsche Angaben ggf. auch geschützt seien, sofern sie nachweisbar keinen Schaden verursacht haben (S. 574 f. und FN. 6); vgl. auch Justice White, der sich in seinen Minderheitsvotum klar dafür aussprach, daß solche Äußerungen keinerlei Schutz genießen dürften, 391 U.S. 563, 584(1968)

[63] Das Gericht ließ explizit die Frage offen, ob in Fällen, in denen die öffentliche Kritik dem effektiven Funktionieren per se schadet, der sich Beschwerende gezwungen sein könnte, seine

Auswirkungen auf die tägliche Arbeitsleistung des Lehrers gehabt. Das Interesse der Schulverwaltung, den Lehrer in seiner Teilnahme an der öffentlichen Diskussion zu beschränken, sei also hier nicht wesentlich größer, als wenn nicht ein öffentlicher Arbeitnehmer, sondern irgendein Bürger diesen Diskussionsbeitrag geliefert hätte[64]. Der Lehrer dürfe deshalb diesbezüglich gegenüber normalen Bürgern nicht benachteiligt werden.

4. Connick v. Myers

Im Jahre 1983 modifizierte der Supreme Court in Connick v. Myers [65] die Pickering- Rechtsprechung dahingehend, daß er das Kriterium des öffentlichen Interesses zur weichenstellenden Einstiegsfrage („threshold question") machte. Ferner gestand er dem Arbeitgeber unter bestimmten Umständen zu, den Arbeitnehmer auch dann kündigen zu dürfen, wenn nicht bewiesen werden konnte, daß die Äußerung zu erheblichen Störungen geführt hatte.

Sheila Myers, eine Mitarbeiterin der Staatsanwaltschaft in New Orleans, erfuhr im Oktober 1980, daß sie in eine andere Abteilung versetzt werden sollte. Nachdem sie erfolglos dagegen protestiert hatte, beschwerte sie sich gegenüber einem ihrer Vorgesetzten über die Versetzungspraktiken des Behördenleiters. Außerdem äußerte sie ihm gegenüber Kritik an verschiedenen anderen Praktiken ihrer Dienststelle. Als dieser ihr entgegnete, daß ihre Kritik von den anderen Mitarbeitern nicht geteilt werde, kündigte sie ihm an, diesbezüglich eine Umfrage unter den Kollegen starten zu wollen. Am Tage vor ihrer Versetzung ließ sie deshalb einen Fragebogen kursieren, in dem sich die Mitarbeiter u.a. zu den Versetzungspraktiken, zur Arbeitsmoral, zum Bedarf nach einem Beschwerdeausschuß, zum Grad des Vertrauens in Vorgesetzte und zu angeblichem Druck des Behördenleiters, in Wahlkampagnen mitzuarbeiten, äußern sollten. Myers Chef Connick bewertete ihr Vorgehen als einen Akt der Auflehnung, der die Moral, den Zusammenhalt und die Arbeitseffizienz des Personals gefährde. Er kündigte ihr wegen ihrer anfänglichen Weigerung, die Versetzung zu akzeptieren, sowie wegen ihres aufrührerischen Verhaltens.

Kritik zunächst intern zu äußern und Abhilfe abzuwarten, bevor er damit an die Öffentlichkeit geht, 391 U.S. 563, 572 FN. 4. An anderer Stelle wies das Gericht darauf hin, daß es Bereiche des öffentlichen Dienstes gebe, in denen das Bedürfnis nach Vertraulichkeit so groß sei, daß jegliche öffentliche Äußerung eine Kündigung rechtfertigen würde, 391 U.S. 563, Fn 4 (1968)

[64] 391 U.S. 563, 573(1968); vgl. auch S. 574 „ However, in a case such as the present one, in which the fact of employment is only tangentially and unsubstantially involved in the subject matter of the public communication made by a teacher, we conclude that it is necessary to regard the teacher as the member of the general public he seeks to be."

[65] 461 U.S. 138 (1983). Die dort entwickelte Doktrin wurde als „Two-part Connick test" bekannt.

In seiner Entscheidung führte der Supreme Court aus, daß der verfassungsrechtliche Schutz des Arbeitnehmers bzw. die durch die Pickering-Entscheidung gebotene Abwägung grundlegend voraussetzten, daß sich der Arbeitnehmer zu einer Frage von öffentlichem Interesse („public concern") geäußert habe[66]. Zwar würden grundsätzlich auch Äußerungen zu privaten Angelegenheiten vom First Amendment geschützt. Etwas anderes gelte aber in dieser besonderen Situation, in der ein öffentlicher Arbeitnehmer als Arbeitnehmer und nicht als Bürger Äußerungen mache. Denn das Gericht habe diesbezüglich nur sicherzustellen, daß der Bürger nicht aufgrund der Tatsache, daß er für den Staat arbeite, seiner Grundrechte beraubt werde. Nicht aber müsse es zusätzliche Rechte für öffentliche Bedienstete schaffen, die sie als normale Bürger nicht hätten. So müsse das Gericht ihnen nicht bei jeglicher Kritik des Arbeitsverhältnisses bzw. der Arbeitsbedingungen Grundrechtsschutz gewähren, der ihnen in privaten Arbeitsverhältnissen ja auch nicht zustünde[67].

Ob eine Frage von öffentlichem Interesse sei, hänge von Inhalt, Form und Kontext ab. Im vorliegenden Fall sei der Fragebogen im Zusammenhang mit dem individuellen, auf das Arbeitsverhältnis bezogenen Konflikt, dem Streit um die Versetzung, entstanden, was gegen einen „public concern" spreche[68]. Inhaltlich seien Fragen von öffentlichem Interesse vorwiegend politische, soziale oder sonst gesellschaftlich relevante Fragen. Das Gericht gestand jedoch zu, daß zumindest eine der im Fragebogen enthaltenen Fragen, nämlich die nach empfundenem Druck, in Wahlkampagnen mitzuarbeiten, dieses Kriterium erfülle, weshalb es in die durch Pickering vorgegebene Interessenabwägung eintrat:

Der Arbeitgeber habe im vorliegenden Fall vernünftigerweise annehmen können, daß die Verteilung des Fragebogens den effizienten Arbeitsablauf beeinträchtige bzw. zu einer Störung („disruption"[69]) führe. Das Gericht hielt dies für ausreichend, zumal auch der direkte Vorgesetzte dem Arbeitgeber gegenüber die Fragebogenaktion als „Mini-Aufstand" charakterisiert hatte. Dem Arbeitgeber sei bei der Beurteilung der Frage, ob ein Verhalten die Arbeitsbeziehungen störe, ein großer Einschätzungsspielraum zuzugestehen. Insbesondere sei ihm nicht zuzumuten abzu-

---

[66] 461 U.S. 138, 146 f.(1983) „...it would indeed be a Pyrrhic victory for the great principles of free expression if the First Amendment's safeguarding of a public employee's right, as a citizen, to participate in discussions concerning public affairs were confused with the attempt to constitutionalize the employee grievance that we see presented here." Zit.: S.154; kritisch dazu Harvard Law Review Association, 97 Harv. L. Rev., 164, 167 f. (1983)

[67] Vgl. zum privaten Arbeitsverhältnis II C ff.

[68] 461 U.S. 138, 148(1983); „To presume that all matters which transpire within a government office are of public concern would mean that virtually every remark - and certainly every criticism directed at a public official - would plant the seed of a constitutional case." Zit.: S. 149

[69] Unter „disruption" scheint das Gericht die erhebliche Beeinträchtigung all dessen zu verstehen, was nach dem „Pickering test" auf Arbeitgeberseite in die Abwägung einzustellen ist.

warten, bis die Arbeitsbeziehungen in der Behörde schwer geschädigt seien, bevor er Gegenmaßnahmen ergreifen dürfe. Dies müsse jedenfalls in Fällen wie diesem gelten, wo durch den Fragebogen Themen des öffentlichen Interesses nur am Rande berührt würden[70].

Supreme Court Richter Brennan, der ein abweichendes Votum verfaßte[71], kritisierte die enge Definition des öffentlichen Interesses, die Fragen des Arbeitsverhältnisses pauschal ausklammere. Während er einräumte, daß nicht jede Kritik an dem öffentlichen Arbeitgeber ein „First Amendment-Fall" sein könne, warf er der Mehrheit vor, sie verkenne das Interesse der Öffentlichkeit an der Beurteilung und Bewertung des Verhaltens von öffentlichen Bediensteten.[72] Die Öffentlichkeit habe ein vitales Interesse an Informationen darüber, wie gewählte Inhaber eines öffentlichen Amtes (sogenannte „elected officials") - hier also der Leiter der Staatsanwaltschaft - ihre Verantwortung wahrnähmen. Der Schutz der Verbreitung derartiger Informationen gehöre zu den wesentlichen Funktionen des First Amendment, weshalb diese nicht über das „public concern"-Kriterium herausgefiltert werden dürften.[73] Außerdem dürfe dem Arbeitgeber kein so weiter Einschätzungsspielraum hinsichtlich der Frage, wie schädlich die Äußerungen für das effektive Funktionieren der Behörde seien, gelassen werden. Ein angemessener Schutz der First Amendment-Rechte von Arbeitnehmern sei nur dann gewährleistet, wenn die Frage der Schädlichkeit der Äußerungen weitgehender gerichtlicher Nachprüfung unterliege[74].

5. Waters v. Churchill

Im Jahre 1994 schränkte der Supreme Court in Waters v. Churchill[75] die bisherige Rechtsprechung noch weitergehend ein, indem er entschied, daß ein öffentlicher Arbeitgeber einen Arbeitnehmer schon dann kündigen könne, wenn er nur zuvor

---

[70] 461 U.S. 138, 152(1983): „We caution that a stronger showing may be necessary if the employee's speech more substantially involved matters of public concern", vgl auch S. 154

[71] Mit ihm unterstützten die Richter Marshall, Blackmun and Steven das Minderheitsvotum, so daß die Entscheidung letztlich nur von 5 Richtern getragen wurde.

[72] „...the First Amendment protects the dissemination of such information so that the people, not the courts, may evaluate its usefulness." Zit.: 461 U.S. 138, 165(1983)

[73] Zwar anerkannte auch Brennan die Notwendigkeit, alltägliche Arbeitnehmerbeschwerden nicht stets zum verfassungsrechtlichen Streitfall werden zu lassen. Doch solle dies nicht durch eine künstliche Einengung des „public-concern"-Kriteriums erreicht werden, sondern vielmehr dadurch, daß im Rahmen der Abwägung den auf der Gegenseite stehenden Interessen das Gewicht beigemessen werde, das sie verdienten.

[74] Der District Court sei also im vorliegenden Fall zu Recht in eine diesbezügliche Beweisaufahme eingetreten und zu dem Ergebnis gekommen, daß der Fragebogen keinen „disruptive effect" hatte, 461 U.S. 138, 166 ff. (1983). Der Supreme Court hätte dies nach Brennans Auffassung nicht ignorieren dürfen.

[75] 511 U.S. 661(1994), 114 S.Ct. 1878 (entschieden mit einer Mehrheit von sieben Richtern)

ein hinreichend verläßliches Verfahren angewandt habe, um zu entscheiden, ob die Äußerungen vom First Amendment geschützt sind.

In dem Fall hatte die Krankenschwester Churchill an ihrem Arbeitsplatz während einer Essenspause ein Gespräch mit ihrer Kollegin Perkins-Graham geführt. Churchill arbeitete in der Geburtenabteilung eines staatlichen Krankenhauses, und ihre Kollegin trug sich derzeit mit dem Gedanken, in diese Abteilung zu wechseln. Eine andere Kollegin, die das Gespräch mitgehört hatte, berichtete Churchills Vorgesetzter Waters, Churchill habe Perkins-Graham gegenüber die Arbeit in der Geburtenabteilung[76] sowie die Vorgesetzte Waters schlecht gemacht, was dazu geführt habe, daß Perkins-Graham nicht mehr in die Abteilung wechseln wolle. Waters befragte daraufhin Perkins-Graham zu dem Vorfall, die die Vorwürfe bestätigte. Daraufhin kündigte Waters Churchill nach nochmaliger Befragung der anderen Kollegin. In einer internen Anhörung bestritt Churchill, die ihr vorgeworfenen Äußerungen gemacht zu haben, sie habe sich im Gegenteil nur besorgt darüber geäußert, daß immer mehr Krankenschwestern vorübergehend in andere Abteilungen wechselten, was ihrer Auffassung nach eine gute Patientenbetreuung gefährde.

Der Supreme Court vertrat die Ansicht, daß es nicht darauf ankomme, welche Version des belauschten Gespräches die wahre sei, was also Churchill wirklich gesagt habe, auch wenn die von Churchill behauptete Version vom First Amendment geschützt gewesen wäre. Es genüge, daß das Krankenhaus eine vernünftige Grundlage für die Annahme gehabt habe, daß Churchill Äußerungen gemacht hatte, die nicht durch das First Amendment geschützt seien. Der Supreme Court betonte zwar, daß grundsätzlich nicht nur der materielle Gehalt des First Amendment beachtet, sondern daß es auch verfahrensrechtlich abgesichert werden müsse[77]. Dennoch sei nicht jede denkbare verfahrensmäßige Kontrolle, die dem Schutze der „free speech" diene, verfassungsrechtlich geboten.

Dazu führte das Gericht aus, der Staat habe in seiner Funktion als Arbeitgeber wesentlich mehr Befugnisse, die Meinungsfreiheit seiner Arbeitnehmer zu beschrän-

---

[76] Es sei „a bad place to work", Zit.: 114 S.Ct. 1878, 1883

[77] Diese Auffassung wurde allerdings nicht von allen die Entscheidung im Ergebnis tragenden Richtern geteilt. Supreme Court Richter Scalia wehrte sich in seinem zustimmenden Sondervotum gegen die Behauptung, daß die Verfassung es gebiete, die First Amendment-Rechte öffentlicher Beschäftigter auch durch Verfahrensgarantien abzusichern. „At- will"-Arbeitnehmer könnten jederzeit aufgrund falscher Tatsachenbeurteilung des Arbeitgebers gekündigt werden, genauso wie sie auch gänzlich ohne Grund entlassen werden könnten. Sie seien lediglich davor geschützt, in Vergeltung für die Ausübung ihres First Amendment-Rechts gekündigt zu werden. Wenn der Arbeitgeber aber - wie hier – möglicherweise irrtümlich davon ausgeht, daß gar keine geschützten Äußerungen vorgelegen haben, sei die Kündigung nicht in diesbezüglicher Vergeltungsabsicht erfolgt. Arbeitnehmer seien durch die Verfassung nur vor „retaliation", nicht vor „retaliation and mistake" geschützt.

ken, als er als Souverän gegenüber dem einfachen Bürger habe[78]. Dies müsse sich auch in den verfahrensrechtlichen Anforderungen niederschlagen. Wenn der Staat als Arbeitgeber seine Entscheidungsgrundlagen jeweils mit solcher Genauigkeit ermitteln müßte, daß sie einer gerichtlichen Nachprüfung standhalten, würde er in seiner Arbeitgeberfunktion unzulässig beschränkt[79]. Das Gericht müsse deshalb die Einschätzung des Arbeitgebers grundsätzlich ungeprüft zugrundelegen, solange der Arbeitgeber ein hinreichend verläßliches Verfahren gewählt habe, um zu ermitteln, ob es sich um verfassungsrechtlich geschützte Äußerungen gehandelt hatte[80].

Im vorliegenden Fall sei das Verfahren des Arbeitgebers zur Ermittlung der Fakten durchaus angemessen gewesen[81]. Die Äußerungen, wie sie sich danach für den Arbeitgeber darstellten, hätten das effektive Funktionieren der Abteilung gestört, indem sie die Autorität der Krankenhausleitung zu untergraben und Mitarbeiter von der Arbeit in dieser Abteilung abzuschrecken drohten, so daß die Kündigung nicht zu beanstanden sei.

Supreme Court Richter Stevens kritisierte in seinem abweichenden Votum, daß die Beschränkung der gerichtlichen Kontrolle auf Willkür bzw. Angemessenheit des Verfahrens bei Arbeitgeberentscheidungen im Zusammenhang mit „free speech" bedeute, daß dem in der Verfassung garantierten Recht weniger Schutz zuteil werde als vertraglichen oder einfachgesetzlichen Rechten, bei denen die Tatsachen vom Gericht stets nachgeprüft würden.

6. Weiteres „case law"

In verschiedenen anderen Supreme Court -Entscheidungen wie auch in zahlreichen unterinstanzlichen Entscheidungen wurden einzelne Aspekte der dargestellten Rechtsprechung noch genauer ausdifferenziert. Dazu soll im folgenden ein kurzer Überblick gegeben werden.

---

[78] „The government cannot restrict the speech at large just in the name of efficiency. But where the government is employing someone for the very purpose of effectively achieving its goals, such restrictions may well be appropriate" Zit.: 114 S.Ct. 1878, 1888

[79] Er könnte sich dann z.B. nicht auf seinen persönlichen Eindruck von der Glaubwürdigkeit bestimmter Mitarbeiter verlassen, weil dieser Eindruck u.U. von einer „jury" nicht geteilt würde. Auch dürfte er im Hinblick auf die gerichtliche Überprüfung keine Informationen vom Hörensagen verwerten, da diese nicht in einen Prozeß eingeführt werden könnten, 114 S.Ct. 1878, 1888

[80] Der Arbeitgeber müsse mit der Sorgfalt vorgegangen sein, die ein vernünftiger Arbeitgeber anwenden würde, bevor er eine das Arbeitsverhältnis betreffende Maßnahme ergreift, 114 S.Ct. 1878

[81] Der Arbeitgeber habe sich auf die Aussagen von zwei Arbeitnehmern, denen er vertraute, die bekräftigenden Einschätzungen dreier leitender Angestellter und die Eindrücke eines persönlichen Gespräches mit der betroffenen Arbeitnehmerin gestützt. Mehr Zeit hätte er - nach Auffassung des Gerichts - als sorgfältiger Arbeitgeber in den Vorfall nicht investieren müssen,114 S.Ct. 1878, 1890

a) Äußerungen zu Fragen von „public concern“

Die Unterinstanzen haben versucht, den Begriff des „public concern“ genauer zu umgrenzen[82]. Vielfach wird dabei vertreten, daß zur Abgrenzung nicht auf die involvierten Interessen oder die Bedeutung des Themas abzustellen sei, zumal fast alles, was in einer Behörde geschieht, irgendwie die Öffentlichkeit tangieren könne, sondern darauf, ob der Arbeitnehmer die Äußerung vorwiegend als Arbeitnehmer oder als Bürger gemacht habe[83].

Wenn z.B. ein Arbeitnehmer für Gleichbehandlung am Arbeitsplatz eintrete, täte er dies vorwiegend, um seine Arbeitssituation (und vielleicht die seiner Mitarbeiter) zu verbessern, spreche also als Arbeitnehmer und nicht als Bürger[84].

So hatte sich etwa in dem Fall Moore v. Mississippi Valley State University[85] eine Arbeitnehmerin einer Kindertagesstätte beschwert, der Vorgesetzte würde eine Kollegin bevorzugen, indem er dieser erlaube, bei der Arbeit eine Waffe mit sich zu führen. Das Gericht betonte, daß Moores Beschwerde nicht darauf abzielte, die Gefährlichkeit des Waffentragens anzuprangern. Moore habe nicht die Öffentlichkeit schützen, sondern vielmehr nur erreichen wollen, daß die Arbeitnehmer nicht unterschiedlich behandelt würden. Es habe sich somit um einen rein persönlichen Belang („personal grievance“) gehandelt.

Entsprechend wurde in dem Fall Ayoub v. Texas A&M University[86] entschieden, wo ein Professor ägyptischer Herkunft mit Sanktionen belegt wurde, nachdem er den Arbeitgeber öffentlich beschuldigt hatte, ihn im Hinblick auf sein Gehalt wegen seiner Herkunft zu diskriminieren. Außerdem hatte er sich mehrfach darüber beschwert, daß es signifikante Gehaltsunterschiede zu Lasten von Fakultätsmitgliedern ausländischer Herkunft gebe. Das Gericht verneinte den „public concern“. Ayoub sei es nie darum gegangen, die Diskriminierung wegen Herkunft losgelöst von seinem persönlichen Anliegen anzuprangern. Die Vorwürfe hätten nur dazu gedient, seinem auf sein individuelles Arbeitsverhältnis bezogenen Anliegen, nämlich ein höheres Gehalt zu bekommen, mehr Gewicht zu verleihen. Wenn dagegen eine Beschwerde vor dem Hintergrund einer aktuellen öffentlichen Debatte ge-

---

82 Ausführlich dazu Brown, 47 Baylor L. Rev. 619, 650 –653 (1995)

83 Vgl. Terrell v. University of Tex. Sys. Police, 792 F. 2d 1360, 1362 (5th Cir. 1986); Caine v. Hardy, 943 F. 2d 1406, 1416 (5th Cir. 1991); Bausworth v. Hazelwood Sch. Dist., 986 F. 2d 1197, 1199 (8th Cir. 1993)

84 Vgl. Dodds v. Childers, 933 F. 2d 271, 273f. (5th Cir. 1991)

85 871 F. 2d 545 (5th Cir. 1989)

86 927 F. 2d 834 (5th Cir. 1991)

macht werde, sei dies ein Indiz dafür, daß der Beschwerdeführer vorwiegend in seiner Rolle als Bürger auftrete.[87]

b) Öffentlich und nichtöffentlich geäußerte Meinungen

Der Schutz des First Amendment setzt nach ganz herrschender Meinung auch im Hinblick auf den „public concern" nicht voraus, daß die Äußerung öffentlich erfolgt. Private Konversationen mit Mitarbeitern oder Vorgesetzten fallen also grundsätzlich in den Schutzbereich, solange nur deren Inhalt Fragen öffentlichen Interesses berührt.[88]

Allerdings wird zum Teil darauf hingewiesen, daß die Tatsache, daß eine Beschwerde hinter verschlossenen Türen vorgebracht werde, indizieren könne, daß sie nicht in der Rolle als Bürger, der das Augenmerk der Öffentlichkeit auf bestimmte Mißstände lenken will, sondern in der Rolle als Arbeitnehmer gemacht wurde und somit keinen „public concern" zum Gegenstand habe[89].

Arbeitnehmer, die sich an die Medien gewandt oder sonst ihre Kritik öffentlich kundgetan haben, haben im allgemeinen wesentlich höhere Chancen, mit ihren Klagen zu obsiegen. Dies mag zum einen an der soeben geschilderten Indizwirkung liegen, zum anderen daran, daß es sich hier inhaltlich meist um Themen handelt, die weniger auf den konkreten Arbeitsablauf bezogen sind und bei denen deswegen die Gefahr der Störung des Arbeitsablaufs auch regelmäßig geringer ist[90]. Aber auch ganz losgelöst vom Inhalt der Kritik wird der Tatsache des internen Äußerns teilweise Indizwirkung dahingehend beigemessen, daß sie zu größeren Störungen führe. So wurde z.B. in der Connick-Entscheidung argumentiert, daß die Tatsache, daß sich Meyers - im Gegensatz zu Pickering – nicht öffentlich sondern innerhalb

---

[87] Vgl. Caine v. Hardy, 943 F 2d 1406, 1416. Wenn keine der beiden Rollen eindeutig hervortrete, müßten die öffentliche Interessen betreffenden Kritikpunkte deutlich geäußert worden sein. Es reiche nicht, daß der Arbeitnehmer im nachhinein seine Kritik um eine „public concern"-Dimension anreichere. So hatte in Harris v. Beedle, 845 F. Supp. 1030 (1994) eine staatliche Arbeitnehmerin sich aus Protest gegen ein internes Motivationsprogramm die anläßlich dessen verteilten Anstecknadeln provokant an mehrere Stellen ihrers Körpers geheftet und war daraufhin gekündigt worden. Das Gericht verneinte den „public concern" ihrer Aktion. Die Arbeitnehmerin habe zwar vor Gericht geltend gemacht, das Motivationsprogramm sei eine enorme Verschwendung von Steuermitteln. Da dieser spezielle Kritikpunkt aber ihrer Aktion zumindest nicht eindeutig zu entnehmen war, könne dies das öffentliche Interesse an ihren Äußerungen nicht begründen.

[88] Brown, 47 Baylor L. Rev. 619, 650 (1995); vgl. auch Peterson v. Atlanta Housing Auth., 998 F. 2d 904, 916 (11th Cir. 1993), Givhan v. Western Line Consolidated Sch. Dist., 439 U.S. 410, 415 f. (1979)

[89] Dorsett v. Board of Trustees for State Colleges & Univs. 940 F. 2 d 121, 125 (5th Cir. 1991), vgl auch Moore v. Mississippi Valley State University, 871 F. 2 d 545, 551 (5th Cir. 1989), dargestellt unter 6a)

[90] So Massaro, 61 S. Cal. L. Rev. 1, 22 (1987)

der Dienststelle geäußert habe, die Einschätzung des Arbeitgebers unterstütze, daß das effektive Funktionieren der Dienststelle gefährdet gewesen sei[91].

c) Vorsätzlich oder grob fahrlässig falsche Stellungnahmen

Der Supreme Court hat die Frage, ob vorsätzlich oder grob fahrlässige Äußerungen u.U. unter den Schutz des First Amendment fallen können, insbesondere, wenn sie nicht „disruptive" sind, also die effiziente Erfüllung der Staatsaufgaben nicht stören, explizit offen gelassen.[92]

In den unteren Instanzen werden dazu sehr unterschiedliche Auffassungen vertreten[93]. Manche wollen vorsätzlich oder grob fahrlässig falsche Äußerungen von Arbeitnehmern von vornherein nicht unter den Schutz des First Amendment fallen lassen (sogenannter „per se approach").[94] Andere geben zu bedenken, daß dieser „per se approach" Arbeitnehmer von der Wahrnehmung ihres „free speech"-Rechts abschrecken könne, wenn diese unsicher seien, ob ihre Informationsgrundlagen den gerichtlichen Anforderungen genügen würden[95]. Einige Gerichte haben sich dafür ausgesprochen, die vorsätzliche oder grob fahrlässige Unrichtigkeit nur als einen Faktor in der Gesamtabwägung zu berücksichtigen. Wenn die Äußerung der Effizienz des öffentlichen Sektors nicht schade, dürfe ein Arbeitnehmer auch wegen falscher Äußerungen nicht sanktioniert werden[96].

d) Beleidigende oder sonst formal anstößige Äußerungen

Bezüglich der Form der Äußerung sind die Gerichte in der Regel sehr großzügig. Sie stützen sich dabei vor allem auf die berühmte Supreme Court Entscheidung New York Times Co. v. Sullivan, die folgendes klargestellt hat: „...debate on public issues should be uninhibited, robust, and wide-open, and (...) it may well include vehement, caustic, and sometimes unpleasantly sharp attacks on government and public officials."[97]

---

[91] Connick v. Myers, 461 U.S. 138, 153 (1983)

[92] Im Pickering-Fall hatte das Gericht keine Anhaltspunkte dafür, daß dieser die Behauptungen vorsätzlich oder grob fahrlässig falsch aufgestellt hatte. Pickering, 391 U.S. 563, 574 f. und FN 6; vgl. auch das Minderheitsvotum von Justice White, der sich klar dafür ausspricht, daß grob fahrlässige Äußerungen keinen Schutz genießen dürften, S. 584.

[93] Vgl. zum ganzen Nielson, 63 Chi. L. Rev. 1277 (1996)

[94] Vgl. z.B. Brenner v. Brown, 36 F. 3d 18 (7th Cir. 1994)

[95] Vgl. z.B. Johnson v. Multnomah County, 48 F. 3d 420, 424 (9th Cir. 1995)

[96] So z.B. Johnson v. Multnomah County, 48 F. 3d 420, 422-424 (9th Cir. 1995)

[97] 376 U.S. 254, 270 (1964)

Beispiel für die hohe Toleranzschwelle der Gerichte ist die Entscheidung Jeffries v. Harleston[98]. In dem Fall hatte Jeffries, der Vorsitzende des Black Studies Department des City College von New York auf einem außeruniversitären Symposium über schwarze Kultur eine Rede gehalten. Im Rahmen dieser Rede machte er einige abwertende Bemerkungen gegenüber Juden. Sie seien bekannt dafür, Schwarze zu diskriminieren, hätten den Sklavenhandel finanziert etc. Die Rede entfachte heftige Kontroversen und veranlaßte das College, Jeffries Amtszeit als Vorsitzender erheblich zu reduzieren. Das Gericht gab Jeffries Klage statt, da das College nicht gezeigt habe, daß sein effektives Funktionieren durch die Rede relevant gestört worden sei, und stellte klar, daß der First Amendment-Schutz sich grundsätzlich auf jede Äußerung zu Fragen von öffentlichem Interesse erstrecke, „no matter how vulgar and misguided".

Kein Gericht hat den Ansatz gewählt, die Äußerungen entsprechend dem privaten Ehrschutzrecht zu beurteilen[99]. Als Grund dafür wurde wiederum auf die Entscheidung New York Times Co. v. Sullivan[100] Bezug genommen, die klarstellt, daß das First Amendment dem Staat grundsätzlich verbiete, Bürger für die Schädigung seines Rufes zu bestrafen: „Defamation of the government is an impossible notion for a democracy."[101]

e) Die Abwägung

aa) Grad des öffentlichen Interesses

Einigkeit besteht darüber, daß das noch zulässige Maß an durch die Äußerung verursachter „disruption" von dem Grad des öffentlichen Interesses an dem Äußerungsgegenstand abhängig ist. Je größer der „public concern", desto erheblicher muß die Effizienzsstörung sein, um gegenüber dem Interesse an der Äußerung zu überwiegen[102].

bb) Position des Arbeitnehmers

Wichtige Bedeutung in der Abwägung kann die besondere Stellung des Arbeitnehmers gewinnen. Dem Staat wird grundsätzlich ein größerer Ermessensspielraum

---

[98] 21 F.3 d 1238 (2 d Cir. 1994).

[99] Vgl. dazu Nielson, 63 Chi. L. Rev. 1277, 1279 (1996)

[100] Zit.: 376 U.S. 254 (1964)

[101] So das Gericht in American Postal Workers Union v. U.S. Postal Service, 830 F. 2d 294, 309f. (D.C. Cir. 1987), vgl. 63 Chi. L. Rev. 1277, 1291 (1996)

[102] So schon Connick, 461 U.S. 138, 152(1983); McKinley v. City of Eloy, 705 F. 2d 1110, 1115 (9th Cir 1983); für das wichtige Interesse etwa, einen korrupten Amtsträger zu entlarven, müßten erhebliche „disruptions" hingenommen werden, Johnson v. Multnomah County, 48 F. 3d 420, 427 (9th Cir. 1995), vgl. auch Brown, 47 Baylor L. Rev 619, 657 (1995)

zugestanden, wenn er einem Arbeitnehmer wegen Ausübung des „free speech"-Rechts kündigen will, der mit politischen oder behördenstrategischen Entscheidungen betraut (sogenannter „policy maker") oder für die Öffentlichkeitsarbeit zuständig ist, als wenn einem Arbeitnehmer gekündigt werden soll, der reine Verwaltungsfunktionen ohne Bürgerkontakt ausübt.[103] Das gleiche gilt bei Arbeitnehmern in besonderen Vertrauenspositionen, insbesondere solchen, die Zugang zu besonders geheimhaltungsbedürftigen Informationen haben.

cc) Sondersituation der Polizeibehörden

Den Polizeibehörden wird generell – auch unabhängig von der konkreten Position des Arbeitnehmers - ein sehr großer Einschätzungsspielraum bezüglich der Frage zugestanden, ob eine Äußerung ihr effizientes Handeln stört. Außerdem wird dort sehr schnell ein Überwiegen der Effizienzinteressen angenommen.[104] Dies wird mit der besonderen Funktion dieses speziellen Sektors gerechtfertigt, dem die wichtige Aufgabe der Aufrechterhaltung der öffentlichen Sicherheit und Ordnung obliege und in dem der Bedarf an Autorität und Disziplin besonders groß sei, weil sein erfolgreiches Funktionieren davon abhängt, daß er von der Bevölkerung respektiert werde[105].

f) Rechtsfolgen

Die Verletzung des First Amendment-Rechts auf Äußerungsfreiheit durch den staatlichen Arbeitgeber löst deliktische Schadensersatzansprüche des Arbeitneh-

---

[103] Vgl. Rankin v. McPherson, 483 U.S. 378 (1987); siehe auch Hall v. Ford, 856 F. 2d 255, 261 (D.C. Cir. 1988): In dem Fall war dem Sportdirektor der University of DC wegen seiner öffentlich geäußerten Kritik an Mißständen in seiner Abteilung gekündigt worden. Das Gericht prüfte innerhalb der Pickering-Abwägung, ob der Sportdirektor ein „policy level employee" war, bzw. eine „policy making"-Position innehatte, ob er also maßgeblich an der Formulierung, Umsetzung und Bekanntgabe von grundlegenden Zielsetzungen der Universität beteiligt war. Das Gericht bejahte dies und folgerte, daß deshalb das Interesse der Universität, daß der diese Position bekleidende Arbeitnehmer nach außen die Linie der Universitätsleitung vertrete, in der Abwägung obsiegen müsse. „We conclude that Hall could be dismissed for expressing views on matters within the core of his responsibilities that reflected a policy disagreement with his superiors such that they could not expect him to carry out their policy choices vigorously" (S. 265).

[104] So Brown, 47 Baylor L. Rev. 619, 654 (1995); vgl. z.B. Bryson v. City of Waycross, 888 F. 2d 1562 (11th Cir. 1989), vgl. Stegmaier v. Trammell, 597 F. 2d 1027, 1030 (5th Cir. 1979)

[105] So können hier z.B. auch rassistische Äußerungen weniger toleriert werden als sonst; vgl. z.B. McMullen v. Carson, 754 F. 2d 936, 938 (11th Cir. 1985). In dem Fall hatte eine Arbeitnehmerin der Polizei von Jacksonville in einer Radiosendung ihre Mitgliedschaft beim Ku Klux Klan enthüllt, was zu Entrüstung unter der schwarzen Bevölkerung geführt hatte. Die Arbeitnehmerin wurde deshalb in der Folgezeit gekündigt. Das Gericht stellte klar, daß zwar grundsätzlich Reaktionen in der Bevölkerung nicht die Reichweite des Grundrechtsschutzes diktieren dürften. Doch da es sich hier um den besonderen Fall einer Polizeibehörde handele, deren wichtige Aufgabe nur dann effektiv erfüllt werden könne, wenn die große Mehrheit der Bevölkerung sie respektiere, ihr vertraue und sie unterstütze, müsse die - hier entsprechend anzuwendende - Pickering-Abwägung zugunsten des Staates ausfallen.

mers aus. Dazu gehört insbesondere die Wiedereinstellung (sogenanntes „reinstatement"). Anders als hierzulande, wird im amerikanischen Arbeitsrecht im Falle einer rechtswidrigen Kündigung also nicht deren Unwirksamkeit angenommen, sondern Wiedereinstellung als „Naturalrestitution" gewährt. Neben der Wiedereinstellung ist Schadensersatz in Geld, insbesondere in Form der rückständigen Gehälter vorgesehen, der sich nach den allgemeinen für öffentliche Arbeitsverhältnisse geltenden Vorschriften richtet. Der Supreme Court hatte es abgelehnt, einen eigenständigen Schadensersatzanspruch für diese Fälle zu entwickeln. In Bush v. Lucas ((462 U.S. 367 (1983)) wies er darauf hin, daß die Schadensersatzansprüche gegen den Staat sowie das Verfahren zu deren Geltendmachung im öffentlichrechtlichen Arbeitsverhältnis ausführlich einfachgesetzlich geregelt seien (z.B. durch den „Back Pay Act" von 1966, der Schadensersatz für alle sich im nachhinein als ungerechtfertigt herausstellenden Personalmaßnahmen gewährt, sowie durch den „Civil Service Reform Act" von 1978). Dieses vom Gesetzgeber sorgfältig ausdifferenzierte Schadensersatzsystem wolle er nicht durch Einführung gesonderter Ansprüche stören. Dies gelte auch, wenn die gesetzlichen Ansprüche im Einzelfall unzureichend sein mögen, z.B. weil sie kein Schmerzensgeld vorsehen.

g) Beweis der Kausalität

Hinsichtlich des Kausalitätsbeweises hat die Rechtsprechung 1977 den sogenannten „Mt. Healthy-test" entwickelt, der seitdem auf whistleblower-Fälle Anwendung findet[106]. Danach muß der Arbeitnehmer darlegen und beweisen, daß seine verfassungsrechtlich geschützten Äußerungen zumindest *ein* Beweggrund für die erlittene Sanktion gewesen sind. Dann obliegt es dem Arbeitgeber darzulegen und zu beweisen, daß er auch ohne das verfassungsmäßig geschützte Verhalten des Arbeitnehmers die gleiche Maßnahme getroffen hätte.

Bereits der Beweis, daß seine Äußerungen zumindest mit-kausal für die arbeitgeberseitige Kündigung waren, ist dem Arbeitnehmer allerdings oft nur schwer möglich. Denn grundsätzlich hat der „at-will"-Arbeitnehmer keinen Anspruch darauf, daß seine Kündigung begründet wird (der Arbeitgeber darf ihm schließlich auch „for no reason", also aus reiner Willkür kündigen). Er erfährt also die Gründe für seine Kündigung u.U. erst vor Gericht, was bedeutet, daß er sich zunächst auf einen

[106] In Mt. Healthy City School District Bd. of Ed. v. Doyle, 429 U.S. 274 (1977) hatte sich ein Lehrer im Rundfunk über die für Lehrpersonal geltende Kleiderordung beschwert. Sein Vertrag wurde in der Folgezeit nicht verlängert. Er machte geltend, man habe ihn wegen der Ausübung seines verfassungsmäßig geschützten Äußerungsrechts bestraft. Die Schulbehörde trug vor, die Entscheidung sei wegen seines ungebührlichen Verhaltens insgesamt erfolgt, zu dem die Radioäußerungen, aber auch obszöne Gesten gegenüber Schülern gehört hätten. Das Gericht verlangte von der Schulbehörde darzulegen und zu beweisen, daß sie ihre Entscheidung auch ohne die Radioäußerungen getroffen hätte. Anderenfalls müsse der Klage stattgegeben werden (S. 287); vgl. auch Kohn/Kohn 1988, S. 19; Perritt Band 2, 1992, S. 97

riskanten Prozeß einlassen muß, ohne seine Chancen im voraus abschätzen zu können. Aus diesem Grund wird in der Literatur auch teilweise dafür plädiert, das „free speech"-Recht durch verfahrensrechtliche Garantien abzusichern, indem der Arbeitgeber verpflichtet wird, dem Arbeitnehmer bei Entlassung die Gründe für die Kündigung zu nennen[107]. Aber auch das dürfte dem Arbeitnehmer nur bedingt weiterhelfen, solange der Arbeitgeber grundsätzlich aus jedem beliebigen Grund kündigen kann. Der Arbeitgeber wird sich unter diesen Umständen leichter auf bloß vorgeschobene Kündigungsgründe berufen können, zumal weil er auch rein subjektive und somit kaum nachprüfbare Gründe nennen darf.

7. Kommentar zu den dargestellten Entscheidungen

a) Tendenzen der Supreme Court-Rechtsprechung

Insgesamt scheint der Supreme Court sich seit Pickering kontinuierlich in die Richtung zu bewegen, dem öffentlichen Arbeitgeber wieder freiere Hand bei der Entlassung unliebsamer Arbeitnehmer zu geben. So läßt er es in Connick v. Myers ausreichen, daß der von Myers in Umlauf gebrachte Fragebogen nach Auffassung des Arbeitgebers potentiell geeignet war, Störungen („disruptions") zu verursachen. In Waters v. Churchill setzt sich der regressive Trend fort. Hier gibt der Supreme Court dem Arbeitnehmer nicht einmal die Gelegenheit zu beweisen, daß seine Äußerungen einen anderen als den vom Arbeitgeber unterstellten Inhalt hatten.

Indem die Connick-Entscheidung dem Arbeitgeber einen weiten Einschätzungsspielraum hinsichtlich der Schädlichkeit des konkreten whistleblowing gewährt, macht sie dieses unwägbar riskant. Die Waters-Entscheidung bürdet dem Arbeitnehmer darüber hinaus das Risiko eines Irrtums des Arbeitgebers bei der tatsächlichen Beurteilung der Äußerungen auf und schwächt damit die Rechtsstellung des Arbeitnehmers in noch erheblicherem Maße. Während die Pickering-Entscheidung dem öffentlichen Arbeitnehmer einen sehr großzügigen First Amendment-Schutz gewährte (sogar die Tatsache, daß einige von Pickerings Behauptungen unrichtig waren, ließ die Schutzwürdigkeit nicht entfallen), sind die Folgeentscheidungen also deutlich restriktiver. Da diese Entscheidungen jedoch sehr auf die konkreten Details des jeweiligen Einzelfalles abstellen, bleiben für die Instanzgerichte noch erhebliche Freiräume, innerhalb derer vielfach eine whistleblower-freundlichere Linie verfolgt wird.

---

[107] Vgl. Estlund, 71 Ind. L. J. 101, 103, 127, 144 ff. (1995); siehe auch Massaro, 61 S. Cal. L. Rev. 1, 19 (1987)

b) Rolle der Loyalitätspflichten

In den dargestellten Entscheidungen finden sich nur selten Ausführungen dazu, ob und inwiefern das konkrete whistleblowing eine Verletzung von Loyalitäts- und Verschwiegenheitspflichten darstellt. Aus deutscher Perspektive mutet dies sehr befremdlich an, zumal die Reichweite der Loyalitätspflicht hierzulande als *das* zentrale Rechtsproblem im Zusammenhang mit whistleblowing gilt. Der geringere Stellenwert diesbezüglicher Erörterungen in der dargestellten First Amendment-Rechtsprechung erklärt sich aus der Tatsache, daß die Kündigung von „at-will“-Arbeitsverhältnissen grundsätzlich ohne Grund erfolgen darf, also eine *Vertragsverletzung,* (wie sie ein illoyales Verhalten auch in den USA bedeuten kann[108]), gar nicht dargelegt werden muß.

Wenn es in den geschilderten amerikanischen whistleblowing-Entscheidungen zuweilen dennoch um Loyalitätspflichten geht, so unter anderen Vorzeichen. Maßgeblich für die Zulässigkeit einer Kündigung wegen whistleblowing ist unter der First Amendment-Rechtsprechung - wie gezeigt - die Abwägung der Interessen an der unbeschränkten Äußerungsfreiheit des Arbeitnehmers auf der einen Seite gegen das Interesse an einem effektiven Funktionieren der öffentlichen Verwaltung auf der anderen. Dieses „effektive Funktionieren“ setzt u.a. auch ein gewisses Maß an Loyalität der Bediensteten voraus (vgl. Details der Pickering Abwägung oben II 3). Bewertet demnach ein Gericht das Verhalten eines Arbeitnehmers als illoyal, so kann dies auch in den USA dazu beitragen, die Kündigung zu rechtfertigen. Im Gegensatz zur Situation in Deutschland ist der Loyalitätsbruch aber erstens nur ein Faktor unter vielen, zweitens ist irrelevant, ob er eine Vertragsverletzung darstellt oder nicht.

c) Das „public concern“-Kriterium

Wie oben erörtert wurde durch die Pickering-Entscheidung ein Kriterium eingeführt und durch ihre Weiterentwicklung in Connick zur Schlüsselfrage überhaupt gemacht, nämlich das Kriterium des „public concern“.[109] Nur Äußerungen zu Themen von öffentlichem Interesse sollen danach den Schutz des First Amendment genießen.

---

[108] Siehe dazu die unter D dargestellte „just cause“-Rechtsprechung

[109] Vgl. Harvard Law Review Associationm 97 Harv. L. Rev. 164, 167 f. (1983), die darauf hinweisen, daß der Supreme Court mehrfach zuvor entschieden hat, daß öffentliche Arbeitnehmer Versammlungs- und Vereinigungsfreiheit genießen, ohne daß je der „public concern“ eine Rolle gespielt hätte. Allerdings hat der Supreme Court in anderen Zusammenhängen verschiedene Bereiche von Äußerungen als unterschiedlich schutzwürdig bewertet (so z.B. bei ehrverletzenden oder obszönen Äußerungen, bei gewerblichen Äußerungen etc.) Der höchste Rang wurde auch dabei stets dem „speech on matters of public concern“ eingeräumt, siehe Massaro, 61 S.Cal. L. Rev. 1, 25 ff. (1987) m.w.N.

Dieser „public concern"-Filter ist vielfach auf Kritik gestoßen. Dem Supreme Court wird vorgeworfen, er beschränke signifikant den traditionellen Anwendungsbereich des First Amendment. Denn auch wenn Äußerungen zu Fragen öffentlichen Interesses „the highest rung of the hierarchy of First Amendment values"[110] genössen, bedeute dies nicht, daß andere Äußerungen von vornherein aus dem Schutzbereich des First Amendment herausfallen dürften. In Pickering habe das Gericht Äußerungen ohne „public concern" zumindest noch unter den Schutzbereich des First Amendment subsumiert und lediglich ausgeführt, daß solchen im Rahmen der Abwägung regelmäßig eine schwächere Position zukäme. In Connick aber sei die Frage zum Einstiegskriterium in die verfassungsrechtliche Prüfung erhoben worden, so daß Äußerungen ohne „public concern" nicht einmal geschützt würden, wenn sie die Arbeitgeberinteressen nachweislich nicht beeinträchtigten.[111]

aa) Unterschiedliches First Amendment-Verständnis

Der Streit um das „public concern"-Kriterium spiegelt die unterschiedlichen Interpretationsansätze wieder, die in Bezug auf das First Amendment vertreten werden. Denn ob das öffentliche Interesse an der Äußerung als zulässiger Filter für den First Amendment-Schutz betrachtet wird, hängt wesentlich davon ab, worin der Sinn des verfassungsrechtlichen Schutzes der „free speech" gesehen wird. In Rechtsprechung und Lehre haben sich dazu insbesondere zwei Auffassungen herausgebildet.

Die einen sehen den Hauptzweck des First Amendment in dem kollektiven Interesse, die Voraussetzungen für einen öffentlichen Diskurs zu sichern[112] - oder in Justice Holmes berühmten Worten, den „marketplace of ideas" zu schaffen, in dem konkurrierende „concepts of the good" angeboten werden, unter denen Bürger wählen können, welchen sie zustimmen und gegebenenfalls folgen möchten. Der freie Austausch von Ideen sei unerläßlich für die Wahrheitsfindung[113].

---

[110] Zit.: Carey v. Brown, 447 U.S. 455, 466 f. (1980), wo über „public-issue picketing", d.h. eine Demonstration zu öffentlich relevanten Themen entschieden wurde.

[111] Dies wird auch in dem Minderheitsvotum von Supreme Court Richter Brennan zur Connick-Entscheidung kritisch angemerkt - allerdings nur in einer Fußnote, obwohl es sich hier um eine der entscheidenden Fragen handelt: „To the extent that the Court's opinion may be read to suggest that the dismissal of a public employee for speech unrelated to a subject of public interest does not implicate First Amendment interests, I disagree, because our cases establish that public employees enjoy the full range of First Amendment rights guaranteed to members of the general public. Under the balancing test articulated in Pickering, however, the government's burden to justify such a dismissal may be lighter." 461 U.S. 138, 164 ff. Fn 1

[112] „One of the central purposes of the First Amendment's guarantee of freedom of expression is to protect the dissemination of information on the basis of which members of our society may make reasoned decisions about the government." Zit.: Connick v. Myers, 461 U.S. 138, S. 162(1983)

[113] „We protect free exchange of ideas in order to root out error and test convictions. The crucible of unfettered competition will burn away falsehoods and fallacies and leave the truth, the ulti-

Die andere Auffassung betont dagegen vor allem den Wert, den das „free speech"-Recht für das Individuum selbst hat: Meinungsfreiheit als Grundvoraussetzung persönlicher Autonomie und Selbstverwirklichung, unabhängig davon, ob damit die öffentliche Diskussion bereichert werden soll oder nicht[114].

Zumindest von letzterem Ansatz aus ist die Beschränkung der Äußerungsfreiheit im öffentlichen Arbeitsverhältnis auf Themen von „public concern" nicht zu rechtfertigen.

Die Supreme Court-Rechtsprechung vereint die beiden Interpretationsansätze und geht von einem doppelten Schutzzweck des First Amendment aus. Sie scheint allerdings – zumindest in Bezug auf öffentliche Arbeitsverhältnisse – den First Amendment-Schutz erst dann eröffnen zu wollen, wenn zumindest *auch* dem kollektiven Schutzzweck dieses Verfassungsgutes genügt ist. Anders kann die Beschränkung des Schutzbereiches auf Fragen von „public concern" nicht gedeutet werden.

bb) „public concern" als Mehrheitsinteresse

Auch wenn man das First Amendment-Verständnis des Supreme Court zugrundelegt, erscheint das „public concern"-Kriterium doch in mehrfacher Hinsicht fragwürdig. So unterwirft es das „free speech"-Recht der Definitionsmacht der Mehrheit, bzw. macht es von Mehrheitsgeschmack und -interesse abhängig. Themen, für die sich die Öffentlichkeit nicht interessiert, fallen aus dem Schutz heraus, auch wenn sie von immenser Bedeutung für den Einzelnen sind. Das ist problematisch, zumal Meinungsfreiheit nicht nur darin besteht, sich zu vorgegebenen Themen frei äußern, sondern auch darin, diese Themen frei wählen zu können. Besinnt man sich überdies darauf, daß die verfassungsrechtlichen Garantien primär den Schutz derjenigen (Minderheiten) bezwecken, die sich im politischen Prozeß nicht hinreichend behaupten können, und Freiheit immer auch und gerade die des „Anders-Denkenden" ist, wird man Massaro zustimmen müssen, die formuliert: „To infuse majoritarian values into the Bill of Rights and conclude that protected employee speech must involve matters that are already of interest to a significant segment of the public seems a very wrong reading of the First Amendment."[115]

---

mate value, at its residue", Zit.,:Massaro, 61 S.Cal. L. Rev. 43 (1987), die sich insgesamt kritisch zu diesem Interpretationsansatz äußert.

Der Schutzbereich der Äußerungsfreiheit wurde von den Vertretern dieser Auffassung mit der Zeit von rein politischen Themen auf viele andere Bereiche öffentlichen Interesses, wie philosophische, soziale, wirtschaftliche und ethische Fragen ausgedehnt, Estreicher/Harper 1990, S. 492

[114] Sogenannte „self-realization theory", ausführlicher dazu Massaro, 61 S.Cal. L. Rev. 1, 49 ff.(1987)

[115] Zit.: Massaro, 61 S.Cal. L. Rev. 1, 31 (1987)

cc) Pauschale Ausklammerung von Arbeitsbedingungen

Abgesehen davon ist nicht einzusehen, weshalb – wie dargestellt - auf das Arbeitsverhältnis bezogene Konflikte grundsätzlich kein „public concern“ sein sollten, obwohl sie sehr wohl die Qualität des öffentlichen Dienstes beeinflussen können.[116]

In Thornhill v. Alabama[117] hat der Supreme Court sich in anderem Zusammenhang mit der Frage beschäftigt, ob Arbeitsbedingungen einen „matter of public concern“ darstellen könnten. Er entschied dort, daß das öffentliche Interesse an den Arbeitsbedingungen dem Eigeninteresse der direkt Betroffenen an Gewicht nicht nachstehe. Von den Arbeitsbedingungen hänge die Gesundheit gegenwärtiger wie zukünftiger Generationen ab, und die Umstände selbst in einer einzigen Fabrik könnten weitreichende Auswirkungen auf andere Unternehmen haben. Überdies zeige bereits ein kurzer Blick auf die Bundes- und Landesgesetzgebung in diesem Bereich, daß Arbeitsbedingungen durchaus nicht als Angelegenheit von nur lokalem oder privatem Belang angesehen würden. Die unbeschränkte Diskussion der Arbeitsbedingungen und -konflikte sei unverzichtbar, um den demokratischen Prozeß für die Gestaltung einer modernen Industriegesellschaft nutzbar zu machen.

Die Connick-Entscheidung, in der Arbeitsbedingungen bzw. Fragen des Arbeitsverhältnisses als außerhalb des öffentlichen Interesse liegend definiert wurden, steht dazu in klarem Widerspruch[118]. Dies ist umso erstaunlicher, als hier die Arbeitsbedingungen im öffentlichen Sektor in Frage standen, die wohl umso mehr noch als „matter of public concern“ gewertet werden müßten als im privaten Sektor.

d) Privilegierung externen whistleblowings

In der dargestellten Rechtsprechung wird tendenziell externes whistleblowing gegenüber internem privilegiert[119]. Dies zeigt sich u.a. daran, daß der Tatsache des externen Äußerns in mehrfacher Hinsicht Indizwirkung für die Schutzwürdigkeit des whistleblowing beigemessen wird. So spricht die externe Anzeige für ein Auftreten als Bürger und damit für den „public concern“, daneben spricht sie auch für geringere Störungsgefahr (vgl. oben 6 b). Um den Anforderungen der „freedom of speech“- Rechtsprechung zu genügen, ist es dem Arbeitnehmer deshalb anzuraten, statt einer internen Anzeige (gleich) den weniger diskreten Weg in die Öffentlichkeit zu wählen.

---

[116] Vgl. Harvard Law Review Association, 97 Harv. L. Rev. 164,172 (1983)

[117] 310 U.S. 88 (1940)

[118] Die Entscheidung Thornhill v. Alabama wird in Connick gar nicht erwähnt.

[119] Vgl. auch Massaro, 61 S.Cal. L. Rev 1, 22 (1987)

aa) Verfassungsrechtlicher Hintergrund

Die Privilegierung externer Anzeigen ist durchaus nicht inkonsequent, insbesondere wenn man sich die oben beschriebenen kollektiven Zwecke des First Amendment vergegenwärtigt. Denn für den „marketplace of ideas" ist die Privilegierung externer, also an die Öffentlichkeit und damit das größtmögliche Forum gerichteter Anzeigen durchaus schlüssig. Sie ist allerdings nicht zwingend, denn auch das Unternehmen selbst bietet u.U. einen - wenn auch kleineren - „marketplace" für die Auseinandersetzung widerstreitender Standpunkte, zumindest sofern die Anzeige oder Kritik nicht direkt an den Arbeitgeber gerichtet ist, sondern wie z.B. in Connick an die betriebliche Öffentlichkeit. Gemessen an der *individuellen* Zielrichtung des First Amendment sind dagegen externe wie interne Anzeigen schutzwürdig - gerade die Freiheit der Wahl des Adressaten läßt das individuelle Recht zur größtmöglichen Geltung kommen.

bb) Zweifelhafte Indizwirkung

Die Indizwirkung externen whistleblowings für das Vorliegen eines „public concern" erscheint allerdings höchst fragwürdig. Denn der Arbeitnehmer mag schlicht aus Rücksichtnahme auf die Interessen des Arbeitgebers zunächst intern angezeigt haben und zu einer externen Anzeige dann gar nicht mehr gekommen sein.

Interessant ist auch, wie sehr sich die angenommenen Indizwirkungen von der deutschen Betrachtungsweise unterscheiden. Dies gilt vor allem in Bezug auf die Einschätzung, daß interne Äußerungen regelmäßig zu größeren Störungen, d.h. zu größeren Beeinträchtigungen der Interessen des Arbeitgebers führen als externe. In Deutschland wird die durch externe Anzeigen hervorgerufene Ansehensschädigung und der Vertrauensverlust regelmäßig als deutlich schädlicher bewertet als die durch interne Anzeigen mögliche Störung des Arbeitsklimas.

III. Das Petitionsrecht im öffentlichen Arbeitsverhältnis

Im First Amendment heißt es außerdem: „Congress shall make no law....abridging... the right.... to petition the Government for a redress of grievances."

Das Petitionsrecht wird in den Entscheidungen zum Arbeitnehmer-whistleblowing im öffentlichen Sektor nur selten überhaupt angesprochen. Der Supreme Court hat sich nie direkt zu der Frage geäußert, ob die Petitionsklausel im First Amendment öffentliche Arbeitnehmer - über das „free speech"-Recht hinaus - vor Kündigungen und anderen Sanktionen schützt, wenn sie sich mit Beschwerden an übergeordnete staatliche Stellen wenden. Unter den Instanzgerichten herrscht in dieser Frage Uneinigkeit. Das zuständige Bundes-Appellationsgericht hat in San Filippo v. Bongiovanni[120] entschieden, daß das Petitionsrecht den Arbeitnehmer über das „free speech"-Recht hinaus schützt, wenn er förmliche Verfahren in Anspruch nimmt.

In dem konkreten Fall hatte eine staatliche Universität einem Professor gekündigt, weil er verschiedene Gerichtsverfahren und förmliche, tarifvertraglich vorgesehene Beschwerdeverfahren gegen die Universität und verschiedene Universitätsangestellte angestrengt hatte. Der Professor wandte sich gegen die Kündigung mit dem Argument, sie verletze seine First Amendment-Rechte.

Der District Court, die erste Instanz, wandte die Connick-Kriterien[121] auf den Fall an und kam zu dem Ergebnis, daß das Verhalten unter dem „free speech"-Recht sowie unter dem Petitionsrecht nur dann geschützt gewesen wäre, wenn die angestrengten Verfahren „matters of public concern" zum Gegenstand gehabt hätten.

Das Appelationsgericht dagegen war der Auffassung, daß die Connick-Kriterien auf das Petitionsrecht nicht anwendbar seien, dieses also nicht durch ein „public concern"- Erfordernis beschränkt sei. Das Gericht räumte ein, daß das Petitionsrecht genausowenig wie das „free speech"-Recht absolut gelte, doch seien die Kriterien, durch die dieses Recht eingeschränkt würde, nicht deckungsgleich mit denen des „free speech"- Rechts. Der Supreme Court habe in verschiedenen anderen Zusammenhängen die Grenzen des Petitionsrechts definiert, insbesondere durch die sogenannte „mere sham-exception"[122], wonach mißbräuchliche Beschwerden, die auf bewußt falschen Tatsachenbehauptungen beruhen, aus dem Schutzbereich des Petitionsrechts herausfallen. Welche Einschränkungen des Petitionsrechts erforderlich seien, hänge stets vom Kontext ab. Dies bedeute aber nicht, daß im Kontext von Arbeitsverträgen automatisch die „public concern"-Einschränkung auf das Petitionsrecht zu übertragen sei. Dies wäre nur dann der Fall, wenn beide Rechte den gleichen Schutzzweck hätten. Das Petitionsrecht sei jedoch nicht als redundante Bestätigung des „free speech"-Rechts konzipiert, in Bezug auf die hier in Frage stehenden Gerichts- und förmlichen Beschwerdeverfahren komme ihm vielmehr eine über jenes Recht hinausgehende Bedeutung zu. Das Petitionsrecht verpflichte den Staat nämlich, Kanäle für die Geltendmachung von Beschwerden über staatliche Handlungen oder Versäumnisse einzurichten. Wenn der Staat in Erfüllung dieser Pflicht explizit förmliche Verfahren zur Geltendmachung von Klagen und Beschwerden zur Verfügung stelle, könne er unmöglich diejenigen bestrafen, die von diesen institutionalisierten Beschwerdemöglichkeiten Gebrauch machten, auch

---

[120] So San Filippo v. Bongiovanni, 30 F. 3d 424 (3d Cir. 1994), vgl. Pave, 90 Nw. U. L. Rev. 304, 317 (1995)

[121] Vgl. oben II 4

[122] „Mere sham" bedeutet hier, daß die Petition ein bloßer Vorwand und kein ernstes Anliegen ist, vgl. California Motor Transport Co. v. Trucking Unlimited, 404 U.S. 508 (1972); Bill Johnson's Restaurants, Inc. v. NLRB, 461 U.S. 731 (1983)

wenn ihre Beschwerden keine Fragen von öffentlichem Interesse zum Gegenstand hätten.

Andere Instanzgerichte vertreten dagegen die Ansicht, daß das Petitionsrecht keinen weitergehenden Schutz für whistleblower biete, zumal ein Verzicht auf das „public concern"-Kriterium diejenigen Arbeitnehmer ungerechtfertigt bevorzugen würde, die ihre Kritik in eine wie auch immer geartete Petition kleideten, also z.B. statt sich in einem kritischen Leserbrief an die Öffentlichkeit zu wenden oder sich gegenüber einem Kollegen zu beschweren, ein förmliches Beschwerdeverfahren gegenüber höheren staatlichen Instanzen anstrengten.[123] Daß das Petitionsrecht zusammen mit den entsprechenden Verfahren eigens dafür geschaffen wurde, die Artikulation von Beschwerden zu ermöglichen bzw. sie in geeignete Bahnen zu lenken, ist für diese Gegenansicht offenbar ohne Belang.

In der Literatur dagegen findet San Filippo v. Bongiovanni Unterstützung. Jedoch werden zugleich erhebliche Zweifel daran geäußert, daß der Supreme Court dieser Argumentation folgen und den Schutz des Petitionsrechts weiter greifen lassen würde als den des „free speech"-Rechts.[124]

Weitgehende Einigkeit unter den Instanzgerichten besteht hinsichtlich der Frage nichtförmlicher Petitionen. Bezüglich derer dürfe der Schutz des Petitionsrechts nicht weiter reichen als der des „free speech"-Rechts, so daß die Übertragung des „public concern"-Kriteriums gerechtfertigt erscheine.[125]

C. Die „public policy"-Ausnahme zur „at-will"-Doktrin

Die im vorangegangenen Kapitel dargestellte Rechtsprechung, wonach die Ausübung verfassungsmäßiger Rechte, hier insbesondere der First Amendment-Rechte, grundsätzlich nicht zu arbeitsrechtlichen Sanktionen führen darf, bezog sich nur auf Arbeitsverhältnisse im öffentlichen Sektor. Auf den privaten Sektor, in dem die Mehrzahl der Arbeitnehmer bis heute „at-will" beschäftigt ist, ist sie schon deshalb nicht übertragbar, weil – wie gesagt - nach ganz herrschender Auffassung die verfassungsrechtlichen Garantien grundsätzlich nicht gegen den privaten Arbeitgeber

---

[123] Vgl. z.B. Belk v. Town of Minocqua, 858 F. 2d 1258, 1262 (7th Cir. 1988)

[124] Vgl. Pave, 90 Nw. U. L. Rev. 304, 345 (1995), der zur Begründung seiner Prognose u.a. auf die Entscheidung McDonald v. Smith, 472 U.S. 479 (1985) verweist, wo der Supreme Court - allerdings in einem anderen Zusammenhang - folgendermaßen entschieden hat: „There is no sound basis for granting greater constitutional protection to statements made in a petition to the President than other First Amendment expressions"; siehe auch Harvard Law Review Association, 97 Harv. L. Rev. 164, 172 (1983)

[125] So wurde das „public concern"-Kriterium etwa in Schalk v. Gallemore angewandt, wo ein Krankenhausangestellter der Krankenhausleitung einen vierseitigen Brief übergeben hatte, in dem er seine Bedenken zu verschiedenen Führungspraktiken in dem Krankenhaus aufgeführt hatte, 906 F. 2d 491 (10th Cir. 1990); vgl. auch San Filippo v. Bongiovanni, S. 439 ff.

wirken[126]. Doch auch außerhalb des Verfassungsrechts hat das „at-will"-Prinzip durch die Rechtsprechung in diesem Jahrhundert zahlreiche Modifikationen erfahren.

Eine wichtige Beschränkung auch für den privaten Arbeitgeber, die sogenannte „public policy"-Ausnahme, wurde erstmals 1959 von dem kalifornischen Landes-Appelationsgericht in Petermann v. International Brotherhood of Teamsters entwickelt[127]. Sie wurde in der Folgezeit auch von den Gerichten vieler anderer Gliedstaaten aufgenommen und fortentwickelt[128].

Obwohl die meisten Entscheidungen zur „public policy"-Ausnahme sich auf „at-will"- Arbeitnehmer in der Privatwirtschaft beziehen - wohl, weil sie für diese wegen oft fehlender Alternativen am bedeutsamsten ist - ,ist die „public policy"-Ausnahme grundsätzlich auch auf öffentliche Arbeitsverhältnisse anwendbar[129].

---

[126] Black v. Cutter Laboratories, 351 U.S. 292, 299 (1956); Rendell-Baker v. Kohn, 457 U.S. 830, 837-43 (1982); Kamer/Abbott, 22-SPG Hum. Rts. 22 (1995); 55 Ohio St. L. J. 341, 343

[127] 174 Cal. App. 2d 184 (1959); der Gedanke selbst ist allerdings weit älter und wurde z.B. bereits 1884 in dem Minderheitsvotum zu Payne v. Western and Atlantic Railroad Co., 81 Tenn. 507 (vgl. oben B I,) geäußert: „Perfect freedom in all legitimate uses is due to capital, and should be zealously enforced; but public policy and all the best interests of society demand it shall be restrained within legitimate boundaries, and any channel by which it may escape or overleap these boundaries, should be carefully but judiciously guarded. For its legitimate uses I have perfect respect, against its illegitimate use I feel bound, for the best interest of both of capital and labor, to protest."

[128] In manchen Staaten hat die Rechtsprechung jedoch bis heute keine „public policy"-Ausnahme anerkannt, vgl. Rothstein u.a. 1994, S. 542 (Alabama, Florida, Georgia, Louisiana, Rhode Island); Westman 1991, S. 117 und Appendix D. Montana hat als einziger Staat die Beendigung von Arbeitsverhältnissen allgemein gesetzlich geregelt (law of fair dismissal), weshalb „Kündigungsschutzklagen" aus common law, wie etwa über die „public policy"- Ausnahme, dort ausgeschlossen sind (siehe genauer Rothstein u.a. 1994 S. 565).

Abgesehen von der „public policy"-Ausnahme wurden von der Rechtsprechung noch zwei weitere wichtige Einschränkungen der „at-will"-Doktrin entwickelt:

1. Die sogenannte „implied-in-fact contract theory", die dem Arbeitnehmer Schadensersatz wegen Vertragsbruchs gewährt, wenn er entgegen einem mündlichen oder irgendwie konkludent geäußerten Versprechen einer gesteigerten Arbeitsplatzsicherheit („employmet security") gekündigt wird.

2. Die sogenannte „implied convenant of good faith and fair dealing theory", die dem Arbeitnehmer Schadensersatz wegen Vertragsbruchs gewährt, wenn er unter Verletzung des in allen Arbeitsverträgen implizit enthaltenen Fairneßgebotes gekündigt wird. Der Arbeitnehmer muß hier also zeigen, daß das Kündigungsrecht aus irgendeinem Grund unfair oder treuwidrig ausgeübt wurde (siehe Perritt Band 1, 1992 S. 4 f.).

[129] Öffentliche Arbeitnehmer finden, abgesehen von der oben dargestellten First Amendment-Rechtsprechung, auch häufiger als private Arbeitnehmer über gesetzlich konkretisierte „whistleblower-Vorschriften" Schutz (s.u. F); vgl. Rothstein u.a. 1994, S. 54; Westman 1991, S. 113

Zum Teil werden auch Ansprüche aus dem First Amendment und aus der „public policy"- Ausnahme im gleichen Prozeß geltend gemacht, siehe z.B. Dicomes v. Washington, 113 Wash. 2d 612, 782 P. 2d 1002

Die „public policy"-Ausnahme schützt Arbeitnehmer, deren Kündigung oder sonstige Diskriminierung im Widerspruch zu wichtigen öffentlichen Interessen bzw. Gemeinwohlerwägungen steht. Unter bestimmten Voraussetzungen werden über sie auch whistleblower geschützt. Dabei kann über die „public policy"-Ausnahme grundsätzlich nur Schadensersatz in Geld geltend gemacht werden, an der Wirksamkeit einer Vergeltungskündigung ändert sie jedoch nichts, und auch ein „reinstatement" (Wiedereinstellung) wird anders als unter der First Amendment-Rechtsprechung regelmäßig nicht gewährt[130].

Was wichtige öffentliche Interessen („public policies") sind, bzw. aus welchen Quellen sie hergeleitet werden dürfen, darüber herrscht bis heute Uneinigkeit. Die Tatsache, daß es sich bei der „public policy"-Ausnahme um „case law" der Einzelstaaten handelt, das zum Teil erheblich voneinander abweicht, führt dazu, daß sich kaum allgemeingültige Anworten auf diese Fragen finden lassen. Selbstverständlich bindet die landesrechtliche Rechtsprechung sich auch nicht gegenseitig, so daß Entscheidungen in einem Staat allenfalls als Anhaltspunkt, nicht jedoch als Präzedenzfall für die anderen Einzelstaaten Bedeutung gewinnen können.

Verallgemeinernd läßt sich wohl sagen, daß der Begriff der „public policy" „irgendwo in der Mitte zwischen Normzwecküberlegung und Sittenwidrigkeit"[131] liegt. Um das Konzept greifbarer zu machen, sollen die dazu entwickelten häufigsten Fallgruppen im folgenden kurz dargestellt werden, bevor auf die whistleblower-Konstellationen näher eingegangen wird[132].

I. Fallgruppen der „public policy"-Ausnahme

1. Verweigerung illegaler Handlungen

In besagtem ersten „public policy"-Fall (Petermann v. International Brotherhood of Teamsters) hatte der Arbeitgeber einem Arbeitnehmer gekündigt, weil sich dieser geweigert hatte, zugunsten des Arbeitgebers einen Meineid vor einem parlamentarischen Ausschuß zu leisten. Das Gericht fand, diese Kündigung verstoße gegen „public policy"-Erwägungen. Zwar reiche in vielen Fällen die Strafdrohung aus, um Arbeitgeber wie Arbeitnehmer von einem Meineid abzuschrecken. Dennoch müsse, um dem erklärten Anliegen des Staates, Meineide zu verhindern, so effektiv wie möglich Rechnung zu tragen, das Zivilrecht dem Arbeitgeber das Recht versa-

[130] genauer s.u. II 3

[131] Zit.: Jander/Lorenz RdA 1990, S. 97, 102

[132] Zu außerhalb dieser Fallgruppen liegenden Anwendungsfällen der „public policy"- Ausnahme vgl. etwa Thüsing, NZA 1999, S. 635 (637)

gen, einem Arbeitnehmer zu kündigen, weil er die Leistung eines Meineides verweigere.[133]

In der Folgezeit dehnten verschiedene Gerichte diese Argumentation auch auf andere kriminelle Aktivitäten aus[134], manche sogar auf jegliche Gesetzesverletzung, auch wenn sie nicht strafrechtlich sanktioniert war[135]. Vereinzelt wurde die Rechtsprechung sogar auf Fälle angewandt, in denen Arbeitnehmer die Verletzung sogenannter „ethic codes" (Standesrichtlinien oder Moralcodices) verweigerten[136] bzw. auf Fälle, in denen es um „lediglich" das Anstandsgefühl verletzendes Verhalten im nichtnormierten Bereich ging[137].

---

[133] „It would be obnoxious to the interests of the state and contrary to public policy and sound morality to allow an employer to discharge any employee (...) on the ground that the employee declined to commit perjury, an act specifically enjoined by statute (...).The public policy of this state as reflected in the Penal Code sections referred to above would be seriously impaired if it were to be held that one could be discharged by reason of his refusal to commit perjury." 174 Cal. App. 2d 184, 188-89 (1959), vgl. Knack, 21 Mem.St.U.L.Rev. 527, 531 (1991)

[134] Vgl. Westman 1991, S.83 m.w.N, u.a. Sheets v. Teddy's Frosted Foods, 179 Conn. 471 (1980) „an employee should not be put to an election whether to risk criminal sanction or to jeopardize his continued employment" - Hauptmotiv hinter dieser Forderung ist – wie sich aus dem folgenden noch zeigen wird - das öffentliche Interesse an wirksamer Abschreckung und nicht der Schutz des „armen" Arbeitnehmers vor Gewissensnot.

[135] Auch hier bestehe trotz der fehlenden Strafdrohung ein öffentliches Interesse an der Einhaltung der Gesetze: entschieden insbesondere für Umweltschutzvorschriften, kartellrechtliche Vorschriften und Sicherheitsvorschriften im Gesundheitsbereich, vgl. genauer Westmann 1991, S. 84 ff m.w.N.; Rothstein u.a. 1994, S. 547; manche dehnen den Schutz auch auf die Verweigerung solchen Verhaltens aus, das kein Gesetz, aber eine richterrechtlich entwickelte Norm verletzt („common law tort"), Rothstein u.a. 1994, S. 546 f.; Westmann 1991, S. 86 f.

[136] Vgl. genauer Moskowitz, 23 Val. U.L.Rev. 33, 56 ff. (1988), Westman, 1991 S.87-91; siehe auch Pierce v. Ortho Pharmaceutical Corp. 166 N.J. Super. 335, 338 (1979), wo eine angestellte Ärztin eines pharmazeutischen Unternehmens entlassen wurde, weil sie sich geweigert hatte, ein neues Durchfallmittel an Kindern zu testen, das hohe Konzentrationen von Saccharin enthielt, einem Stoff, der im Verdacht stand, krebserregend zu sein. Die erste Instanz sah keine Möglichkeit zur Anwendung einer „public policy", da die von der Ärztin verlangten Tests gegen keinerlei gesetzliche Normen verstießen. Der New Jersey Appelate Court verwies die Entscheidung zurück und gab dem Gericht auf, den von der Ärztin geleisteten Hippokratischen Eid als ethischen Standard zur Grundlage einer „public policy"-Ausnahme heranzuziehen. Der New Jersey Supreme Court bestätigte später, daß unter bestimmten Umständen Standesrichtlinien oder Moralcodices eine „ public policy" ausdrücken könnten. Der Hippokratische Eid sei jedoch zu wenig konkret, um im vorliegenden Fall die Grundlage einer „public policy"-Ausnahme bilden zu können (84 N.J. 58, 417 A 2 d 505 (1980)). Zu dem Fall siehe auch unten, Fn 149.

[137] So Wagenseller v. Scottsdale Memorial Hospital, 147 Ariz. 370 (1985) In dem Fall hatte eine Arbeitnehmerin in Arizona sich bei einem Betriebsausflug geweigert, an einem Spiel teilzunehmen, bei dem das Hinterteil entblößt werden mußte, und hatte daraufhin Vergeltungsmaßnahmen erlitten. Das Gericht hielt es für zweifelhaft, daß die verlangten Aktivitäten gegen das gesetzliche Exhibitionismusverbot von Arizona verstießen, hielt die „public policy"-Ausnahme jedoch für anwendbar, da die Entblößung des Hinterteils das Anstands- und Schamgefühl, also allgemeine Wertvorstellungen der Gesellschaft verletze.

2. Ausübung gesetzlicher Rechte

Der zweite große Anwendungsbereich der „public policy"-Ausnahme betrifft Arbeitnehmer, die wegen der Wahrnehmung eines konkreten (einfach-)gesetzlichen Rechts gekündigt werden. Entwickelt wurde diese Rechtsprechung an Fällen, in denen Arbeitnehmer Sanktionen erlitten, weil sie verschuldensunabhängige Ansprüche aus Arbeitsunfällen gegen ihren Arbeitgeber geltend machten[138].

3. Wahrnehmung von „Bürgerpflichten"

Die dritte Fallgruppe bilden Arbeitnehmer, die sogenannten Bürgerpflichten (civic duties) nachkommen und deshalb Sanktionen erleiden. In der Entscheidung Nees v. Hocks[139] war eine Arbeitnehmerin als potentielle Geschworene zu einem Gerichtstermin geladen worden, bei dem die Jury-Auswahl stattfinden sollte. Sie legte dem Gerichtsbediensteten ein Schreiben ihres Arbeitgebers vor, in dem dieser erklärte, die Arbeitnehmerin nicht über ein langes Juryverfahren hinweg entbehren zu können und deshalb bitte, sie von ihrer Pflicht zu entbinden. Die Arbeitnehmerin erklärte dem Gerichtsangestellten, sie würde dennoch gerne als Geschworene mitwirken. Daraufhin kündigte der Arbeitgeber ihr, weil sie gegen seine Interessen gehandelt habe.

Das Gericht entschied, daß diese Kündigung gegen „public policy"-Erwägungen verstoße: „....the jury system and jury duty are regarded as high on the scale of American institutions and citizen obligations. If an employer were permitted with impunity to discharge an employee for fulfilling her obligation on jury duty, the jury system would be adversely affected. The will of community would be thwarted."[140]

4. Whistleblowing

Als weitere Fallgruppe schließlich kann whistleblowing gewertet werden[141], auch wenn die Rechtsprechung hierzu bislang sehr uneinheitlich ist und die Fälle weniger aufgrund einer gefestigten Dogmatik als vielmehr auf Einzelfallbasis entschieden werden.

Wann whistleblowing im öffentlichen Interesse liegt, in welchen Fällen also die „public policy"-Ausnahme greifen soll, wird von den einzelstaatlichen Gerichten

---

[138] Z.B. Springer v. Weeks & Leo Co., 429 N.W. 2 d 558 (1988), Frampton v. Central Indiana Gas Co., 260 Ind. 249 (1973); vgl. auch Dworkin/Callahan, 29 American Bus. L.J. 267, 286 (1991)

[139] 272 Or. 210 (1975)

[140] Zit.: 536 P. 2d 512, 516, vgl. Westman 1991, S. 97 mit weiteren Beispielen, z.B. Dienst als Wahlhelfer, Kandidatur für ein öffentliches Amt

[141] So auch Dicomes v. Washington, 113 Wash. 2d 612, 782 P. 2d 1002 (1989); a.A. Westman 1991, S. 102

sehr unterschiedlich beurteilt. Manche Gerichte lehnen es grundsätzlich ab, whistleblowing zu schützen und wollen die „public policy“-Ausnahme nur auf Fälle anwenden, in denen die Kündigung dadurch verursacht wird, daß ein Arbeitnehmer sich weigert, selbst Recht zu brechen (s.o. Fallgruppe I). Dem hält die Mehrzahl der Gerichte entgegen, daß der im öffentlichen Interesse liegenden Rechtsdurchsetzung nicht nur die Rechtsbefolgung, sondern auch die Anzeige von Rechtsverstößen diene[142].

Auf die Einzelfragen des whistleblower-Schutzes unter der „public policy“-Ausnahme soll im folgenden Abschnitt näher eingegangen werden.

II. Einzelheiten der „public policy“-Ausnahme für whistleblower

1. Herleitung der „public policies“

Hinsichtlich der Quellen, aus denen „public policies“ in Bezug auf whistleblowing hergeleitet werden dürfen, herrscht Uneinigkeit.

Die wohl überwiegende Zahl der Gerichte hält sowohl gesetzliche Normierungen, Verordnungen, Verwaltungsrichtlinien und -entscheidungen als auch Urteile für taugliche Quellen zur Ermittlung des öffentlichen Interesses. Unter Umständen könnten auch Standesrichtlinen oder Moralcodices Ausdruck einer bestimmten „public policy“ sein. Jedoch würden nicht alle diese Quellen immer eindeutige und wichtige öffentliche Interessen („clear mandates of public policy“) ausdrücken, was aber für die „public policy“-Ausnahme Voraussetzung sei (siehe genauer unter 2)[143].

Andere Gerichte sind bezüglich der möglichen Quellen deutlich restriktiver, so z.B. die kalifornische Rechtsprechung, wonach „public policies“ nur aus Gesetzen oder aus der Verfassung hergeleitet werden dürfen[144]. Dabei sind aber von vornherein nur Prinzipien der Bundes- oder Landesverfassungen gemeint, die nicht nur den Staat binden[145]. Manche Landesverfassungen enthalten z.B. ein umfassenderes „free speech“- Recht, das nicht nur – wie das First Amendment in der Bundesverfassung - staatliches Handeln beschränken soll, sondern die individuelle Freiheit

---

[142] Siehe Kuhlman-Marco, 41 Drake L. Rev. 339 (1992)

[143] Pierce v. Ortho Pharmaceutical Corp., 84 N.J. 58 (1980), zitiert in Kohn/Kohn 1988, S. 40

[144] Vgl. z.B. das Minderheitsvotum in Palmateer S. 141: „Only in cases where there had been clearly articulated, strong, fundamental, compelling and well defined policies... The clear articulation of such a policy has almost always been found in legislative pronouncement.“; siehe auch Rothstein u.a. 1994, S. 543

[145] Siehe dazu auch unten C III 2. Verhältnis zur First Amendment Rechtsprechung.

weiterreichend zu schützen beabsichtigt[146]. Im Gegensatz zu der U.S. Verfassung („Congress shall make no law...abridging the freedom of speech...") heißt es dort in der Regel „Every citizen may freely speak, write and publish his sentiments on all subjects, being responsible for the abuse of that right"[147]. Nur ein Gericht hat bisher jedoch ein solches landesverfassungsrechtliches „free speech" - Recht als Grundlage für eine „public policy"-Ausnahme herangezogen[148]. Die meisten Gerichte lehnen dies mit der Begründung ab, daß, auch wenn jenes „free speech"-Recht nicht nur Staatshandeln beschränke, sich doch aus ihm alleine nicht eine derartig fundamentale, klar definierte „public policy" entnehmen lasse, die eine Ausnahme von der „at-will"- Regel rechtfertigen würde[149].

Eine andere höchst umstrittene Frage ist, ob Bundesrecht eine taugliche Quelle zur Ermittlung einzelstaatlicher „public policies" darstellt. So hat z.B. ein Gericht in North Carolina entschieden, daß North Carolina seine „public policy"-Ausnahme nicht zum Schutze föderaler Anliegen einsetzen müsse[150].

2. Voraussetzungen des Schutzes

a) Zulässige Gegenstände geschützten whistleblowing

Zumal bereits bezüglich der formalen Herleitung der „public policies" Uneinigkeit besteht, sind selbstverständlich auch die gewonnenen Ergebnisse unterschiedlich. Trotzdem soll hier eine gewisse inhaltliche Kategorisierung der von der Rechtsprechung anerkannten Anzeigegegenstände versucht werden.

aa) Anzeige strafbaren Verhaltens

Viele Gerichte betonen, daß der „at-will"- Grundsatz nur aufgrund solcher „public policies" beschränkt werden dürfe, die den Nerv der sozialen Rechte, Pflichten und Verantwortlichkeiten der Bürger treffen.[151] Manche Gerichte formulieren dies etwas anders, meinen aber im Ergebnis wohl das gleiche, wenn sie fordern, daß die

---

146 So Yale Law Journal (Note), 90 Yale L. J. 165, S. 178 ff. (1980); vgl. Finkin u.a., S. 236; siehe auch Perritt, Band 1 S. 452

147 So z.B. die New York Constitution, Art.I § 8. Der Supreme Court hat explizit klargestellt, daß es den Einzestaaten freistehe, den „free speech" umfassender zu schützen als es das First Amendment tue, und den Schutz nicht nur auf die Abwehr von Staatshandeln zu beschränken, vgl. Pruneyard Shopping Center v. Robins, 447 U.S. 74 (1980)

148 Novosel v. Nationwide Insurance Co. 721 F. 2d 894 (siehe genauer unten, Fn 187)

149 Vgl. etwa Schultz v. Industrial Coils, Inc., 125 Wis. 2d 520, 523 (1985); a.A. aber das Minderheitsvotum S. 527 ff.; vgl. zu dem ganzen auch Yale Law Journal (Note), 91 Yale L.J. 522, 541 und FN 94 (1982)

150 Guy v. Travenol Labs, 812 F. 2d 911 (4th Cir. 1987), vgl. Willborn u.a. 1993, S. 85 m.w.N.

151 Vgl. z.B. Palmateer v. International Harvester Company., 85 Ill. 2d 124, 130 (1981)

„public policy"-Ausnahme nur angewandt werden solle, wenn eine Kündigung oder sonstige Maßnahme eindeutigen und wichtigen öffentlichen Interessen („clear mandates of public policy") zuwiderlaufe[152]. Einigkeit herrscht insoweit, als die Anzeige angeblicher krimineller Aktivitäten ein solches „clear mandate of public policy" darstellt.

In dem berühmten Fall Palmateer v. International Harverster Co.[153] war einem Arbeitnehmer gekündigt worden, weil er die lokalen Polizeibehörden darüber informiert hatte, daß ein Arbeitskollege Diebstähle begehe[154]. Das Gericht fand, die Kündigung verstoße gegen öffentliche Interessen und formulierte dies plastisch folgendermaßen: „There is no public policy more basic, nothing more implicit in the concept of ordered liberty than the enforcement of a state's criminal code....No specific constitutional or statutory provision requires a citizen to take an active part in the ferring out and prosecution of crime, but public policy nevertheless favors citizen crime-fighters. Public policy favors the exposure of crime, and the cooperation of citizens possessing knowledge thereof is essential to effective implementation of that policy"[155].

In dem ebenfalls vielzitierten Fall Sheets v. Teddy's Frosted Foods, Inc.[156] hatte ein als Qualitätskontrolleur beschäftigter Arbeitnehmer eines Tiefkühlproduzenten bei der Unternehmensleitung beanstandet, daß die Qualität und Menge der abgefüllten Lebensmittel hinter den Angaben auf der Etikettierung zurückbleibe (falsche Etikettierung verwirklichte einen Straftatbestand). Dem Arbeitnehmer war daraufhin gekündigt worden. Das Gericht betonte, daß die Etikettierungsvorschriften dazu dienten, die Konsumenten vor Gesundheitsschäden durch die Benutzung der Pro-

---

[152] Vgl. unten III 3.

[153] 85 Ill. 2d 124 (1981)

[154] Wem gegenüber er Diebstähle begangen hatte, läßt sich weder der Supreme Court noch der Entscheidung des Appelationsgerichts entnehmen. Dies wäre aber interessant gewesen, falls der Arbeitgeber das einzige Opfer der Diebstähle war (vgl. unter bb). Auf jeden Fall waren es sehr geringfügige Diebstähle. Dazu der Illinois Supreme Court, S. 133: „ The magnitude of the crime is not the issue here. It was the General Assembly, the People's representatives who decided that the theft of a $ 2 screwdriver was a problem that should be resolved by resort to the criminal justice system." Für das öffentliche Interesse an der Anzeige scheint das Gewicht des Vergehens zumindest nach Auffassung dieses Gerichts also keine Rolle zu spielen.

[155] Zit.: 85 Ill. 2d 124, 132-33 (1981); Mehrere Richter kritisierten die Entscheidung in einem abweichenden Votum mit der Begründung, die Schnüffelei unter Kollegen gefährde das Arbeitsklima ernsthaft. Der Arbeitnehmer verdiene auch deshalb keinen Schutz, weil er die Vorgesetzten bei seinem Tun übergangen und damit offensichtlich gegen die Vorstellungen seines Arbeitgebers gehandelt habe, S. 142. Der Schutz des Arbeitnehmers stand hier jedoch für die die Entscheidung tragenden Richter ohnehin nicht im Vordergrund (vgl. III 1.).

[156] 179 Conn. 471 (1980)

dukte und die Käufer vor Vermögensschäden durch Fehlinformation zu schützen[157], weshalb die Beschwerde hier klar im öffentlichen Interesse gelegen habe.[158]

bb) Sonderfall: Straftaten gegen den Arbeitgeber

Verschiedene Gerichte haben die Frage problematisiert, ob auch Anzeigen von kriminellem Verhalten, dessen einziges Opfer der Arbeitgeber ist, unter die „public policy"-Ausnahme fallen sollten.

In Belline v. K-Mart Corporation[159] hatte ein Arbeitnehmer einer Supermarktfiliale intern angezeigt, daß der Filialleiter einem Bekannten Waren verschafft hatte, ohne diese ordnungsgemäß abzurechnen. Der Arbeitnehmer war später infolge seiner Anzeige gekündigt worden. Das Gericht betonte, daß die Tatsache, daß es sich hier um geringe Beträge gehandelt hatte, das öffentliche Interesse an der Anzeige von kriminellem Verhalten ebensowenig entfallen lasse wie der Umstand, daß die Einstufung als Diebstahl allein von den von dem Supermarkt aufgestellten Regeln abhing (der Supermarkt erlaubte nämlich grundsätzlich den Filialleitern, Waren unter bestimmten Umständen Dritten zu spenden, allerdings nur bei ordnungsgemäßer Verbuchung). Auch wenn der Arbeitgeber es vorziehe, kleine Vergehen um des Betriebsfriedens oder der guten Zusammenarbeit willen zu übersehen, so ändere dies jedoch nichts daran, daß die Öffentlichkeit an der Durchsetzung der Strafrechtsordnung und damit an der Abschreckung kriminellen Verhaltens ein vitales Interesse habe.

Das Minderheitsvotum betonte dagegen, daß die verletzte Strafrechtsnorm hier alleine den Eigentumsinteressen des Arbeitgebers zu dienen bestimmt war. Wenn dieser den Diebstahl bzw. die Unterschlagung ignorieren wolle, so habe der Staat kein unabhängiges Interesse an der Anzeige, das über die „public policy"-Ausnahme geschützt werden müsse. Auch stelle die Entscheidung, kleine Unterschlagungen zu übersehen, keinen Aktionärsbetrug dar, dessen Verhinderung im öffentlichen Interesse hätte liegen können[160].

---

[157] 179 Conn. 471, S. 388 ff.(1980): In dem Fall kommt hinzu, daß unter dem einschlägigen Gesetz nicht nur der Arbeitgeber, sondern möglicherweise auch der Arbeitnehmer selbst als Qualitätskontrolleur strafrechtlich verantwortlich gewesen wäre. Demnach würde auch die „public policy"-Ausnahme der Verweigerung illegaler Handlungen (s.o. a) hier greifen.

[158] Vgl. aber Geary v. United States Steel Corporation (s.u. II ee), wo der Arbeitnehmer - anders als in Sheets v. Teddy`s Frosted Foods (s.o.) - nicht für die Kontrolle der Produktqualität zuständig war und das Gericht ihm u.a. aus diesem Grund den Schutz der „public policy"-Ausnahme versagte.

[159] 940 F. 2 d 184 (7th Cir. 1991)

[160] Anders dagegen Petrik v. Monarch Printing Corp., 111 Ill. App. 3d 502 (1982)

Im Gegensatz zu der eben dargestellten Entscheidung hielt es das kalifornische Landes-Appelationsgericht in Collier v. Superior Court[161] für erforderlich, im konkreten Fall zu begründen, daß hier nicht nur der Arbeitgeber Opfer der kriminellen Handlungen war, sondern neben ihm auch andere betroffen waren. In dem Fall hatte der Vertriebsleiter eines Schallplattenherstellers den Verdacht krimineller Machenschaften im Vertriebssystem geäußert und war deshalb gekündigt worden. Ihm war aufgefallen, daß einzelnen Kunden große Mengen kostenloser Tonträger zugesandt wurden, die von diesen gewinnbringend weiterveräußert werden konnten. Neben der möglichen Beeinträchtigung der Belange des Arbeitgebers sah das Gericht hier auch die Interessen der Künstler an ihren Plattentantiemen sowie die wettbewerbsrechtlich geschützten Interessen jener Plattenhändler, die keine kostenlosen Lieferungen erhielten, verletzt. Zumal das Gericht seine Anwendung der „public policy"-Ausnahme aber nicht nur auf diese Belange individualisierbarer Dritter stützte, sondern auch auf das Interesse des Staates an unverringerten Steuereinnahmen sowie auf ein allgemeines Interesse der Öffentlichkeit an einem „workplace free from crime", hat diese Entscheidung Anlaß zu Kritik gegeben. Die Unterscheidung zwischen Belangen des Arbeitgebers und solchen der Öffentlichkeit werde praktisch bedeutungslos, wenn man letztere so weit fasse[162].

cc) Sonderfall: bereits bekannte Straftaten

Mit einem etwas anders gelagerten Problem hatte sich das Gericht in Foley v. Interactive Data Corp.[163] zu befassen. Dort hatte Foley, ein Arbeitnehmer einer Datenverarbeitungsfirma, seinen Arbeitgeber darüber informiert, daß das FBI gegen seinen künftigen Vorgesetzten wegen angeblicher Veruntreuungen zu Lasten eines früheren Arbeitgebers ermittle. Foley ging davon aus, daß sein Arbeitgeber großes Interesse an dieser Information habe. Dem jedoch mißfiel Foleys Verhalten, und er kündigte ihm deshalb in der Folgezeit. Foley wehrte sich gegen die Kündigung u.a. mit dem Argument, er sei unter kalifornischem Recht gesetzlich verpflichtet gewesen, dem Arbeitgeber alle Informationen zu liefern, die dessen Unternehmensinteressen beträfen.

Das Gericht entschied, daß die vom Arbeitnehmer angeführte Verpflichtung nur den privaten Eigeninteressen des Arbeitgebers und nicht denen der Öffentlichkeit diene, so daß eine „public policy" daraus nicht hergeleitet werden könne[164]. Zwar

---

[161] 228 Cal App 3d 1117 (1991)

[162] Vgl. Adler/Daniels, 8 Lab. Law 19, 36 (1992)

[163] 47 Cal. 3d 654, 670 (1988); vgl. dazu Adler/Daniels, 8 Lab. Law 19, 32 ff. (1992)

[164] „Some statutes simply regulate conduct between private individuals or impose requirements whose fulfilment does not implicate public policy concerns" Zit.: Rothstein u.a. 1994, S. 544. Das Gericht hat in diesem Zusammenhang nicht thematisiert, ob das Verhalten nicht unter der Fallgruppe 2. „Ausübung eines gesetzlichen Rechts" (hier sogar einer gesetzlichen Pflicht)

habe die Öffentlichkeit grundsätzlich ein Interesse daran, kriminelles Verhalten aufzudecken, doch sei im vorliegenden Fall dieses Interesse bereits dadurch befriedigt worden, daß das FBI den Fall untersuchte. Foleys Informationen hätten die im öffentlichen Interesse liegende Aufklärung nicht gefördert, sondern vielmehr allein den Interessen des Arbeitgebers gedient.

dd) Anzeige illegaler, aber nicht strafbarer Aktivitäten

Viele Gerichte lassen nicht nur Anzeigen von strafbarem Handeln, sondern von jeglicher Art illegalen Verhaltens unter die „public policy"-Ausnahme fallen (genauso wie sie die Verweigerung nicht nur kriminellen, sondern allen illegalen Handelns schützen, s.o.[165]).

In McQuary v. Bel Air Convalescent Home[166] hatte eine Arbeitnehmerin in einem Pflegeheim ihrem Vorgesetzten gedroht, der Gesundheitsbehörde anzuzeigen, daß dieser eine hilflose Patientin beleidigt und beschimpft hatte, und war daraufhin gekündigt worden. Die Gesundheitsbehörde war für die Überwachung der Einhaltung des Gesetzes zum Schutze der Rechte von Pflegeheiminsassen[167] zuständig, gegen das der Vorgesetzte nach Auffassung der Arbeitnehmerin verstoßen hatte. Das Gericht sah in dem Schutzzweck des Gesetzes eine klare „public policy", auch wenn Verstöße dagegen nicht strafrechtlich sanktioniert waren.

Entsprechend wurde in Gould v. Maryland Sound Industries Inc.[168] entschieden, wo ein Arbeitnehmer anzeigte, daß andere Arbeitnehmer zu Überstunden ohne die gesetzlich vorgeschriebene Überstundenvergütung herangezogen wurden.

Auf der anderen Seite steht z.B. die Entscheidung DeSoto v. Yellow Freight Systems,[169] wo ein Arbeitnehmer sich geweigert hatte, einen angeblich nicht ordnungsgemäß zugelassenen KFZ-Anhänger zu benutzen. Das Gericht sah das nicht strafrechtlich sanktionierte gesetzliche Verbot, nicht zugelassene Anhänger im Verkehr zu benutzen, als eines jener vielen Gesetze an, deren Erfüllung nicht mit fundamentalen „public policy"-Belangen verbunden sei[170].

---

durch die „public policy"-Ausnahme geschützt sein könnte. Es ist allerdings davon auszugehen, daß auch unter jener Fallgruppe nicht alle Rechtsausübungen Schutz genießen, sondern nur solche darunter subsumiert werden, an denen ein klares öffentliches Interesse besteht.

[165] Fallgruppe 1

[166] 69 Or. App. 107,110 (1984)

[167] „Nursing Home Patient's Bill of Rights"

[168] 31 Cal. App. 4th 1137 (1995)

[169] 957 F. 2d 655 (9th Cir 1992)

[170] Zwar ging es hier konkret nicht um whistleblowing, sondern um die Verweigerung illegalen Handelns, doch hat dies auf die Bewertung keinen Einfluß. Vielmehr würde, wenn sogar die Verweigerung illegalen Handelns hier nicht geschützt ist, die Anzeige erst recht nicht geschützt.

ee) Anzeige „legaler" Mißstände

Die meisten Gerichte lehnen es ab, Beschwerden von Arbeitnehmern über sonstige Mißstände bzw. Fehlverhalten, das nicht illegal, sondern lediglich moralisch verwerflich ist, unter die „public policy"-Ausnahme zu fassen. Soweit die Gerichte *ausschließlich* Gesetze als mögliche Quellen zur Herleitung von „public policies" anerkennen (s.o. II 1), ist dies bereits zwingende Konsquenz ihres formalen Ansatzes.

Gegenstand der Entscheidungen in diesem Bereich waren vor allem Beschwerden über Produktsicherheit. In den USA gab es lange Zeit für weite Industriebereiche keine Regelungen, die es verboten, unsichere Produkte auf den Markt zu bringen[171]. Obwohl es eigentlich unabhängig davon im klaren öffentlichen Interesse liegen müßte, die Verbraucher vor unsicheren Produkten zu schützen, haben damit befaßte Gerichte überwiegend die Anwendung der „public policy"-Ausnahme auf diesen Bereich versagt. Die meisten von ihnen deshalb, weil sie die „public policy" primär aus den Willensäußerungen des Gesetzgebers ableiten, über dessen Schweigen auf diesem Gebiet sie sich nicht hinwegsetzen wollten.[172]

Lediglich das Gericht in Geary v. United States Steel Corp.[173] schien bereit, unter bestimmten Umständen Beschwerden über die Produktsicherheit unter die „public policy"-Ausnahme fallen zu lassen. Allerdings lagen die geforderten Umstände in dem zu entscheidenden Fall nicht vor. Dort hatte ein angestellter Handelsvertreter bei der Unternehmensleitung Bedenken gegen die Sicherheit bestimmter, von ihm zu verkaufender Rohre geäußert, da diese für den Gebrauch unter hohem Druck bestimmt, dafür jedoch nicht angemessen getestet worden seien und somit eine Gefahr für jeden Benutzer darstellten. Die Rohre waren daraufhin aus dem Verkehr gezogen, dem Arbeitnehmer aber war gekündigt worden. Das Gericht bestätigte die Kündigung. Geary habe zwar möglicherweise im Interesse der Öffentlichkeit gehandelt, indem er angeblich schadhafte Produkte vom Markt fernhalten wollte. Seine Kündigung verstoße jedoch nicht gegen „public policy"-Erwägungen, zumal Geary nur für den Verkauf der Produkte, nicht für ihre Produktion veranwortlich gewesen sei und auch kein besonderes Fachwissen in Fragen der Produktsicherheit gehabt habe.

---

[171] Vgl. genauer dazu Westman 1991, S. 109. Das Unternehmen konnte sich natürlich trotzdem schadensersatzpflichtig machen, wenn jemand einen Schaden durch das in Verkehr gebrachte Produkt erlitt, auch wenn das In-Verkehr-Bringen nicht gesetzlich verboten war.

[172] Vgl. zum ganzen Westman 1991, S. 109 ff.; Campbell v. Eli Lilly & Co, 421 N.E. 2d 1099 (1981)

[173] 456 Pa. 171 (1974)

Ebenfalls in den Bereich nicht illegalen Verhaltens gehört der Fall Rossi v. Pennsylvania State University[174], in dem ein Arbeitnehmer das Mißmanagement in seiner Abteilung kritisiert hatte. Das Gericht verweigerte ihm den Schutz der „public policy"-Ausnahme, da das von ihm beanstandete Verhalten kein Gesetz verletzt habe.

Anders hat jedoch ein Gericht in dem Fall Pilcher v. Board of County Commissioners[175] entschieden, wo eine Arbeitnehmerin einer regionalen Verwaltungsbehörde Informationen über fragwürdige Einstellungspraktiken an eine Zeitung weitergegeben hatte und deshalb gekündigt worden war. Die Behördenleitung hatte dem Zeitungsbericht zufolge auf politischen Druck hin einen nicht qualifizierten Stellenbewerber einem qualifizierten Kandidaten vorgezogen. Das Gericht wandte die „public policy"-Ausnahme an, da die Information über solche Praktiken, auch wenn diese gegen kein Gesetz verstießen, im klaren Interesse des Bürgers als Steuerzahler liege[176].

b) Zulässige Adressaten

Abgesehen vom zulässigen Gegenstand der Anzeige oder Beschwerde sind auch viele der sonstigen Voraussetzungen umstritten, unter denen whistleblowing von der „public policy"-Ausnahme erfaßt wird. So z.B. die Frage, an welche Adressaten eine Beschwerde oder Anzeige gerichtet sein darf.

In der Judikatur fällt auf, daß Anzeigen gegenüber innerbetrieblichen Stellen seltener geschützt werden als Anzeigen gegenüber den zuständigen Behörden[177]. In vielen Fällen wird dies allerdings nicht explizit mit der Unterscheidung intern/extern begründet.[178] Zu Anzeigen gegenüber den Medien gibt es verhältnismäßig wenige Urteile, so daß sich eine allgemeine Rechtsprechungslinie hier kaum ermitteln läßt. Festgestellt werden kann lediglich, daß die Medien als Anzeigen-

---

[174] 340 Pa. Super 39 (1985), vgl. Westman 1991, S. 112

[175] 14 Kan. App. 2d 206 (1990)

[176] 14 Kan. App 2d, 206, 213; vgl. auch Dicomes v. Washington, 113 Wash. 2d 612, 619 (1989), wo „public policy" aus einem whistleblower- Gesetz abgeleitet wurde, das im konkreten Fall nicht direkt einschlägig war. „The relevant inquiry is not limited to whether any particular law or regulation has been violated...but....whether some 'important public policy interest embodied in the law' has been furthered by the whistleblowing activity." Zit S. 621; vgl. auch den oben, Fn 109, geschilderten Fall Pierce v. Ortho Pharmaceutical Corporation, der sich zwar nicht direkt auf whistleblowing, sondern auf eine Arbeitsverweigerung bezog. Ob diese Entscheidung - a maiore ad minus- auf whistleblowing übertragbar ist, erscheint fraglich. Die geforderte Leistung zu verweigern ist eines, den Arbeitgeber deswegen anzuzeigen ein anderes.

[177] Dworkin/Callahan, 29 American Bus.L.J. 267, 287 ff. (1991); vgl auch Rothstein u.a. 1994, S.548, die darauf hinweisen, daß die Grenze zwischen einer Kündigung wegen internen whistleblowing und einer Kündigung in Antizipation möglicher externer Anzeigen schwer zu ziehen ist.

[178] Vgl. Dworkin/Callahan, 29 American Bus. L.J. 267, 287 ff. (1991)

adressat nicht generell ausgeschlossen sind[179]. In der Literatur wird jedoch gemutmaßt, daß die meisten Gerichte einem solchen Vorgehen grundsätzlich nicht besonders wohlwollend gegenüberstehen würden[180]: Ein Arbeitnehmer, der sich an die Medien wende, kommuniziere allenfalls mittelbar mit den Behörden. Er setze sich deshalb leicht dem Verdacht aus, nicht primär an der Abstellung der Mißstände interessiert zu sein, sondern auf diesem Wege Rache üben zu wollen[181].

c) Anforderungen an die Wahrheitsgemäßheit

Einig sind sich die Gerichte darin, daß der Schutz nicht voraussetzt, daß die Anzeige der Wahrheit entspricht. Verlangt wird jedoch, daß die Anzeige im guten Glauben an ihre Berechtigung bzw. inhaltliche Richtigkeit erfolgt. Weiterreichende Nachforschungen des Arbeitnehmers zur Bekräftigung seines Verdachts werden jedoch i.d.R. wegen der damit oft verbundenen Störungen des Betriebsablaufs und Arbeitsklimas nicht gefordert[182]. Mehrere Entscheidungen zeigen allerdings, daß die Gerichte nicht willig sind, whistleblower zu schützen, die keine unmittelbare persönliche Kenntnis von den angezeigten kriminellen Aktivitäten haben, sondern deren Informationen nur vom Hörensagen stammen[183]

d) Irrtümer bei der rechtlichen Bewertung des angezeigten Verhaltens

Zahlreiche Gerichte scheinen davon auszugehen, daß die „public policy"-Ausnahme dann nicht anwendbar ist, wenn der Arbeitnehmer sich nicht über Tatsachen, sondern über deren rechtliche Bewertung geirrt, also etwa fälschlicherweise eine Handlung als illegal bewertet hat[184].

So z.B. in dem Fall Adler v. American Standard Corp.[185] Dort war einem Arbeitnehmer gekündigt worden, weil er von ihm für illegal gehaltenes Fehlverhalten seiner Vorgesetzten angezeigt hatte. Er beschuldigte diese u.a., Manipulationen innerhalb des betriebsinternen Rechnungswesens vorgenommen zu haben. Das Gericht gestand zu, daß er damit gravierendes Fehlverhalten aufgedeckt habe, allerdings sei

---

[179] Vgl. z.B. oben II 2 a ee Pilcher v. Board of County Commissioners

[180] So Dworkin/Callahan, 15 Hastings Comm./ Ent. L. J. 357, 374 ff. (1993); in dem einzigen dort erwähnten Fall von whistleblowing gegenüber den Medien wurde der Schutz bereits aus anderen Gründen abgelehnt; Rothstein u.a. 1994, S. 550

[181] Vgl. II 2 e zur Motivation

[182] Guidice v. Drew Chem. Corp. 210 N.J. Super 32 (1986); vgl. Rützel, Umweltschutz durch Arbeitsrecht, S. 174

[183] Vgl. Read v. City of Lynwood, 173 Cal. App. 3d 437 (1985); genauer zu dem ganzen Westman 1991, S. 107

[184] Die Mehrheit der Gerichte läßt – wie dargestellt – nur Anzeigen illegalen Verhaltens unter die „public policy"-Ausnahme fallen.

[185] 291 Md. 31 (1981); siehe auch Willborn u.a. 1993, S. 111

es ihm nicht gelungen, überzeugend darzulegen, welche Gesetze konkret durch dieses Verhalten verletzt worden seien. Insbesondere habe er die für die in Betracht kommenden Strafgesetze erforderliche Absicht der Steigerung oder Senkung des Marktwertes der Aktien oder des Wertes der Gesellschaftsverbindlichkeiten bzw. eine sonstige Betrugsabsicht nicht darlegen können.

e) Motive des whistleblowing

Grundsätzliche Einigkeit besteht auch darüber, daß die Anzeige in „good faith" erfolgen muß. d.h. aus integren Motiven, nicht etwa aus Rache, Geldgier oder sonstigen sachfremden Beweggründen.[186]

f) Position des Arbeitnehmers

Umstritten ist außerdem, ob die Position des Arbeitnehmers Relevanz für die Beurteilung seiner whistleblower-Rechte haben sollte. Die Entscheidung Geary v. United States Steel Corporation[187], die den Schutz u.a. mit dem Argument versagt, es habe nicht in den Verantwortungsbereich des konkreten Arbeitnehmers gehört, für die Produktsicherheit Sorge zu tragen, mißt der konkreten Funktion des Arbeitnehmers offensichtlich Bedeutung zu. Das gleiche gilt für die Entscheidung Sheets v. Teddys Frosted Food[188], die entsprechend den Schutz bejaht, weil der Arbeitnehmer in jenem Fall ausdrücklich mit Qualitätskontrollen beauftragt war. Auch in Percival v. General Motors Corporation[189] wurde der Position des Arbeitnehmers Bedeutung beigemessen, allerdings mit anderer Tendenz: Arbeitgeber – so das Gericht - müßten einen weiten Spielraum bei der Entlassung von solchen Arbeitnehmern haben, die besondere Vertraulichkeit erfordernde Führungspositionen bekleiden.

g) Sonderfall: „in-house attorneys"

Ein vieldiskutiertes Sonderproblem im Zusammenhang mit der besonderen Funktion des Arbeitnehmers stellen Syndikusanwälte bzw. in Rechtsabteilungen beschäftigte Juristen (sogenannte „in-house attorneys") dar. Viele Gerichte verweigern ihnen ganz prinzipiell den Schutz der „public policy"-Ausnahme[190].

---

[186] Zum „good faith"-Erfordernis siehe genauer unter whistleblower-Gesetze u. 7; vgl. auch Westman 1991, S. 115

[187] S.o. II 2 a ee

[188] S.o. II 2 a aa

[189] 539 F 2d 1126, 1130 (8th Cir. 1976)

[190] Vgl. z.B. Nordling v. Northern States Power Co., 465 N.W. 2d 81 (1991) und Michaelson v. Minnesota Mining & Manufacturing Co., 474 N.W. 2d 174, 178 (1991), wonach das Recht des Arbeitgebers, einen „in-house attorney" zu entlassen, nicht eingeschränkt werden dürfe. Ge-

So etwa in der Entscheidung Balla v. Gambro[191]. Dort hatte der Justitiar eines Unternehmens, das in den USA deutsche Dialysegeräte vermarktete, Kenntnis davon erlangt, daß bestimmte Geräte Defekte hatten, die die Benutzer erheblich gefährden konnten. Er forderte deshalb seinen Arbeitgeber auf, diese Lieferungen zurückzuweisen. Als dieser sich weigerte, erklärte der Justitiar, er würde alles in seiner Macht stehende unternehmen, um den Verkauf dieser Geräte zu verhindern.

Das Gericht erkannte zwar an, daß die daraufhin ergangene Kündigung grundsätzlich gegen „public policy"- Erwägungen verstoße, denn es gebe kein wichtigeres und grundlegenderes öffentliches Interesse als das des effektiven Lebens- und Gesundheitsschutzes[192]. Dennoch bestätigte es die Kündigung. Denn aus der besonderen Rolle des Justitiars ergebe sich, daß dieser den Schutz der „public policy"-Ausnahme nicht in Anspruch nehmen könne. Der Justitiar sei nämlich bereits durch die Standesrichtlinien verpflichtet, derartiges Verhalten seines Arbeitgebers zu beanstanden bzw. anzuzeigen[193]. Er habe also nicht wie andere Arbeitnehmer die Alternative, Stillschweigen zu bewahren, um den Arbeitsplatz nicht zu riskieren. Es bedürfe demnach in seinem Fall keiner „public policy"-Ausnahme, um den Arbeitnehmer im öffentlichen Interesse zur Anzeige zu bewegen. Daß „in-house attorneys" also letztlich für die Erfüllung ihrer Anzeigepflicht mit Kündigung „bestraft" werden können, wurde hingenommen.

In jüngerer Zeit ist diese Rechtsprechung jedoch in Bewegung gekommen. 1994 hat der kalifornische Supreme Court in General Dynamics Corp. v. Superior Court[194] entschieden, daß grundsätzlich auch „in-house attorneys" die „public policy"-Ausnahme in Anspruch nehmen können. Das Gericht betonte, daß die wirtschaftliche Abhängigkeit von "in-house attorneys" der anderer Arbeitnehmer in nichts nachstehe. Die Entbehrlichkeit eines Schutzes über die „public policy"-Ausnahme wegen der zum Teil ohnehin bestehenden standesrechtlichen Verpflichtung, Anzeigen zu erstatten, sei eine reine Fiktion. Angesichts ihrer abhängigen Position liege es nahe, daß die meisten Anwälte -.trotz dieser standesrechtlichen Verpflich-

---

nauso wie es ihm freistünde, seine Verträge mit externen Anwälten zu kündigen, müßte es ihm freistehen, als Arbeitnehmer beschäftigte „in-house attorneys" zu entlassen.

[191] 145 Ill. 2d 492 (1991)

[192] Die Entscheidung ist in dieser Hinsicht ein Ausnahmefall, zumal wie unter II 2 a ee .ausgeführt die Produktsicherheit regelmäßig in Abwesenheit eines gesetzlichen Verbots, das Produkt in Verkehr zu bringen, keine ausreichende „public policy" darstellt.

[193] Illinois ist einer der Staaten, in denen externe Anwälte und „in-house attorneys" verpflichtet sind, Anzeigen zu erstatten, wenn ihre Mandanten Handlungen planen, die das Leben oder die Gesundheit anderer schwer gefährden. In vielen Staaten sind solche Anzeigen zwar standesrechtlich erlaubt, jedoch nicht zwingend vorgeschrieben, vgl. Willborn u.a. 1993, S.105, Es erscheint fraglich, ob die Argumentation aus Balla auf Staaten mit fakultativem Anzeigerecht übertragbar ist.

[194] 876 P. 2d 487 (1994), vgl. auch GTE Products Corp. v. Stewart, 421 Mass. 22 (1995); genauer zu dem ganzen Perritt, Supplement zu Band 1, 1996, S. 28 ff.

tung - das Schweigen der Anzeige vorziehen würden. Eine Verweigerung des Schutzes würde somit die Einhaltung der Standesrichtlinen und der damit verfolgten „public policy“ gefährden. Voraussetzung für die Geltendmachung der „public policy“-Ausnahme sei allerdings, daß der „in-house attorney“ seine Beweise ohne Verletzung der anwaltlichen Verschwiegenheitspflicht erbringen könne.[195] (Dazu muß man wissen, daß in den USA auch „in-house attorneys“ der anwaltlichen Verschwiegenheitspflicht unterliegen, was in Deutschland nicht der Fall ist.)

In der amerikanischen Rechtsliteratur wird vielfach auf das erhöhte Bedürfnis nach Flexibilität bei der Einstellung und Kündigung von „in-house attorneys“ verwiesen. Deshalb wird zum Teil vorgeschlagen, den Schutz der „public policy“-Ausnahme für „in-house attorneys“ enger zu fassen und auf *zwingende* öffentliche Interessen zu reduzieren, wie etwa auf die Anzeige schwerster Gesundheits- und Sicherheitsgefahren. Außerdem solle für den „in-house attorney“ ein strengerer Maßstab hinsichtlich der Richtigkeit seiner Anzeigen gelten, er also nicht geschützt sein soll. wenn seine Anschuldigungen nicht der Wahrheit entsprechen, auch wenn er diesbezüglich gutgläubig und nicht grob fahrlässig war[196].

h) Stillschweigeabkommen

Umstritten ist weiter, welche Rolle vertragliche Vereinbarungen spielen, durch die sich ein Arbeitnehmer gegenüber seinem Arbeitgeber verpflichtet, über Informationen, die er im Zusammenhang mit seiner Arbeit erlangt, Stillschweigen zu bewahren.

In Foley v. Interactive Data Corp.[197] hat das Gericht bzgl. eines „Confidential and proprietary Information Agreement“ klargestellt, daß ein solches grundsätzlich als wirksam betrachtet wird, solange es nicht gegen *zwingende* öffentliche Interessen verstößt[198].

i) „Kronzeugen“-whistleblower

Problematisch ist der Umgang mit whistleblowern, deren Kenntnisse über kriminelle Aktivitäten daher rühren, daß sie eine Zeitlang daran mitgewirkt haben, die sich später jedoch davon distanzieren, diese Aktivitäten anzeigen und bei ihrer Aufklärung helfen. Eine Entscheidung des Landes-Appelationsgerichts von Con-

---

[195] Das Gericht wies allerdings darauf hin, daß es zahlreiche gesetzliche Ausnahmen von der anwaltlichen Schweigepflicht gibt, so z.B. wenn die Aufdeckung nötig ist, um ein Schwerverbrechen zu verhindern (S. 503).

[196] Vgl. auch Willborn u.a. 1993, S. 105; siehe dagegen Corello, 92 Colum. L. Rev 389 ff. (1992), die sich klar für eine Ausdehnung des vollen Schutzes auf „in-house attorneys“ ausspricht.

[197] Siehe oben II 2 a cc

[198] „A compelling mandate of public policy“, vgl. Westman 1991, S. 36

necticut, nach der auch solche whistleblower zu schützen sind[199], wird wohl die Ausnahme bleiben - nicht zuletzt wegen der Wertung, die viele Staaten vorgegeben haben, indem sie in zahlreichen whistleblower-Schutzgesetzen solche Kronzeugen-whistleblower explizit ausnehmen.[200]

3. Rechtsfolgen

Die meisten Einzelstaaten klassifizieren die Kündigung bzw. Diskriminierung wegen geschützten whistleblowings als Delikt. Das Delikt, das durch Kündigungen unter Verletzung der „public policy"-Ausnahme verwirklicht wird, wird als „wrongful discharge" (unrechtmäßige Kündigung) oder „retaliatory discharge" (Vergeltungskündigung) oder auch „abusive discharge" (mißbräuchliche Kündigung) bezeichnet.

Einige wenige Gerichte gehen dagegen davon aus, daß die Pflicht des Arbeitgebers, den Arbeitnehmer nicht für eine im öffentlichen Interesse liegende Handlung zu sanktionieren, zum Inhalt des Arbeitsverhältnisses gehöre, weshalb sie in der Vergeltungsmaßnahme eine Vertragsverletzung sehen.

Die Klassifizierung ist entscheidend für die Rechtsfolgen: Während dem Arbeitnehmer bei Einstufung als Vertragsverletzung lediglich vertragsrechtlicher Schadensersatz zustünde, stehen ihm bei der von den meisten Gerichten praktizierten Einstufung als Delikt insbesondere auch Schmerzensgeld für die mit den Vergeltungsmaßnahmen verbundenen psychischen Belastungen sowie u.U. „punitive damages" zu.[201] „Punitive damages" werden zugesprochen, wenn Schadensbegleichung und Schmerzensgeld unzureichend erscheinen. Sie dienen der Ahndung von bewußten Rechtsverletzungen und darüber hinaus der Prävention[202]: Der Schädiger und potentielle Nachahmer sollen abgeschreckt werden. Zugleich soll der Kläger dafür belohnt werden, daß er sein Recht durchsetzt und somit das Rechtssystem insgesamt stärkt[203]. Die meisten Gerichte gewähren „punitive damages" allerdings

---

[199] Schmidt v. Yardney Elec. Corp., 4 Conn. App. 69 (1985)

[200] Vgl. Westman 1991, S. 107; s.u. F II 1 b bb)

[201] So Rothstein u.a. 1994, S. 584; vgl. Kohn/Kohn 1988, S. 39. Grundsätzlich schließen sich zwar Klagen aus tort und contract nicht gegenseitig aus. Liegt sowohl eine Vertragsverletzung als auch eine unerlaubte Handlung vor, so kann der Kläger wählen oder sich auf beide berufen (so Reimann, Einführung in das US- amerikanische Privatrecht S. 74). Hier wird jedoch von den Vertretern der „Vertragsverletzungs"-Lösung bestritten, daß der public policy-Verstoß gleichzeitig ein Delikt verwirklicht und umgekehrt.

[202] Vgl. Westman 1991, S. 117

[203] Genauer zur Funktion der punitive damages, vgl. Reimann, S. 97 f.

nur, wenn ein besonders „unerhörtes" Verhalten seitens des Arbeitgebers vorliegt.[204]

Die immense Bedeutung, die der Entscheidung, ob „punitive damages" gewährt werden, zukommen kann, illustriert das Urteil in Benecke v. Lockheed Corp.[205] Dort sprach ein Geschworenengericht drei früheren Mitarbeitern der Firma Lockheed insgesamt 45 Mio Dollar „punitive damages" (daneben ca. 240.000 Dollar normalen Schadensersatz und ca. 140.000 Dollar Schmerzensgeld für die psychischen Belastungen) zu. Die Mitarbeiter waren gekündigt worden, nachdem sie angebliche schwere Mängel in der Konstruktion von C-5B Frachtflugzeugen angezeigt hatten. Die immensen Schadensersatzsummen wurden jedoch später wieder aufgehoben, nachdem sich herausgestellt hatte, daß einer der Geschworenen eine kriminelle Vergangenheit verschwiegen hatte und somit die Jury nicht rechtmäßig besetzt gewesen war.[206]

In der Literatur wird zu Recht darauf hingewiesen, daß nur diese spektakulären Urteile in den Medien Beachtung finden, was zu einem verzerrten Bild in der Öffentlichkeit führe. Die Wirklichkeit sehe anders aus, sei nämlich vielmehr mit einem Lotteriespiel zu vergleichen, wo einige wenige Kläger den Jackpot knacken, während die große Mehrheit kaum etwas erhält.[207]

Neben dem Schadensersatz in Geld wird, wie oben bereits klargestellt, in der Regel kein „reinstatement" angeordnet, d.h. der Arbeitnehmer muß nicht wieder beschäftigt werden.[208]

4. Beweis der Kausalität

Die Kausalität des whistleblowing für die Kündigung muß grundsätzlich der Arbeitnehmer darlegen und beweisen[209]. Dabei ist in Erinnerung zu behalten, daß die „public policy"-Ausnahme dem Arbeitnehmer nicht hilft, wenn der Arbeitgeber gar keinen Grund für die Kündigung hatte, bzw. einen anderen, möglicherweise völlig willkürlichen, was ihm ja nach der „at-will"-Doktrin erlaubt ist. Unter diesen Um-

---

[204] Vgl. Harless v. First National Bank 169 W. Va. 673, 692 (1982), wonach es eines „wanton, willful or malicious conduct" seitens des Arbeitgebers bedarf; vgl. Perritt Band 1, 1992, S. 584 ff.

[205] Cal Super Ct, Los Angeles County No 691-967.

[206] Vgl. Adler/Daniels, 8 Lab. Law 19, 30f. (1992); ein anderes aufsehenerregendes Urteil im „public policy"- Kontext (es ging um workers' compensation) war Malik v. Apex Int'l Alloys, Inc., 762 F. 2d 77 (10th Cir. 1985), wo „punitive damages" in Höhe von $ 75.000 Dollar gewährt wurden.

[207] Zitiert in Estlund, 71 Ind. L.J. 101, 132 (1995)

[208] Zu den Gründen siehe Rothstein u.a. 1994, S. 586; vgl. Perritt Band 1, 1992, S. 587

[209] Perritt Band 1, 1992, S. 435

ständen ist der Beweis der Kausalität - wie man sich vorstellen kann - oft nicht leicht zu führen (dazu siehe Kommentar 5.)

III. Kommentar zur „public policy"-Rechtsprechung

Wie obige Darstellung zeigt, ist fast alles, was die „public policy"-Ausnahme für whistleblower betrifft, umstritten. Unter den einzelstaatlichen Judikaturen, die eine solche „public policy"-Ausnahme überhaupt anerkennen, besteht Einigkeit lediglich insoweit, als die Anzeige kriminellen Verhaltens, dessen Opfer zumindest nicht ausschließlich der Arbeitgeber ist, darunter fällt. Darüber hinaus lassen die meisten Landesrechtsprechungen auch Anzeigen illegalen, aber nicht strafbaren Verhaltens unter die „public policy"-Ausnahme fallen. Ganz unterschiedlich wird bewertet, ob auch Anzeigen sonstiger, nicht gesetzeswidriger Mißstände oder allein den Arbeitgeber schadender Straftaten schutzwürdig sein sollten. Umstritten sind auch die weiteren Voraussetzungen der „public policy"-Ausnahme, insbesondere die Frage des zulässigen Adressaten sowie die Frage der Relevanz der Position des Arbeitnehmers. Selbst bezüglich der Rechtsfolgen herrscht – wie gezeigt- Uneinigkeit.

Trotz dieser Unübersichtlichkeit lassen sich einige gemeinsame Charakteristika bzw. übergreifende Schwierigkeiten der „public policy"-Rechtsprechung ausmachen.

1. Schutzzweck der „public policy"-Ausnahme

Die „public policy"-Ausnahme wurde – wie schon ihr Name indiziert - weniger zum Schutz der Interessen des betroffenen Arbeitnehmers entwickelt als um der Interessen der Öffentlichkeit willen.

Unrichtig wäre es deshalb, aus der Tatsache, daß manche Gerichte innere Konflikte des whistleblowers thematisieren, schließen zu wollen, es ginge ihnen hierbei wesentlich um die Berücksichtigung von Arbeitnehmerinteressen. Wenn z.B. in den dargestellten Entscheidungen zu „in-house attorneys" der Konflikt zwischen moralischer oder sogar rechtlicher Anzeigepflicht und der Angst um den Arbeitsplatz problematisiert wird, so ist das tragende Motiv nicht, die Gewissensnot des Arbeitnehmers zu beseitigen, sondern seine Entscheidung aus Gründen des öffentlichen Interesses zu beeinflussen[210].

Dahinter steht die im amerikanische Arbeitsrecht weitverbreitete Vorstellung, daß die Rechtsprechung grundsätzlich nur in das „at-will"-Verhältnis eingreifen dürfe, wenn dies zum Schutz der Belange derer geschehe, die keinen direkten Einfluß auf

---

[210] Vgl. auch oben Fn 107

die Vertragsgestaltung haben, also im Interesse Dritter oder der Allgemeinheit [211]. Wenn dagegen ein Arbeitnehmer seine Interessen im Arbeitsverhältnis geschützt sehen wolle, so müsse und könne er dies selbst im Arbeitsvertrag aushandeln, ohne daß sich die (zivilrechtliche) Rechtsprechung einzumischen habe.[212] Allerdings könne das öffentliche Interesse, um dessentwillen die Rechtsprechung eingreifen darf, u.U. im Schutz gerade auch des betroffenen Arbeitnehmers liegen, nämlich dann, wenn z.B. ein Strafgesetz die Gefährdung von Arbeitnehmern am Arbeitsplatz verbiete.[213]

2. Verhältnis zur First Amendment-Rechtsprechung

Wie oben unter B II festgestellt, ist das First Amendment nicht auf das private Arbeitsverhältnis anwendbar. Nach überwiegender Ansicht kann es auch nicht als Quelle zur Ermittlung von „public policies" herangezogen werden.[214] Als Grund für

---

[211] Anderes gilt für den Gesetzgeber, jedenfalls seit NLRB v. Jones & Laughlin (s.o.B I). Dieser darf auch zum Schutze einer der Vertragsparteien eingreifen, vgl. etwa die zahlreichen Anti-Diskriminierungs-Gesetze.

[212] Vgl. Willborn u.a. 1993 S. 79; siehe auch Miceli/Near 1992, S.4, die sogar insgesamt von einer Tendenz des amerikanischen Individualarbeitsrechts weg vom Schutz des einzelnen Arbeitnehmers hin zu einer Instrumentalisierung des Arbeitsverhältnisses zur Förderung gesamtgesellschaftlicher Ziele reden.

[213] Vgl. auch Ambroz v. Cornhusker Square, Ltd., 226 Neb. 899 (1987)

[214] Vgl. z.B. Barr v. Kelso-Burnett Co, 106 Ill. 2 d 520, 525 ff. (1985); Shovelin v. Central New Mexico Elec. Coop. Inc., 115 N.M. 293 (1993); a.A. die vielfach kritisierte Entscheidung Novosel v. Nationwide Insurance Co., 721 F. 2d 894 (3d Cir. 1983), wo ein privater Arbeitnehmer sich der Aufforderung seines Arbeitgebers widersetzt hatte, ein bestimmtes Gesetzesvorhaben zu unterstützen. Dort entschied das Gericht, daß das Anliegen der Meinungsfreiheit für das Funktionieren der Demokratie gewichtig genug sei, um als klare „public policy" das Kündigungsrecht zu beschränken. Diese Entscheidung blieb jedoch ein Einzelfall. Dagegen haben viele Gerichte betont, daß die Übertragung des „free speech"-Rechts vom öffentlichen auf den privaten Sektor die privaten Arbeitsbeziehungen grundlegend verändern würde, wofür sie nicht zuständig seien, vgl. Westman 1991 S.96. vgl; Perritt, 58 U. Cin. L. Rev. 397, 402 ff., 1989 (Das Gericht in Novosel v. Nationwide Insurance leitete die „public policy" übrigens nicht nur aus der Bundesverfassung ab, sondern stützte sich außerdem auf die Verfassung von Pennsylvania, in der die „free speech"-Garantie als Recht des Bürgers und damit nicht nur als Beschränkung für den Staat gefaßt ist, vgl. Finkin u.a. 1989, S. 236).

Einen ganz anderen Ansatz vertritt Bingham, 55 Ohio St. L.J. 341, 366 (1994): Hiernach müßten die Gerichte das First Amendment als Ausdruck einer „public policy" berücksichtigen, und zwar aus folgendem Grunde: Durch ihre Weigerung, das First Amendment als Quelle zur Ermittlung des öffentlichen Interesses zu begreifen, würden sie selbst das First Amendment verletzen. Genauso wie Gerichte das Ehrschutzrecht so entwickeln müßten, daß es mit der Pressefreiheit vereinbar ist, müßten sie die „public policy"-Ausnahme so entwickeln, daß sie mit dem First Amendment in Einklang stehe. Wenn der Gesetzgeber ein Gesetz erließe, das privaten Arbeitgebern erlaube, Arbeitnehmer wegen ihrer politischen Meinung zu kündigen, würde dies sehr wahrscheinlich als verfassungswidrig gewertet. Ob Gesetzesrecht oder Richterrecht dürfe jedoch keinen Unterschied machen. Der Staat verletze hier das First Amendment also nicht, indem er Arbeitnehmer für dessen Wahrnehmung kündigt, sondern dadurch, daß seine Gerichte sich weigerten, das First Amendment in die Dogmatik der „public policy"-Ausnahme mit einzubeziehen. (An anderer Stelle gibt er jedoch zu bedenken, daß hier wohl eher richterliche Undie ablehnende Haltung der Gerichte wird meist die Befürchtung genannt, auf diesem Umweg nach und nach die ganze Verfassung in das Arbeitsverhältnis zu inkorporieren.[215]

Die „public policy"-Ausnahme wurde auch nicht *im Lichte* der First Amendment-Rechtsprechung entwickelt, sollte also nicht das Pendant des First Amendment-Schutzes für den privaten Sektor darstellen. Sie gilt vielmehr -wie bereits gesagt- sowohl für private als auch für öffentliche Arbeitnehmer.

a) Unterschiedliche Ansatzpunkte

Der Schutz durch die „public policy"-Rechtsprechung ist grundlegend anders motiviert als der der First Amendment- Rechtsprechung:

Dort erfolgt die Beschränkung der „at-will"- Regel zum Schutze der freien Entfaltung der Persönlichkeit sowie die Sicherung der Voraussetzungen des öffentlichen Diskurses und damit einer demokratischen Willensbildung („marketplace of ideas", s.u.).

Die „public policy"-Ausnahme beschränkt die „at-will"-Regel dagegen um des Interesses willen, das die Öffentlichkeit an der Gesetzesdurchsetzung, Strafverfolgung und Beseitigung sonstiger Mißstände hat.

Vor diesem Hintergrund erklären sich auch die so unterschiedlichen Ergebnisse beider Ansätze. So greift die „public policy"-Ausnahme z.B. ein, wenn ein Arbeitnehmer illegales Verhalten gegenüber den Strafverfolgungsbehörden anzeigt, nicht jedoch, wenn der Arbeitnehmer sich – wie Pickering - zur Behörden- bzw. Unternehmenspolitik kritisch äußert und deshalb gekündigt wird. Politische oder allgemeinpolitische Äußerungen werden also über die „public policy"-Ausnahme nicht geschützt, wohingegen dies der Bereich ist, der nach der Supreme Court-Rechtsprechung „den höchsten Rang unter den „First Amendment"-Werten einnimmt"[216].

---

tätigkeit als staatliche Tätigkeit vorliege, vgl. 367). Nach diesem Ansatz wäre der Geltung der Verfassung auch zwischen Privaten praktisch unbeschränkt, weil das ganze Privatrecht letztlich von seiner Durchsetzung durch die staatlichen Gerichten abhängt. Auch in der deutschen Diskussion zur Drittwirkung ist diese Argumentation bekannt. Darstellend dazu vgl. Pieroth/Schlink, Staatsrecht II, Rdnr. 177 ff.

[215] „To constitutionalize the workplace", so Bingham, 55 Ohio St. L. J. 341, 371, vgl. Perritt, 58 U.Cin. L. Rev. 397, 402 ff. (1989); demgegenüber sehen manche Autoren in der jüngeren höchstrichterlichen Rechtsprechung zur Meinungsfreiheit im *öffentlichen* Arbeitssektor die Tendenz, Meinungsäußerungen öffentlicher Arbeitnehmer zu „entkonstitutionalisieren", vgl. Lieberwitz, 19 U.C. Davis L. Rev. 597, 638 (1986).

[216] Zit.: Carey v. Brown, 477 U.S. 455, 466 f. (1980); vgl. auch Bingham, 55 Ohio St. L. J. 341

b) Spaltung zwischen privatem und öffentlichem Sektor

Die Unterschiede zwischen der First Amendment- Rechtsprechung und der „public policy"-Judikatur sowie die Tatsache, daß erstere nur für öffentliche Bedienstete anwendbar ist, führt dazu, daß öffentlicher und privater Sektor stark differierenden Rechtsregimen unterworfen sind. Dies erscheint insbesondere dort problematisch, wo die Grenzen zwischen privatem und öffentlichem Sektor sozial fließend sind. Abgegrenzt wird stets nach der sogenannten „doctrine of state action". So z.B. im Fall Rendell-Baker v. Kohn[217], wo Lehrern einer Sonderschule gekündigt wurde, weil sie einen Leserbrief geschrieben hatten, in dem sie verschiedene gegen die Schulleitung gerichtete Schüleraktionen im Zusammenhang mit einer Petition für mehr Mitbestimmung der Schülervertretung unterstützten.

Die für private wie öffentliche Arbeitnehmer anwendbare „public policy"-Ausnahme konnte den Lehrern hier nicht helfen, da sie keine illegalen Machenschaften oder sonstigen Mißstände aufgedeckt oder angeprangert, sondern lediglich Stellung zu einem schulpolitischen Konflikt genommen hatten. Für ihren Schutz kam es also maßgeblich darauf an, ob sie sich gegenüber ihrem Arbeitgeber auf das First Amendment berufen konnten. Die Schule war zwar in privater Trägerschaft, ihre Schülerschaft bestand jedoch aus Schülern, die von öffentlichen Schulen dorthin überwiesen wurden, da der Staat gesetzlich verpflichtet war, für eine spezielle Betreuung schwererziehbarer Schüler zu sorgen. Die Sonderschule war also öffentlicher Auftragnehmer zur Erfüllung dieses gesetzlichen Auftrags. Das Schulgeld wurde vom Staat bezahlt, dieser schrieb das Lehrprogramm fest und stellte die Diplome aus. Der Supreme Court entschied dennoch, daß sich die Lehrer hier mangels direkten staatlichen Handelns („state action") des Arbeitgebers nicht auf First Amendment- Rechte berufen könnten. Der private Arbeitgeber brauche die verfassungsrechtlichen Garantien nicht zu beachten - eine wie auch immer geartete „Drittwirkung" wollte der Supreme Court auch in solchen Fällen offensichtlich nicht anerkennen.

Aus öffentlichem Interesse wie auch aus Arbeitnehmerperspektive erscheint es allerdings nur schwer einsehbar, warum der Wert der Äußerungsfreiheit für die Gesellschaft, für die öffentliche Diskussion im Erziehungsbereich und für den einzelnen Lehrer geringer sein sollte, nur weil der Staat hier „formal" die Erfüllung seiner öffentlichen Aufgabe an ein privates Unternehmen delegiert hat.[218]

---

[217] 457 U.S. 830 (1982)

[218] Vgl. hierzu Summers, 1986 U. Ill. L. Rev. 689, 690 ff (1989), der sich dagegen mit einer Argumentation wendet, wie sie hierzulande zur Stütze der Drittwirkungslehre dient: Für die Gründungsväter der amerikanischen Verfassung sei die größte Bedrohung der persönlichen Freiheit der Staat mit seiner Fähigkeit gewesen, das Individuum zu kontrollieren. In unserer Zeit gebe es aber eine ebensogroße Bedrohung der persönlichen Freiheit durch „private action, which has the

3. Vagheit des „public policy"-Konzepts

Einer der Hauptkritikpunkte am „public policy"-Konzept ist seine Unbestimmtheit. Auch wenn manche Entscheidungen sehr großzügigen whistleblower-Schutz gewähren, erscheint die Judikatur in diesem Bereich doch wenig berechenbar. Zumindest für den juristischen Laien wird kaum im voraus erkennbar sein, welche genauen Anforderungen das zuständige Gericht an die Schutzwürdigkeit seiner Äußerungen stellen wird. Whistleblowing bleibt also auch unter der „public policy"-Ausnahme stets ein riskantes Unterfangen. Hinzu kommt, daß diese Unbestimmtheit einer willkürlichen „Ermessensausübung" durch die Gerichte Tür und Tor öffnet. Der Maryland Court of Appeals hat dies folgendermaßen kommentiert: „Jurists to this day have been unable to fashion a truly workable definition of public policy....Judges are frequently called upon to discern the dictates of sound public policy and human welfare based upon nothing more than their own personal experience and intellectual capacity."[219]

Besonders pikant in diesem Zusammenhang ist, daß viele Gerichte auch Urteile für eine zulässige Quelle zur Ermittlung von „public policies" halten. Dies mag in einem case law-System nicht inkonsequent sein, trotzdem wird dadurch der Spielraum für eine richterliche Rechtsschöpfung derart ausgeweitet, daß es der Akzeptanz der Entscheidungen eher abträglich sein dürfte. Allerdings erscheinen auch die Bemühungen mancher Gerichte, eine möglichst objektive Herleitung der „public policies" durch Fixierung auf gesetzliche Willensäußerungen zu erreichen, nicht unproblematisch. Diese Vorgehensweise führt zum Teil zu absurden Konstruktionen:

So wurde in Lucas v. Brown & Root, Inc.[220] einer Arbeitnehmerin gekündigt, weil sie sich den sexuellen Annäherungen ihres Vorgesetzten widersetzt hatte. Offenbar

---

power to control individuals, deprive them of their life or their livelihood or invade their privacy and personal integrity." (S. 692)

[219] Zit.: Maryland-Nat'l Capital Park & Planning Comm'n v. Washington Nat'l Arena, 282 Md. 588, 605 f. (1978); Massaro, 61 S. Cal. L. Rev. 1, 4 (1987); siehe auch Patton v. United States, 281 U.S. 276, 306, wo der Supreme Court bereits 1930 in anderem Zusammenhang festgestellt hat: „The truth is that the theory of public policy embodies a doctrine of vague and variable quality, and, unless deductible in the given circumstances from constitutional or statutory provisions, should be accepted as the basis of judicial determination, if at all, only with the utmost circumspection. The public policy of one generation may not, under changed conditions, be the public policy of another."

Auch die von der Rechtsprechung teilweise versuchten Abstufungen zeigen die Vagheit des „public policy"-Konzepts. Denn was dringende (clear mandates of public policy, s.o. II 1. und 2 a aa) im Gegensatz zu zwingenden (compelling mandate of public policy, s.o. II 2 h) oder gewöhnlichen „ public policies" sind, läßt sich praktisch wohl kaum abgrenzen.

[220] 736 F. 2d 1202 (8th Cir. 1984), es handelt sich hier nicht um eine Fall von whistleblowing, sondern um die Verweigerung einer Handlung - für die Anzeige einer solchen Aufforderung dürfte aber nichts anderes gelten.

suchte das Gericht verzweifelt nach einer gesetzlichen Grundlage zur Herleitung der „public policy“ und fand diese schließlich in dem Anti-Prostitutionsgesetz von Arkansas, das bei weiter Auslegung auch die von der Arbeitnehmerin verlangte sexuelle Hingabe verbot. Es erscheint wenig einleuchtend, daß die Arbeitnehmerin hier keinen Schutz verdient hätte, wenn - wie es in vielen US-Staaten der Fall ist - Prostitution erlaubt gewesen wäre.[221]

Angesichts der Schwierigkeiten einer objektivierten Ermittlung von „public policies“ hat es z.B. der Court of Appeals von New York generell abgelehnt, eine richterrechtliche „public policy“-Ausnahme zu entwickeln und die Aufgabe an den Gesetzgeber verwiesen: „The Legislature has infinitely greater resources and procedural means to discern the public will, to examine the variety of pertinent considerations, to elicit the views of the various segments of the community that would be directely affected and in any event critically interested and to investigate and anticipate the impact of imposition of such liability.“[222]

4. Rolle der Loyalitätspflichten

In den Urteilen zur „public policy“-Ausnahme finden sich - wie auch in der First Amendment-Rechtsprechung - in der Regel keine Ausführungen zu Loyalitäts- und Verschwiegenheitspflichten. Hier wie dort liegt dies im wesentlichen daran, daß Kündigungen eines „at-will“-Verhältnisses grundsätzlich keines Grundes (wie etwa einer Vertragsverletzung durch Bruch der Loyalitätspflicht) bedürfen.

Die in Bezug auf whistleblowing entwickelte „public policy“-Ausnahme zur „at-will“-Doktrin ändert daran insofern nichts, als sie allein auf öffentliche Interessen abstellt. Eine Abwägung mit Interessen des Arbeitgebers an der Loyalität seiner Arbeitnehmer findet - zumindest explizit - nicht statt. Die Rechtsprechung scheint außerdem überwiegend vorauszusetzen, daß es einen Bruch der Loyalitätspflichten dort nicht geben kann, wo ein Verhalten *eindeutig* im öffentlichen Interesse liegt. (Daß auch in den USA grundsätzlich eine Loyalitätspflicht des Arbeitnehmers angenommen wird, zeigen die „just cause“-Entscheidungen, s.u. D)

Einige Entscheidungen lassen allerdings erkennen, daß implizit dennoch eine Abwägung mit Loyalitätsinteressen des Arbeitgebers vorgenommen wird. Anders ließe sich z.B. nicht erklären, warum etwa in Percival v. General Motors Corporation[223] damit argumentiert wird, daß der Arbeitgeber einen weiten Spielraum bei der Entlassung von Arbeitnehmern in Führungspositionen, die besondere Vertrau-

---

[221] Man beachte allerdings, daß dieser Fall im Jahre 1984 entschieden wurde - heute hätte man die erforderliche gesetzliche Willensäußerung wohl in den zahlreichen Vorschriften zum Schutz vor sexueller Belästigung („anti-harassment laws“) gefunden.

[222] Zit.: Murphy v. American Home Products Corporation, 58 N.Y. 2d 293 (1983), (S. 302)

[223] S.o. II 2. f

lichkeit erfordern, haben müsse. Das gleiche gilt für die aus Geary v. United States Steel Corporation[224] stammende Feststellung, daß Geary die betriebsinterne Hierarchie unterlaufen habe, an deren Aufrechterhaltung der Arbeitgeber ein vitales Interesse habe[225]. Für die "public policy" sind diese Aspekte unerheblich. Auch das Erfordernis, daß die Anzeige aus achtenswerten Motiven („in good faith") erfolgen muß[226], läßt sich nicht aus „public policy"-Erwägungen erklären, denn für den öffentlichen Zweck der Aufdeckung von Illegalitäten bzw. der Gesetzesdurchsetzung und Strafverfolgung sind die Motive des Anzeigenden in der Regel unerheblich.

5. Beweisschwierigkeiten

Angesichts der unter II 4. dargestellten Beweissituation droht der materiellrechliche whistleblower-Schutz durch die „public policy"-Ausnahme weitgehend leerzulaufen. Der Arbeitgeber muß schließlich im „at-will"-Verhältnis gar keine Kündigungsgründe anführen und kann sich gegenüber dem vom Arbeitnehmer behaupteten Vergeltungsgrund auf andere, völlig willkürliche Gründe zurückziehen. Während sowohl die First Amendment-Rechtsprechung als auch die gesetzlichen Normierungen zum whistleblower-Recht[227] den Beweisproblemen des Arbeitnehmers durch verschiedene Beweiserleichterungen Rechnung tragen, ist dies in der „public policy"-Rechtsprechung nicht der Fall. Allerdings werden die genannten Schwierigkeiten immerhin auf nicht formalisierter Basis im Rahmen der Beweis*würdigung* berücksichtigt, etwa indem die zeitliche Koinzidenz eines geschützten whistleblowing mit der Kündigung regelmäßig als ausreichendes Indiz einer Vergeltungsmaßnahme angesehen wird[228].

6. Privilegierung von externem whistleblowing

Wie in der First Amendment-Rechtsprechung, so wird auch in der „public policy"-Judikatur externes whistleblowing tendenziell privilegiert. Welche Art des whistleblowing geschützt wird, hängt natürlich auch wesentlich davon ab, worin das jeweilige Gericht den Hauptzweck der „public policy"-Ausnahme sieht. Gerichte, die vor allem das öffentliche Interesse an einer wirksamen Strafverfolgung betonen, schützen konsequenterweise ausschließlich externes whistleblowing, wäh-

---

[224] S.o. II 2. a ee

[225] Vgl. S. 183 „The praiseworthiness of Geary's motives does not detract from the company's legitimate interest in preserving its normal operational procedures from disruption."; vgl. auch Perritt, Band 1, 1992, S. 5, unter 4.; 1977 Wisconsin L. Rev. 777, 787

[226] S.o. II 2. e

[227] S.u. F

[228] Vgl. Perritt, Bd. 2 1998, § 7.27 a.E.

rend Gerichte, die den Schwerpunkt des öffentlichen Interesses in der Gesetzesdurchsetzung sehen, auch internes whistleblowing für schutzwürdig befinden.

D. Kündigungsschutz durch kollektivvertragliche „just cause"-Bestimmungen

Den „at will"-Arbeitnehmern stehen die Arbeitnehmer gegenüber, die einen - wie auch immer gearteten - allgemeinen Kündigungsschutz genießen. Dies sind vor allem diejenigen Arbeitnehmer des öffentlichen wie des privaten Sektors, die von Kollektivvereinbarungen erfaßt werden. Der „unionized sector" und damit die Zahl der über Kollektivvereinbarungen geschützten Arbeitnehmer ist allerdings sehr gering und noch weiter im Abnehmen begriffen[229].

Die meisten Kollektivvereinbarungen schützen Arbeitnehmer vor Kündigungen oder sonstigen Sanktionen ohne berechtigten Grund (sogenannten „just cause")[230]. Die „just-cause"-Klauseln sind entweder explizit in den jeweiligen Kollektivverträgen enthalten oder werden von den Schiedsgerichten für implizit mitvereinbart gehalten. (Selbstverständlich können „just cause"-Klauseln auch außerhalb von Kollektivverträgen einzelvertraglich vereinbart und damit die grundsätzliche „at-will"-Regel einzelvertraglich abbedungen werden.)

Einen „berechtigten Grund" zur Kündigung kann insbesondere eine Vertragsverletzung darstellen. Die kollektivvertraglich zuständigen Schiedsgerichte müssen sich deshalb im Zusammenhang mit whistleblowing mit der Frage beschäftigen, ob dies eine Verletzung vertraglicher Pflichten darstellt, die eine Kündigung rechtfertigt[231]. Es kommt also entscheidend auf Inhalt und Reichweite der vertraglichen Verpflichtungen an. Während whistleblowing nur in seltenen Fällen mit der Hauptleistungspflicht kollidieren wird[232], kommt hier insbesondere eine Verletzung der durch Richterrecht entwickelten Nebenpflichten in Betracht.

I. Grundsätzliches zu den arbeitsvertraglichen Nebenpflichten

Unterschieden wird zwischen Loyalitäts- und Verschwiegenheitspflichten, wobei Loyalitätspflicht oft auch als Oberbegriff gebraucht wird. Diese Nebenpflichten lassen sich nicht absolut und für jedes Arbeitsverhältnis gleichermaßen gültig definieren. So sind sie z.B. umso weitgehender, je mehr Verantwortung der Arbeit-

---

[229] Vgl. die Zahlen des Bureau of Labor Statistics, Union Membership Summary, Stand 1.97, die allerdings nur über die Organisationsdichte Auskunft geben, die in den USA nicht deckungsgleich mit der Zahl der von Kollektivvereinbarungen erfaßten Arbeitnehmer ist. Während 1983 noch 20% der Gesamtarbeitnehmer einer Gewerkschaft angehörten, waren es 1996 nur mehr 14,5%. Im privaten Sektor waren es sogar nur 10%, während im öffentlichen Sektor knapp 38% der Arbeitnehmer gewerkschaftlich organisiert sind.

[230] Dworkin/Callahan, 15 Hastings Comm./ Ent. L. J. 357, 377 (1993)

[231] Malin, 16 U. Mich. J.L. Ref. 227, 288 ff. (1982/83)

[232] Siehe genauer Teil III, A II 2 a aa

nehmer trägt bzw. je mehr vertrauliche Informationen ihm zugänglich gemacht werden.[233] Verschiedene Lehrbücher und die „Restatements“ haben sich trotzdem darum bemüht, die Pflichten abstrakt zu beschreiben:

Die Loyalitätspflicht (im engeren Sinne) verlange, daß der Arbeitnehmer bei allem, was mit seiner Arbeit zusammenhängt, grundsätzlich die Interessen des Arbeitgebers wahren müsse.[234] So dürfe er z.B. die Produkte des Arbeitgebers nicht öffentlich herabsetzen und sich nicht illoyal zu Fragen im Zusammenhang mit seinem Arbeitsverhältnis äußern, es sei denn, es sei ausnahmsweise durch den Schutz seiner eigenen oder der Interessen Dritter geboten[235]. Dies bedeute jedoch nicht notwendig, daß er auch außerhalb seiner Arbeit stets im Interesse seines Unternehmens zu handeln habe[236]. Der Arbeitnehmer dürfe allerdings nicht bewußt gegen den Arbeitgeber bzw. das Unternehmen gerichtete Organisationen unterstützen.[237]

Die Verschwiegenheitspflicht gebiete dem Arbeitnehmer, vertrauliche Informationen nicht zum Nachteil des Arbeitgebers zu verwenden. Dabei sei es unerheblich, ob er die Informationen vom Arbeitgeber erhalten oder sich selbst - im Rahmen seiner Tätigkeit oder unter Verletzung seiner arbeitsvertraglichen Pflichten - beschafft habe[238]. Ebenso wie die Loyalitätspflicht bestehe die Verschwiegenheits-

---

233 Vgl. Westman 1991, S. 24; so träfen einen „agent-employee“ i.d.R. weitergehende Verhaltenspflichten als einen einfachen Arbeiter, vgl. Judd, 39 Hastings L.J. 483, 498 und Fn. 94, 1987/88 (dort wird unter „agent-employee“ ein mit Vertretungsmacht ausgestatteter Arbeitnehmer verstanden)

234 „...an agent is subject to a duty to his principal to act solely for the benefit of the principal in all matters connected with his agency“ Restatement (Second) of Agency sec. 387 ((Hier wird im Gegensatz zu Fn. 4 der Begriff „agent“ so gebraucht, daß er neben anderen Rechtsverhältnissen jedenfalls alle Arbeitnehmer („servants“) umfaßt.)).

235 Es muß sich wohl um überwiegende Interessen handeln, was im Restatement jedoch nicht genauer ausgeführt wird.

236 So Restatement (Second) of Agency Comment b zu sec. 387, wo folgendes Beispiel genannt wird: Der Arbeitnehmer einer Lebensversicherungsgesellschaft, der gutgläubig, d.h. ohne Schädigungsabsicht ein Gesetzgebungsvorhaben unterstützt, das eine Änderung der Versicherungspolicen seines Arbeitgebers zur Folge haben würde, verletzt dadurch nicht seine Loyalitätspflicht.

237 So Westman 1991, S. 23 f., der als Beispiel anführt, daß die Loyalitätspflicht Arbeitnehmern der Nuklearindustrie verwehre, Informationen an Anti-Atomkraft-Organisationen weiterzugeben; vgl. sec. 394 des Restatements „...an agent is subject to a duty not to act...for persons whose interests conflict with those of the principal in matters in which the agent is employed.“ Diese Regel ist zwar in erster Linie auf die Zusammenarbeit mit wirtschaftlichen Konkurrenten zugeschnitten, soll aber nach Westman auch auf die gerade beschriebenen Fallkonstellationen anwendbar sein.

238 So Restatement (Second) of Agency sec. 395; vgl. auch comment b zu sec. 395, wonach diese Regel nicht nur für Informationen gilt, die explizit als vertraulich bezeichnet werden, sondern auch für solche, von bei denen der Arbeitnehmer voraussetzen müßte, daß der Arbeitgeber sie als vertraulich behandelt wissen will. Sie gilt jedoch nicht für allgemein bekannte Informationen.

pflicht jedoch dann nicht, wenn die Enthüllung um höherrangiger Interessen des Arbeitnehmers oder eines Dritten willen geschehe[239].

II. Reichweite der Pflichten in Bezug auf whistleblowing

Die Schiedsgerichte haben sowohl für den öffentlichen als auch für den privaten Sektor mehrfach betont, daß die Nebenpflichten nicht so weit reichen könnten, daß der Arbeitnehmer sein Recht auf freie Meinungsäußerung vollständig aufgeben müsse. Keine Seite habe hier ein absolutes Recht: Ein Arbeitnehmer könne nicht in jedem Fall erwarten, daß er seinen Arbeitsplatz behält, wenn er seinen Arbeitgeber in Verruf bringt und ihm schadet. Genausowenig könne aber ein Arbeitgeber jegliche öffentliche Kritik seiner Arbeitnehmer im Keim ersticken[240].

Ausgehend von dem Loyalitätsgedanken differenzieren die Schiedsgerichte vor allem nach dem Adressaten der Kritik. So wird *internes* whistleblowing grundsätzlich nicht als illoyal bewertet, zumindest dann nicht, wenn der Arbeitnehmer die internen Berichtswege eingehalten hat. Aber auch wenn der Arbeitnehmer die interne Hierarchie übersprungen und sich z.B. direkt an die Geschäftsleitung gewandt

---

Arbeitnehmer sind übrigens in den USA rechtlich nicht verpflichtet, Zeugenaussagen gegen ihren Arbeitgeber zu machen, es sei denn, das Gericht erläßt eine dahingehende spezielle Anordnung (sogenannte „subpoena").

[239] Diese Wertungen entsprechen den im Ehrschutzrecht sowie im Handelsrecht entwickelten:

Das Ehrschutzrecht regelt bei „defamation", d.h. unrichtigen und verleumderischen Tatsachenäußerungen über eine Person, daß der Veröffentlicher der Information nicht haftet, wenn die Veröffentlichung *privilegiert* ist und dieses Privileg nicht mißbraucht wird (Restatement, Second, of Torts sec. 593 ff). Privilegiert ist eine Äußerung u.a. dann, wenn der Äußernde vernünftigerweise annehmen durfte, daß seine Information wichtige Interessen eines Dritten, seiner selbst oder der Allgemeinheit betrifft, und daß das öffentliche Wohl die Weitergabe dieser Informationen an einen öffentlichen Amtsträger oder eine sonstige Person mit Abhilfebefugnis gebietet. Mißbrauch liegt vor bei Kenntnis oder grob fahrlässiger Unkenntnis der Unrichtigkeit der Information sowie bei unlauteren Motiven, bzw. wenn die Veröffentlichung das für das privilegierte Ziel notwendige Maß überschreitet.

Ähnlich ist die Rechtslage auch im Handelsrecht. Im „Restatement of Torts" heißt es in dem Abschnitt, der sich mit der Haftung für die Enthüllung von Handelsgeheimnissen beschäftigt: „Wer fremde Handelsgeheimnisse gebraucht oder verrät, ohne dazu *ausnahmsweise berechtigt* zu sein, macht sich haftbar.".(„One who discloses or uses another's trade secret, without a privilege to do so, is liable to the other...." Restatement of Torts sec. 757 (1939) - letzte Auflage, in der dieses Thema behandelt wird). Der deliktische Schutz von Handelsgeheimnissen soll sowohl dem Schutz allgemeiner ethischer Standards im Handelsverkehr dienen als auch Innovationsanreize wahren, indem er dem einzelnen Unternehmen ermöglicht, die Früchte solcher Neuerungen zunächst selbst zu ernten und in kompetitive Vorteile umzuwandeln ((Dworkin/Callahan, 15 Hastings Comm. Ent. L. J. 357, 387 (1993) m.w.N.)). Gemessen an diesen Zielsetzungen können Beweise illegaler Vorgänge nach überwiegender Ansicht ohnehin keine Handelsgeheimnisse darstellen, so daß sich hier das Problem der ausnahmsweisen Berechtigung (sogenanntes „privilege") der Enthüllungen gar nicht stellt. Wenn bloß vermeintlich illegale Vorgänge enthüllt werden, die ein Handelsgeheimnis darstellen, so ist der Enthüllende nicht haftbar, wenn die Enthüllung um eines höherrangigen Interesses willen geschieht.

[240] Ace Hardware Corp., 1981-2 Lab. Arb. Awards (CCH) 8577 S. 5535; vgl. auch R.P. Richards, Inc. 63 Lab. Arb. (BNA) 412 (1974)

hat, sind die Schiedsgerichte tendenziell geneigt, keinen Verstoß gegen Loyalitätspflichten anzunehmen. (Verschwiegenheitspflichten beziehen sich ohnehin nur auf den „Kontakt nach außen" und können deshalb intern nicht verletzt werden.)

Ebenfalls recht großzügig sind die Schiedsgerichte, wenn whistleblowing - im öffentlichen Sektor - zwar nicht behördenintern, aber zumindest verwaltungsintern erfolgt. So wurde z.B. in der Entscheidung Town of Plainville[241] betont, daß der Arbeitnehmer zwar grundsätzlich die vorgegebenen Beschwerdewege einhalten solle, er aber die Loyalitätspflicht dann nicht verletze, wenn er vernünftige Gründe habe, diese Wege zu überspringen. In dem konkreten Fall habe der Arbeitnehmer Grund zu der Annahme gehabt, daß die behördenintern für Beschwerden vorgesehenen Stellen keine oder eher kontraproduktive Aktivität entfaltet hätten. Außerdem habe er von diesen Vergeltung befürchten müssen, weshalb es im konkreten Fall legitim gewesen sei, einen anonymen Brief an höhere Stellen zu richten.

Externes whistleblowing wird dagegen meist - zumindest wenn nicht zuvor vergeblich intern Abhilfe gesucht wurde - als Loyalitätsverstoß gewertet[242].

Manche Schiedsgerichte scheinen externes whistleblowing per se als Loyalitätsverstoß zu betrachten. So z.B. in Forst City Publishing Co., wo ein Journalist einen Artikel veröffentlicht hatte, in dem er seinen Arbeitgeber kritisierte. Das Schiedsgericht betonte dort, daß der Arbeitnehmer mit seinem Verhalten bewußt das Risiko einer Kündigung eingegangen sei und fragte rhetorisch: „Can you bite the hand that feeds you, and insist on staying for future banquets?"[243]

Die meisten Schiedsgerichte wenden sich dagegen einer genauen Einzelfallbetrachtung zu. Dabei werden sehr unterschiedliche Anforderungen an ein – mit den Loyalitäts- und Verschwiegenheitspflichten vereinbares – whistleblowing gestellt. Gemein ist den Entscheidungen, daß sie nur selten zugunsten des Arbeitnehmers ausfallen. So betont z.B. das Schiedsgericht in Davenport Good Samaritan Center, daß es dem Arbeitnehmer zwar nicht unter allen Umständen verwehrt sei, sich an die Öffentlichkeit zu wenden, doch müsse er sich vorher bemühen, die Fakten so genau wie möglich aufzuklären, und seinem Arbeitgeber die Möglichkeit geben, zu den Vorwürfen Stellung zu nehmen und Abhilfe zu schaffen. Nur wenn der Arbeitgeber den Mißständen nicht abhelfe, dürfe sich der Arbeitnehmer an die Öffent-

---

[241] 77 Lab. Arb. Awards (BNA) 161 (1981); vgl. auch Olympic Memorial Hospital, 1981-1 Lab. Arb. Awards (CCH) 8059 S. 3268 (1980)

[242] Vgl. Dworkin/ Callahan, 15 Hastings Comm./ Ent. L. J. 357, 378 (1993) ; siehe auch Malin, 16 U.Mich. J.L. Ref. 277, 288 ff.

[243] 58 Lab. Arb. (BNA) 773, 783 (1972); siehe auch Malin, 16 U. Mich J. L. Ref. 277, 289 (1982/83)

lichkeit wenden, wobei er stets das Risiko zu tragen habe, daß seine Anschuldigungen falsch sind.[244]

III. Rechtsfolgen

Bei Fehlen eines „just cause“ für die Kündigung wird durch die Schiedsgerichte grundsätzlich Wiedereinstellung („reinstatement“) angeordnet und außerdem Schadensersatz in Geld gewährt.

IV. Darlegungs- und Beweisfragen

Die Beweislast für das Vorliegen eines berechtigten Kündigungsgrundes („just cause“) trifft den Arbeitgeber[245]- ein Aspekt, der kollektivvertraglich geschützten Arbeitnehmern das Vorgehen gegen eine Kündigung wegen whistleblowing, verglichen mit „at-will“-Arbeitnehmern, deutlich erleichtert. Außerdem sind von Kollektivverträgen erfaßte Arbeitnehmer durch zahlreiche Verfahrensgarantien geschützt (sogenannter „industrial due process“), die u.a. vorsehen, daß eine Kündigung begründet werden muß, so daß sie sich wesentlich leichter verteidigen können als „at-will“-Arbeitnehmer[246], denen der Kündigungsgrund u.U. bis zum Prozeß unbekannt bleibt. Abgesehen davon sind kollektiv geschützte Arbeitnehmer hier natürlich auch deshalb in einer besseren Position, weil der Arbeitgeber, um den Vorwurf einer Vergeltungskündigung wegen whistleblowing zu entkräften, nur Kündigungsgründe anführen kann, die ihrerseits dem „just cause“-Erfordernis genügen.

V. Kommentar

Die Schiedsgerichte kommen also - weil sie die Loyalitätspflicht zum Ausgangspunkt ihrer Überlegungen machen - zu ganz anderen Ergebnissen als die dargestellte Rechtsprechung bei „at-will“-Arbeitsverhältnissen, deren Ausgangspunkt das öffentliche Interesse („public policy“ bzw. in der First Amendment-Rechtsprechung der „public concern“) ist, und die deshalb tendenziell externes whistleblowing gegenüber internem privilegieren.

Zur Erinnerung: Die Privilegierung externen whistleblowings beruht in der First-Amendment-Rechtsprechung darauf, daß dem kollektiven Interesse an Arbeitnehmeräußerungen zur Bereicherung eines informierten öffentlichen Diskurses durch externe Äußerungen am besten genügt und der Schritt nach außen außerdem als In-

---

[244] 1978-2 Lab. Arb. Awards (CCH) 8441, S. 5060; vgl. Malin, 16 U.Mich. J. L. Ref. 277 S. 290; siehe auch Ace Hardware Corp., 1981-2 Lab. Arb. Awards (CCH) 8577, S. 5535; R.P. Richards, Inc., 63 Lab. Arb. (BNA) 412, 417 f. (1974)

[245] Ace Hardware Corp., 1981-2 Lab. Arb. Awards (CCH) 8577, S. 5534

[246] Vgl. Estlund, 71 Ind. L. J. 101 S. 136, FN 150 (1995)

diz dafür gewertet wird, daß der Arbeitnehmer in seiner Rolle als Bürger auftritt[247]. In der „public policy"-Rechtsprechung werden externe Anzeigen deshalb privilegiert, weil dem öffentlichen Interesse an der Strafverfolgung und der damit zusammenhängenden Abschreckung anders nicht Rechnung getragen werden kann. Dagegen sind unter Loyalitätsgesichtspunkten eindeutig interne Anzeigen zu privilegieren, da diese das mildere Mittel im Hinblick auf die Arbeitgeberinteressen darstellen.

Unter dem „just cause"-Erfordernis werden außerdem auch solche Äußerungen geschützt, an denen zwar kein besonderes öffentliches Interesse besteht, die aber den Arbeitgeberinteressen nicht derart schaden, daß dies eine Kündigung rechtfertigen würde (z.B. Beschwerden über Arbeitsbedingungen, Kritik an Vorgesetzten, etc.). Auch dies erklärt sich daraus, daß hier der Maßstab die Loyalitätspflicht und nicht das öffentliche Interesse ist.

Die unterschiedlichen Ansatzpunkte und die daraus folgenden unterschiedlichen Zielrichtungen erschweren generalisierende Aussagen darüber, unter welcher Rechtsprechung bzw. unter dem Regime welcher Regeln der whistleblower-Schutz größer ist. Sicherlich werden interne whistleblower unter den kollektivvertraglichen Regeln am besten geschützt. Externen whistleblowern kommt im kollektivvertraglichen Bereich die für sie günstige Beweislastverteilung zugute. Insgesamt sind die Schiedsgerichte hier jedoch sehr zurückhaltend mit der Gewährung von Kündigungsschutz, zumal sie die Loyalitätspflichten sehr weit interpretieren[248]. Da bei Nichtvorliegen eines „just cause" grundsätzlich „reinstatement" gewährt wird, Arbeitgeber und Arbeitnehmer also weiter miteinander auskommen müssen, gewinnt ein durch externes whistleblowing verursachter Vertrauensverlust größere Bedeutung als etwa unter der „public policy"-Ausnahme, wo dem Arbeitnehmer regelmäßig nur finanzielle Ersatzansprüche zustehen.

E. Whistleblower-Schutz durch das allgemeine öffentliche Dienstrecht einzelner Staaten

Eine dem „just cause"-Erfordernis ähnliche Regelung enthält auch das öffentliche Dienstrecht einiger Gliedstaaten. Danach können Arbeitnehmer geltend machen, daß ihre Kündigung nicht zu dem legitimen Zwecke der effizienteren Gestaltung des öffentlichen Dienstes erfolgt sei, sondern aus illegitimen Motiven wie etwa der

---

[247] S.o. B II 6 a

[248] Vgl. Malin, 16 U. Mich. J. L. Ref. 277, 318 (1982/83) ; vgl. auch Westman 1991, S. 59, der darauf hinweist, daß die vage „just cause"-Klausel den Schiedsgerichten eine weite Interpretationsmacht gibt zu entscheiden, ob sie ein bestimmtes whistleblowing für schützenswert halten, so Westmann 1991, S. 59

Vergeltung von schutzwürdigem whistleblowing[249]. Diese dienstrechtlichen Bestimmungen bieten dem whistleblower jedoch wesentlich geringeren Schutz als spezielle whistleblower-Gesetze (siehe unten F). Oft geben sie dem Arbeitnehmer nämlich keinen materiellen Anspruch auf Schadensersatz wegen ungerechtfertigter Kündigung, sondern können nur als Einwendung gegen Klagen bzw. Ansprüche des Staates verwendet werden[250].

F. Spezieller gesetzlicher Schutz bzw. gesetzliche Förderung von whistleblowing

Parallel zu den unter B und C dargestellten Entwicklungen in der Rechtsprechung hat der Gesetzgeber die „at-will"-Regel in vielen Bereichen eingeschränkt und zahlreiche spezielle Vorschriften erlassen, um whistleblowing zu schützen und zu fördern.

I. Historische Entwicklung der whistleblower-Gesetzgebung

Bereits der eingangs erwähnte National Labor Relations Act (NLRA)[251] von 1935 enthielt einen ersten Ansatz zum Schutz von whistleblowing durch Arbeitnehmer[252]. In Abschnitt 8 des Gesetzes wurde dem Arbeitgeber untersagt, einem Arbeitnehmer zu kündigen, weil dieser als Kläger oder Zeuge in einem NLRA-Verfahren aufgetreten ist[253]. Dahinter stand der Gedanke, daß das zuständige National Labor Relations Board die NLRA-Regelungen nicht effektiv durchsetzen könne, solange es Arbeitgebern möglich war, ihre Arbeitnehmer durch Sanktionsdrohungen von der Mitwirkung an NLRA-Verfahren abzuhalten[254].

Vermehrte gesetzgeberische Aktivität im whistleblower-Bereich war allerdings erst in den sechziger und siebziger Jahren zu verzeichnen. Wie bereits ausgeführt bildete das damalige politische und soziale Klima einen fruchtbaren Nährboden für whistleblower-Aktivitäten. Das Vertrauen der Öffentlichkeit in die Integrität ihrer politischen Führung war erschüttert, der Watergate-Skandal und die Veröffentlichung der „Pentagon Papiere" zum Vietnamkrieg 1971 trugen das ihrige dazu bei. Auch die private Wirtschaft geriet zunehmend in den Verdacht illegaler Machen-

---

[249] Vgl. Westman 1991, S. 59; Massachusetts z.B. hat kein whistleblower-Gesetz zum Schutz von Staatsbediensteten, dafür aber eine solche"just cause"-Bestimmung im öffentlichen Dienstrecht: Mass. Gen. Laws Ann, Ch. 31, § 43 ff.

[250] So Westman 1991, S. 59

[251] Siehe oben B I.

[252] Whistleblower-Schutz in Form von Zeugenschutz, genauer dazu Kohn 1990, S. 12

[253] NLRA, 49 Stat. 449, Section 8 (4)

[254] So Westman 1991, S. 6

schaften und Korruption[255]. So wurden etwa Versuche von Wahlbeeinflussung, Bestechungen und eine wachsende Infiltration durch das organisierte Verbrechen bekannt. Als Reaktion auf dieses öffentliche Unbehagen verabschiedete der Kongreß u.a. den „Racketeer Influenced and Corrupt Organization Act“[256], den „Federal Election Campaign Act[257]„ und den „Foreign Corrupt Practices Act[258], die alle dazu dienen sollten, solchen illegalen Praktiken zu begegnen. Ebenfalls in den sechziger und siebziger Jahren verabschiedete der Kongreß zahlreiche Gesetze zum Verbraucher-, Umwelt- und Gesundheitsschutz sowie zum Schutz vor Diskriminierung[259]. Wie bereits beim Erlaß des NLRA so war auch bei diesen Gesetzen davon auszugehen, daß viele der Regelungen weitgehend undurchsetzbar blieben, solange nicht Arbeitnehmer bei ihrer Durchsetzung halfen[260]. Denn sie waren oft die einzigen Zeugen illegaler Unternehmenstätigkeiten. Der Staat war zur effektiven Gesetzesvollziehung wesentlich auf die Hinweise derer angewiesen, die als Beschäftigte des Unternehmens sozusagen „an der Quelle“ saßen. Deshalb wurden entsprechende whistleblower-Schutzvorschriften in die Gesetze aufgenommen[261].

Die vom Kongreß erlassenen whistleblower-Regelungen waren meist nur Annex von Gesetzen, die einem ganz anderen Zweck dienten (etwa dem Gesundheitsschutz am Arbeitsplatz, der Sicherheit von Kohle-Bergwerken o.ä). Die Reichweite des whistleblower-Schutzes variierte von Gesetz zu Gesetz. Allen diesen Vorschriften war als Annex-Regelungen jedoch gemein, daß sie whistleblowing nur schützten, wenn es sich auf Verletzungen des jeweiligen konkreten Gesetzes bezog. So blieben viele Arbeitnehmer schutzlos, weil der Inhalt ihrer Anzeigen oder Beschwerden sich nicht unter eines dieser speziellen Gesetze subsumieren ließ. In dieser Situation gründeten sich verschiedene Organisationen, die whistleblower unterstützten und sich für erweiterte Gesetzgebung in diesem Bereich einsetzten[262].

---

[255] Vgl. Glazer/Glazer 1989, S. 11 und Westman 1993, S. 9

[256] Heute: 18 U.S.C. §§ 1961-68

[257] Heute: 2 U.S.C. §§ 431 ff.

[258] Heute: 15 U.S.C. § 78 dd-1

[259] Vgl. Consumer Credit Protection Act, Federal Water Pollution Control Act, Occupational Safety and Health Act, Civil Rights Act (Title VII); siehe zu dem ganzen 38 S. D. L. Rev. 316, 320; außerdem wurden zahlreiche neue Behörden ins Leben gerufen, die für die Umsetzung und Durchsetzung der neuen Gesetze sorgen sollten, wie z.B. die „Equal Employment Opportunity Commission“, der „Council on Environmental Quality“, die „Environmental Protection Agency“, die „ Occupational Safety and Health Administration“ und die „Consumer Product Safety Commission“, vgl. Glazer/Glazer 1989, S. 12

[260] „The best source of information about what a company is actually doing is often its own employees...“ zit. Conference Report of Clean Air Act, 1977 U.S. Code Cong.&Admin. ews 1077, 1404 (wo man sich auf die Gesetzgebungsgschichte zum Water Pollution Control Act bezieht)

[261] Vgl. ausführlicher Westman 1991, S. 8 f.

[262] Sogenannte „public-interest groups“, z.B. das Government Accountability Project, das Anfang der siebziger Jahre von einer Reihe junger Anwälte gegründet worden war, das Project on Mili-

Im Jahre 1978 erließ der Kongreß den „Civil Service Reform Act“[263], der die bis dahin umfassendsten Regelungen zum Schutz von whistleblowing durch Bundesangestellte vorsah[264]. Die einzelstaatlichen whistleblower-Schutzvorschriften sind jünger. Sie sind meist nicht nur als Annex ausgestaltet, sondern Gegenstand selbständiger Gesetze. Sie schützen whistleblower umfassender, nicht nur in Bezug auf einen bestimmten Industriezweig bzw. ein bestimmtes Gesetz. Kalifornien war 1979 der erste Gliedstaat, der ein solches Gesetz zum Schutze von whistleblowern erließ.[265]Michigan folgte im Jahre 1981[266].

II. Überblick über den aktuellen Stand der whistleblower-Gesetzgebung

Mittlerweile hat der Kongreß in mindestens 27 Bundesgesetze whistleblower-Schutzvorschriften inkorporiert[267]. Jedes Gesetz hat seine eigenen Verfahrensvorschriften, schützt jeweils einen ganz bestimmten Bereich von Anzeigen im öffentlichen oder privaten Sektor und sieht jeweils unterschiedliche Rechtsfolgen vor. Zudem gilt für Bundesangestellte ein allgemeineres whistleblower-Schutzgesetz, der „Whistleblower Protection Act“ von 1989[268], der aus dem „Civil Service Reform Act“[269] entwickelt wurde.

Mindestens 35 Einzelstaaten haben whistleblower-Gesetze verabschiedet. Die meisten dieser Gesetze schützen Angestellte der Länder und die Mehrheit davon auch Angestellte der regionalen Verwaltungsträger. Ungefähr die Hälfte dieser Staaten

---

tary Procurement (1981) und die Coalition to Stop Government Waste, vgl. Glazer/Glazer 1989, S. 59-63., siehe genauer unter K

[263] Pub. L. 95-454 (1978), 92 Stat. 1111; heute in verschiedenen Sektionen von 5 U.S.C. kodifiziert

[264] Siehe genauer zum Civil Service Reform Act und dessen Schwächen, insbesondere der problematischen Beweislastverteilung, Lofgren, 38 S.D.L. Rev. 316, 323 ff. (1993)

[265] Cal. Gov't Code § 10540 (in Kraft bis 1992)

[266] Mich. Compiled Laws Ann. § 15.362

[267] Vgl. Age Discrimination in Employment Act (ADEA); Asbestos Hazard Emergency Respose Act of 1986; Asbestos School Hazard Detection Act of 1980; Clean Air Act (CAA); Comprehensive Environmental Response, Compensation and Liability Act of 1980 (CERCLA); Department of Defense Authorization Act of 1984; Department of Defense Authorization Act of 1987; Employee Retirement Income Security Act (ERISA); Energy Reorganization Act of 1974 (ERA); Equal Employment Opportunity Act (Title VII); Fair Labor Standards Act (FLSA); Federal Employers' Liability Act (FELA); Federal Mine Safety and Health Act (FMSHA); Federal Water Pollution Control Act of 1972; Hazardous Substances Release Act; International Safe Containers Act; Jurors' Employment Protection Act; Longshoremen's & Harbor Workers' Compensation Act; Migrant Seasonal and Agricultural Worker Protection Act; Occupational Safety and Health Act; Public Health Service Act; Railroad Safety Authorization Act of 1978; Safe Drinking Water Act; Solid Waste Disposal Act; Surface Mining Control & Reclamation Act; Surface Transportation Assistance Act of 1978; Toxic Substances Control Act.

[268] Pub. L. 101-112, 103 Stat. 16, kodifiziert in verschiedenen Sektionen von 5 U.S.C.

[269] Pub L. 95-454 (1978), 92 Stat 1111.

haben ihren whistleblower-Schutz auch auf Arbeitnehmer im privaten Sektor ausgedehnt[270].

Insgesamt ist also die whistleblower-Gesetzgebung für den privaten Sektor wesentlich dünner als für den öffentlichen Sektor.

Einige Gesetze beschränken sich nicht nur auf den Schutz von whistleblowern vor Vergeltung, sondern sehen finanzielle Anreize in Form von Belohnungen vor, um whistleblowing noch weitergehend zu fördern.

Im folgenden soll, um einen Eindruck von der Vielfalt der Regelungen zu vermitteln, ein grober inhaltlicher Überblick über den aktuellen Stand der whistleblower-Gesetzgebung gegeben werden, bevor auf einige „typische" Bundesgesetze näher eingegangen wird.

1. Gesetzlicher Schutz vor Vergeltung

a) Erfaßte Vergeltungsmaßnahmen

Einige Gesetze verbieten ausschließlich Kündigungen, die meisten erfassen jedoch auch andere Sanktionen, wie etwa die Zuweisung eines weniger attraktiven Arbeitsplatzes, die Kürzung der Bezahlung, „Kaltstellen" in Form von Aufgabenentzug, das Anstrengen von Gerichtsverfahren zum Zwecke der Vergeltung oder die Verweigerung eines angemessenen Dienstzeugnisses. Zum Teil werden die Gesetze so ausgelegt, daß sie auch einem zukünftigen Arbeitgeber verbieten, bei der Einstellungsentscheidung ein vorangegangenes gesetzlich geschütztes whistleblowing zum Nachteil des Arbeitnehmers zu berücksichtigen.[271]

b) Voraussetzungen des Schutzes

aa) Geschützte Aktivitäten

Von Ausnahmen abgesehen, schützen die whistleblower-Vorschriften sowohl des Bundes als auch der Länder Beschwerden und Anzeigen sowie die Unterstützung von Verwaltungs- und Strafverfahren (durch Auftreten als Zeuge etc.). Nicht geschützt werden regelmäßig bloße Meinungsäußerungen ohne enthüllenden oder zumindest informativen Charakter.

---

[270] Lofgren, 38 S.D.L.Rev. 316, 322 (1993)

[271] Vgl. Malin, 16 U. Mich. J. L. Ref. 277, 293 (1982/83) zu dem Civil Rights Act und dem ADEA

Manche Gesetze schützen auch Arbeitnehmer, die zum Zeitpunkt ihrer Kündigung noch keine Enthüllungen gemacht hatten, sondern sich noch im Vorbereitungsstadium befanden (sogenannte „embryonic" whistleblower)[272].

bb) Erfaßte Arbeitnehmer

Oft wird, insbesondere in vielen Bundesgesetzen, nur Arbeitnehmern bestimmter Industriezweige Schutz gewährt[273]. Einige Gliedstaaten schützen im öffentlichen Sektor nur Arbeitnehmer des Landes, nicht aber Arbeitnehmer der verschiedenen regionalen Verwaltungsträger.[274]

Vielfach nehmen whistleblower-Gesetze des öffentlichen Sektors bestimmte Arbeitnehmergruppen pauschal vom Schutz aus. So werden zwar durch den „Whistleblower Protection Act" grundsätzlich alle Arbeitnehmer des Bundes erfaßt, jedoch mit Ausnahme von Mitarbeitern der geheimdienstlichen Einrichtungen wie FBI, CIA und GAO, auf die das Gesetz Gründen der nationalen Sicherheit nicht anwendbar ist[275]. Ebenfalls ausgeschlossen sind Mitarbeiter von öffentlichen Kreditinstituten. Für manche dieser Arbeitnehmer existieren jedoch Spezialregelungen[276].

Die Stellung des Arbeitnehmers im Betrieb sowie das Bestehen eines befristeten oder Probearbeitsverhältnisses ist regelmäßig für die Anwendbarkeit der Gesetze irrelevant. Vereinzelt wurde jedoch entschieden, daß die besondere Position eines

---

[272] Vgl. z.B. den Clean Air Act, 42 U.S.C. § 7401, 7622 (Stand 1996): „No employer may discharge any employee or otherwise discriminate against any employee... because the employee..: (1) commenced, caused to be commenced, or is about to commence or cause to be commenced a proceeding under this chapter or a proceeding for the administration or enforcement of any requirement imposed under this chapter or under any applicable implementation plan, (2) testified or is about to testify in any such proceeding, or (3) assisted or participated or is about to assist or participate in any manner in such a proceeding or in any other action to carry out the purposes of this chapter."

Siehe auch Boyle, 41 Lab. Law J. 801, 802 (1990) ; Adler/Daniels, 8 Lab. Law. 19, 29 (1992); nicht geschützt werden regelmäßig Arbeitnehmer, die nur – zu Unrecht - des whistleblowings verdächtigt werden. Geschützt wird nur der, der tatsächlich Informationen weiterleitet, ein bloßer „ill will" des Arbeitgebers ist nicht ausreichend, vgl. Chandler v. Dowell Schlumberger 13 IER Cases 1059 (1998), dargestellt in Thüsing, NZA 1999, S. 635 (638)

[273] Vgl. z.B. den Federal Mine Safety & Health Act, 30 U.S.C. § 801, 815 (c) „any miner, representative of miners or applicant for employment in any coal or other mine subject to this chapter..."

[274] Vgl. Westman 1991, S. 59

[275] Fisher, 43 Rutgers L. Rev. 355, 407 ff. (1991)

[276] Vgl. für Arbeitnehmer des FBI gilt - mit Ausnahme der Positionen von „confidential, policy-determining, policymaking, or policy-advocating character" - § 5 U.S.C. 2303 (c). FBI-Bedienstete werden danach nur geschützt, wenn sie Anzeigen an den Attorney General oder einer von ihm ermächtigten Person machen. Zu dem aktuellen Fall der Enthüllungen von Dr. Whitehurst, vgl. (Internet) http://www.whistleblowers.org./nwcpr001.htm; für Arbeitnehmer von staatlichen Kreditanstalten enthält 12 U.S.C. § 1831j eine spezielle Regelung.

Arbeitnehmers bestimmten Formen von whistleblowing entgegenstehen kann, auch wenn der konkrete Arbeitnehmer nicht explizit vom Schutz des Gesetzes ausgenommen ist.[277]

Zuweilen werden auch Stellenbewerber oder Personen in arbeitsvertragsähnlichen Verhältnissen von den Schutzgesetzen erfaßt.[278] Manche Gesetze schließen whistleblower vom Schutze aus, wenn sie an den illegalen Machenschaften, die sie angezeigt haben, ursprünglich selbst beteiligt waren.[279]

cc) Mögliche Gegenstände geschützten whistleblowing

Hinsichtlich der zulässigen Gegenstände von Anzeigen oder Beschwerden bestehen erhebliche Unterschiede zwischen öffentlichem und privatem Sektor, weshalb diese im folgenden getrennt behandelt werden sollen:

aaa) Öffentlicher Sektor

Hier ist die Bandbreite der geschützten Themen sehr groß. Auf Bundesebene schützt insbesondere der „Whistleblower Protection Act" Anzeigen von illegalen Aktivitäten, Mißmanagement, Verschwendung, Mißbrauch hoheitlicher Befugnisse und konkreten Gefahren für die öffentliche Sicherheit und Gesundheit.[280] Viele Einzelstaatengesetze sind dem nachgebildet. Manche Staaten schützen dagegen nur die Anzeige von Gesetzesverstößen[281]. Zahlreiche Bundes- und einige Landesgesetze schützen whistleblowing nur zu ganz bestimmten Themen, etwa zur Umweltkriminalität[282] oder zur Verschwendung von Schulmitteln[283].

bbb) Privater Sektor

Im privaten Sektor ist die Bandbreite der geschützten Themen wesentlich enger. So werden Anzeigen von Verschwendung und Mißmanagement grundsätzlich nicht

---

[277] Vgl. Smith v. Singer Co., 650 F. 2d 214 (9th Cir. 1981), wonach einem Gleichstellungsbeauftragten der Schutz des Civil Rights Acts, Title VII versagt ist, wenn er Beschwerden über diskriminierende Praktiken bei den zuständigen Behörden macht oder andere Arbeitnehmer dabei unterstützt, da er damit seine Pflicht verletze, ausschließlich die Interessen des Arbeitgebers gegenüber diesen Stellen zu vertreten; vgl. dazu Malin, 16 U. Mich J. L. Ref. 277, 295 (1982/83)

[278] Vgl. Kohn 1990, S. 30 f. „employee has been defined to include... contract workers, and probationary or temporary employees, independent contractors, applicants for employment, former employees and prospective employees, contract job shoppers, and temporary workers."

[279] Vgl. Rothstein u.a. 1994, S. 562 f.

[280] Genauer zum Whistleblower Protection Act, s.u. III 4.

[281] Lofgren, 18 S.D.L. Rev. 316, 326, der als Beispiele nennt: Del. Code Ann. tit. 29 § 5115; Kan. Stat. Ann §§ 75-2975 (b) (1); Tex. Rev. Civ. Stat. Ann. art 6252-16 a Sec.1

[282] La. Civ. Code Ann. art. 30:2027

[283] Tenn. Code Ann. §§ 49-50-1401ff.

geschützt. Begründet wird dies damit, daß es in der privaten Wirtschaft jedem Unternehmer freistehe, ineffektiv zu wirtschaften, ohne daß der Staat dagegen einschreiten könnte[284]. Die Interessen eventueller Aktionäre oder Gesellschafter werden dabei grundsätzlich nicht thematisiert.

Vom Bundesgesetzgeber werden im privaten Sektor grundsätzlich nur Anzeigen von Verstößen gegen *Bundes*gesetze geschützt, was sich daraus erklärt, daß es sich hier regelmäßig um Annexvorschriften zu entsprechenden Gesetzen handelt.[285]

Manche Gliedstaaten schützen Anzeigen jeglicher Art von Gesetzesverstößen, andere schränken dies weiter ein, z.B. auf Straftaten, auf umweltrechtliche Verstöße oder auf Gesetzesverletzungen, die eine konkrete Gefahr für die öffentliche Sicherheit und Gesundheit darstellen[286]. Die Anzeige von Gesetzesverletzungen, deren einziges Opfer das private Unternehmen ist, wie z.B. interne Eigentums- und Vermögensdelikte, wird in der Regel nicht geschützt. Vereinzelt werden auch Beschwerden über nicht illegale Arbeitsbedingungen oder Praktiken geschützt, von denen der Arbeitnehmer Grund hat anzunehmen, daß sie die Gesundheit und Sicherheit der Arbeitnehmer gefährden.[287] Kein Gesetz schützt allerdings Beschwerden über die Verletzung von Standesrichtlinien oder Moralcodices.

dd) Zulässige Adressaten

An wen whistleblower ihre Beschwerden oder Anzeigen legitimerweise richten dürfen, wird in der Bundes- und Landesgesetzgebung unterschiedlich beurteilt.

aaa) Bundesgesetzgebung

Hier fällt auf, daß die meisten Gesetze nicht spezifizieren, gegenüber welchen Adressaten Mißstände angezeigt werden dürfen. Aus vielen der Gesetze läßt sich jedoch schließen, daß geeigneter Empfänger jedenfalls die Behörde ist, die für den jeweils von dem Gesetz erfaßten Problembereich zuständig ist[288]. So sollten z.B. diskriminierende Praktiken des Arbeitgebers idealerweise der Gleichstellungskommission gemeldet werden[289]. Wird jedoch das Fehlverhalten anderen Instanzen reportiert, schließt das den Schutz grundsätzlich nicht aus.

---

[284] Vgl. Lofgren, 18 S.D.L. Rev.316, 328 (1993)

[285] Z.B. Age Discrimination in Employment Act, 29 U.S.C. §§ 621, 623; Asbestos Hazard Emergency Response Act, 15 U.S.C. §§ 2641, 2651; Clean Air Act, 42 U.S.C. §§ 7401, 7622

[286] Vgl. Westman 1991, S. 67 m.w.N.

[287] So Adler/Daniels, 8 Lab. Law. 19, 26

[288] Vgl. zum ganzen Dworkin/Callahan, 15 Hastings Comm./ Ent. L. J. 357, 365 f. (1993)

[289] Vgl. 42 U.S.C. § 2000 e-3, e-4

Die Gerichte interpretieren die Gesetze regelmäßig dahingehend, daß sie sowohl externes als auch internes whistleblowing schützen[290]. Denn nur so könne der jeweilige Gesetzeszweck (Bekämpfung der Korruption, Sicherheit am Arbeitsplatz etc.) bestmöglich gefördert werden.

Die Frage, ob auch Anzeigen an die Medien unter den Schutz dieser Gesetze fallen, wurde von einem Gericht zum „Occupational Health and Safety Act" (OHSA) entschieden. In dem Fall[291] waren die Medien informiert worden, daß auf einer Baustelle Asbeststaub in die Luft gewirbelt wurde, weil Lastwagen asbesthaltiges Material auf nicht abgedeckten Ladeflächen abtransportierten. Ein Journalist, der in diesem Fall recherchierte, sprach mit einem an dem Bau beteiligten Arbeitnehmer und zitierte dessen bestätigende Angaben später in seinem Bericht, woraufhin dem Arbeitnehmer gekündigt wurde. Das Gericht war der Auffassung, daß angesichts der weiten Fassung des OHSA und dessen Zweck, die Gesundheit und Sicherheit möglichst umfassend zu schützen, auch die Kommunikation des Arbeitnehmers mit den Medien geschützt sein müsse[292]. Nur ein Bundesgesetz schützt *explizit* whistleblowing gegenüber den Medien, nämlich der „Federal False Claims Act"[293].

Jüngere Gesetze sind zunehmend konkreter bezüglich der geeigneten Adressaten. Die meisten von ihnen schützen ausschließlich externes whistleblowing und bestimmen eine konkrete Behörde zum Empfänger von Informationen[294].

bbb) Einzelstaatliche Gesetzgebung

Hier sind die zulässigen Anzeige-Adressaten meist konkreter definiert. So dürfen z.B. Gesetzesverletzungen allen zuständigen Behörden reportiert werden. Beschwerden über Mißmanagement, Verschwendung und Mißbrauch hoheitlicher Befugnisse sollen an die für die Aufsicht zuständigen Legislativ- oder Exekutivorgane gerichtet werden.[295] Die meisten Gesetze privilegieren externes whistleblowing.[296]

---

[290] Siehe z.B. Brock v. Roadway Express, 481 U.S. 252, 255 (1987) und Kohn/Kohn 1988, S. 20 m.w.N.

[291] Donovan v. R.D. Andersen Construction Co., 552 F.Supp. 249 (1982)

[292] Vgl. Dworkin/Callahan, 15 Hastings Comm./ Ent. L. J. 357, 366 (1993), die sich dafür aussprechen, daß diese Entscheidung als Präzedenzfall auch für andere ähnliche Bundes-Whistleblower-Gesetze gewertet werden sollte.

[293] S.u. III 5

[294] Siehe z.B. Whistleblower Protection Act (unten.III 4.) für Bundesangestellte, der das „Office of Special Counsel" als zuständigen Empfänger von whistleblower-Anzeigen nennt. Allerdings darf hier der Arbeitnehmer auch andere Empfänger wählen: „...to any person within or outside the agency", 5 U.S.C. § 1213 (a) (1989)

[295] Vgl. Westman 1991, S. 54 m. w. N.; z.B. Iowa Code § 19.A.19, der Sanktionen verbietet: „for disclosures of information....to a member of the General Assembly, the legislative service bureau, the legislative fiscal bureau, or the respective caucus staffs of the General Assembly..."

[296] Dworkin/Callahan, 29 American Bus. L.J. 267, 276 (1991)

Kaum ein Staat schützt ausdrücklich nur internes whistleblowing.[297] Kentucky und Utah schützen explizit auch Enthüllungen gegenüber den Medien.[298]

ee) Interne Vorschaltbeschwerde

Die meisten Gesetze, die whistleblower-Schutz im öffentlichen Sektor regeln, verlangen nicht, daß der Arbeitnehmer zunächst behördenintern beanstandet, bevor er sich an externe Stellen wendet. Anders im privaten Sektor. Hier fordern viele Gesetze, daß der Arbeitnehmer sich zunächst intern beschwert und seinem Arbeitgeber Gelegenheit zur Abhilfe gibt [299]

ff) Anforderungen an die Wahrheitsgemäßheit

Der gesetzliche Schutz setzt grundsätzlich nicht voraus, daß die Vorwürfe inhaltlich richtig sind. Dahinter steht die Erwägung, daß eine Regelung, die whistleblowern den Schutz versagt, wenn sich nach möglicherweise langwierigen Untersuchungen durch Experten die Behauptungen als unrichtig herausstellen, die Anzeigebereitschaft hemmen würde, was dem erklärten Gesetzeszweck zuwiderliefe.

Die Behauptungen dürfen jedoch nicht bewußt unwahr sein, vielmehr muß der Arbeitnehmer vernünftige Gründe haben anzunehmen, daß eine Gesetzes- oder Pflichtverletzung erfolgt ist. Vereinzelt verlangen Gesetze in diesem Zusammenhang, daß der Arbeitnehmer zunächst Recherchen anstellt, um die Richtigkeit seiner Behauptungen zu überprüfen.[300] Andere Gesetze sehen von einem solchen Erfordernis wegen der damit verbundenen Störung des Betriebsablaufs und -klimas bewußt ab.

gg) Irrtümer bei der rechtlichen Bewertung

Ob der Arbeitnehmer auch geschützt ist, wenn er nicht über die tatsächliche Situation, sondern über rechtliche Kategorien irrt, z.B. hinsichtlich der Einstufung be-

---

[297] Dworkin/Callahan, 29 American Bus. L.J. 267, 278 (1991)

[298] So zumindest Westman 1991, S. 55

[299] In Rhode Island z.B. muß dem Arbeitgeber 24 Stunden Zeit gegeben werden, um sich ernsthaft um Abhilfe zu bemühen, vgl. R.I. Gen. Laws § 28-50-1 ff.; Ohio differenziert nach der Art der Anzeige: Manche strafbaren Gesetzesverstöße dürfen unmittelbar nach außen gemeldet werden, während andere Gesetzesverletzungen erst intern beanstandet werden müssen, siehe 8 Lab. Law. 19, 28

New Jersey macht vom internen Beanstandungserfordernis folgende Ausnahme: Wenn der Arbeitnehmer vernünftigerweise annehmen kann, daß die zu beanstandenden Aktivitäten mindestens einem Vorgesetzten bekannt sind, oder wenn er Grund hat, bei internen Beanstandungen körperliche Bedrohung zu fürchten, und jeweils die Situation so dringlich ist, daß sie unverzügliche Beanstandung erfordert, kann ausnahmsweise unmittelbar extern angezeigt werden, vgl. N.J. Stat. Ann. § 34:19-1 ff.

[300] Z.B. Ohio Rev. Code Ann. § 4113.52; vgl. auch Barnett, 43 Lab. Law J. 440, 443 (1992)

stimmter Aktivitäten als illegal, ist umstritten, wird jedoch in der Regel abgelehnt[301].

hh) Motive des Arbeitnehmers

Die meisten Gesetze verlangen, daß der Arbeitnehmer seine Anzeige in „good faith", d.h. aus integren Motiven macht. Dieses Erfordernis soll der Mißbrauchsgefahr vorbeugen. Wenn z.B. der Arbeitnehmer anläßlich einer drohenden Kündigung wegen schlechter Arbeitsleistung zum whistleblower wird, liegt die Vermutung nahe, daß die Anzeige in „bad faith", also aus sachfremden Beweggründen gemacht wurde. Gleiches gilt u.U. auch, wenn der Arbeitnehmer eine besonders rücksichtslose Art der Anzeige wählt oder gar die Drohung mit der Anzeige zur Erpressung benutzt.[302] Manche Staaten verlangen außerdem, daß die Anzeige nicht dadurch motiviert sein darf, irgendeinen persönlichen Vorteil zu erlangen.[303]

ii) Anforderungen an die Form der Anzeige

Die Rechtsprechung hat in Bezug auf verschiedene whistleblower-Gesetze betont, daß das Verhalten des whistelblowers „angemessen" sein müsse, und die Regelungen dahingehend ausgelegt, daß sie nicht jede noch so rücksichtslose Form von whistleblowing schützen: „(the law) does not afford an employee unlimited license to complain at any and all times and places."[304]

Manche Gesetze verlangen übrigens zumindest für externe Anzeigen oder Beschwerden, daß diese schriftlich erfolgen.[305]

---

[301]Vgl. dazu Malin, 16 U. Mich. J. L. Ref. 277, 306 (1982/83)

[302]Vgl. zu letzterem Wolcott v. Champion International Corp., 691 F.Supp. 1052 (1987), wo ein Arbeitnehmer einen Brief an die Unternehmensführung gesandt hatte, in dem er mit der Anzeige von Umweltverschmutzungen drohte, wenn ihm nicht Zusagen hinsichtlich seiner künftigen Arbeitsplatzsicherheit gemacht würden. Das Gericht stellte klar, daß whistleblowing nicht als „bargaining chips in negotiations with their bosses" mißbraucht werden dürfe. ((Zitat Fisher, 43 Rutgers L.Rev 355, 362 (1991)) Der Arbeitnehmer ist allerdings geschützt, wenn er dem Arbeitgeber mit einer Anzeige droht, falls dieser die illegalen Aktivitäten aufgrund interner Beanstandung nicht abstellt, vgl. Kohn 1990, S. 42 f.

[303]Z.B. Wisconsin, vgl. Adler/Daniels, 8 Lab. Law 19, 48 (1992);. Westman 1991, S. 57

[304]Zit.: Hochstadt v. Worcester Foundation for Experimental Biology, 545 F. 2d 222 (1st Cir. 1976), wo eine Arbeitnehmerin sich ständig bei Kollegen über geschlechtsdiskriminierende Praktiken beschwerte und damit den Arbeitsablauf in ihrem Labor sowie das Klima unter den Mitarbeitern erheblich störte, vgl. genauer Westman 1991, S. 153 ff.

[305]Vgl. z.B. N.J. Stat. Ann § 34: 19 - 4; Ohio Rev. Code Ann. § 4113.52: „...the employee may file a written report that provides sufficient detail and describe the violation to the prosecuting authority...".

jj) Besondere Geheimhaltungspflichten

Einzelne Staaten regeln, daß whistleblower nicht geschützt werden, wenn sie Informationen weitergeben, die einer speziellen gesetzlichen Geheimhaltungspflicht wie z.B. der ärztlichen oder anwaltlichen Verschwiegenheitspflicht unterliegen.[306]

c) Rechtsfolgen

aa) Schadensersatz

Die meisten Gesetze sehen vor, daß der Arbeitnehmer wieder in gleicher Weise wie vor der Vergeltungsmaßnahme zu beschäftigen („reinstatement“[307]) ist und ihm sonstige materielle Schäden zu ersetzen sind, die er kausal durch die Sanktion erlitten hat. Zum Teil kann auch Schmerzensgeld für die im Zusammenhang mit der Vergeltungsmaßnahme erlittene Rufschädigung, sofern sie das berufliche Fortkommen beeinträchtigen kann, sowie für psychische Belastungen verlangt werden[308]. Nach zwei Bundesgesetzen und mehreren einzelstaatlichen Gesetzen (allerdings nur solchen für den öffentlichen Sektor) können dem Arbeitnehmer als Opfer der Vergeltungsmaßnahmen auch „exemplary damages“ bzw. „punitive damages“ zugesprochen werden[309]. Dieser „Strafschadensersatz“ fällt hier jedoch regelmäßig geringer aus als unter der richterrechtlichen „public policy“-Ausnahme, da in jenen Fällen die Geschworenen-Jury und nicht - wie hier- eine Behörde oder ein Richter entscheidet.[310] (Die amerikanische Praxis zeigt, daß Entscheidungen einer Geschworenen-Jury regelmäßig extremer ausfallen als vergleichbare richterliche Entscheidungen. Wenn Schadensersatz gewährt wird, ist er erfahrungsgemäß meist höher als ein richterlich festgesetzter Schadensersatz[311].)

Zum Teil ist die Höhe des „Strafschadensersatzes“ auch gesetzlich geregelt. So sieht etwa North Carolina die Gewährung dreifacher materieller Schadensersatzansprüche vor.[312]

---

[306] Vgl. Adler/Daniels, 8 Lab. Law 19, 29 (1992) und Westman 1991, S. 58

[307] Es wird, wie gesagt (s.o. B II f), nicht von der Unwirksamkeit der Kündigung ausgegangen, sondern Wiedereinstellung quasi als Naturalrestitution gewährt; vgl. Perritt 1998, § 11.33 S. 469

[308] Die sogenannten „compensatory damages“ umfassen materiellen und immateriellen Schadensersatz, vgl. Kohn 1990, S. 101 ff.

[309] Vgl. den Safe Drinking Water Act und den Toxic Substance Act. Die Gewährung von „exemplary damages“ liegt dort im Ermessen des Secretary of Labor, vgl. auch Kohn 1990, S. 103 f. und zu den Einzelstaaten Appendix A und B in Westman 1991; Rothstein u.a. 1994, S. 584; zu „punitive damages“ siehe genauer oben C II 3

[310] So Dworkin/Near, 25 American Bus. L.J. 243, 257 (1987)

[311] Bestes Beispiel dafür ist die Geschworenenentscheidung im „General Motors“-Fall, siehe Einleitung

[312] Lofgren, 38 S.D.L. Rev. 316, 327 (1993)

bb) Affirmative Action

Verschiedene whistleblower-Vorschriften im Umwelt- und Nuklearbereich ermächtigen das Arbeitsministerium, spezielle Anordnungen zu treffen (sogenannte „affirmative action“), um der Verletzung der whistleblower-Schutzvorschriften bzw. dem daraus folgenden Abschreckungseffekt für künftige whistleblower wirksam zu begegnen[313]. So hat das Arbeitsministerium beispielsweise in einem Fall die Anordnung erteilt, firmenweit die whistleblower-Vorschriften auszuhängen, in einem anderen Fall hat es dem Arbeitgeber aufgegeben, interne Merkblätter abzuändern, weil diese Arbeitnehmer von externen Anzeigen abschreckten. Insgesamt wird von dieser Möglichkeit allerdings nur verhältnismäßig wenig Gebrauch gemacht. (Aushangspflichten finden sich aber auch außerhalb dieser sogenannten „affirmative action“. Sie dienen dazu, die Belegschaft über ihre whistleblower-Rechte zu informieren und sollen zugleich die intern und extern zuständigen Empfänger von whistleblower-Anzeigen benennen[314].)

cc) Strafen und Beschäftigungssperren

Vereinzelt sehen Gesetze im öffentlichen Sektor Strafen für Arbeitgeber bzw. Vorgesetzte vor, die Vergeltung gegenüber whistleblowern üben. Am weitesten geht Kalifornien mit Strafen bis zu 10.000 Dollar oder Gefängnis bis zu einem Jahr.[315] Colorado regelt für den öffentlichen Dienst, daß Vorgesetzte, die gegen whistleblower-Schutzgesetze verstoßen, einen Eintrag in die Personalakte erhalten, Oklahoma sieht sogar die Möglichkeit vor, sie für bis zu fünf Jahren nicht mehr im öffentlichen Dienst zu beschäftigen[316].

d) Verfahren

Manche Gesetze, insbesondere auf Bundesebene, stellen besondere Verwaltungsverfahren bereit, um die Rechte des whistleblowers durchzusetzen. Teilweise schließen diese Verwaltungsverfahren zivilrechtliche Klagen aus, teilweise darf der Arbeitnehmer nach erfolglosem Durchlaufen des Verfahrens seine Rechte in einem Zivilprozeß einklagen.

---

[313] Vgl. genauer zu dem ganzen Kohn 1990, S. 102 f.

[314] Vgl. z.B. N. J. Rev. Stat. § 34:19-1 ff. „...an employer shall conspicuously display notices of its employees' protections and obligations under this act, and use other appropriate means to keep its employees so informed. Each notice posted pursuant to this section shall include the name of the person or persons the employer has designated to receive written notifications...“.

[315] Westman 1991, S. 57

[316] Dargestellt in Deiseroth, Berufsethische Verantwortung, S. 259

e) Beweislast

Der Arbeitnehmer muß nicht alle anspruchsbegründenden Tatsachen darlegen und beweisen. Vielmehr wird seine Beweislast regelmäßig auf einen sogenannten „prima facie"-Beweis reduziert [317]: Grundsätzlich muß er beweisen, daß er gesetzlich geschütztes whistleblowing begangen hat, daß der Arbeitgeber eine ihm nachteilige Maßnahme getroffen hat (Kündigung o.ä.), und daß sein whistleblowing zumindest mit kausal für die Maßnahme war. Da insbesondere der Beweis der Kausalität regelmäßig schwer zu führen sein wird, sehen manche Gesetze vor, daß der Arbeitnehmer nur beweisen muß, daß der Arbeitgeber in Kenntnis des whistleblowing und zeitnah[318] danach gehandelt hat. Damit wird die Kausalität widerlegbar vermutet. Dann obliegt es dem Arbeitgeber darzulegen und zu beweisen, daß er die Maßnahme aus berechtigten Gründen getroffen hat, d.h., daß er den Arbeitnehmer auch ohne das whistleblowing gekündigt hätte.

Diese Beweislastverteilung, die nicht nur dem Namen nach an den deutschen Anscheinsbeweis erinnert, ist insbesondere deswegen unerläßlich zur Gewährleistung der Effektivität der materiellen Regelungen, weil der Arbeitgeber bei „at-will"-Arbeitsverhältnissen - wie dargestellt - grundsätzlich keine Begründung für Kündigungen geben muß[319].

2. Finanzielle Anreizregelungen

In der bundesstaatlichen wie auch in der einzelstaatlichen Gesetzgebung existieren einige Regelungen, die finanzielle Anreize in Form von Belohnungen für die Erstattung von Anzeigen vorsehen. Zum Teil richten sie sich exklusiv an Arbeitnehmer, zum Teil an die Allgemeinheit. Etwaige Belohnungen werden unabhängig davon gewährt, ob der Arbeitnehmer Sanktionen wegen des whistleblowings erlitten hat oder nicht.

In der Bundesgesetzgebung autorisiert z.B. der „Financial Institutions Reform, Recovery and Enforcement Act" staatliche Bankinstitute, Belohnungen für Informationen festzusetzen, die zur Wiedererlangung von mehr als 50.000 Dollar führen (die Belohnung kann bis zu 25% der wiedererlangten Summe, maximal aber

---

Einige wenige Staaten sehen vor, daß die Behörde, der die Mißstände angezeigt werden, die Identität des whistleblowers ohne dessen Einwilligung nicht preisgeben darf. So darf in Minnesota die Ermittlungsbehörde die Identität des Arbeitnehmers nur offenbaren , wenn sie dies im Verlauf der Ermittlungen für unvermeidbar hält, vgl. etwa Minn. Statutes Annotated § 181.932

[317] Vgl. zum ganzen Kohn 1990, S. 57 ff., Westman 1991, S. 150 ff.

[318] In Texas etwa hat der Gesetzgeber eine Frist von 90 Tagen ab Kenntnis des Arbeitgebers von dem whistleblowing festgelegt, in South Carolina sogar ein Jahr, vgl. Deiseroth, Berufsethische Verantwortung, S. 259

[319] Vgl. oben B I

100.000 Dollar betragen)[320]. Nach dem „Insider Trading and Securities Fraud Enforcement Act“ können Informationen über Insidertrading mit bis zu 10% der Bußgeldsumme belohnt werden[321]. Ein anderes Gesetz gibt dem Justizminister das Recht, Belohnungen von bis zu 250.000 Dollar für Informationen über Betrug durch staatliche Auftragnehmer festzusetzen[322]. Die Festsetzung der Belohnung liegt in all diesen Fällen im Ermessen der jeweils zuständigen Behörde. Das Gericht ist an diese Entscheidung gebunden. Die größten finanziellen Anreize auf Bundesebene setzt der „Federal False Claims Act“ (s.u. III 5) - auch insofern als dort dort das „Ob“ der Zuwendung nicht im Ermessen der Behörde steht[323].

Die Einzelstaaten sind mit finanziellen Anreizen eher zurückhaltend. Soweit dort überhaupt Belohnungen vorgesehen sind, sind diese relativ gering[324]. South Carolina sieht für whistleblower im öffentlichen Sektor vor, daß diesen 25% der geschätzten Nettoeinsparungen, die im ersten Jahr aus der Aufdeckung resultieren, bis zu einer Obergrenze von 2.000 Dollar zugesprochen werden können.[325] Wisconsin sieht vor, daß der Staat Belohnungen für Informationen und Anzeigen aussetzen kann, die der Verbesserung der staatlichen Verwaltung dienen.

Überwiegend sind Belohnungs-Regelungen also in Bereichen vorgesehen, in denen der Staat einen direkten finanziellen Nutzen von der Aufdeckung hat.

III. Beispiele aus der whistleblower-Gesetzgebung des Bundes

Die bundesgesetzlichen whistleblower-Vorschriften lassen sich inhaltlich in zwei Gruppen einteilen, nämlich solche, die lediglich andere Arbeitnehmer-Schutzvorschriften flankieren (siehe unten 1 und 2), und solche, die ein „allgemeineres“ Gemeinwohl im Auge haben (siehe unten 3-5).

1. Equal Employment Opportunity Act (EEOA)[326]

Der Civil Rights Act von 1964 verbietet öffentlichen wie privaten Arbeitgebern Diskriminierung wegen Rasse, Hautfarbe, Geschlecht, Religion oder nationaler Herkunft. Titel VII des Civil Rights Acts schützt Arbeitnehmer, die solche diskriminierenden Praktiken aufdecken oder bei ihrer Aufdeckung behilflich sind (auch

---

[320] 12 USC § 1831 k (Supp. II 1990)

[321] 15 USC § 78 u-1(e)

[322] H.R. Rep. No. 273, 101st Cong., 1st Sess. 3 (1989), vgl. Callahan/Dworkin, 37 Vill. L. Rev. 273, 278 (1992)

[323] Unter dem FCA wird allerdings nicht die bloße Anzeige, sondern die Aufdeckung und daran anschließende erfolgreiche Prozeßführung „belohnt“, s.u.. III 5.

[324] Vgl. genauer Callahan/Dworkin, 37 Vill. L. Rev. 273, 278 f. (1992)

[325] S.C. Code Ann. Sec. 8-27-20

[326] 42 U.S.C. § 2000 e ff., whistleblower-Schutz geregelt in 2000 e-3 (a)

dann, wenn sie selbst nicht Opfer der Diskriminierung waren).[327] Die Rechtsprechung geht so weit, auch solchen Arbeitnehmern Kündigungsschutz unter diesem Gesetz zu gewähren, deren Anzeige oder Klage u.a. böswillig falsche Anschuldigungen enthält.[328]

Whistleblower, die Sanktionen erlitten haben, müssen innerhalb einer bestimmten Frist eine Beschwerde bei der sogenannten „Equal Employment Opportunity Commission“(EEOC) einreichen. Die EEOC muß den Vorwürfen nachgehen und eine Schlichtung des Konflikts versuchen. Sie kann im Namen des Arbeitnehmers Klage erheben oder dem Arbeitnehmer die Befugnis zur selbständigen Klage vor einem Bundesgericht erteilen.

Im Jahre 1986 hat der Supreme Court entschieden, daß auch sexuelle Belästigung einen Verstoß gegen Title VII des Civil Rights Act darstellt[329]. Seitdem ist dieses Thema zu einem häufigen Gegenstand von Arbeitnehmeranzeigen geworden.[330]

2. Occupational Safety and Health Act (OSHA)[331]

Dieses Gesetz schützt Arbeitnehmer vor Sanktionen, wenn sie Beschwerden hinsichtlich Unfall- und sonstigen Gesundheitsrisiken ihres Arbeitsplatzes machen. Das Gesetz nennt keinen bestimmten Informationsempfänger. Im Idealfall sollen die Anzeigen dem Arbeitsministerium erstattet werden, können aber auch der Gewerkschaft oder den Medien gegenüber[332] oder auch intern erfolgen.

Von Sanktionen betroffene whistleblower müssen innerhalb einer bestimmten Frist (30 Tage) eine Beschwerde bei der lokalen, für Arbeitsschutz zuständigen Behörde einreichen. Das Arbeitsministerium muß dann der Beschwerde nachgehen und gegebenenfalls für den Arbeitnehmer Klage erheben. Der Arbeitnehmer selbst ist nicht klageberechtigt. Er ist also darauf angewiesen, daß das Arbeitsministerium

---

[327] Das „Behilflich-sein“ wird weit ausgelegt (sog. participation clause) und umfaßt sämtliche Formen von Beweissammlung, Zeugenaussagen etc., vgl. Westman 1991, S.126 f.

Der „Age Discrimination in Employment Act“ enthält eine fast identische whistleblower-Schutzvorschrift, 29 U.S.C. §§ 621, 623 (d), vgl. auch den Equal Pay Act, 29 U.S.C. 206 (d)

[328] Vgl. Pettway v. American Cast Iron Pipe Co., 411 F. 2 d 998 (5th Cir. 1969), wo argumentiert wird, daß der Gesetzgeber dem Interesse des Arbeitgebers, sich vor Schaden aus böswillig verleumderischen Behauptungen zu schützen, bereits ausreichend dadurch Rechnung trage, daß er die EEOC-Verfahren streng vertraulich ausgestaltet habe. Das Anliegen des EEOA, umfassend vor bestimmten Diskriminierungen zu schützen und dies u.a. auch durch Arbeitnehmeranzeigen zu erreichen, überwiege folglich in der Abwägung; siehe auch Malin, 16 U. Mich J. L. Ref. 277, 294 (1982/83)

[329] Meritor Savings Bank v. Vinson, 477 U.S. 57 (1986)

[330] So Westman 1991, S. 129

[331] 29 U.S.C. §§ 651 ff., whistleblower-Schutz geregelt in § 660

[332] So Donovan v. R.D. Andersen, 552 F. Supp. 249 (1982): Asbeststaubfall, siehe oben II 1 dd aaa

sein Ermessen dahingehend ausübt, für ihn Schadensersatz in Form des entgangenen Lohns und der Wiedereinstellung einzuklagen.

3. Federal Water Pollution Control Act, Safe Drinking Water Act, Toxic Substance Control Act, Clean Air Act, Energy Reorganization Act, Surface Transportation Assistance Act, Solid Waste Disposal Act[333]

Die Gegenstände geschützten whistleblowings ergeben sich bereits aus den jeweiligen Titeln der Gesetze. Alle diese Gesetze enthalten fast identische Bestimmungen für den Rechtsschutz von whistleblowern. Im Hinblick auf diese Einheitlichkeit stellen sie eine Ausnahme in der sonst so verwirrenden whistleblower-Gesetzgebung dar.[334]

Whistleblower, die Sanktionen erlitten haben, müssen innerhalb von 30 Tagen beim Arbeitsministerium Beschwerde einlegen, das dann den Fall überprüft und innerhalb von 30 Tagen entscheidet, ob es die Beschwerde für begründet hält und gegebenenfalls gleichzeitig anordnet, welchen Schadensersatz der Arbeitgeber dem Arbeitnehmer zu leisten hat. Wenn eine Seite mit dieser Entscheidung nicht einverstanden ist, kann sie eine Anhörung, d.h. ein Verfahren vor einem beim Arbeitsministerium angesiedelten Verwaltungsrichter, dem „Chief Administrative Law Judge" beantragen. Dieser trifft dann innerhalb von 20 Tagen nach Abschluß der Anhörungen eine Entscheidung, die vom Arbeitsministerium spätestens innerhalb von 90 Tagen nach der Beschwerdeerhebung bestätigt werden muß. Gegen diese Entscheidung kann Rechtsmittel vor einem Bundes-Appelationsgericht eingelegt werden[335].

Insgesamt ist das Verfahren vor dem Arbeitsministerium mit allen seinen kurzen Fristen darauf angelegt, whistleblowern möglichst zügigen Rechtsschutz zu gewähren.

---

[333] FWPCA, 33 U.S.C. §§ 1251, 1367; SDWA, 42 U.S.C. §§ 300f, 300j-9; TSCA, 15 U.S.C. §§ 2601, 2622; CAA, 42 U.S.C. §§ 7401, 7622; ERA, 42 U.S.C. §§ 5801, 5851; STAA, 49 U.S.C. §§ 2301, 2305; SWDA, 42 U.S.C. §§ 6901, 6971

[334] So auch Westman 1991, S. 76 f.

[335] Vgl. zum ganzen Kohn/Kohn 1988, S. 19 f. und Westman 1991, S. 76 ff.; die Entscheidung des Verwaltungsrichters kann mit Hilfe des zuständigen Bundesgerichtes erster Instanz vollstreckt werden.

Das Verfahren vor dem Verwaltungsrichter ist für alle oben genannten Gesetze gemeinsam in den „Rules of practice and procedure for administrative hearings before the office of Adm. Law Judges", 29 C.F.R. Part 18, und den „Procedures for the handling of discrimination complaints under federal employee protection statutes", 29 C.F.R. Part 24, geregelt.

4. Whistleblower Protection Act

Der „Civil Service Reform Act“ (CSRA) von 1978 regelte u.a. den Schutz von Bundesangestellten, die illegales Verhalten, Mißmanagement, eklatante Mittelverschwendung, Mißbrauch hoheitlicher Befugnisse oder konkrete Gefahren für die öffentliche Sicherheit und Gesundheit anzeigten. Mit dem Gesetz wurde außerdem eine neue Behörde ins Leben gerufen, das „Merit Systems Protection Board“ (MSPB). Dessen Sonderbeauftragter hatte die Aufgabe, Beschwerden von whistleblowern über erlittene Vergeltungsmaßnahmen nachzugehen und gegebenenfalls beim MSPB die Einleitung von Disziplinarverfahren gegen diejenigen zu beantragen, die Vergeltung an whistleblowern übten.

Nachdem vielfach Kritik an dem CSRA geäußert worden war, verstärkte der Kongreß im Jahre 1989 den Schutz der whistleblower, indem er den „Whistleblower Protection Act“ erließ[336], der die ursprüngliche whistleblower-Regelung des CSRA in drei wesentlichen Aspekten reformierte:

Er stärkt die Kompetenzen des Sonderbeauftragten in Bezug auf die Untersuchung von whistleblower-Beschwerden und beschleunigt das Verfahren, indem er diesen zwingt, den Beschwerden innerhalb bestimmter Fristen nachzugehen[337]. Daneben weitet er die Verfahrensbefugnisse der betroffenen Arbeitnehmer aus, indem er ihnen das Recht gibt, selbst Klage gegen den Arbeitgeber zu erheben, wenn der Sonderbeauftragte nicht bereit ist, ihre Rechte durchzusetzen.[338] Außerdem wurde die Beweislastverteilung zugunsten der betroffenen Arbeitnehmer verändert, so daß sie (wie oben unter II e beschrieben) nur noch einen *„prima facie“-case* darlegen müssen. Dennoch läßt die Reform nach Ansicht verschiedener Kritiker einiges zu wünschen übrig. Bemängelt wird insbesondere, daß nach wie vor viele Bundesbehörden von dem Gesetz ausgenommen sind[339].

---

[336] Pub. L. 101-112, 103 Stat. 16, kodifiziert in verschiedenen Sektionen von 5 U.S.C. § 1201; vgl. Estreicher/Harper 1990, S. 618; zu der Kritik am CSRA und zur Fragwürdigkeit der Reformen ausführlich Fisher, 43 Rutgers L. Rev. 355, 369 ff. (1991)

[337] Obwohl die Anzeige an das MSPB dem Willen des Gesetzes am nächsten kommt, schützt es Anzeigen „to any person within or outside the agency“, 5 U.S.C. § 1213 (a) Supp. I 1989

[338] Lofgren, 38 S.D.L.Rev. 316, 325 (1993)

[339] S.o. II 1 b bb; zum anderen wird kritisiert, daß nach dem Gesetz die Behörde, in der das whistleblowing erfolgt, maßgeblich mit der Untersuchung und Aufdeckung der angezeigten Mißstände betraut ist, anstatt dies voll einer Institution zu überantworten, die kein Interesse am Vertuschen der Mißständen hat - wie dies etwa beim MSPB (jedenfalls nach der Reformierung 1989, durch die seine Unabhängigkeit gestärkt wurde) der Fall ist.

5. Federal False Claims Act (FCA)[340]

Der FCA statuiert eine zivilrechtliche Haftung von natürlichen oder juristischen Personen, die den Bund als öffentliche Auftragnehmer oder Subventionsempfänger betrügen[341].

Das Gesetz gibt jedem Bürger (also auch jedem Arbeitnehmer), der originäre Informationen über derartige betrügerische Machenschaften liefert, die Befugnis, in eigenem Namen den zivilrechtlichen Haftungsprozeß zu führen.[342] Der Staat hat die Möglichkeit, dem Prozeß beizutreten. Tut er dies und ist die Klage erfolgreich, so bekommt der Bürger zwischen 15 und 20% der Haftungssumme, tritt der Staat nicht bei, stehen dem Bürger bei Erfolg zwischen 25 und 30% der Haftungssumme zu.[343]

Da das Gesetz in seiner ursprünglichen Form den klageführenden Arbeitnehmer aber nicht vor arbeitsrechtlichen Sanktionen des Arbeitgebers schützte, war es für Arbeitnehmer wenig attraktiv. Als Anfang der achtziger Jahre die Betrügereien in staatlichen Programmen u.a. bei landwirtschaftlichen Subventionen, Sozialleistungen, Katastrophenhilfeprojekten und Rüstungsaufträgen beängstigende Ausmaße anzunehmen schienen, entschloß sich der Kongreß, die im FCA vorgesehenen Anreize zur Beteiligung der Bürger an der Gesetzesdurchsetzung zu verstärken.[344]

Im Jahre 1986 wurde u.a. neben der allgemeinen Verstärkung der finanziellen Anreize eine whistleblower-Schutz-Regelung eingeführt[345]. Durch sie werden alle Arbeitnehmer, die an der Vorbereitung eines Haftungsprozesses mitwirken oder selbst einen solchen Prozeß führen, vor Vergeltungsmaßnahmen geschützt.[346]. Im Falle

---

[340] 31 U.S.C. §§ 3729-3733

[341] Genauer zum FCA siehe Kohn/Kohn 1988, S. 22; Adler/Daniels, 8 Lab. Law 19, 30 (1992); Dworkin/Callahan, 15 Hastings Comm. / Ent. L. J. 357, 368 (1993)

[342] Sogenannte „qui tam"-Verfahren, siehe unten Teil V A III 1 a)

[343] Diese genauen Prozentsätze wurden erst durch die Novellierung 1986 garantiert, um die finanziellen Anreize für Anzeigen und Prozesse zu steigern, vgl. Callahan/Dworkin 37 Vill. L. Rev. 273, 305 (1992); so erhielten 1991 zwei Arbeitnehmer der Firma Northrop mind. 15% eines 8 Millionen Dollar -Vergleiches, nachdem die Vereinigten Staaten einem von ihnen initiierten Prozeß beigetreten waren. Sie hatten unter dem False Claims Act Klage gegen das Unternehmen erhoben, weil es angeblich Tests über besondere Mittelstreckenraketen gefälscht hatte. Da ihnen wegen dieser Aufdeckungen gekündigt worden war, kam außerdem ein Vergleich zustande, nach dem ihnen Northrop weitere 750.000 Dollar zur Abgeltung von Forderungen wegen Mobbing und ungerechtfertigter Kündigung zahlen mußte, vgl. Wall St J, June 24, 1991, A4, col. 2; Los Angeles Times, June 24, 1991, D1, col. 5; Adler/Daniels, 8 Lab. Law 19, 19 (1992)

[344] So Westman 1991, S. 121

[345] 31 U.S.C. 3730 (h)

[346] Seither ist die Zahl der „false claims"-Prozesse enorm angestiegen: Vor 1988 gab es durchschnittlich 6 Anzeigen pro Jahr, 1989 waren es 198 und 1990 sogar 280 Anzeigen mit weiter steigender Tendenz, vgl. Westman 1991, S. 119; vgl. auch Callahan/Dworkin, 37 Vill. L. Rev. 273, 318 und FN 181 (1992), wobei aus beidem nicht klar wird, ob es einen Anstieg gerade der

erlittener Sanktionen stehen dem Arbeitnehmer weitreichende „Schadensersatzansprüche" zu, u.a. erhält er das zweifache der rückständigen Gehälter und - was in den USA normalerweise nicht der Fall ist - seine Anwaltskosten ersetzt.

Der FCA ermöglicht dem whistleblower auch, sich zunächst mit seinen Enthüllungen an die Öffentlichkeit, z.B. die Medien, zu wenden und dann später noch durch Führen des Haftungsprozesses von den Enthüllungen finanziell zu profitieren. Im Falle erlittener Sanktionen kann er – wie oben beschrieben - nochmals finanziell profitieren. Anders als z.B. beim „Whistleblower Protection Act", der eine eigene Behörde zur Untersuchung und Durchsetzung der whistleblower-Ansprüche geschaffen hat, ist der Arbeitnehmer unter dem FCA allerdings auf sich selbst gestellt.

IV. Anmerkungen zur whistleblower-Gesetzgebung

1. Reformvorschläge

Die whistleblower-Gesetzgebung, insbesondere auf Bundesebene, wird vor allem wegen ihrer Unübersichtlichkeit und Lückenhaftigkeit kritisiert. Ob ein whistleblower unter den Schutz einer der vielen Annex-Regelungen fällt, ist weitgehend dem Zufall überlassen:

Entscheidend ist, ob der Gesetzgeber die Materie, die Gegenstand seiner Anzeige war, in neuerer Zeit geregelt oder reformiert und überdies daran gedacht hat, eine entsprechende Schutzvorschrift für whistleblower zu inkorporieren bzw. anzuhängen.

Um diesen oft willkürlichen Ergebnissen zu begegnen, wurde 1988 im Kongreß ein Gesetzesentwurf, der sogenannte „Employee Health and Safety Whistleblowing Protection Act" vorgelegt, der einen einheitlichen Schutz zumindest für alle diejenigen Arbeitnehmer vorsah, die illegales Verhalten bzw. Gesundheits- und Sicherheitsrisiken aufdecken oder bei deren Aufdeckung und Verfolgung mitwirken[347]. Für die Untersuchung der Vorwürfe und die Durchsetzung der Rechte der von Vergeltungsmaßnahmen betroffenen whistleblower sollte nach diesem Entwurf einheitlich das Arbeitsministerium zuständig sein.

Der Entwurf fand jedoch keine Mehrheit, und so verlegten sich dessen Verfechter recht schnell darauf, statt eines einheitlichen Schutzgesetzes ein Gesetz zur „Lükkenfüllung" („gap-filling bill") zum Schutz all jener Arbeitnehmer zu favorisieren,

---

Arbeitnehmerklagen gegeben hat, oder ob nicht vielleicht die Zahl normaler Bürgerklagen wegen der verstärkten finanziellen Anreize gestiegen ist.

[347] Entwurf des „Employee Health and Safety Whistleblowing Protection Act", der von Senator Metzenbaum und Senator Grassley eingebracht wurde, dargestellt in Estreicher/Harper 1990, S. 617

die durch die bisherigen whistleblower-Gesetze des Bundes nicht gedeckt sind. Sie konnten sich jedoch auch mit diesem Vorschlag bislang nicht durchsetzen.

In der Literatur wird weiterhin vielfach die Schaffung eines einheitlichen whistleblower-Gesetzes für alle Arbeitnehmer gefordert.[348] Die Gegenmeinung weist allerdings darauf hin, daß die allgemeiner gefaßten whistleblower-Gesetze oft einen wesentlich schwächeren Schutz für whistleblower böten. So sei z.B. der Schutz des „Occupational Health and Safety Act", der einen sehr weiten Anwendungsbereich hat, wesentlich schwächer als der des „Federal Mine Safety and Health Act", durch den lediglich Untertagearbeiter geschützt werden[349]. Generell gelte: je weiter der Anwendungsbereich, desto mehr Kompromisse seien zu dessen Durchsetzung erforderlich und umso schwächer falle deshalb letztendlich der Schutz aus[350].

2. Unterschiedliche Ansätze zur Förderung von whistleblowing

Ein Ansatz zur Förderung von whistleblowing ist selbstverständlich das Setzen positiver finanzieller Anreize in Form von Belohungen. Aber auch die „Schutzgesetzgebung" beabsichtigt im weitesten Sinne die Förderung von whistleblowing. Erklärter Zweck der whistleblower-Schutzgesetze ist es schließlich u.a., bestehende Hemmnisse bzw. Abschreckungsfaktoren abzubauen[351].

Die in manchen Schutzgesetzen vorgesehene Gewährung von „punitive damages" kann darüber hinaus einen positiven Anreiz für Arbeitnehmer zum whistleblowing darstellen, auch wenn dieser „Strafschadensersatz" in erster Linie der Strafe und Abschreckung zu dienen bestimmt ist[352]. Daß er nur gewährt wird, wenn es zu Ver-

---

[348] Fidell, 2 Admin. L. J. 1 f. , 5 (1989). Außerdem wird angeregt, daß zumindest die derzeit zersplitterte Zuständigkeit für die Untersuchung aller Beschwerden, die Gesundheits- und Sicherheitsrisiken betreffen, bei einer Spezial-Behörde konzentriert werden sollte, um damit größere Expertise und Effizienz durch höherer Spezialisierung zu erreichen.

[349] 30 U.S.C. §§ 801 ff., whistleblower-Schutz in § 815 c; insbesondere ist der Arbeitnehmer hier selbst klageberechtigt, was beim OHSA nicht der Fall ist.

[350] „Due to the political compromises that are necessary to enact sweeping whistleblower protections, such as OSHA and the state statutes, it appears that broad substantive protections have been achieved only by sacrificing strong remedies.", so Westman 1991, S. 75; vgl. auch Yager/Reesman 1989, S. 20

[351] Vgl. z.B. die Gesetzesberatungen im US-Congress zum WPA: „...Protecting employees who disclose government illegality, waste and corruption is a major step toward a more effective civil service. In the vast federal bureaucracy it is not difficult to conceal wrongdoing provided that no one summons the courage to disclose truth...What is needed is a means to assure that they will not suffer if they help uncover and correct administrative abuses", 1978 U.S. Code Cong. & Admin. News 2723 (95th Cong., 2d Sess.).

[352] Auch die Tatsache, daß die „punitive damages" nicht wie die Belohnungen vom Staat, sondern vom Beklagten aufzubringen sind, ändert an der Vergleichbarkeit dieser beiden im Hinblick auf die faktische Anreizwirkung nichts.

geltungsmaßnahmen kommt, steht der möglichen Anreizwirkung grundsätzlich nicht entgegen.

Im Unterschied zu den Belohnungsregelungen verlangen die meisten whistleblower-Schutzgesetze allerdings, daß die Anzeige „in good faith" erfolgt. Die Anzeige darf also nicht aus sachfremden, illegitimen Motiven - wie etwa aus bloßer Geldgier - erstattet werden.

Den gegenteiligen Ansatz verfolgt z.B. der False Claims Act, der hohe finanzielle Anreize ungeachtet der zugrundeliegenden Motivation des whistleblowers setzt. So fördert er etwa auch solche Anzeigen, die aus purer Rache oder Schädigungsabsicht erfolgen. Hier ist Leitbild nicht mehr - wie in den herkömmlichen Regelungen - der aus Gewissensgründen handelnde Arbeitnehmer. Aufdeckung um jeden Preis ist das unverhohlen verfolgte Ziel[353].

3. Keine Interessenabwägung im Einzelfall

Es fällt auf, daß die meisten gesetzlichen whistleblower-Regelungen zumindest nicht ausdrücklich Raum für eine Interessenabwägung in Einzelfall durch das Gericht lassen. Zum Teil ist dies sicherlich damit zu erklären, daß ihr Anwendungsbereich oft sehr eng ist und der Gesetzgeber deswegen die konkrete Interessenlage weitgehend antizipieren konnte. Bei den allgemeiner gefaßten Gesetzen wie z.B. dem „Whistleblower Protection Act" erscheint dies hingegen zweifelhaft. Mehrere Gerichte helfen sich damit, daß sie ein „Angemessenheitserfordernis" in die Gesetze hineinlesen. Meist bezieht sich dies jedoch nur auf die „Form" des whistleblowings (s.o. II 1 b ii) und nicht darauf, ob im Einzelfall die berechtigten Interessen an dem whistleblowing in einem angemessenen Verhältnis zur Schwere des durch die Arbeitnehmeranzeige verursachten Schadens steht.

4. Loyalitätserwägungen

Loyalitätsgesichtspunkte spielen in den whistleblower-Gesetzen an verschiedenen Stellen eine Rolle. So ist z. B die Tatsache, daß im privaten Sektor viele Gesetze verlangen, daß der Arbeitnehmer erst intern anzeigt und dem Arbeitgeber Gelegenheit zur Abhilfe gibt, ein klarer Ausdruck des Loyalitätsgedankens. Im öffentlichen Sektor wird dagegen eine interne „Vorschalt-Beschwerde" grundsätzlich nicht verlangt. Westman erklärt dies damit, daß die Loyalität im öffentlichen Sektor primär dem Wohle der Öffentlichkeit geschuldet werde und erst nachrangig bestimmten Behörden oder Vorgesetzten[354]. Dies bestätigt auch der „Code of Ethics for Government Service", der folgende Anweisung für Angestellte des Bundes ent-

---

[353] Vgl. Dworkin/Callahan, 15 Hastings Comm./ Ent. L. J. 357, 369 (1993)

[354] Westman 1991, S. 56

hält: „Put loyalty to the highest moral principle and to the country above loyalty to persons, party or government department.“[355]

5. Privilegierung externen whistleblowings

Auch in Gesetzgebung wird - ebenso wie in der First-Amendment- und der „public policy“-Rechtsprechung - tendenziell externes whistleblowing privilegiert. Als Erklärung dafür, warum die einzelstaatlichen Gesetze sowie die jüngeren Bundesgesetze sich immer mehr vom Schutz auch internen whistleblowings entfernen, werden in der Literatur folgende Gründe genannt:

Zum einen wolle man verhindern, daß Rechtsbrecher sich der Strafverfolgung entziehen könnten. Internes whistleblowing gebe den Unternehmen die Möglichkeit, Taten noch rechtzeitig zu verdecken oder die Mitwirkung bestimmter Unternehmensfunktionäre zu verschleiern, bevor die Strafverfolgungsbehörden von den kriminellen Machenschaften Kenntnis erlangten. Die Privilegierung externen whistleblowings entspreche damit der generellen Tendenz, der „white collar“-Kriminalität endlich härter zu begegnen[356].

Vor allem aber stehe hinter der Bevorzugung externen whistleblowings die Vorstellung, daß Mißstände am effektivsten aufgeklärt und beseitigt werden können, wenn die Beschwerden in vorgezeichneten Bahnen erfolgten, nämlich gegenüber den externen Institutionen, die für die Überwachung und Kontrolle zuständig sind und zugleich die Befugnis haben, die Mißstände abzustellen.

Interessant ist, daß die Gegenmeinung, wonach interne whistleblower gleichwertigen Schutz genießen sollten wie externe, dies ebenfalls mit dem Anliegen der möglichst effektiven Beseitigung der Mißstände begründet: Weil Arbeitnehmer eher bereit seien, sich intern zu beschweren, müsse auch dies geschützt werden. Denn würde man diese Arbeitnehmer schutzlos stellen, würden viele Beschwerden unterbleiben und die effektive Beseitigung der Mißstände somit beeinträchtigt werden.[357] Abgesehen davon gebe ein genau vorgeschriebener Beschwerdeweg der jeweils benannten Institution weitreichende Möglichkeiten, whistleblowing zu unterminieren, wenn es ihr unliebsam ist. Daß die Gefahr einer mißbräuchlichen Nutzung der Kompetenzen nicht von der Hand zu weisen sei, hätten z.B. die Erfahrun-

---

[355] Pub. L. No. 96-303, abgedruckt in 5 U.S.C. § 7301 app.

[356] Vgl. Darstellung von Dworkin/Callahan, 29 American Bus. L.J. 267, 283 ff. (1991)

[357] Siehe z.B. Phillips v. Interior Bd. of Mine Operations Appeals, 500 F. 2d 772, 778, 781 (D.C. Cir. 1974), vgl. zu dem ganzen Dworkin/Callahan, 29 American Bus. L.J. 281 f. (1991), siehe dort insbesondere auch Fn 71, derzufolge die sozialwissenschaftliche Forschung die behauptete Tendenz bestätigt habe, daß Arbeitnehmer eher zu internem whistleblowing bereit seien.

gen mit dem „Civil Service Reform Act" gezeigt. Dort habe der Sonderbeauftragte oft viel zu langsam recherchiert und relevante Fristen verstreichen lassen.[358]

7. Empirische Studien zur Wirksamkeit der whistleblower-Gesetzgebung

Zahlreiche empirische Studien haben sich mit der Wirksamkeit der whistleblower-Schutzgesetze beschäftigt[359]. Wenn auch die Aussagekraft der Studien nicht überschätzt werden darf, so können sie doch zumindest Anhaltspunkte dafür liefern, inwiefern die whistleblower-Gesetze ihre angestrebten Ziele erreicht haben.

Eine Studie hat die Wirkung der einzelstaatlichen whistleblower-Gesetze im privaten Sektor untersucht[360]. Sie kam zu dem Ergebnis, daß whistleblower in Gliedstaaten, in denen ihnen sowohl der richterrechtliche Schutz der „public policy"-Ausnahme als auch ein gesetzlicher whistleblower-Schutz zur Verfügung steht, eher von ersterem Gebrauch machen (zu den Konkurrenzen s. u.). Außerdem ergibt sich aus der Untersuchung, daß in Staaten, in denen zwar eine „public policy"-Judikatur, aber keine whistleblower-Gesetzgebung existiert, die Zahl der whistleblower-Prozesse nicht geringer ist, so daß bezweifelt werden muß, daß die Gesetze ihr erklärtes Ziel erreicht haben, whistleblowing zu fördern oder zumindest diesbezügliche Hemmnisse abzubauen. Die Autoren dieser Studie boten drei mögliche Schlüsse aus ihren Befunden an:

1. Möglicherweise könnten die Risiken des whistleblowings und die zugrundeliegenden Motivationen durch Gesetzgebung ohnehin kaum beeinflußt werden.

2. Möglicherweise wird der gesetzliche Schutz als nicht wirksam betrachtet.

3. Möglicherweise hätten die Gesetze aber auch den Effekt, den Arbeitgeber zur Förderung internen whistleblowings zu veranlassen.

---

[358] So Dworkin/Callahan, 29 American Bus. L.J. 267, 282 f. (1991) m.w.N.; vgl. auch Fisher, 43 Rutgers L. Rev. 355, 386 ff. (1991) „...it would be an understatement to say that the OSC's (Office of Special Counsel) performance was poor." Der Sonderbeauftragte hatte ein Drittel bis die Hälfte aller whistleblower-Anzeigen ohne jegliche Recherche abgetan, in den restlichen Fällen war er oft zu langsam oder versäumte es, relevante Zeugen anzuhören etc. Noch viel passiver war er, wenn es darum ging, die Rechte der whistleblower zu verteidigen und durchzusetzen: Von 1500 zwischen 1979 und 1985 an ihn herangetragenen Fällen von whistleblower-Diskriminierung wurde er nur in 1% zu deren Schutze aktiv. Die Möglichkeit allerdings, daß diese Mängel statt auf Verschleierungswillen auf Überlastung o.ä. zurückzuführen gewesen seien könnten, wird in der Literatur nirgends erwähnt.

[359] Zur Wirksamkeit der gesetzlich geregelten finanziellen Anreize, s.u. Teil V B II 3 a

[360] Vgl. Dworkin/Near, 25 American Bus. L.J. 241, 253 f. (1987) m.w.N.; die Studie stammt allerdings bereits aus dem Jahre 1987, hatte also nur eine damals noch sehr junge whistleblower-Gesetzgebung zum Gegenstand. Ihre Ergebnisse wurden aber im wesentlichen auch durch eine spätere Anschlußstudie von 1989 bestätigt, vgl. 37 Vill. L. Rev. 273, 277 (1992)

Diese unterschiedlichen Interpretationsmöglichkeiten, denen leicht noch weitere hinzugefügt werden könnten (siehe unten), zeigen die Unzulänglichkeit solch eindimensionaler Studien angesichts derart komplexer Problemzusammenhänge.

Andere Studien haben die Wirkung der whistleblower-Gesetze des Bundes für den privaten Sektor im Sicherheits- und Gesundheitsbereich untersucht[361]. Sie kamen ebenfalls zu dem Ergebnis, daß die meisten whistleblower-Schutzvorschriften kaum genutzt würden. Die am häufigsten genutzte Vorschrift sei die des „Occupational Safety and Health Act", unter der jedes Jahr mehrere tausend Beschwerden wegen erlittener Vergeltungsmaßnahmen eingelegt würden, von denen jedoch nur ein kleiner Bruchteil erfolgreich sei[362]. Als Grund für den recht spärlichen Gebrauch der anderen Vorschriften werden u.a Unkenntnis vieler Arbeitnehmer über ihre Rechte sowie technische Schwächen der Gesetze angeführt[363]. (Neben der Unübersichtlichkeit kranken die Gesetze vielfach an verfahrensrechtlichen und verfahrenstatsächlichen Details. So sind z.B. Klagen häufig verspätet, teilweise weil die Fristen zu kurz sind, teilweise aber auch weil die Behörden oft zu langsam recherchieren.)

Zu allen diesen Studien muß angemerkt werden, daß sie nur untersuchen, wieviele whistle-blower gegen Vergeltungsmaßnahmen vorgegangen sind. Sie enthalten jedoch keine Aussage über die Häufigkeit von Arbeitnehmer-whistleblowing an sich. Es bleibt deshalb offen, ob Ursache für die geringe Inanspruchnahme der whistleblower-Gesetze nicht auch womöglich ein durch diese Vorschriften erreichter Abschreckungserfolg sein könnte. Dies wäre dann der Fall, wenn die Regelungen den Arbeitgeber von Vergeltungsmaßnahmen gegenüber whistleblowern abschreckten oder ihn gar zu Gesetzestreue veranlaßten und somit die Anlässe für ein whistleblowing verringerten.

Etwas aufschlußreicher ist in diesem Zusammenhang die Studie des „Merit Systems Protection Board" (MSPB) von 1992. Diese untersuchte die Entwicklung des whistleblower-Verhaltens von Bundesbediensteten zwischen 1983 und 1992 und läßt somit u.a. vorsichtige Schlüsse auf den Erfolg des „Whistleblower Protection Act" von 1989 zu. Der Prozentsatz derjenigen Arbeitnehmer, die beobachtete Mißstände angezeigt haben, ist dieser Studie zufolge von 30% 1983 auf 50% 1992 gestiegen. Die Zahl der Arbeitnehmer, die angegeben haben, Kenntnis von Mißständen zu besitzen, ist gegenüber 1983 gesunken. Beide Ergebnisse sprechen für einen

---

[361] Vgl. zum ganzen Estlund, 71 Ind. L. J. 101, 122 (1995) m.w.N.

[362] Die meisten Beschwerden unter dem „Occupational Safety and Health Act" eingelegt (ca. 3000), gefolgt vom „Surface Transport Assistance Act" (354) und dem „Federal Mine and Safety Health Act" (250 im Jahre 1985).

[363] So Estlund, 71 Ind. L. J. 101, S. 122 f. (1995); vgl. auch die Studie des US Merit Systems Protection Board 1993, S. 15, nach der weit mehr als die Hälfte der 13.000 Befragten angaben, nichts oder nur sehr wenig über ihre whistleblower-Rechte zu wissen.

Erfolg des Gesetzes im Hinblick auf Anzeigenförderung und Abschreckung von Fehlverhalten. Allerdings ist der Prozentsatz der Fälle, in denen whistleblower Sanktionen erlitten, gegenüber 1983 deutlich gestiegen. Während damals nur 24% von Vergeltungsmaßnahmen berichteten, waren es 1992 37%. Die Zahl der schwereren Vergeltungsmaßnahmen war allerdings seit 1983 gesunken. Das MSPB äußert in dem Bericht die Befürchtung, daß der Anstieg subtilerer und weniger offensichtlicher Formen von Vergeltung auf eine neue, bewußte Strategie der Arbeitgeber zur Umgehung der whistleblower-Schutzvorschriften und damit zur Unterdrükkung von whistleblowing hinweisen könne.[364] Auf mehr Subtilität der Vergeltungsmaßnahmen deutet außerdem hin, daß nach den Ergebnissen der Studie nur 12% derer, die sich gegen die Sanktionen zur Wehr setzten, erfolgreich waren. 43% der sanktionierten whistleblower hatten gar keine Maßnahmen gegen die Vergeltung ergriffen, die meisten davon, weil sie der Ansicht waren, daß die whistleblower-Schutzrechte ihnen in ihrer Situation nicht helfen würden. Die erwähnte Erfolgsquote von nur 12% vermag letztere Einschätzung zumindest nicht zu widerlegen.

G. Schutz von Anzeigen und Beschwerden unter dem National Labor Relations Act

Gesetzlicher whistleblower-Schutz wird - abgesehen von den dargestellten Spezialgesetzen - auch durch eine Vorschrift des bereits mehrfach erwähnten National Labor Relations Act (NLRA) erreicht. Auch wenn diese Vorschrift zumindest nicht primär auf diesen Zweck gerichtet war, so ist sie doch durch extensive Auslegung zu einer bedeutsamen Schutzvorschrift für whistleblowing in Bezug auf Arbeitsbedingungen geworden.

Der NLRA dient in erster Linie dem Schutz vor Diskriminierung und Sanktionen wegen der Mitgliedschaft oder Unterstützung von Gewerkschaften. Aber auch zahlreiche andere Bemühungen von Arbeitnehmern, Interessen gemeinsam zu vertreten, werden durch ihn geschützt[365]. Abschnitt 7 des NLRA sieht vor, daß Arbeitnehmer das Recht haben: „...to engage in...concerted activities for the purpose of collective bargaining or other mutual aid or protection." Wenn sie also kollektiv z.B. Sicherheitsstandards kritisieren, sind sie vor Vergeltungsmaßnahmen über den

[364] Vgl. U.S. Merit Systems Protection Board 1993, S. 22 f. „...as the public outcry against acts of reprisal grows, perhaps those who choose to take reprisal against others have just made their actions less obvious - taking actions that they believe they can get away with."

[365] Vgl. Sektion 7 NLRA, 29 U.S.C. $ 157; viele Einzelstaaten haben entsprechende Gesetze erlassen, vgl. Yale Law Journal, 91 Yale L. J. 522, 523 (1982); siehe zu dem ganzen Simitis, Festschrift für Simon, S. 329 (342f.)

NLRA geschützt[366]. Voraussetzung ist jedoch stets, daß sich ihre Kritik auf Arbeitsbedingungen bezieht.

Das National Labor Relations Board (NLRB), die zuständige Behörde zur Durchführung des NLRA, faßt den Begriff der Arbeitsbedingungen weit, zumindest wenn die Kritik intern geäußert wird. (Bei gegenüber den staatlichen Kontrollinstanzen geäußerter Kritik legt es dagegen strengere Maßstäbe an.[367]) Durchweg versagt wird der Schutz dort, wo Beschwerden nicht die Anliegen der Arbeitnehmer, sondern etwa Gefährdungen der Umwelt oder der Produktabnehmer zum Gegenstand haben.

Bezüglich des Merkmals der kollektiven Aktivität („concerted activity") legt das NLRB ebenfalls eine sehr weite Interpretation zugrunde[368]. So betrachtet es auch Beschwerden einzelner Arbeitnehmer als kollektiv, wenn diese in Zusammenhang mit Gruppenaktionen zur gegenseitigen Hilfe oder zum Schutz anderer Arbeitnehmer stehen. Dabei sei nicht Voraussetzung, daß der Arbeitnehmer im Namen oder als Repräsentant der anderen Arbeitnehmer handele. Vielmehr genüge es, wenn seine Beschwerde mit dem Ziel der Anregung oder Vorbereitung von Gruppenaktivitäten erfolge.[369] Beschwerden über Lohn, Arbeitszeiten und andere Arbeitsbedingungen sowie die Anzeige von das Arbeitsverhältnis betreffenden Mißständen, z.B. um den Arbeitgeber zur Einhaltung gesetzlicher Standards zu zwingen, würden stets der gegenseitigen Hilfe bzw. dem Schutz auch anderer Arbeitnehmer dienen, weshalb hier grundsätzlich eine kollektive Aktivität anzunehmen sei.[370] Von diesen im kollektiven Interesse liegenden Themen seien aber Beschwerden über rein indi-

---

[366] Daneben enthält der NLRA in Abschnitt 8 eine - wenn auch in ihrem Anwendungsbereich sehr begrenzte - explizite whistleblower-Schutzvorschrift, nämlich für Arbeitnehmer, die als Kläger oder Zeuge in einem Verfahren unter dem NLRA beteiligt waren (29 U.S.C. § 158 (a), s.o.). Diese Vorschrift ist also nicht anwendbar, wenn Arbeitnehmer außerhalb solcher Verfahren Verhalten des Arbeitgebers kritisieren. Auch der persönliche Schutzbereich der Vorschrift ist eingeschränkt. So werden Arbeitnehmer in Führungs- und Aufsichtspositionen nicht von ihr erfaßt, vgl. Malin, 16 U. Mich. J. L. Ref. 277, S. 295 (1982/83) m.w.N.

[367] So Simitis, Festschrift für Simon, S.329 (342f.); vgl. Dap, Inc., NLRB Advice Mem. Case No. 8-CA-12501.

[368] Vgl. dazu Simitis, Festschrift für Simon, S. 329 (342 f.)

[369] Vgl. NLRB v. Lloyd A. Fry Roofing Company, Inc., 651 F.2d 442, 445 (6th Cir. 1981); siehe auch Signal Oil & Gas Co. v. NLRB, 390 F. 2 d 338 (9th Cir. 1968); NLRB v. Guernsey-Muskingum Electric Cooperative, Inc., 285 F.2d 8 (6th Cir. 1960); Aro, Inc. v. NLRB, 596 F. 2d 713 (6th Cir. 1979)

[370] So das NLRB, vgl. z.B. Transport Service Co.(1982) 263 NLRB No. 125 S. 912, dessen weiter Auslegung der „concerted activity" viele Gerichte gefolgt sind, vgl. NLRB v. Washington Aluminum Co., 370 U.S. 9 (1962); Vic Tanny Intern. v. NLRB 622 F. 2d 237, 241 (6th Cir. 1980); NLRB v. Elias Bros Restaurants, 496 F. 2d 1165 (8th Cir. 1974); Socony Mobil Oil Co. v. NLRB, 357 F. 2d 662 (2th Cir. 1966)

viduelle Aspekte des Arbeitsverhältnisses abzugrenzen, die nicht unter dem NLRA geschützt würden.[371]

Manche der für die Überprüfung von NLRB-Entscheidungen zuständigen Gerichte lehnen die vom NLRB vorgenommene weite Auslegung allerdings ab. So z.B. das Gericht in NLRB v. Bighorn Beverage[372]: In diesem Fall hatten mehrere Arbeitnehmer Gesundheitsschäden erlitten, weil sie auf einer Baustelle Kohlenmonoxidgasen ausgesetzt waren. Nachdem sie mehrfach gegenüber dem Arbeitgeber über Gesundheitsbeschwerden geklagt hatten, erstattete ein Arbeitnehmer Anzeige bei der zuständigen Behörde und wurde, als am nächsten Tag öffentliche Sicherheitsinspektoren erschienen, gekündigt. Das NLRB sah in der Anzeige eine kollektive Aktion, obwohl der Arbeitnehmer alleine gehandelt habe. Denn wenn ein Arbeitnehmer Sicherheitsbeschwerden mache, müsse die stillschweigende Zustimmung der anderen Arbeitnehmer unterstellt und die Aktion somit als kollektiv betrachtet werden. Das Gericht hat diese weite Auslegung abgelehnt und ausgeführt, daß die Ausdehnung der kollektiven Aktivität auf individuelles Vorgehen nur dann vertretbar sei, wenn der Arbeitnehmer mit seiner Beschwerde oder Anzeige die Einhaltung einer Kollektivvereinbarung durchzusetzen versuche. Denn nur dann könne die Durchsetzung der Vereinbarung sozusagen als Fortsetzung der kollektiven Aktivität gewertet werden, die zum Abschluß der Kollektivvereinbarung geführt habe.[373]

H. Anzeigepflichten

Bislang war lediglich von (durch „case law“, Kollektivverträge oder Gesetze) geschützten Anzeigerechten die Rede, nicht aber von Anzeigepflichten. Ein Recht zum whistleblowing kann sich theoretisch auch daraus ergeben, daß der Arbeitnehmer einer Anzeigepflicht unterliegt. Solche Fälle sind im amerikanischen Recht allerdings selten.

I. Strafrechtlich sanktionierte Anzeigepflichten

Strafrechtlich sanktionierte Anzeigepflichten sind dem amerikanischen Recht fremd. Angesichts der überragenden Bedeutung des First Amendment würden solche staatlich auferlegten Anzeigepflichten wohl auf gravierende verfassungsrechtli-

---

[371] Das NLRB und zum Teil auch der Supreme Court haben zu den „Kündigungsschutzregeln“ des NLRA ein detailliertes Richterrecht geschaffen, das auch zur Auslegung anderer whistleblower-Schutzgesetze und der First Amendment -Fälle herangezogen wird, vgl. z.B. Linn v. United Plant Guard Workers of America, 383 U.S. 53 (1966), wo aus New York Times v. Sullivan zitiert wird, 367 U.S. 254

[372] 614 F.2d 1238 (9th Cir.1980)

[373] Vgl. auch Alleluia Cushion Co., Inc, 221 NLRB 999 (1975.

che Bedenken stoßen[374]. Zwar gab es in der common law- Rechtstradition lange Zeit das Vergehen „misprison of felony“, wonach Bürger bestraft wurden, wenn sie dem Staat Informationen über begangene Straftaten vorenthielten.[375] Noch heute wird diese Doktrin gelegentlich in der amerikanischen Rechtsprechung erwähnt. Allerdings wurde sie in den USA von vornherein nur in wenigen Staaten anerkannt[376], und auch in den betreffenden Staaten wurde sie meistens in einen Strafvereitelungstatbestand umgewandelt, der neben der Kenntnis von der begangenen Straftat auch noch eine aktive Strafvereitelungshandlung voraussetzt. Von einer strafrechtlich sanktionierten *Anzeige*pflicht kann also auch dort nicht mehr gesprochen werden.

II. Anzeigepflichten in Berufsordungen u.ä.

Standesrichtlinien bzw. Moralcodices für bestimmte Berufsgruppen wie Ärzte, Krankenpfleger, Architekten, Ingenieure, Wirtschaftsprüfer oder Steuerberater enthalten häufig die Verpflichtung, Gesetzesverstöße oder sonstiges „unangemessenes“ Verhalten von Kollegen anzuzeigen[377].

So hat z.B. die American Bar Association sogenannte „Model Rules of Professional Conduct“ herausgegeben, die Anwälte verpflichten, berufsethische Verstöße ihrer Kollegen den für Disziplinarverfahren zuständigen Stellen zu melden[378]. Viele Einzelstaaten haben diese „model-rules“ mit verschiedenen Modifikationen übernommen. In manchen Staaten haben sie bloße Leitbildfunktion für berufsethisches Verhalten, in anderen haben sie Gesetzeskraft mit entsprechenden Sanktionsmöglichkeiten.

---

[374] So auch Rützel, Umweltschutz durch Arbeitsrecht, S. 143 f.

[375] Die Doktrin des „misprison of felony“ stammt bereits aus dem mittelalterlichen England, das mangels kompetenter Polizei- und Strafverfolgungsorgane weitgehend auf solche Privatinformationen angewiesen war. Von Bürgern, die Zeugen eines Verbrechens waren, wurde deshalb damals verlangt, ein „Zetergeschrei“ zu erheben („to raise a hue and cry“). Alle Männer zwischen 15 und 60 Jahren mußten in das Gezeter miteinstimmen und Anordnungen von den Verfolgungsbehörden entgegennehmen, um den Delinquenten zu verfolgen, vgl. Westman 1991, S. 25

[376] Vgl. z.B. Holland v. Florida, 302 So. 2d 806, 810: „While it may be desirable, even essential, that we encourage citizens to get involved to help to reduce crime, they ought not to be adjudicated criminals themselves if they don't... We cherish the right to mind our own business when our best interests dictate.“, zitiert in Westman S. 25, vgl. auch 1977 Wisc. L. Rev. 777, FN 3 m.w.N. (1977)

[377] Vgl. Lofgren, 38 S.D.L. Rev. 316, 317 (1993)

[378] Rule 8.3 (1989), vgl. Westman 1991, S. 28; vgl. auch Corello, 92 Colum. L. Rev. 389, 398 (1992)

Die „Principles of Medical Ethics“ der American Medical Association sehen vor, daß Mediziner inkompetentes oder korruptes, unehrliches oder unmoralisches Verhalten von Angehörigen ihres Berufsstandes anzeigen sollen[379].

Der „Code of Ethics“ der National Society of Professional Engineers regelt u.a.: „Engineers shall at all times recognize that their primary obligation is to protect the safety, health, property and welfare of the public. If their professional judgement is overruled under circumstances where the safety, health, property or welfare of the public are endangered, they shall notify their employer or client and such other authority as may be appropriate.“[380]

Derartige berufsethische Anzeigepflichten garantieren allerdings nicht, daß der anzeigende Arbeitnehmer von Sanktionen seitens des Arbeitgebers verschont bleibt. Die Rechtsprechung lehnt zumindest im Rahmen der „public policy“-Ausnahme zumeist den Schutz von Anzeigen bloß ethischer oder standesrechtlicher Verstöße ab und läßt eventuelle Anzeigepflichten des Arbeitnehmers unberücksichtigt. Die standesrechtlichen Anzeigepflichten können den „at-will“-Arbeitnehmer also in einen unlösbaren Konflikt führen: Schweigt er, drohen ihm u.U. disziplinarrechtliche Konsequenzen, zeigt er an, riskiert er eine Vergeltungskündigung.[381]

III. Unternehmensinterne Verhaltenscodices

In zahlreichen Großunternehmen existieren Verhaltenscodices, sogenannte „codes of ethics“, die z.T. Arbeitnehmer verpflichten, dem Arbeitgeber im Betrieb beobachtetes Fehlverhalten anzuzeigen. Solche internen Anzeigepflichten können sich natürlich auch aus dem Arbeitsvertrag[382] oder aus besonderen Anweisungen ergeben.

Bei Bestehen einer derartigen Verpflichtung gegenüber dem Arbeitgeber kann die Anzeige selbstverständlich keinen berechtigten Kündigungsgrund („just cause“) darstellen. Bei „at -will“- Arbeitnehmern hilft hier u.a. die „implied covenant of good faith and fair dealing theory“[383], die treuwidrige Kündigungen verbietet.

J. Konkurrenzprobleme

Das Verhältnis der einzelnen whistleblower-Schutzrechte zueinander ist höchst umstritten und wird von den Gerichten sehr uneinheitlich beurteilt. Die Details die-

[379] Abgedruckt in Westman 1991, S. 28

[380] Abgedruckt in Westman 1991, S. 28; vgl. Lofgren, 38 S.D.L.Rev. 389, 398 (1993)

[381] So Westman 1991, S. 28

[382] In bestimmten Konstellationen kann auch die Loyalitätspflicht eine (interne) Anzeige von Mißständen gebieten, vgl. Rützel, Umweltschutz durch Arbeitsrecht, S. 146

[383] Vgl. oben Fn 101

ser Diskussion darzustellen, würde den Rahmen dieser Arbeit sprengen, deshalb sollen im folgenden nur die wichtigsten Konkurrenzprobleme kurz angerissen werden, ohne daß damit der Komplexität der verschiedenen Fallkonstellationen Rechnung getragen werden kann.

I. Verhältnis bundesstaatlicher zu einzelstaatlicher whistleblower-Gesetzgebung

In diesem Verhältnis gilt, daß die Gesetze, soweit sich nichts anderes aus dem Gesetzestext ergibt, grundsätzlich nebeneinander anwendbar sind[384]. Soweit freilich gliedstaatliche und Bundesregelung unvereinbar miteinander sind, hat das Bundesgesetz Vorrang. Das folgt aus der sog. „supremacy clause“ (Article VI Section 2) der US-Verfassung.

II. Verhältnis whistleblower-Gesetze zu First Amendment-Rechten

Dazu hat der Supreme Court in Bush v. Lucas[385] entschieden, daß ein Arbeitnehmer im öffentlichen Sektor nicht frei wählen kann, ob er aus verwaltungsrechtlichen Gesetzen (z.B. dem „Civil Service Reform Act“) oder aus Delikt vorgeht. Sofern ihm nach Verwaltungsrecht Ansprüche zustünden, schließe dies deliktische Ansprüche wegen Verletzung der First Amendment-Rechte aus.

III. Verhältnis whistleblower-Gesetze zur „public policy“-Ausnahme

Hier gilt grundsätzlich das gleiche wie im Verhältnis Gesetzgebung zu First Amendment-Rechtsprechung. Wenn der Arbeitnehmer durch ein whistleblower-Gesetz geschützt ist, steht ihm also der deliktsrechtliche Anspruch nach herrschender Rechtsprechung nicht mehr zur Verfügung[386]. Allerdings regeln verschiedene whistleblower-Gesetze explizit, daß sonstige Ansprüche unberührt bleiben, oder geben dem Arbeitnehmer zumindest ein Wahlrecht hinsichtlich der Vorgehensweise[387]. Bezüglich des Verhältnisses der einzelstaatlichen „public policy“-Ansprüche zu den whistleblower-Gesetzen des Bundes wird außerdem die Frage der „federal preemption“, d.h. des Ausschlusses einzelstaatlichen Rechts durch Bundesrecht diskutiert und uneinheitlich beantwortet[388].

---

[384] Vgl. Adler/Daniels, 8 Lab. Law 19, 43 f. (1992)

[385] 462 U.S. 367 (1983); vgl. auch Kohn/Kohn 1988, S. 18

[386] Vgl. Kohn/Kohn 1988, S. 40 m.w.N., Finkin u.a. 1996, S. 155

[387] Vgl. z.B. N.Y. Lab. Law § 740

[388] Ausführlicher dazu Kohn/Kohn 1988, S. 103 ff., Westman 1991, S. 139

IV. Verhältnis whistleblower-Gesetze zu kollektivvertraglichem Kündigungsschutz

Dieses Verhältnis ist weitgehend ungeklärt. In einigen einzelstaatlichen whistleblower-Gesetzen finden sich explizite Regelungen zu dieser Frage. Manche dieser Gesetze sehen ein Wahlrecht vor, andere lassen beide Ansprüche kumulativ zu.[389]

V. Verhältnis der First Amendment-Rechte zur „public policy"-Ausnahme

In diesem Verhältnis gilt, daß beide Ansprüche grundsätzlich nebeneinander geltend gemacht werden können[390].

VI. Verhältnis „public-policy"-Ausnahme zu kollektivvertraglichem Kündigungsschutz

Zumal die „public policy"-Ausnahme sich auf die „at-will"-Doktrin bezieht, ist sie unanwendbar, wenn es sich um ein dem kollektivvertraglichen Kündigungsschutz unterliegendes Arbeitsverhältnis handelt.[391]

VII. Verhältnis der whistleblower-Rechte unter dem NLRA zu sonstigen Ansprüchen

Wenn das Verhalten tatsächlich oder auch nur möglicherweise („arguably") unter dem NLRA geschützt ist, ist allein das National Labor Relations Board zuständig. Die Geltendmachung zumindest aller einzelstaatlichen whistleblower-Ansprüche wird grundsätzlich ausgeschlossen, soweit der NLRA Anwendung findet (sogenannte „preemption doctrine").[392]

Wie gesagt, viele Details dieser Konkurrenzen sind umstritten. Zuweilen sind selbst grundlegende Fragen bislang ungeklärt, so z.B. die, ob Ansprüche, die durch andere verdrängt werden, wiederaufleben, wenn der vorrangige Anspruch nicht realisiert werden kann.

---

[389] Vgl. Westman 1991, S. 134

[390] Vgl. z.B. Dicomes v. Washington, 113 Wash. 2d 612, 619 (1989)

[391] Vgl. Fristoe v. Reynolds Metals Co, 615 F. 2d 1209 (9th Cir. 1980) und Westman 1991, S. 142 m.w.N.

[392] Vgl. Westman 1991, S. 135 f.

K. Beobachtungen zum US-amerikanischen whistleblower-Recht

I. „Untidiness“

In der amerikanischen Literatur wird das amerikanische whistleblower-Recht vielfach kritisiert. Vor allem wegen seiner „untidiness“[393], also wegen seiner Unübersichtlichkeit und Verworrenheit. Diese ist zum einen darauf zurückzuführen, daß sich der Rechtsschutz auf so vielen verschiedenen Ebenen abspielt (First Amendment-Rechte, die richterrechtliche „public policy“-Ausnahme zur „at-will“-Doktrin, kollektivvertragliche „just cause“- Bestimmungen und gesetzliche Regelungen). Das Verhältnis der einzelnen Ebenen zueinander ist nur schwer durchschaubar und außerdem höchst umstritten. Abgesehen davon trägt natürlich die föderale Divergenz erheblich zur Komplexität des amerikanischen whistleblower-Rechts bei. Denn man hat es hier nicht nur mit über 50 verschiedenen Gesetzgebern zu tun, auch die Rechtsprechung in den über 50 Einzelstaaten weicht zum Teil erheblich voneinander ab. Hinzu kommt das Nebeneinander von zentraler und dezentraler Regelungskompetenz. Außerdem darf nicht vergessen werden, daß das auf Einzelfallentscheidungen aufbauende „case law“ nicht gerade dazu geschaffen ist, besondere Übersichtlichkeit zu gewährleisten. Aber auch schon allein die Gesetzgebung des Bundes zum Thema whistleblowing ist durch ein schwer überschaubares Dikkicht von Einzelregelungen (teils als Annexregelungen, teils als eigenständige Gesetze) gekennzeichnet. Nicht zuletzt trägt die Trennung nach öffentlichem und privatem Sektor sowie die Zersplitterung nach Lebensbereichen erheblich zur Unübersichtlichkeit des whistleblower-Rechts bei.

II. „Asymmetry“

Die mangelnde Übersichtlichkeit mag zumindest mitursächlich sein für eine weitere wesentliche Schwäche des amerikanischen whistleblower-Rechts, nämlich seine „asymmetry“[394]. Der gesetzliche Schutz ist äußerst lückenhaft. Während whistleblowing zu bestimmten Spezialthemen geschützt wird, werden andere – nicht minder bedeutsame - Inhalte von keinem der Schutzgesetze erfaßt. Das gleiche gilt hinsichtlich der geschützten Arbeitnehmer: Für viele Industriezweige gelten die whistleblower-Regelungen nicht, obwohl es oft keine inhaltlichen Gründe für die Ungleichbehandlung verschiedener Branchen gibt. Vielmehr liegt die Ursache für die unterschiedliche Rechtssituation meist in der Gesetzgebungspraxis, nach der whistleblower-Regelungen anläßlich von Novellierungen als Annex in spezielle Gesetze aufgenommen werden (s.o.). Aber auch innerhalb der von

---

[393] Zit.: Fidell, 2 Admin. L. J. 1, 4 (1989)
[394] Vgl. Fidell, 2 Admin. L. J. 1, 4 (1989)

Schutzgesetzen erfaßten Industriezweige sind nach Ansicht von Kritikern zu viele Arbeitnehmer pauschal vom Schutz der whistleblower-Regeln ausgenommen.[395] Der gleiche Vorwurf trifft die Rechtsprechung, sofern sie „in-house"-attorneys, „policy makers" oder sonstigen Arbeitnehmern in Führungspositionen generell den whistleblower-Schutz versagen will. Abgesehen davon werden die gravierenden Unterschiede in der Rechtsstellung von öffentlichen und privaten Arbeitnehmern kritisiert, insbesondere in Bereichen, wo die Grenzen zwischen öffentlichem und privatem Sektor fließend sind.

III. Whistleblower in der öffentlichen Wahrnehmung

Wie bereits eingangs erwähnt, werden whistleblower in der öffentlichen Diskussion meist als selbstlose Verteidiger des Allgemeinwohls dargestellt. Nicht der Eindruck der Illoyalität oder des Verrates steht im Vordergrund, sondern das öffentliche Interesse, dem die whistleblower-Aktivitäten dienen, nämlich der Aufdeckung von gesellschaftlich relevanten Mißständen. Die beschriebenen Entwicklungen in Rechtsprechung und Gesetzgebung sind Ausdruck eben dieses Vorverständnisses.

Auch wenn man die amerikanische Rechtsliteratur betrachtet, fällt auf, daß sie fast durchgängig whistleblower-freundlich ist und die Unzulänglichkeiten des bestehenden Rechts zum Schutz von whistleblowern beklagt. Kaum ein Aufsatz stellt je in Frage, daß whistleblower-Schutz wünschenswert ist. Diskutiert wird deshalb nur über das „Wie" eines effizienten whistleblower-Schutzes, das „Ob" scheint keiner Ausführungen zu bedürfen. Negative Aspekte eines weitgehenden whistleblower-Schutzes werden nur selten erwähnt.

In der Industrie wird dagegen häufig die Mißbrauchsgefahr der whistleblower-Schutzregelungen beklagt. Arbeitnehmer würden vielfach in Situationen, in denen ihnen die Entlassung drohe, kaum nachprüfbare Anschuldigungen gegen den Arbeitgeber erheben und damit ihre Kündbarkeit - wegen des whistelblower-Schutzes - erheblich erschweren[396]. Die Gefahr, daß Anschuldigungen erfunden werden und whistleblowing vorgeschoben wird, um sich vor anderweitig drohenden Kündigungen zu schützen, besteht insbesondere dort, wo der Beweis der Kausalität des whistleblowing für die Kündigung erleichtert ist, etwa dadurch, daß sie bei zeitnahem Zusammentreffen vermutet wird.

---

[395] So Fidell, 2 Admin. L. J. 1, 12 (1989)

[396] Vgl. Westman 1991, S.15 ff.; auch im Kongress wurde die Gefahr gesehen, daß Arbeitnehmer sich vor drohenden Kündigungen schützen, indem sie zu whistleblowern werden 1978 U.S. Code Cong.&Admin. News 2723 (95th Cong., 2d Sess.)

L. Annex: Organisationen zur Unterstützung von whistleblowing

Die bereits in Abschnitt A erwähnten sogenannten „public interest"-Gruppen bieten Rechtsrat für whistleblower sowie persönliche und psychische Unterstützung. Sie beraten diese auch im Hinblick darauf, welche Form des whistleblowing die effektivste Abstellung der Mißstände verspricht, bzw. welcher Weg der sicherste zur Vermeidung von Sanktionen ist. Im folgenden seien die wichtigsten Organisationen kurz beschrieben.

I. „Government Accountability"-Projekt[397]

Dieses Projekt wurde in den frühen siebziger Jahren von einer Gruppe junger Anwälte ins Leben gerufen. 1977 organisierten die Gruppe eine nationale Konferenz zum Thema whistle-blowing, auf der Arbeitnehmer, Rechtsanwälte, Journalisten, Abgeordnete und Gewerkschaftsvertreter zusammen nach Wegen zum Schutz von öffentlichen Bediensteten suchten, die Mißstände enthüllten und anzeigten. Heute verteidigt die Gruppe whistleblower insbesondere im Bereich der Nuklearindustrie. Um ihre öffentliche Anerkennung nicht zu gefährden, enthält sich die Gruppe jeder politischen Stellungnahme zur Atomenergie und betont, daß es ihr lediglich um die Sicherheit der Anlagen gehe.[398]

II. „Project on Military Procurement"[399]

Diese Gruppierung, deren Mitbegründer Ernest Fitzgerald[400] eine der bekanntesten whistle-blower-Persönlichkeiten in den USA war, widmet sich vor allem dem Kampf gegen Verschwendung und Ineffizienz im staatlichen Rüstungssektor bzw. bei staatlichen Auftragnehmern der privaten Rüstungsindustrie. Sie unterstützt whistleblower und hilft ihnen auch dabei, ihre Anonymität zu schützen.[401]

III. „National Whistleblower Center"

Diese 1988 gegründete Organisation setzt sich für whistleblower insbesondere im Umwelt- und Nuklearbereich ein. Sie bietet Rechtsbeistand vor Gericht und organisiert Schulungen für Anwälte, die sich auf das Gebiet des whistleblowing spezialisieren wollen. Abgesehen davon veranstaltet sie verschiedene Seminare zum Thema whistleblowing, gibt einen Newsletter heraus und setzt sich für eine ver-

---

[397] Frei übersetzt: eine Initiative zur Kontrolle der öffentlichen Verwaltung

[398] Vgl. Glazer/Glazer 1989, S. 62 f.

[399] Projekt zum Thema öffentlicher Auftragsvergabe im Verteidigungssektor

[400] genauer siehe Teil I A Einführung

[401] Vgl. Glazer/Glazer 1989, S. 37

stärkte whistleblower-Gesetzgebung ein. So macht sie sich z.B. seit langem für eine whistleblower-Schutzgesetzgebung zugunsten von Arbeitnehmern in staatlichen Atomwaffenfabriken stark, da diese weder vom „Energy Reorganization Act" (ERA) noch vom „Atomic Energy Act" von 1954, für den die whistleblower-Vorschrift des ERA ebenfalls gilt, erfaßt werden[402].

IV. „Cavallo Stiftung" und „Coalition to Stop Government Waste"

Beide Organisationen setzen u.a. Preise für whistleblower aus, die besondere Zivilcourage beweisen. Die „Coalition to Stop Government Waste" vergibt jährlich den sogenannten „Whistleblower Patriot Award". Die 1987 ins Leben gerufene Cavallo-Stiftung verleiht jährlich drei Preise in Höhe von je 10.000 Dollar an Arbeitnehmer, die sich durch „altruistisches" whistleblowing hervorgetan haben. [403] Der Initator der Cavallo Stiftung erklärte zu seiner Motivation: „ I was struck by the contrast between the admirable actions of whistleblowers and the punishment they often received from their employers and from society. Here are people who are risking their careers and sometimes their lives to defend the stated aims of their Organizations, and who are then attacked on the very grounds of disloyalty to their employers. It was the disparity between heroic actions and unjust penalties that prompted me to establish a prize to help to redress the balance in some way."

---

[402] Vom ERA werden nur Arbeitnehmer der Nuklearindustrie erfaßt, 42 U.S.C. 5851, vgl. Kohn/Kohn 1988, S. 163, Kohn 1990, S. 216). Derzeit vertritt die Organisation fünf Arbeitnehmer der Atomwaffenwerke Los Alamos und Savannah River, die Unfälle mit radioaktiven Materialien reportiert hatten und deshalb Vergeltung erlitten haben, ihren jeweiligen Verfahren (vgl. den Prospekt des National Whistleblower Centers von 1998).

[403] Vgl. Glazer/Glazer 1989, S. 170

Teil III: Whistleblowing im deutschen Recht

In diesem Teil geht es um die Behandlung von whistleblowing im deutschen Recht. Auch wenn er demnach in seiner Zielsetzung der vorangegangenen Darstellung des US-amerikanischen Rechts entspricht, wird sich eine völlige Symmetrie der beiden Teile nicht herstellen lassen.

Das liegt nicht nur an der strukturellen Verschiedenheit der Rechtssysteme und den daraus folgenden Unterschieden in der juristischen Methode. Auch und vor allem befinden sich – wie bereits eingangs erwähnt - beide Rechtsordnungen auf dem Gebiet des whistleblowing in unterschiedlichen „Entwicklungsstadien" in dem Sinne, daß Rechtsprechung, Gesetzgebung und Rechtswissenschaft in den USA deutlich mehr Anlaß hatten, sich mit dieser Frage auseinanderzusetzen.

Dies gebietet für den deutschen Teil eine weitgehend deduktive Herangehensweise. So beginnt die Darstellung mit einer Erörterung der Rahmenvorgaben zunächst des Verfassungsrechts, dann des Arbeits- und Beamtenrechts (Abschnitt A). Erst danach folgt eine Auseinandersetzung mit den Lösungen, die das deutsche Recht für konkrete Fallkonstellationen im Bereich des whistleblowing bereit hält (Abschnitt B). Oft wird es dabei an autoritativen Entscheidungen von Gesetzgeber oder Rechtsprechung fehlen, so daß Rechtsfragen, die in den USA entschieden sind, für das deutsche Recht nur unter Rückgriff auf allgemeine Prinzipien und unter stärkerer Berücksichtigung der rechtswissenschaftlichen Diskussion beantwortet werden können. Da bereits die Identifikation solcher offener Fragen im deutschen Recht vor dem Hintergrund der Erfahrungen aus dem US-amerikanischen Recht und im Hinblick auf den Vergleich erfolgt, erscheint es sinnvoll, diese „Lückenfüllung" mit einer Gegenüberstellung der beiden Rechtsordnungen zu verbinden. Sie findet sich deswegen in einem separaten Teil IV.

A. Rahmen

I. Verfassungsrechtliche Vorgaben

Unter den verschiedenen Verfassungsnormen, die im Kontext des whistleblowing von Bedeutung sein können, ist die Meinungsfreiheit fraglos die wichtigste. Ihr gilt das Hauptaugenmerk der nachfolgenden Darstellung. Dabei soll die Diskussion um ihre Wirkungen auf Beschäftigungsverhältnisse zunächst nachgezeichnet und sodann kritisch gewürdigt werden. Im Rahmen dessen werden zugleich die allgemeinen verfassungsrechtlichen Grundlagen der Drittwirkung der Grundrechte im Arbeitsrecht sowie der Verfassungsbindungen im öffentlichen Dienst und im Beamtenverhältnis zur Sprache kommen. Im Anschluß daran folgen zwei Abschnitte zu den in der Diskussion deutlich weniger beachteten Grundrechtsartikeln 17 und 9 III GG.

1. Die Meinungsfreiheit und ihre „Schranken“ im Beschäftigungsverhältnis

a) Schutzbereich

Es entspricht ganz herrschender Meinung, daß Arbeitnehmeranzeigen und Beschwerden regelmäßig in den Schutzbereich des Art. 5 I S.1 GG fallen.[404].

Meinungsäußerungen im engeren Sinne sind zwar in Abgrenzung zu Tatsachenbehauptungen durch das Element der Stellungnahme, des Dafürhaltens oder Meinens geprägt. Bei Arbeitnehmeranzeigen oder Beschwerden ist diese Komponente jedoch nicht zwingend gegeben. So kann es sich etwa bei der Anzeige einer Umweltstraftat um eine reine Tatsachenbehauptung handeln, ohne daß diese in jedem Fall immer mit einer persönlichen Stellungnahme verbunden wäre. Doch auch reine Tatsachenbehauptungen werden von Art. 5 I GG erfaßt. Das BVerfG hat mehrfach klargestellt, daß Tatsachenäußerungen zumindest insoweit geschützt seien, „als sie Voraussetzung für die Bildung von Meinungen sind, welche Art. 5 I GG in seiner Gesamtheit gewährleistet“[405]. Die Schutzwürdigkeit von Tatsachenbehauptungen ende erst dort, wo sie weder mit Werturteilen verbunden noch sonst für die Meinungsbildung relevant seien.[406] Das BVerfG schließt deshalb lediglich erwiesen oder bewußt unwahre Tatsachenbehauptungen aus dem Schutzbereich des Art. 5 I GG aus. Dabei betont es stets, daß die Anforderungen an die Wahrheitspflicht nicht so bemessen werden dürften, daß darunter die Funktion der Meinungsfreiheit leide[407].

b) Geltung von Art. 5 GG im Beschäftigungsverhältnis

Daß die Meinungsfreiheit auch im Beschäftigungsverhältnis gilt, hat das BVerfG mehrfach klargestellt. „Mit der elementaren Bedeutung des Grundrechts aus Art. 5 GG wäre es unvereinbar, wollte der Gesetzgeber die Freiheit der politischen[408]

---

[404] Zum Verhältnis zu Art. 4 GG vgl. Herzog in Maunz/Dürig, Art. 5 Rdnr. 33: Art. 4 GG garantiert das Recht der Glaubensfreiheit, der Gewissensfreiheit, des religiösen und weltanschaulichen Bekenntnisses. Zu Art. 5 I GG steht er in Gesetzeskonkurrenz: Für die Äußerung und Verbreitung religiöser und weltanschaulicher Meinungen gilt Art. 4 GG als das speziellere Gesetz.

[405] BVerfGE 61, 1 ff; BVerfG, Beschluß v. 13.2.96, NJW 1996 S. 1529

[406] BVerfGE 85, 1 (15). Diese Schwierigkeit hat die amerikanische Verfassungsrechtsdogmatik nicht, zumal dort über das First Amendment explizit nicht nur „Meinungs-“ sondern „Äußerungsfreiheit“ geschützt wird.

[407] BVerfGE 61, 1 S. 8

[408] In dem konkreten Fall ging es um politische Meinungsäußerungen.

Meinungsäußerung dem Bereich der betrieblichen Arbeitswelt, der die Lebensgestaltung zahlreicher Staatsbürger wesentlich bestimmt, schlechthin fernhalten."[409]

Schon die Weimarer Reichsverfassung hatte die Bedeutung der Meinungsfreiheit gerade im Hinblick auf Arbeitsverhältnisse hervorgehoben. In Art. 118 I WRV hieß es: „Jeder Deutsche hat das Recht, innerhalb der Schranken der allgemeinen Gesetze seine Meinung durch Wort, Schrift, Druck, Bild oder in sonstiger Weise frei zu äußern. An diesem Recht darf ihn kein Arbeits- oder Anstellungsvertrag hindern, und niemand darf ihn benachteiligen, wenn er von diesem Rechte Gebrauch macht."

Allerdings wurde dieser Grundsatz durch Rechtsprechung und Literatur auf ein Willkür- und Mißbrauchsverbot reduziert und so weitgehend ausgehöhlt.[410] Das RAG ging bis 1931 sogar davon aus, daß diese Verfassungsvorschrift Kündigungen als rein „formalen" Akten nicht entgegenstehe[411].

aa) Öffentlicher Sektor

Öffentliche Arbeitgeber sind nach dem Grundgesetz über Art. 1 III unmittelbar grundrechtsgebunden, und zwar nach herrschender Meinung unabhängig davon, ob es sich um ein Beamtenverhältnis oder um ein privatrechtliches Angestelltenverhältnis handelt.[412]

bb) Privater Sektor

In Bezug auf Privatleute hat das BVerfG klargestellt, daß eine unmittelbare Drittwirkung des Grundrechts der Meinungsfreiheit abzulehnen ist[413].

In der Literatur wird teilweise eine unmittelbare (Dritt-)Wirkung gegenüber Privaten angenommen, wenn diese - wie insbesondere Arbeitgeber - Inhaber einer sozialen Machtstellung und damit in der Lage sind, unliebsame Meinungen mit empfindlichen Sanktionen zu belegen[414]. Andere befürworten eine unmittelbare Dritt-

---

[409] BVerfG AP Nr. 2 zu § 74 BetrVG 1972

[410] Vgl. Ramm, AuR 73, S. 220 (222)

[411] So Söllner, Festschrift für Herschel, S. 392. Erst in der Entscheidung des RAG Bensh. Slg. 14, S. 72 ff. von 1931 wurde Art. 118 I S.2 WRV als Verbotsnorm für Kündigungen herangezogen. Zynischerweise ging es in dem Fall darum, daß ein angestellter Polizeiarzt wegen seiner Mitgliedschaft bei der NSDAP entlassen worden war. Der Fall wurde an das LAG zurückverwiesen, damit dieses kläre, ob die NSDAP wirklich den gewaltsamen Umsturz plane, was die Kündigung trotz Art. 118 I S.2 WRV gerechtfertigt hätte.

[412] Vgl. Deiseroth, Berufsethische Verantwortung, S. 357; anders wohl Bieler/Braun, Öffentliches Dienstrecht, vgl. Rdnr. 67

[413] BVerfGE 73, 261

[414] Vgl. z.B. Däubler, Gewerkschaftsrechte im Betrieb, 3.Aufl. 1990, S. 196

wirkung im Arbeitsverhältnis mit dem Argument, das Grundgesetz habe nicht hinter die Freiheitsgewährleistungen des Art. 118 WRV zurückgehen wollen.[415]

Das BAG hatte in seiner früheren Rechtsprechung eine unmittelbare Drittwirkung zwar zuweilen angenommen[416], jedenfalls aber seit der Entscheidung des Großen Senats zum Weiterbeschäftigungsanspruch[417] diese Ansicht aufgegeben[418]. Die Grundrechte werden seitdem als objektive Wertentscheidungen betrachtet, die über Auslegungsspielräume und Generalklauseln, wie z.B. über das Gebot von Treu und Glauben, auch in das Arbeitsverhältnis einfließen. Dies entspricht der Rechtsprechung des BVerfG zur mittelbaren Drittwirkung der Grundrechte, die übrigens anhand der Meinungsfreiheit entwickelt wurde.[419]

In neuerer Zeit läßt sich in der Literatur[420] – und in Ansätzen auch in der Rechtsprechung[421] – die Tendenz beobachten, diese mittelbare Drittwirkung auf die allgemeinere, aus den Grundrechten folgende Schutzpflicht der öffentlichen Gewalt zu stützen. Dies mag helfen, einige Unstimmigkeiten in der Herleitung der bisherigen Drittwirkungslehre zu beseitigen.[422] Im Ergebnis ändert sich an der mittelbaren Geltung der Grundrechte im Privatrecht dagegen nichts.[423]

---

[415] Dies vertrat auch das BAG in AP 57, 58 zu § 626 BGB unter Berufung auf Art. 20, 28 GG, dargestellt in Kempff, Grundrechte im Arbeitsverhältnis, S. 46.

[416] Vgl. z.B. BAG AP Nr. 2 zu § 13 KSchG: „Das Grundrecht der freien Meinungsäußerung, das wesentlich ist für eine freiheitlich soziale Gestaltung des Gemeinschaftslebens, würde auf weiten Gebieten des menschlichen Lebens wirkungslos gemacht werden, wenn zwar nicht der Staat, wohl aber wirtschaftliche und soziale Mächte und einzelne im privaten Rechtsverkehr in der Lage wären, dieses Recht nach ihrem Gutdünken kraft ihrer Machtstellung einzuschränken, ohne sich dabei einer Verfassungsverletzung schuldig zu machen." Das beste Mittel, den sozial Schwächeren gegenüber dem sozial Überlegenen in Schutz zu nehmen, sei die Annahme einer unmittelbaren Drittwirkung.

[417] BAGE 48, 122 f.= NZA 85, 702

[418] Vgl. auch Fastrich, Richterliche Inhaltskontrolle, S. 174 mit Verweis auf BAG AP Nr. 27 zu § 611 BGB, Direktionsrecht

[419] Erstmals BVerfGE 7, 198 (206); die Bedeutung der mittelbaren Drittwirkung sei vor allem darin zu sehen, daß sie auch unter den Bedingungen der modernen hochkomplexen Industriegesellschaft Freiheit und Gleichheit wahren helfe, so Pieroth/Schlink, Staatsrecht II, Rdnr. 183; zur praktischen Relevanz des Streites um mittelbare oder unmittelbare Drittwirkung, vgl. Wendeling-Schröder, Autonomie im Arbeitsrecht, S. 104 ff.

[420] Vgl. dazu Pieroth/Schlink, Rdnr. 183: der Drittwirkungs- und der Schutzpflichtgedanke stehen in engem Zusammenhang; weitergehend Hermes, NJW 1990, S. 1764 (1768): „ Mittelbare Drittwirkung – nur ein Aspekt des Grundrechts auf Schutz "; noch weitergehend Canaris, Grundrechte und Privatrecht, der - zumindest terminologisch – ein Ende der Lehre von der *mittelbaren* Geltung fordert – näher dazu Fn 20.

[421] Hermes, NJW 1990, S. 1764 (1768) entwickelt seine Thesen anhand einer Entscheidung des BVerfG zu Wettbewerbsverboten für Handelsvertreter (BVerfG NJW 1990, 1769).

[422] Zu diesen Defiziten und den Vorzügen des neuen Ansatzes ausführlich Hermes, NJW 1990, S. 1764 (1768)

[423] Anders insoweit Canaris, Grundrechte und Privatrecht, welcher eine über den Schutzpflichtgedanken begründete Geltung der Grundrechte im Privatrecht ausdrücklich als *unmittelbar* be-

Anders als in den USA gewinnt hierzulande also die verfassungsrechtliche Garantie der Meinungsfreiheit auch im privaten Arbeitsverhältnis Bedeutung.

c) Doppelfunktion des Grundrechts

Die klassische deutsche Staatsrechtslehre hatte, ihrer vorwiegend liberalen Grundhaltung entsprechend, das Grundrecht der Meinungsfreiheit ausschließlich als Freiheitsrecht des einzelnen verstanden, das die freie Entfaltung der geistigen Persönlichkeit garantieren sollte.

Erst nach Inkrafttreten des Grundgesetzes hat sich ein weiterer Interpretationsansatz entwickelt, dessen Ausgangspunkt nicht das Individuum, sondern die freiheitlich demokratische Staatsordung war, und der deshalb auch mit dem Schlagwort „öffentliche Meinungsfreiheit" beschrieben wurde[424]. Danach liegt der Zweck des Grundrechts der Meinungsfreiheit darin, die Voraussetzungen für den geistigen Kampf der Meinungen zu gewährleisten, der als elementare Grundvoraussetzung einer pluralistischen Demokratie betrachtet wird. Für das Funktionieren der Demokratie sei es wesentlich, daß jeder im „Konzert der ungezählten Stimmen" seine Stimme frei erheben und damit die öffentliche Meinung mitbeeinflussen könne[425].

Die moderne Staatsrechtslehre geht zu Recht davon aus, daß dieser institutionelle Charakter des Grundrechts auf keinen Fall dessen Bedeutung als individuelle Grundfreiheit verdrängt[426]. Sie betont vielmehr die Doppelfunktion des Grundrechts, die bei den folgenden Ausführungen stets berücksichtigt werden muß. Man wird also im Umgang mit der Meinungsfreiheit nicht nur vom Prinzip der möglichst freiheitsfreundlichen Grundrechtsauslegung ausgehen, sondern stets auch das zweite Ziel - nämlich die Gewährleistung eines ungehinderten Wettbewerbes widerstreitender Meinungen - im Auge behalten müssen.

Auch nach amerikanischem Verständnis – daran sei an dieser Stelle erinnert – hat die Äußerungsfreiheit sowohl eine individuelle als auch eine kollektive bzw. institutionelle Komponente. Allerdings scheint deren Verhältnis zueinander dort umstrittener zu sein.

---

zeichnet (S. 92 f.). Allerdings geht auch er davon aus, daß die Wirkung der Grundrechte im Rahmen der Schutzgebotsfunktion eine schwächere sei als im Rahmen ihrer klassischen Geltung als Eingriffsverbote, weil dem Staat hier ein größerer Spielraum zu belassen sei (S. 94 f.). Im Ergebnis dürfte sich deswegen auch seine Ansicht nicht allzu weit von der bisherigen Lehre entfernen. In Einzelpunkten jedoch distanziert er sich ausdrücklich von der Rechtsprechung des BVerfG (vgl. S. 96 f.).

[424] Ausführlich dazu Herzog in Maunz/Dürig, Art. 5 GG, Rdnr. 4 m.w.N.

[425] Vgl. Herzog in Maunz/Dürig, Art. 5 GG, Rdnr. 4; Pieroth/Schlink, Staatsrecht II, Rdnr. 557

[426] Vgl. Herzog in Maunz/Dürig, Art. 5 GG, Rdnr.6 ff., der in diesem Zusammenhang betont, daß die Meinungsfreiheit im Grundgesetz schließlich nicht im Kontext der Staatsfundamentalnorm des Art. 20 verbürgt wird, sondern im Kontext der Menschenwürde.

d) „Grundregeln des Arbeitsverhältnisses" als Grundrechtsschranke

Die Meinungsfreiheit findet gemäß Art. 5 II ihre Schranken u.a. in den „allgemeinen Gesetzen". Damit knüpft das GG sprachlich an die gleichlautende Formulierung in Art. 118 I S.2 Weimarer Reichsverfassung von 1919 an. Heute versteht das BVerfG unter allgemeinen Gesetzen diejenigen Gesetze, die sich weder gegen bestimmte Meinungen als solche richten noch Sonderrecht gegen den Prozeß freier Meinungsbildung darstellen, sondern „die vielmehr dem Schutze eines schlechthin, ohne Rücksicht auf eine bestimmte Meinung, zu schützenden Rechtsguts dienen, dem Schutze eines Gemeinschaftswertes, der gegenüber der Betätigung der Meinungsfreiheit den Vorrang hat."[427] Kennzeichnend für die „allgemeinen Gesetze" ist also vor allem ihre „Meinungsneutralität".[428] Nach der Rechtsprechung des BAG gehören zu den allgemeinen Gesetzen, welche die Meinungsfreiheit einschränken können, auch die sogenannten „Grundregeln des Arbeitsverhältnisses" bzw. die „allgemein anerkannten arbeitsrechtlichen Grundsätze".[429] Sie werden den in Art. 5 II GG geforderten gesetzlichen Bestimmungen gleichgestellt.

e) Fallbeispiele aus der Rechtsprechung des BAG zu den „Grundregeln des Arbeitsverhältnisses"

aa) Loyalitäts- bzw. Interessenwahrungspflicht

Als wesentliche „Grundregel des Arbeitsverhältnisses" sieht das BAG die Pflicht des Arbeitnehmers an, den unternehmensbezogenen Interessen des Arbeitgebers nicht zuwiderzuhandeln. Dazu gehöre auch das Verbot, Wettbewerbsinteressen des Arbeitgebers zu beeinträchtigen oder gar durch Meinungsäußerungen die Existenz des Betriebes in Frage zu stellen.

Berühmtes Beispiel in diesem Zusammenhang ist der vom BAG im Jahre 1972 entschiedene „Bankangestellten-Fall"[430], eine Entscheidung, die von kritischen Stimmen als „Maulkorb-Urteil" bezeichnet wird. In dem Fall hatte ein Bankangestellter einer Privatbank in seiner Freizeit ein Flugblatt der DKP verteilt, in dem die Ban-

---

[427] BVerfG E7, 198 (209 f); Pieroth/Schlink, Staatsrecht II, Rdnr. 592

[428] So Deiseroth, Berufsethische Verantwortung, S. 354

[429] Maßgeblich ist immer noch die Entscheidung des BAG aus dem Jahre 1954, BAGE 1, 185 (194) = AP §13 KSchG Nr.2:„Zu diesen allgemeinen Gesetzen gehören im Verhältnis der Bürger zueinander auch die Grundregeln des Arbeitsverhältnisses. Zu diesen maßgebenden Grundregeln des Arbeitsverhältnisses zählt auch das Pflichtengebot, sich so zu verhalten, daß der Betriebsfrieden nicht ernstlich und schwer gefährdet wird..."; vgl. BAG v. 11.8.82 AP, Nr. 9 zu Art. 5 I GG, BAG v. 28.9.72 AP Nr. 2 zu § 134 BGB, BAG v. 26.5.1977 NJW 78, 239; vgl. auch Kempff, Grundrechte im Arbeitsverhältnis, S. 51; Ramm, AuR 73, S. 220 (222), der von einem von Wissenschaft und Rechtsprechung entwickelten Gewohnheitsrecht spricht.

[430] Vgl. BAG v. 28.9.72 AP Nr. 2 zu § 134 BGB

ken allgemein und insbesondere auch sein Arbeitgeber vehement angegriffen wurden. Seine Klage gegen die daraufhin ausgesprochene Kündigung blieb in allen Instanzen erfolglos.

Das BAG sah in der Kündigung keinen Verstoß gegen die verfassungsrechtliche Garantie der Meinungsfreiheit. Denn der Arbeitnehmer dürfe nicht den Interessen des Arbeitgebers zuwiderhandeln oder diese beeinträchtigen: „Das folgt aus dem Pflichtengebot, gegebenenfalls sich selbst hinsichtlich des Rechts der freien Meinungsäußerung eine Schranke aufzuerlegen. Eine Zuwiderhandlung im vorgenannten Sinne ist dann anzunehmen, wenn durch die (...) Meinungsäußerung das Arbeitsverhältnis konkret berührt wird (...).Steht aber fest, daß der Kläger die Beklagte in der Meinung der Öffentlichkeit herabgesetzt hat, dann sind die arbeitsrechtlichen Beziehungen der Parteien unmittelbar berührt worden. Auf die Meinungsfreiheit kann er sich nicht berufen, weil er mit seiner Meinungsäußerung die ihm durch den Arbeitsvertrag auferlegten Grenzen loyalen Verhaltens überschritten hat".[431]

bb) Pflicht zur Wahrung des Betriebsfriedens

Eine weitere bedeutsame „Grundregel des Arbeitsverhältnisses" ist nach Auffassung des BAG die Pflicht zur Wahrung des Betriebsfriedens. Im sogenannten ersten „Anti-Strauß- Plaketten"-Urteil[432] von 1982 setzte sich das BAG eingehend mit dieser Pflicht auseinander. In dem Fall war ein Arbeitnehmer mit einer auf seinen Arbeitsanzug gehefteten, ca. 15 cm großen Plakette mit einer Karikatur des damaligen Ministerpräsidenten und Kanzlerkandidaten zur Arbeit erschienen, welche die Aufschrift „Strauß - nein danke" trug. Mehrere Mitglieder der Belegschaft hatten Anstoß an dieser Plakette genommen. Der Arbeitnehmer hatte sich aber trotz mehrfacher Aufforderung geweigert, die Plakette zu entfernen, und war daraufhin entlassen worden.

Das BAG sah in seinem Verhalten eine Störung des Betriebsfriedens, wobei es den Betriebsfrieden definierte als „Bereich der betrieblichen Verbundenheit aller Mitarbeiter"[433], bzw. als „Summe aller derjenigen Faktoren, die - unter Einschluß des Betriebsinhabers - das Zusammenleben und Zusammenwirken der in einem Betrieb tätigen Betriebsangehörigen ermöglichen, erleichtern oder auch nur erträglich ma-

---

[431] So BAG v. 28.9.72 AP Nr. 2 zu § 134 BGB; eine gegen die Entscheidung erhobene Verfassungsbeschwerde wurde bereits vom Vorprüfungsausschuß des BVerfG abgewiesen, vgl. Kempff, Grundrechte im Arbeitsverhältnis, S. 48; kritisch zu dem Urteil Ramm, AuR 73, S. 220 (224)

[432] BAG v. 9.12.1982 AP Nr. 73 zu § 626 BGB

[433] Zit: BAG a.a.O.

chen"[434]. Der Arbeitnehmer habe mit seinem Verhalten die Grenzen der Meinungsfreiheit im Arbeitsverhältnis überschritten.

f) Gegenstimmen zur Rechtsprechung des BAG

aa) Fehlende Normierung der Grundrechtsschranken

Die Rechtsauffassung des BAG, wonach die in Art. 5 II GG nicht erwähnten „Grundregeln des Arbeitsverhältnisses" an sich, also ohne gesetzliche Normierung, die Meinungsfreiheit beschränken können, ist in der Literatur umstritten. Nur formelle (Parlaments-)Gesetze könnten das Grundrecht wirksam beschränken[435].

Nach einer Auffassung lasse sich dies schon daraus schließen, daß sonst die explizite Erwähnung des Ehr- und Jugendschutzes in Art. 5 II GG überflüssig wäre. Dem wird jedoch entgegengehalten, daß die explizite Erwähnung des Ehrschutzes vor allem den Sinn habe, einen Anhaltspunkt zum Rang dieses Rechtsgutes in der Güterabwägung zu liefern[436]. Abgesehen davon ist auch die Annahme, daß Einschränkungen der Meinungsfreiheit durch den in Art. 5 II GG genannten Ehrschutz keiner gesetzlichen Normierung bedürften, nicht unumstritten. So hat sogar das BAG selbst im zweiten „Anti-Strauß-Plaketten-Urteil"[437] festgestellt, das Recht der persönlichen Ehre stelle nur insoweit eine Schranke der Meinungsfreiheit dar, als es gesetzlich normiert sei (z.B. durch §§ 185 ff. StGB und §§ 823 ff. BGB).

Andere bestreiten die Zulässigkeit von Einschränkungen der Meinungsfreiheit über die nicht normierten „Grundregeln des Arbeitsverhältnisses" mit Hinweis auf die Systematik des Grundgesetzes. Art. 19 GG sehe für Grundrechte, die unter allgemeinem Gesetzesvorbehalt stehen, eine Einschränkung nur durch förmliches Gesetz vor[438]. Würde man dies für die Meinungsfreiheit mit ihrem speziellen Geset-

---

[434] Zit.: BAG a.a.O.

[435] Vgl. Simitis, Festschrift für Simon, S. 332; vgl. Mayer-Maly, AuR 68, S.8; dazu auch Kittner/Trittin, Kündigungsschutzrecht, Art. 5, Rdnr.6, die betonen, daß Arbeitsverträge, Betriebs- und Dienstvereinbarungen sowie Tarifverträge und Richterrecht keine Schranken i.S.v. Art. 5 II GG darstellen.

[436] So Herzog in Maunz/Dürig, Art. 5 GG, Rdnr. 268 ff.

[437] BAG v. 21.12.1983

[438] So Wendeling-Schröder, Autonomie im Arbeitsrecht, S.173; vgl. auch das Volkszählungsurteil des BVerfG, in dem es um eine Grundgesetznorm mit allgemeinem Gesetzesvorbehalt ging, nämlich darum, ob das Volkszählungsgesetz in das Recht auf freie Entfaltung der Persönlichkeit nach Art. 2 GG verfassungswidrig eingreife. Das BVerfG hat dort klargestellt, daß die Beschränkungen des Persönlichkeitsrechts einer gesetzlichen Grundlage bedürften, die Voraussetzungen und Umfang der Beschränkung klar erkennen lasse und damit dem rechtsstaatlichen Gebot der Normklarheit entspräche, BVerfG v. 15.12.83, BVerfGE 65, 1

zesvorbehalt nicht verlangen, so wäre dieses Grundrecht im Vergleich weniger geschützt, was sich mit dem hohen Rang der Meinungsfreiheit nicht vertrüge.[439]

Manche Autoren versuchen, das Problem der fehlenden gesetzlichen Normierung der arbeitsrechtlichen Grundsätze dadurch zu lösen, daß sie zur Beschränkung der Meinungsfreiheit § 611 BGB heranziehen. Die Gegenmeinung lehnt dies mit dem Argument ab, § 611 diene nur der gesetzlichen Typisierung des Arbeits- bzw. Dienstvertrages und enthalte keine originären Verpflichtungstatbestände, die die Meinungsfreiheit wirksam beschränken könnten.[440] Die einzige gesetzliche Bestimmung, aufgrund derer das Grundrecht der Meinungsäußerung in diesem Zusammenhang eingeschränkt werden könne, sei (abgesehen von den strafrechtlichen Ehrschutzvorschriften) § 74 II BetrVG[441], der jedoch nur für Betriebsratsmitglieder gilt. Nach einem Teil der Literatur kann deshalb mangels gesetzlicher Regelungen die Meinungsfreiheit im hier relevanten Bereich nur im Wege praktischer Konkordanz mit anderen Grundrechten beschränkt werden. Dies sei z.B. der Fall, wenn durch Art.14 GG geschützte materielle Interessen des Betriebsinhabers verletzt seien. So etwa, wenn die Meinungsäußerung zu Beeinträchtigungen der Geschäftsbeziehungen führe.[442]

bb) Unbestimmtheit der „Grundregeln des Arbeitsverhältnisses"

Abgesehen von den eben dargestellten dogmatischen Schwierigkeiten wird vielfach die Unbestimmtheit der sogenannten „allgemeinen Grundsätze des Arbeitsverhältnisses" kritisiert. Sie führe dazu, daß die Meinungsfreiheit weitgehend von den subjektiven Wertvorstellungen der Entscheidungsinstanzen abhängig gemacht werde[443].

---

439 Vgl. Wendeling-Schröder, Autonomie im Arbeitsrecht, S. 173; Kempff, Grundrechte im Arbeitsverhältnis, S. 52; siehe zum ganzen auch Zachert, AuR 1989, S.289 (291 f.)

440 So Kempff, Grundrechte im Arbeitsverhältnis, S.56; originäre Verpflichtungen würden erst durch den Arbeitsvertrag selbst begründet, woraus folge, daß sich § 611 und Art. 5 GG überhaupt nicht berührten, vgl. Kittner/Trittin, Kündgungsschutzrecht, Art. 5 GG Rdnr. 23; einen anderen Ansatz vertritt Erfurter Kommentar/Dieterich, Art.5GG Rdnr. 32, der §242 BGB zur Grundlage der Beschränkung der Meinungsfreiheit machen will. Jedenfalls hinsichtlich der Bestimmtheit der gesetzlichen Grundlage dürfte aber auch das keinen Gewinn bedeuten; vgl. auch Ramm, AuR 1973, S. 220 (222), nach dessen Auffassung die Regeln des Vertragsrechts nicht allgemeine Gesetze sein könnten, da dies auf einen logischen Zirkelschluß hinauslaufe.

441 Nach § 74 II BetrVG haben Arbeitgeber und Betriebsrat Betätigungen zu unterlassen, durch die der Arbeitsablauf oder der Frieden des Betriebes beeinträchtigt werden. Sie haben außerdem jede parteipolitische Betätigung im Betrieb zu unterlassen. (Die Behandlung von Angelegenheiten tarifpolitischer, sozialpolitischer und wirtschaftlicher Art, die den Betrieb oder seine Arbeitnehmer unmittelbar betreffen, wird hierdurch allerdings nicht berührt.)

442 Siehe dazu Zachert, AuR 1984, S. 289 (294)

443 So Deiseroth, Berufsethische Verantwortung, S. 361 und Wendeling-Schröder, Autonomie im Arbeitsrecht, S. 170 m.w.N.

cc) Ungenügende Beachtung der Wechselwirkungslehre

Viele Kritiker des BAG vermissen außerdem eine eingehende Auseinandersetzung des Gerichts mit der Wechselwirkung zwischen Grundrecht einerseits und den „Grundregeln des Arbeitsverhältnisses" andererseits.

Das BVerfG weist dem Grundrecht der Meinungsäußerung einen sehr hohen Stellenwert im Katalog der Grundrechte zu. Als „unmittelbarster Ausdruck der menschlichen Persönlichkeit in der Gesellschaft ist die Meinungsfreiheit eines der vornehmsten Grundrechte (...) Für eine freiheitlich-demokratische Staatsordnung ist es schlechthin konstituierend, denn es ermöglicht erst die ständige geistige Auseinandersetzung, den Kampf der Meinungen, der ihr Lebenselement ist. Es ist in gewissem Sinne Grundlage jeder Freiheit überhaupt."[444] Nach dem BVerfG darf die Meinungsfreiheit nur durch (allgemeine) Gesetze beschränkt werden, die einen besonders wertvollen Zweck verfolgen.[445] Darüber hinaus müssen die allgemeinen Gesetze ihrerseits stets aus der Erkenntnis der wertsetzenden Bedeutung des Grundrechts der Meinungsfreiheit für den freiheitlich demokratischen Staat ausgelegt und begrenzt werden[446]. Dieser sogenannten „Wechselwirkungslehre" kommt hier dieselbe Bedeutung zu wie sonst der verfassungskonformen Auslegung. Sie stellt die Auslegung der allgemeinen Gesetze unter „die Vermutung für die Zulässigkeit der freien Rede."[447] Auch hier muß also eine Güterabwägung zwischen der Meinungsfreiheit und dem von dem jeweils einschränkenden Gesetz geschützten Rechtsgut vorgenommen werden. Bei dieser Abwägung ist jedoch stets der überragende Rang der Freiheiten des Art. 5 Abs.1 GG zu berücksichtigen, wobei die Meinungsfreiheit um so höher einzustufen ist, je näher sie der Verwirklichung entweder des Art. 1 oder des Art. 20 GG steht.[448]

Zu Beschränkungen der Meinungsfeiheit im *Beschäftigungsverhältnis* darf es dementsprechend ebenfalls nur kommen „aufgrund einer Abwägung der im Arbeitsverhältnis einander widerstreitenden Interessen im Zusammenhang mit dem Arbeitsverhältnis und den betrieblichen Notwendigkeiten."[449] Keinesfalls kann dabei bereits jedes nachvollziehbare Interesse des Arbeitgebers eine Beschränkung der Meinungsfreiheit rechtfertigen. Die Meinungsfreiheit muß nur zurücktreten, wenn

---

[444] „Lüth-Urteil" v. 15.1.1958, BVerfGE 7, 198ff. (S. 208-211)

[445] Vgl. Pieroth/Schlink, Staatsrecht II, Rdnr. 592

[446] Grundlegend dazu das „Lüth-Urteil" des Bundesverfassungsgerichts a.a.O.; zur Unvermeidlichkeit eines Zirkelschlusses, vgl. Herzog in Maunz/Dürig, Art.5 Rdnr. 262

[447] Zit.: BVerfGE 54 S.129ff (137)

[448] So Herzog in Maunz/Dürig, Art. 5 Rdnr. 267

[449] Siehe Deiseroth, Berusethische Verantwortung, S. 361

im konkreten Einzelfall schutzwürdige Interessen von höherem Rang durch ihre Ausübung verletzt würden.[450]

Das BAG hat die Kritik, es trage der besonderen Bedeutung der Meinungsfreiheit, die u.a. im Wechselwirkungspostulat zum Ausdruck komme, nur ungenügend Rechnung, aufgenommen und im „Chefarzturteil" eingeräumt, sich bisher mißverständlich ausgedrückt zu haben: „Gemessen an dieser Rechtsprechung (gemeint ist das Lüth-Urteil des BVerfG, mit dem die Wechselwirkungstheorie begründet wurde, s.o.) ist die in einigen Urteilen des BAG wiederkehrende Formulierung mißverständlich, das Grundrecht der freien Meinungsäußerung finde gemäß Art. 5 II GG im Bereich des Arbeitsrechts seine Schranken in den Regeln über das Arbeitsverhältnis. Der Arbeitnehmer dürfe bei Ausübung des Grundrechts nicht den Interessen des Arbeitgebers zuwiderhandeln oder diese beeinträchtigen. Eine Zuwiderhandlung sei anzunehmen, wenn das Arbeitsverhältnis durch die Meinungsäußerung konkret berührt werde (...). Indessen ergibt sich aus den Entscheidungsgründen der zitierten Urteile, daß das BAG jeweils eine konkrete Abwägung zwischen Meinungsäußerungsfreiheit und den Interessen des Arbeitgebers vorgenommen hat. In einer neueren Entscheidung hat das BAG dann auch ausdrücklich darauf hingewiesen, daß das Grundrecht der Meinungsäußerungsfreiheit auch die Beziehungen der Arbeitsvertragsparteien prägt[451]. Gerade der in § 193 StGB Ausdruck findende, aber auch im bürgerlichen Recht geltende Grundsatz der Wahrnehmung berechtigter Interessen kann wegen der Ausstrahlungswirkung des Art. 5 I GG den Arbeitnehmer berechtigen, sich an die Öffentlichkeit zu wenden, auch wenn hierdurch die Interessen des Arbeitgebers tangiert werden. Dies gilt zumindest dann, wenn es sich um eine die Öffentlichkeit wesentlich berührende Frage handelt und der Arbeitnehmer bei einem Schweigen in Gewissenskonflikt geriete"[452].

In der Literatur wird allerdings bezweifelt, daß das BAG sich bislang nur mißverständlich ausgedrückt, tatsächlich aber die entscheidende Abwägung in jedem Fall vorgenommen habe.[453]

---

[450] Der Entwurf eines Arbeitsgesetzbuches des Freistaates Sachsen von 1995 (Brats-Drucksache 293/ 95) wählt in § 2 Abs. I folgende Formulierung: „Die Freiheit des Arbeitnehmers darf nicht stärker eingeschränkt werden, als es der Zweck des Arbeitsverhältnisses erfordert. Die Meinungsfreiheit und die Äußerungsfreiheit in den Schranken der allgemeinen Gesetze dürfen nicht stärker eingeschränkt werden, als es der Arbeitsablauf und die Zusammenarbeit zwingend erfordern." - wortgleich übrigens § 2 des Entwurfes der Arbeitsgesetzbuchkommission von 1992 (Hrsg. Ständige Deputation des Deutschen Juristentages)

[451] Urteil v. 10.3.77, NJW 1978, S.1872 (1873)

[452] BAG v. 5.2.1981 - 2 AZR 883/78 – zum „Chefarzt-Urteil" siehe genauer unten B III 2 b cc) ; vgl. Remmert, Die Meinungsfreiheit, S. 15; Mückenberger, KJ 1983, S. 81 (83f)

[453] Vgl. Mückenberger, KJ 1983, S. 81 (84)

dd) „IBM"-Urteil in Opposition zur BAG-Rechtsprechung

Das Arbeitsgericht Hamburg hat sich in einer neueren Entscheidung explizit gegen die herrschende Spruchpraxis des BAG gewandt. In dem zu entscheidenden Fall[454] hatte ein Arbeitnehmer und Betriebsratsmitglied der IBM Deutschland GmbH einen Bildschirmrundbrief an alle Mitarbeiter versandt, in dem er die Geschäftsleitung scharf kritisierte und zugleich die Beschäftigten zum Widerstand gegen angeblich unzumutbare Maßnahmen der Geschäftsleitung aufrief[455].

Das Gericht hielt die daraufhin erfolgte fristlose Kündigung für unwirksam, da ihr Art.5 I GG als Verbotsgesetz i.S.d. § 134 BGB entgegenstehe. Die Meinungsfreiheit sei hier nicht etwa durch die arbeitsvertraglichen Nebenpflichten der Zurückhaltung und Loyalität beschränkt, da nur formelle (Parlaments-) Gesetze i.S.d. Art. 5 II GG als Beschränkung dienen könnten. Das Gericht wich damit bewußt von der Rechtsprechung des BAG ab und begündete dies folgendermaßen: Die Begrenzung der Meinungsfreiheit über die „Grundregeln des Arbeitsverhältnisses" sei nicht nur mangels Normierung problematisch, sondern auch wegen des einschüchternden Moments großer Rechtsunsicherheit. Die Angst vor einer so gravierenden Sanktion wie dem Verlust des Arbeitsplatzes falle besonders ins Gewicht, wenn die Prognose, unter welchen Voraussetzungen „whistleblowing" erlaubt bzw. wo der Bereich des Unzulässigen beginne, derart schwierig sei. Im übrigen seien die „Grundregeln des Arbeitsverhältnisses" abweichend vom allgemeinen Zivilrecht entwickelt worden, um der besonderen Schutzbedürftigkeit der Arbeitnehmer Rechnung zu tragen. Diese Intention würde konterkariert, wenn die Meinungsfreiheit der Arbeitnehmer über diese „Grundregeln" eingeschränkt werden könnte. Außerdem verwies das Gericht auf die Garantie der Meinungsfreiheit im Arbeitsverhältnis durch die Weimarer Reichsverfassung und betonte, daß das Grundgesetz nicht hinter den Schutzstandard von Weimar habe zurückfallen wollen. Arbeitnehmer dürften deshalb ihren Arbeitgeber sanktionslos kritisieren, solange sie keine verleumderischen Behauptungen aufstellten. Sie dürften auch andere Arbeitnehmer auffor-

---

[454] ArbG Hamburg v. 11.9.1995 AuR 96 S. 77 ff.

[455] In dem Schreiben, das als Parodie auf ein Rundschreiben des vorsitzenden Geschäftsführers gefaßt war, hieß es u.a. „...Ich stimme ihnen zu, wenn sie sich gegen Diebstähle entschieden zur Wehr setzen. In den letzten Monaten sind jedoch immer öfter auch eigentumsähnliche Ansprüche der IBM-Mitarbeiterinnen und Mitarbeiter - wie Tariferhöhungen, Sonderzahlungen, Kostenerstattungen und Kündigungsschutz - `abhanden gekommen bzw. nicht mehr auffindbar´. Dies werden die IBMer nicht dulden, denn hier wird gegen Gesetz und arbeitsvertragliche Pflichten verstoßen. Es ist auch nicht zulässig, die 36-Stunden-Woche zu demontieren, um den Unternehmensgewinn zu erhöhen.(...) Die Mitarbeiterinnen und Mitarbeiter sind aufgefordert, bei Verletzungen ihrer Rechte unverzüglich ihre Mitarbeitervertretung zu informieren und ggf. gewerkschaftliche oder anwaltliche Hilfe in Anspruch zu nehmen. Die Geschäftsleitung muß sich darüber im Klaren sein, daß Überforderungen und das Vorenthalten von Vergütungs- und Erstattungsansprüchen zu Demotivation und Leistungseinbußen führt. Bei Bekanntwerden dieses Verhaltens der Geschäftsleitung wird ein erheblicher Vertrauensverlust in der Öffentlichkeit - und somit auch bei den Kunden - die Folge sein". Zit: ArbG Hamburg a.a.O.

dern, sich gegen Anspruchsverletzungen zur Wehr zu setzen: „Eine freiheitliche, demokratische Gesellschaft braucht Bürger, die selbstbewußt ihre Interessen artikulieren und verfolgen...Darin liegt noch keine Störung des Betriebsfriedens, Betriebe sind keine Friedhöfe. Es arbeiten lebendige Menschen mit unterschiedlichen Interessen und Vorstellungen zusammen. Es ist normal und sogar wünschenswert, daß Meinungsunterschiede artikuliert werden."

g) Kommentar zum Diskussionstand der Einwirkung der Grundrechte auf das Arbeitsverhältnis

Nachdem in der Rechtsprechung als ausgefochten gelten kann, daß die Grundrechte das private Arbeitsverhältnis in Form von Drittwirkung beeinflussen[456], hat sich die arbeitsrechtliche Kontroverse auf die Folgefragen verlagert. Insbesondere geht es darum, welche Anforderungen an eine *Beschränkung* der Grundrechte im Arbeitsrecht zu stellen sind. Konkret für die hier interessierenden Fälle scheiden sich die Geister an der Frage, ob die in der Rechtsprechung entwickelten „Grundregeln des Arbeitsverhältnisses" diesen Anforderungen genügen.

Dabei wird allenthalben vorausgesetzt, daß Ausgangspunkt dieser Diskussion die allgemeine grundrechtliche Schrankendogmatik sei. Man streitet darüber, ob die zivilrechtlichen Regelungen des Arbeitsvertragsrechts „allgemeines Gesetz" im Sinne des Art. 5 GG seien, und wenn ja, ob dies selbst für die Nebenpflichten gelten könne, die von der Rechtsprechung eher in § 611 BGB hineingelesen denn aus ihm gewonnen worden seien.

Nun scheint aber die Annahme, die dem zugrundeliegt, keineswegs zwingend. Denn die Schrankendogmatik gilt – wie die Grundrechte selbst – zunächst nur für hoheitliche Eingriffe, also für das Verhältnis zwischen Bürger und Staat. Wenn im Rahmen der Drittwirkung die Grundrechte einen Einfluß auch auf das Zivilrecht entfalten, so folgt daraus nicht, daß damit die gesamte Grundrechtsdogmatik in das Zivilrecht übertragen werden könnte. Dies zeigt bereits die vielfach verwendete Formulierung, nicht das Grundrecht an sich, sondern sein „Wertgehalt" wirke auf das Zivilrecht ein.

Auch in ihrer Struktur unterscheiden sich die Konstellationen wesentlich. Im klassischen Grundrechtsfall stehen sich eingreifender Staat und abwehrender Bürger gegenüber. Dem Staat werden für Grundrechtsbeschränkungen besondere Anforderungen auferlegt (Vorbehalt des Gesetzes, Zitiergebot, kein Einzelfallgesetz, vgl. Art. 19 GG). Im privaten Arbeitsverhältnis dagegen steht dem Bürger zunächst der Arbeitgeber gegenüber, der dessen Grundrechtsausübung beschränken will. Der Arbeitgeber selbst kann jedoch offensichtlich nicht Adressat der Verpflichtungen

---

[456] Ausführlicher dazu vgl. oben b bb)

sein, welche für die Beschränkung von Grundrechten im Staat/Bürger-Verhältnis vorgesehen sind.

Die Schrankenerfordernisse können sich deswegen nur an den Staat richten. Dieser ist zwar offensichtlich auch in Drittwirkungskonstellationen maßgeblich an der Ausgestaltung der Rechtspositionen der einander unmittelbar gegenüberstehenden Privaten beteiligt. Aber die Einflußnahme des Staates als Gesetzgeber unterscheidet sich grundsätzlich von der im Bürger/Staat-Verhältnis. Denn erstens hat der Gesetzgeber, wenn er die Rechtsverhältnisse zwischen Privaten regelt, die Grundrechte beider Seiten zu berücksichtigen. Zweitens steht es Privaten im Grundsatz frei, durch Vereinbarung miteinander ihre Freiheitsrechte preiszugeben, auch wenn diese Rechte gegenüber Eingriffen des Staates absolut geschützt sind[457]. Die Drittwirkungslehre statuiert zwar eine Ausnahme von diesem Grundsatz, indem sie dieser Preisgabe Grenzen setzt, sei es, weil die zivilrechtliche Grundannahme *freier* Vereinbarungen zwischen Privaten im Arbeitsrecht als nicht haltbar empfunden wird, sei es, weil die Preisgabe bestimmter Rechte per se und unabhängig von der Freiwilligkeit als unzulässig angesehen wird. Jedoch gebietet die Drittwirkungslehre lediglich eine *Korrektur* des zivilrechtlichen Grundsatzes der Vertragsfreiheit, nicht dessen völlige Aufgabe.

Daraus folgt erstens, daß die *materielle* Reichweite der Freiheitsverbürgung in Drittwirkungsfällen nicht stets den gleichen Grad erreichen kann wie in klassischen Grundrechtskonstellationen. Daß eine Rechtsposition des einzelnen grundrechtlichen Schutz gegenüber hoheitlichen Eingriffen genießt, bedeutet nicht, daß sie auch in einer Vereinbarung zwischen Privaten nicht beschränkt werden dürfte.

Dem entspricht es, daß zweitens die *formellen* Anforderungen, die für die Eingriffe des Staates gelten, nicht ohne weiteres auf Drittwirkungskonstellationen übertragen werden können. So muß es dem Gesetzgeber möglich sein, wenn er die Rechtsbeziehungen zwischen Privaten ausgestaltet, manche Bereiche ungeregelt und der Disposition der Parteien zu überlassen, ohne daß eine Partei jede grundrechtsrelevante Belastung aus dem Vertrag schon deswegen abwehren könnte, weil sie keine – hinreichend konkrete – gesetzliche Grundlage habe.

Bezogen auf die hier interessierende Diskussion bedeutet dies, daß nicht einleuchtet, warum §611 oder die „Grundregeln des Arbeitsverhältnisses" überhaupt am Schrankenmaßstab des Art. 5 GG zu messen sein sollten. Von einer generellen

[457] So wird z.B. teilweise vertreten, den Interessen des Arbeitgebers müsse im Rahmen der von der Wechselwirkungstheorie geforderten Abwägung besonders Rechnung getragen werden, da die Arbeitnehmer die Beschränkung ihrer Meinungsfreiheit durch die Arbeitsaufnahme freiwillig auf sich genommen hätten, vgl. Nikisch, Arbeitsrecht I, § 34 II; weitere Nachweise in Deiseroth, Berufsethische Verantwortung, FN 504

Geltung der Schrankendogmatik, wie sie in der Diskussion vorausgesetzt wird, kann jedenfalls nicht ausgegangen werden[458].

Die Tatsache, daß die Diskussion unter zweifelhaften dogmatischen Vorzeichen geführt wird, bedeutet freilich nicht, daß auch die vorgebrachten Argumente allesamt hinfällig sein müßten. Im Gegenteil, auch wenn man die Übertragung formaler grundrechtsdogmatischer Erfordernisse ablehnt, so kommt es weiterhin auf eine Abwägung zwischen den Interessen der Vertragsparteien an. Bei deren Gewichtung müssen ferner – und auch das entspricht dem Vorgehen in der Diskussion – die zivilrechtlichen Wertungen des Gesetzgebers Ausgangspunkt der Diskussion sein. Denn eine etwaige Korrektur dieser Regelungen aufgrund entgegenstehender verfassungsrechtlicher Gebote muß – wie jede gerichtliche Kontrolle des Gesetzgebers – den Einschätzungsspielraum respektieren, der dem Gesetzgeber ob seiner überlegenen demokratischen Legitimation grundsätzlich zukommt.[459]

h) Besonderheiten der Meinungsfreiheit im öffentlichen Dienst

Wie oben bereits erwähnt gelten für Angestellte des öffentlichen Dienstes die Grundrechte nach wohl herrschender Meinung unmittelbar[460]. Fraglich ist, ob dieser Unterschied zum privaten Sektor auch praktisch Relevanz hat.

Zumindest wenn man dem Streit um unmittelbare oder mittelbare *Dritt*wirkung im privaten Arbeitsverhältnis mehr als lediglich theoretische Bedeutung zumißt, könnte man geneigt sein, dies zu bejahen. Andererseits sollte nicht übersehen werden, daß die Grundrechtsbindung im öffentlichen Arbeitsverhältnis zwar unmittelbarer Natur sein mag, aber dennoch eine Besonderheit aufweist. Schließlich handelt es sich bei den Freiheitsbeschränkungen nicht um staatliche Eingriffe im klassischen Sinn, sondern um Beschränkungen im Rahmen eines Vertrages. Wie im privaten Arbeitsverhältnis läßt sich die Beschränkung also auf eine freiwillige Handlung des Beschränkten zurückführen, weswegen sie grundsätzlich häufiger zulässig

---

[458] So im Ansatz wohl auch Wendeling-Schröder, Autonomie im Arbeitsrecht, S. 174, wonach die Frage, ob ein nur ein formelles Gesetz die Meinungsfreiheit zulässig beschränken könne, zwar im Bürger/Staat-Verhältnis bedeutsam sei, für Einschränkungen der Meinungsfreiheit im Zivilrecht „aber nicht immer der maßgebliche Blickwinkel sein könne". Aus dem Blickwinkel der neueren, auf den Schutzpflichtgedanken gestützten Ansicht aus könnte man dagegen einwenden, daß diese Herleitung der Drittwirkung aus dem „objektiven Wertgehalt" der Grundrechte veraltet, die Grundrechte deswegen auch im Privatrecht direkt und mithin auch die Schrankendogmatik voll anwendbar sei; so beispielsweise Canaris, vgl. dazu schon oben b bb, zur Schrankenfrage insbesondere S. 88.

[459] Auch Canaris, dessen Auffassung - wie gesagt - von anderen Prämissen ausgeht, nämlich der unmittelbaren Geltung der Grundrechte auch im Privatrecht, anerkennt im Ergebnis einen weiten Spielraum des Gesetzgebers in diesem Bereich. Zur Begründung stützt er sich allerdings konsequenterweise auf die für grundrechtliche Schutzpflichten geltenden Regeln.

[460] S.o. unter b aa)

sein wird als nicht-konsentierte Eingriffe. Dadurch dürfte der Maßstab näher an die für die Drittwirkung geltenden heranrücken.

Freilich gibt es auch bei Arbeitsverhältnissen des öffentlichen Dienstes Gründe, den Verzicht auf bestimmte Freiheiten für unzulässig zu halten oder an der Freiwilligkeit des Verzichts zu zweifeln. Aber auch dabei dürften grundsätzlich dieselben Erwägungen zum Tragen kommen, die Grundlage der Korrektur der Regeln für private Arbeitsverhältnisse durch die Drittwirkung sind. Allerdings ist denkbar, daß man den Staat im Ergebnis strengeren Anforderungen unterwirft, und insoweit könnten materielle Unterschiede tatsächlich auftreten[461].

Unterschiede zum Arbeitsverhältnis im privaten Sektor ergeben sich darüberhinaus auch dadurch, daß die Verhaltensanforderungen, über die die Meinungsfreiheit im hier relevanten Bereich eingeschränkt wird, in gewissem Umfang normiert sind. Allerdings handelt es sich um tarifvertragliche Normierungen, so daß wiederum umstritten ist, ob dies den Schrankenanforderungen des Art. 5 II GG genügt[462].

i) Besonderheiten der Meinungsfreiheit im Beamtenverhältnis

Die Meinungsfreiheit der Beamten unterliegt besonderen Einschränkungen, die sich aus den Beamtengesetzen sowie unmittelbar aus der Verfassung, namentlich aus Art. 33 V GG ergeben. Die früher vertretene rechtsdogmatische Konstruktion eines „besonderen Gewaltverhältnisses" zur Legitimation von Grundrechtseinschränkungen bei Beamten ohne gesetzliche Grundlage hat heute kaum noch Anhänger[463]. Entsprechendes gilt für die Ansicht, daß, wer freiwillig Beamter werde, auf die Grundrechte und ihre Ausübung insoweit verzichte, als es zu Kollisionen mit dem Beamtenrecht komme.[464] Auch die noch vereinzelt vertretene Auffassung, daß die ein besonderes Gewaltverhältnis regelnden Gesetze - wie etwa die Beamtengesetze

---

[461] Soweit aufgrund der Meinungsfreiheit die Korrektur gesetzlicher Regelungen geboten ist, so müßte dies in Bezug auf den öffentlichen Dienst konstruktiv per verfassungskonformer Auslegung erfolgen. Aus diesem rechtskonstruktiven Unterschied zur Drittwirkung ergeben sich allerdings für die hier interessierenden Konstellationen keine sachlichen Unterschiede - jedenfalls dann nicht, wenn man bei der Drittwirkung nicht nur die Generalklauseln, sondern alle auslegungsbedürftigen Rechtsbegriffe als „Einfallstor" anerkennt.

[462] Siehe dazu genauer unten II 2 b bb aaa

[463] Ausführliche Kritik an diesem Konstrukt, Koester, ZBR 1981, S. 210 (212); Dürig in Maunz/Dürig, Art. 33 GG Rdnr. 71, benutzt zwar noch den Begriff des „besonderen Gewaltverhältnisses", legt diesem jedoch ein moderneres Verständnis zugrunde. Er sieht das „besondere Gewaltverhältnis", in dem sich der Beamte befinde, als Paralellerscheinung zum Direktionsrecht des Arbeitgebers und zur Treuepflicht des Arbeitnehmers im Arbeitsverhältnis. Eine besondere Ausprägung erfahre es dadurch, daß mit Verfassungsrang gewisse Strukturen und Ziele des Beamtenverhältnisses bestimmt seien, die vom Gesetzgeber unter Einschränkung anderer Verfassungsgrundsätze gewahrt werden müßten.

[464] In diesem Sinne aber Dürig, AÖR 81, S.117 (152); Schäfer, a.A. z..B. Schnellenbach, Beamtenrecht, Rdnr. 170 m.w.N.

- *automatisch* allgemeine Gesetze i.S.d. Art. 5 II GG seien, wird von der modernen Staatsrechtslehre zu Recht abgelehnt. Auch dort müsse jede Vorschrift einzeln an den Anforderungen des Art. 5 II GG gemessen werden.[465] Nach dem BVerfG sind aber jedenfalls die durch Art. 33 V GG gedeckten Regelungen des Beamten- und Disziplinarrechts allgemeine Gesetze i.S. des Art. 5 II GG[466].

Gemäß Art. 33 V GG ist das Recht des öffentlichen Dienstes unter Berücksichtigung der hergebrachten Grundsätze des Berufsbeamtentums zu regeln [467]. Das BVerfG definiert die hergebrachten Grundsätze des Berufsbeamtentums als „Kernbestand von Strukturprinzipien, (...) die allgemein oder doch ganz überwiegend und während eines längeren, Tradition bildenden Zeitraums, (...) , als verbindlich anerkannt und gewahrt worden sind."[468] Die hergebrachten Grundsätze bilden objektiv-rechtliche Anforderungen an das Beamtenrecht sowie subjektive Rechte und Pflichten des Beamten[469]. Art. 33 V GG und die auf seiner Grundlage ergangenen beamtenrechtlichen Normierungen können aber nicht jede Beschränkung der Meinungsfreiheit decken. Vielmehr ist das Spannungsverhältnis zwischen Art. 33 V GG und Art. 5 I GG im Wege praktischer Konkordanz zu lösen, d.h. ein Ausgleich zu ermitteln, der beiden Normen zu „optimaler Wirksamkeit" verhilft[470].

Bei der Frage, wie dieser Ausgleich im einzelnen vorzunehmen ist, stehen sich unterschiedliche Ansätze gegenüber. Einigkeit besteht insoweit, als eine Güterabwägung stattzufinden hat zwischen dem Grundrecht des Beamten auf Meinungsfreiheit einerseits und der „Garantie eines für den Staat unentbehrlichen, ihn tragenden, verläßlichen,... Beamtenkörpers"[471] andererseits. Strittig ist, ob bei dieser Abwägung eines der beiden Güter grundsätzlichen Vorrang beanspruchen kann. Einerseits wird in der Literatur vereinzelt die Ansicht vertreten, daß die Institution des Berufsbeamtentums und damit die Treuepflicht der Beamten bzw. deren Pflicht zur Amtsverschwiegenheit als Teil der verfassungsmäßigen Ordnung einen derart hohen Rang einnehme, daß die Meinungsfreiheit demgegenüber stärker zurückzutreten habe als gegenüber privaten Rechtsgütern[472], und daß die *Förderung* der Funk-

---

[465] So auch Herzog in Maunz/Dürig, Art. 5 GG, Rdnr. 275

[466] BVerfGE 39, 334 ff. (366 f.); beamtenrechtliche Bestimmungen, die keinen hergebrachten Grundsatz verkörpern, müssen dagegen einzeln an den Anforderungen des Art. 5 II GG gemessen werden.

[467] Zum öffentlichen Dienst i.S.d. Art. 33 V zählen nur Beamte, nicht aber Arbeitnehmer des öffentlichen Dienstes.

[468] BVerfGE 8, 332/ 343; 70, 69/79; 83, 89/98

[469] Pieroth/Schlink, Staatsrecht II, Rdnr. 1033

[470] Köpp in Steiner, Besonderes Verwaltungsrecht, Rdnr. 29; Herzog in Maunz/ Dürig, Art. 5 GG, Rdnr. 295

[471] BVerfGE 39, S. 334

[472] So aber Finger in ZBR 1965, S. 225; kritisch dazu Koester, ZBR 1981, S. 210 (213)

tionsfähigkeit des Beamtentums mithin potentiell jede Beschränkung der Meinungsfreiheit rechtfertige, sofern sie nur deren Wesensgehalt unberührt lasse [473]. Andere wiederum gehen von einer Vermutung für die volle Geltung aller Grundrechte auch für den Beamten aus, wobei Einschränkungen nur möglich seien, soweit die „für die Erhaltung eines funktionsfähigen Berufsbeamtentums *unerläßlich* zu fordernden Pflichten des Beamten diese Einschränkung bedingen“[474], die Funktionsfähigkeit also andernfalls nicht mehr gewährleistet wäre[475]. Das BVerfG scheint keine solche Vermutung eines generellen Vorranges der einen oder anderen Seite anzunehmen. Vielmehr will es im Einzelfall ermitteln, ob die Grundrechtsbeschränkung durch den „Sinn und Zweck des konkreten Dienst- und Treueverhältnisses des Beamten“ gefordert wird[476].

Diese vermittelnde Ansicht ist den dargestellten Extrempositionen vorzuziehen. Denn einerseits wäre es nicht einsichtig, selbst geringfügige Beschränkungen der Meinungsfreiheit nur dann zuzulassen, wenn die Funktionsfähigkeit des Beamtentums existentiell bedroht, und nicht bereits, wenn sie immerhin erheblich gestört ist. Auf der anderen Seite würde man der herausragenden Bedeutung der Meinungsfreiheit nicht gerecht, ließe man jede der Funktionsfähigkeit zuträgliche Grundrechtsbeschränkung zu. Schließlich ist zu beachten, daß die Formel des BVerfG den Vorzug hat, daß sie die Einbeziehung auch anderer als der mit den beiden Extrempositionen identifizierten Interessen erlaubt und damit als Ausgangspunkt für die angemessene Würdigung der spezifischen Interessenlagen im Bereich des whistleblowing besser geeignet ist.[477]

---

[473] Darstellend dazu Köpp in Steiner, Besonderes Verwaltungsrecht, Rdnr. 30

[474] So Plog/Wiedow, BBG, § 2, Rdnr. 12; kritisch dazu Schnellenbach, Beamtenrecht, Rdnr. 171

[475] Vgl. Köpp in Steiner, Besonderes Verwaltungsrecht, Rdnr.30ff. Zu beachten ist dabei, daß Köpp diese Grundsätze zunächst im Kontext der Beschränkbarkeit von Grundrechten allein aufgrund von Art. 33 V GG, also im nicht spezialgesetzlich normierten Bereich diskutiert. Da aber - wie gezeigt - die Zulässigkeit der Art. 33 V GG konkretisierenden beamtenrechtlichen Normen ihrerseits im Lichte des Spannungsverhältnisses von Art. 5 und 33 GG beurteilt werden muß, sind diese Grundsätze auf den normierten Bereich übertragbar. Die hiermit darüber hinaus aufgeworfene Streitfrage, ob denn Grundrechtsbeschränkungen aufgrund von Art. 33 GG ohne gesetzliche Konkretisierung überhaupt möglich seien, hat angesichts der weitgehenden Normierungen in diesem Bereich (etwa BBG, LBGs, BRRG, BDiszipOrdnung) nur geringe praktische Relevanz. Im Kontext der in dieser Arbeit untersuchten Fragestellung kann sie dahinstehen.

[476] BVerfG 19, 303 (322); Köpp in Steiner, Besonderes Verwaltungsrecht, Rdnr. 32

[477] Siehe dazu genauer unten im Schluß-Teil V

2. Das Petitionsrecht und seine Wirkungen auf das Beschäftigungsverhältnis

a) Grundlegendes zum Petitionsrecht

Art. 17 GG schützt Bitten und Beschwerden bezüglich der Ausübung öffentlicher Gewalt, wobei sich Bitten auf künftiges, Beschwerden auf vergangenes Verhalten richten. Nicht erfaßt werden dagegen bloße Meinungsäußerungen, die keine der beiden Zielrichtungen haben[478]. Die Petitionen bedürfen der Schriftform, außerdem müssen sie ihren Autor erkennen lassen, so daß anonyme Anzeigen nicht vom Schutzbereich des Petitionsrechts erfaßt werden. Die Petition muß an die zuständigen Stellen gerichtet sein, wobei unzuständige Stellen die Petition weiterzuleiten oder dem Petenten die zuständige Stelle zu benennen haben[479]. Das Petitionsrecht steht jedermann ohne Rücksicht auf die persönliche Betroffenheit zu, der Petent muß also nicht Verletzung eigener Rechte oder Interessen geltend machen. Art. 17 GG statuiert somit ein subjektives Recht „rechtserheblich auch ‚für andere' oder ‚für Gemeinwohlbelange' eintreten zu dürfen."[480]

Das Petitionsrecht unterliegt keinem Gesetzesvorbehalt. Einschränkungen sind dennoch möglich, und zwar zugunsten anderer Rechtsgüter von Verfassungsrang. Als schutzwürdiges Verfassungsgut kommt im hier in Frage stehenden Kontext insbesondere das Eigentumsgrundrecht in Betracht, das alle vermögenswerten Rechte des Arbeitgebers umfaßt, für Beamte außerdem die von Art. 33 V GG gedeckten „hergebrachten Grundsätze des Berufsbeamtentums".[481]

b) Wirkung des Art. 17 GG auf das Arbeitsverhältnis im privaten Sektor

In Literatur und Rechtsprechung wird teilweise ohne nähere Begründung davon ausgegangen, daß in Fällen von Arbeitnehmeranzeigen auch im privaten Sektor Art. 17 GG allein[482] oder zumindest neben Art. 5 GG einschlägig sei.

---

[478] So Jarass/Pieroth, Grundgesetzkommentar, Art.17, Rdnr. 2; Pieroth/Schlink, Staatsrecht II, Rdnr. 996

[479] Jarass/Pieroth, Grundgesetzkommentar, Art. 17 Rdnr. 6

[480] Dürig in Maunz/Dürig, Art. 17, Rdnr. 21; Jarass/Pieroth, Grundgesetzkommentar, Art. 17, Rdnr. 3

[481] Soweit es sich um direkte Grundrechtsgeltung handelt, also bei Beamten und im öffentlichen Dienst, können diese Rechtsgüter als „kollidierendes Verfassungsrecht" berücksichtigt werden. Im Bereich der nur mittelbaren Grundrechtsgeltung gilt die grundrechtliche Schrankendogmatik nach der hier vertretenen Auffassung nicht. Die kollidierenden Rechtsgüter müssen freilich ebenso einbezogen werden, und zwar bei der Einstrahlung der verfassungsrechtlichen Wertordnung in das Arbeitsrecht.

[482] So wohl Colneric, AiB 1987, S.260 (264 ff.), die Art. 5 GG nicht erwähnt; „Matrosen-Fall" LAG Düsseldorf v. 21.2.1974 DB 1974 S. 2164, s.u. B III 1 b ff.

Zutreffend ist, daß die externe Beanstandung von Fehlverhalten und Mißständen im Betrieb unter den Wortlaut des Art. 17 GG subsumiert werden kann. Aus der systematischen Stellung des Art. 17 GG innerhalb des Grundrechtskataloges wird zwar abgeleitet, daß Art. 17 „Bitten und Beschwerden" nur bezüglich *hoheitlichen* Handelns meint[483]. Das dürfte aber selten eine Beschränkung bedeuten. So könnte man zwar auf den ersten Blick eine Beschwerde über kriminelle Machenschaften *Privater* für nicht erfaßt halten. Darin wird jedoch in der Regel zugleich die „Bitte" um hoheitliches Einschreiten liegen, womit der Schutzbereich des Art. 17 GG wiederum eröffnet ist.

Auffallend ist, daß in Rechtspechung und Literatur die Auswirkungen von Art. 17 GG auf das Anzeigerecht in privaten Arbeitsverhältnissen nicht als Problem der Drittwirkung gesehen werden[484]. Vermutlich wird dabei aus der Tatsache, daß die Grundrechts*ausübung* im Verhältnis zwischen Bürger und Staat stattfindet, zu Unrecht darauf geschlossen, daß hier keine Drittwirkungsfragen aufkommen könnten. Auf den ersten Blick scheint es sich bei den hier interessierenden Fallgestaltungen in der Tat um klassische Bürger-Staat-Konstellationen zu handeln. Zeigt etwa ein Arbeitnehmer einen unternehmensinternen, straf- oder ordnungswidrigkeitenrechtlich relevanten Vorgang bei einer zuständigen Verfolgungsbehörde an, so läßt sich dies - wie oben gezeigt - unter den Wortlaut des Art. 17 GG subsumieren. Zur Frage der Auswirkung auf das private Arbeitsverhältnis ist damit aber noch nichts gesagt. Zwar ist offensichtlich, daß es an Art. 17 zu messen wäre, wenn der *Staat* dieses Recht des Bürgers einschränken, beispielsweise also an dessen Ausübung Sanktionen knüpfen würde. Offen ist aber, ob nicht ein *privater* Arbeitgeber eine Ausübung des Petitionsrechts durch seinen Arbeitnehmer durchaus mit Sanktionen, also etwa einer Kündigung ahnden kann. Soll auch dem privatem Arbeitgeber eine solche Reaktion versagt sein, so kann dies rechtskonstruktiv nur über eine Drittwirkung des Art. 17 GG begründet werden. Zu den dogmatischen Konsequenzen kann auf die vorangegangene Diskussion zu Art. 5 GG verwiesen werden.

c) Das Petitionsrecht im öffentlichen Sektor

Bei Beamten ergeben sich Einschränkungen des Petitionsrechts aus dem „Dienst- und Treueverhältnis", soweit es eine Konkretisierung der hergebrachten Grundsätze des Berufsbeamtentums darstellt (Art. 33 V GG). Zwar gibt es - anders als für Soldaten und Ersatzdienstleistende nach Art. 17 a I GG – für Beamte keine ausdrückliche verfassungsrechtliche Beschränkung des Petitionsrechts. Der Beamte muß je-

---

[483] Vgl. Jarras/Pieroth, Grundgesetzkommentar, Art.17, Rdnr. 2, wonach bei allen Petitionen ein bestimmtes Verhalten *staatlicher* Stellen erwünscht bzw. erbeten werden muß.

[484] U.a. Denck, DB 1980, S. 2132 (2133); Wendeling-Schröder, Autonomie im Arbeitsrecht, S. 192; vgl. auch „Matrosen-Fall" LAG Düsseldorf v. 21.2.1974 S. 2164

doch diejenigen Beschränkungen seines Petitionsgrundrechtes hinnehmen, die erforderlich sind, um den nach Art. 33 V verfassungsrechtlich geschützten Belangen des öffentlichen Dienstes Rechnung zu tragen. So hat der Beamte grundsätzlich den Dienstweg zu beachten (vgl. § 171 BBG)[485] und bei seiner Petition insbesondere auf die Pflichten aus §§ 52 ff. BBG Rücksicht zu nehmen[486]. Dabei ist das Spannungsverhältnis von Art. 17 und 33 V im Wege praktischer Konkordanz zu lösen, also ein Ausgleich zu ermitteln, der beiden Verfassungsgrundsätzen zu „optimaler" Wirksamkeit verhilft[487]

3. Das Recht, sich an die Gewerkschaft zu wenden, nach Art. 9 III GG

Fraglich ist, ob die über Art. 9 III GG geschützte Koalitionsfreiheit, die nach Art. 9 III S.2 unmittelbare Drittwirkung entfaltet, ein verfassungsmäßiges Recht für Arbeitnehmer verbürgt, die Gewerkschaft über alle Mißstände bzw. jedes Fehlverhalten in ihrem Betrieb zu informieren und sich dort Rat und Unterstützung zu holen (als Teil der positiven individuellen Koalitionsfreiheit).

Wenn ein solches Recht bejaht wird, so stünde es nicht nur Gewerkschaftsmitgliedern, sondern allen Arbeitnehmern zu: Zu den verfassungsrechtlich garantierten Betätigungsfeldern der Gewerkschaft gehört unstreitig die allgemeine arbeitsrechtliche und tarifrechtliche Betreuung ihrer Mitglieder. Aber auch noch nicht organisierte Arbeitnehmer können sich an die Gewerkschaft wenden, denn auch die Werbung neuer Mitglieder durch entsprechende Wahrnehmung ihrer Interessen gehört zu dem grundrechtlich geschützten Wirkungsbereich der Gewerkschaft. Als Beitrittsanbahnung stellt sie eine verfassungsrechtlich geschützte Aktivität auf Arbeitnehmerseite dar.[488]

Vielfach wird vertreten, daß es jedem Arbeitnehmer aufgrund von Art. 9 III GG grundsätzlich möglich sein müsse - zumindest bei sein Arbeitsverhältnis betreffenden Mißständen im Betrieb - unmittelbar die Gewerkschaft als Interessenvertretung einzuschalten bzw. sich von ihr hinsichtlich seines weiteren Vorgehens beraten zu lassen, ohne Sanktionen seitens des Arbeitgebers fürchten zu müssen. Dies erscheint zwar mit Blick auf die Entstehungsgeschichte des Art. 9 III GG bzw. auf den historisch gewachsenen Koalitionszweck sehr weitgehend. Schließlich beabsichtigte Art. 9 III GG ursprünglich nur den Schutz der Gründung, des Beitritts und

---

[485] Einer neueren Auffassung zufolge soll der Dienstwegvorbehalt allerdings bei Parlamentspetitionen entfallen, was jedoch nicht ausschließt, daß durch die Parlamentspetition gegen andere Dienstpflichten, z.B. §§ 53, 54 S. 3, 61 BBG verstoßen werden kann, vgl. Weiß, ZBR 1984, S.129 (136); GKÖD/ Weiß J 630, Rdnr. 11, s.u. II 2 b aa eee.

[486] Genauer dazu s.u. II 2 b aa)

[487] Vgl. obige Darstellung zum Verhältnis Art. 5/Art. 33 V unter 1.i)

[488] Wendeling-Schröder, Autonomie im Arbeitsrecht, S. 197; genauer Hinrichs, ArbRGegenw. 1980, S. 35 (38f.)

der Betätigung innerhalb der Koalition - ein Recht, diese über alle Mißstände im Unternehmen zu informieren, war nicht thematisiert worden. Allerdings wurde die Koalitionsfreiheit stets als dynamisches Konzept begriffen und wird heute sehr weit ausgelegt[489].

Die Gegenmeinung geht davon aus, daß der Arbeitnehmer aufgrund der Treuepflicht grundsätzlich gehalten sei, zunächst betriebsintern vorstellig zu werden, bevor er Informationen an die Gewerkschaft liefere. Dies gelte insbesondere, zumal die Gewerkschaften nicht wie etwa Rechtsanwälte (vgl. § 230 StGB) einer allgemeinen Schweigepflicht unterlägen und deshalb die Gefahr bestehe, daß die Informationen über sie an die Öffentlichkeit drängen [490]. Dagegen betonen andere die zentrale Rolle, die den Gewerkschaften in der außergerichtlichen und gerichtlichen Interessenvertretung der Arbeitnehmer (vgl. § 11 I ArbGG) zukomme, weshalb es dem Arbeitnehmer stets möglich sein müsse, sich ohne Umwege an sie zu wenden. Über § 79 II BetrVG seien die Gewerkschaftsvertreter außerdem zur Verschwiegenheit über Betriebs- und Geschäftsgeheimnisse verpflichtet. Die Einschaltung der Gewerkschaft könne den Beschäftigten ebensowenig zum Vorwurf gemacht werden wie die Einschaltung eines Rechtsanwaltes.[491]

II. Arbeits- und beamtenrechtliche Vorgaben

Im vorangegangenen Abschnitt war festgestellt worden, daß es zuvörderst Sache des Gesetzgebers sei, die bei den jeweiligen Beschäftigungsverhältnissen auf beiden Seiten involvierten Grundrechtspositionen zum Ausgleich zu bringen (s.o. insbesondere unter I 1 g). Der gerichtlichen Auslegung kommt dabei - ob es sich nun um direkte oder mittelbare Geltung der Grundrechte handelt - primär konkretisierende und nötigenfalls korrigierende Funktion zu. Ausgangspunkt jeder Fallösung muß also das einfache Recht sein. Dessen Vorgaben für die Behandlung von whistleblowing-Fällen sind Gegenstand dieses Abschnittes.

Im Arbeits- wie im Beamtenrecht gilt, daß ein Beschäftigter für whistleblowing nur „sanktioniert" werden darf, wenn dies eine Pflichtverletzung darstellt. Deswegen wird der Schwerpunkt der Erörterung auf der Bestimmung von Inhalt und Reich-

---

[489] Vgl. z.B. „Plakatentscheidung" vom 24.8.84 EzA Nr. 37 zu Art. 9 GG; wichtig auch die Aufgabe der Kernbereichslehre durch die Entscheiung des BVerfG vom 14.11.1995 EzA Nr. 60 zu Art. 9 GG

[490] Vgl. Froschauer, Arbeitsschutz und Umweltrecht, S.150f., der als Beispiel den vom LAG Baden-Württemberg entschiedenen „Schweißer-Fall" (s.u.) nennt, in dem die Gewerkschaft das Gewerbeaufsichtsamt eingeschaltet hatte.

[491] Wendeling-Schröder, Das Prinzip Verantwortung, S.14; Die Geheimhaltungspflicht nach § 79 II BetrVG beschränkt sich allerdings auf solche Informationen, die die Gewerkschaftsvertreter im Rahmen ihrer betriebsverfassungsrechtlichen Funktionen erlangt haben, so Wiese in Fabricius/Kraft/Wiese/Kreutz, BetrVG, § 79 Rdnr. 15 ff.; genauer zu dem ganzen, vgl. unten Teil IV C III

weite der relevanten Pflichten innerhalb der jeweiligen Beschäftigungsverhältnisse liegen (dazu unten 2). Zuvor jedoch scheint ein Blick auf die Normen angezeigt, welche die Voraussetzungen regeln, unter denen der Arbeitgeber auf das whistleblowing mit Kündigung oder sonstigen Maßnahmen reagieren darf (dazu sogleich 1.).

1. Die dogmatischen Ausgangspunkte

a) Verhaltensbedingte Kündigung nach § 1 KSchG

Anders als in den USA genießt in Deutschland die große Mehrheit der Arbeitnehmer allgemeinen Kündigungsschutz unter dem Kündigungsschutzgesetz. Nach Schätzungen betrug der Anteil der vom Kündigungsschutzgesetz erfaßten Arbeitnehmer nach Anhebung der Anwendbarkeitsschwelle (§ 23 KSchG) von fünf auf zehn Arbeitnehmer durch das Beschäftigungsförderungsgesetz von 1996 ca. 70%, während es zuvor ca. 76% waren.[492] Nachdem die Schwelle 1999 erneut auf fünf Arbeitnehmer herabgesetzt wurde, dürfte der Anteil also wieder entsprechend gestiegen sein.

Nach dem Kündigungsschutzgesetz ist eine Kündigung grundsätzlich rechtsunwirksam, wenn sie nicht gemäß § 1 KSchG sozial gerechtfertigt ist. Im vorliegenden Kontext stellt sich dabei zunächst die Frage, ob und unter welchen Voraussetzungen whistleblowing einen verhaltensbedingten Grund für eine ordentliche Kündigung darstellt. Die verhaltensbedingte Kündigung setzt einen Verstoß gegen arbeitsvertragliche Pflichten voraus[493]. Es kommt also entscheidend darauf an, die Reichweite der arbeitsvertraglichen Haupt- und Nebenpflichten in Bezug auf whistleblowing zu bestimmen (dazu gleich unter 2.)

Das BAG prüft in der ersten Stufe der Sozialwidrigkeitsprüfung nach § 1 KSchG, ob „an sich" ein Kündigungsgrund vorliegt, wobei allerdings betont wird, daß es keine absoluten Kündigungsgründe gibt, also eine gewisse Einzelfallprüfung bereits hier erfolgen muß. Wenn die Verletzung arbeitsvertraglicher Pflichten bejaht wird, schließt sich auf der zweiten Stufe eine Interessenabwägung an, innerhalb derer dann auf nachteilige Auswirkungen der Pflichtverletzung eingegangen wird.

---

[492] Vgl. Rudolph, IAB Kurzbericht Nr.5/1996, S. 2

[493] Vielfach wird vertreten, daß eine verhaltensbedingte Kündigung nach § 1 KSchG ein Verschulden des Arbeitnehmers voraussetze, so Kittner/Trittin, Rndr.157; nach a.A. genügt ein steuerbares Verhalten, Erfurter Kommentar/Ascheid, § 1 KSchG, Rdnr. 319. Unterschiede zwischen beiden Ansichten bestehen nur bei unverschuldetem Rechtsirrtum, wobei jedoch dort regelmäßig die für § 1 KSchG erforderliche Wiederholungsgefahr (= Negativprognoseprinzip) entfallen dürfte, wenn der Irrtum aufgeklärt ist, so daß letztlich beide Auffassungen zu den gleichen Ergebnissen führen.

Auch auf dieser zweiten Prüfungsstufe muß im Zusammenhang mit whistleblowing stets die hohe Bedeutung der Meinungsfreiheit beachtet werden.[494]

Die verhaltensbedingte Kündigung ist zukunftsbezogen, weshalb eine Negativ-Prognose erforderlich ist. Da die verhaltensbedingte Kündigung keinen Sühne- oder Strafcharakter haben darf, ist sie nur gerechtfertigt, wenn das gezeigte Verhalten weitere Störungen indiziert (Wiederholungsgefahr). Bei den hier in Frage stehenden Anzeigen wird es sich zwar meist um einmalige Ereignisse handeln. Jedoch ist denkbar, daß das whistleblowing die Vertrauensbasis oder den Betriebsfrieden so nachhaltig beeinträchtigt, daß auch für die Zukunft eine fortdauernde Störung prognostiziert werden kann.

Bei der verhaltensbedingten Kündigung muß außerdem das ultima-ratio-Prinzip beachtet werden. Dies erfordert grundsätzlich eine vorangehende Abmahnung. Auch hier stellt sich wiederum das Problem, daß das whistleblowing in der Regel ein Einzelereignis darstellen wird, so daß eine Kündigung in Anbetracht des Abmahnungserfordernisses praktisch kaum möglich wäre. Das BAG ist allerdings bis vor kurzem davon ausgegangen, daß bei Störungen im Vertrauens- oder Betriebsbereich (im Gegensatz zu Störungen im Leistungsbereich) eine Abmahnung grundsätzlich entbehrlich ist[495]. Inzwischen ist das BAG aber von dieser formalisierten Betrachtungsweise abgewichen und hält auch im Vertrauensbereich eine Abmahnung für erforderlich, wenn eine Wiederherstellung des Vertrauens erwartet werden könne.[496] Dies sei insbesondere der Fall, wenn der Arbeitnehmer annehmen durfte, sein Verhalten sei nicht vertragswidrig oder werde vom Arbeitgeber zumindest nicht als ein erhebliches, den Bestand des Arbeitsverhältnisses gefährdendes Fehlverhalten angesehen[497]. Für die whistleblower-Fälle bedeutet dies, daß das Abmahnungserfordernis zwar nicht wie früher pauschal verneint werden darf, daß es jedoch einer Kündigung wegen (einmaligen) whistleblowings auch nicht generell entgegensteht.

---

[494] So v. Hoyningen-Huene/Hoffman, BB 1984, S. 1050 (1055); im Rahmen des § 1 KSchG trägt der Arbeitgeber die Darlegungs- und Beweislast für das Vorliegen der Voraussetzungen einer verhaltensbedingten Kündigung (§ 1 II S. 4 KSchG). Er hat also nicht nur die Vertragsverletzung bzw. alle sie begründenden Faktoren, sondern auch das Verschulden, die Unzumutbarkeit des weiteren Festhaltens am Vertrag, sowie gegebenenfalls die wirksame Abmahnung o.ä. zu beweisen.

[495] Vgl. BAG v. 12.3.87 AP Nr. 14 zu § 102 BetrVG 1982; kritisch dazu Kittner/Trittin, Kündigungsschutzrecht, Einleitung, Rdnr. 81 ff.

[496] BAG v. 4.6.97 EZA, § 626 BGB n.F. Nr. 168

[497] Erfurter Kommentar/Ascheid, § 1 KSchG, Rdnr. 153; KR/Hillebrecht § 626 BGB Rdnr. 99

b) Maßregelungsverbot nach § 612 a BGB

Auch außerhalb des Anwendungsbereichs des Kündigungsschutzgesetzes gibt es Vorschriften, die vor Sanktionen aufgrund von whistleblowing schützen können[498]. So darf nach §612 a BGB ein Arbeitnehmer nicht benachteiligt werden, weil er in zulässiger Weise seine Rechte ausübt. Eine Kündigung unter Verstoß gegen § 612 a BGB ist gemäß § 134 BGB nichtig.[499] Das Maßregelungsverbot gewinnt in zweierlei Hinsicht neben dem Kündigungsschutzgesetz Relevanz: Zum einen schützt es auch Arbeitnehmer, die nicht unter den Kündigungsschutz fallen, zum anderen verbietet es nicht nur Kündigungen, sondern auch sonstige benachteiligende Maßnahmen[500]. (Der Begriff der Maßnahme ist sehr weit zu verstehen, so daß z.B. auch betriebsinterne Sanktionen wie die Beschäftigung mit sinnlosen Arbeiten darunter fallen[501].)

Vorliegend stellt sich deshalb die Frage, ob und unter welchen Voraussetzungen whistleblowing eine zulässige Rechtsausübung im Sinne des Maßregelungsverbotes darstellt. Die „zulässige Rechtsausübung" richtet sich bei arbeitsvertraglichen Rechten nach dem Arbeitsvertrag, bei sonstigen Rechten nach der übrigen Rechtsordnung. Erfaßt wird nach herrschender Meinung jedenfalls der gesamte Bereich zulässiger Grundrechtsausübung durch den Arbeitnehmer[502], so daß es hier darauf ankommt, unter welchen Voraussetzungen whistleblowing als zulässige Grundrechtsausübung betrachtet werden darf bzw. inwieweit die arbeitsvertraglichen

---

[498] Das BAG hatte bislang allerdings betont, daß Kündigungsgründe, die als Gründe im Verhalten des Arbeitnehmers zu werten sind, außerhalb der Geltung des Kündigungsschutzgesetzes nicht auf dem Weg über § 242 BGB zur Unwirksamkeit der Kündigung führen dürfen, vgl. BAG AP Nr. 2 zu § 134; vgl. aber nunmehr die Beschlüsse des BVerfG v. 27.1.1998 zur Kleinbetriebsklausel, NZA 1998, 469ff.; Kittner, NZA 1998, S. 731 (732 f.); s.u. d)

[499] Kittner/Trittin, Kündigungsschutzrecht, § 612a BGB, Rdnr.12.; Rechtsgeschäfte sind nichtig, tatsächliche, gegen § 612a BGB verstoßende Maßnahmen sind für den Arbeitnehmer unverbindlich. Ist dem Arbeitnehmer ein Vermögensschaden entstanden, hat ihn der Arbeitgeber nach § 612 a i.V.m. § 823 II BGB zu ersetzen.

[500] Vgl. Kittner/Trittin, Kündigungsschutzrecht, § 612 a BGB, Rdnr. 6; Preis/Reinfeld, AuR 1989, S. 361 (370)

[501] So Erfurter Kommentar/Preis, § 612 a, Rdnr. 8

[502] Kittner/Trittin, Kündigungsschutzrecht, § 612 a, Rdnr. 17;.Das BAG hatte es in seiner Entscheidung vom 28.9.1972 offengelassen, ob Art. 5 I GG als Verbotsgesetz i.S.d. § 134 BGB zu verstehen ist und deshalb einer Kündigung auch außerhalb des Kündigungsschutzgesetzes entgegenstehen kann (BAG AP Nr. 2 zu §134 BGB) Die Kommentarliteratur zu § 612 a, über den jetzt die vor 1980 über § 134 gelösten Fallgestaltungen zu lösen sind, geht jedoch einhellig davon aus, daß zulässige Grundrechtsausübungen auf jeden Fall erfaßt sind. Vgl. auch Erfurter Kommentar/Preis, § 612 a, Rdnr. 2, wonach der gesamte Bereich zulässiger Grundrechtsausübung erfaßt werde, der vor der Geltung des § 612a durch die Theorie der unmittelbaren Drittwirkung der Grundrechte und deren Einfluß auf die Generalklauseln des Zuivilrechts geschützt war.

Haupt- und Nebenpflichten die Grundrechtsausübung beschränken können[503]. Wie unter § 1 KSchG geht es also auch hier letztlich darum, die Reichweite der arbeitsvertraglichen Nebenpflichten in Bezug auf whistleblowing zu bestimmen (dazu unten 2.).

c) Besondere Maßregelungsverbote

Für Betriebsbeauftragte sind in Spezialgesetzen dem allgemeinen Maßregelungsverbot entsprechende Benachteiligungsverbote vorgesehen (vgl. z.B. § 21 f WHG und § 53 BImSchG[504]). Sie haben jedoch wegen § 612 a BGB nur klarstellenden Charakter.

d) §§ 138, 242 BGB

Einer Kündigung oder sonstigen Vergeltungsmaßnahme könnte außerdem § 138 BGB oder § 242 BGB entgegenstehen. Diese Vorschriften gewinnen neben dem Kündigungsschutzgesetz Bedeutung, sofern die Sitten- oder Treuwidrigkeit auf anderen Gründen beruht als den von § 1 KSchG erfaßten. Dies wird bei Arbeitnehmer-whistleblowing regelmäßig nicht der Fall sein. Außerhalb des Kündigungsschutzgesetzes sollten diese Vorschriften - nach bislang herrschender Meinung - mit der Maßgabe anwendbar sein, daß nur solche Gründe geltend gemacht werden können, die nicht unter § 1 KSchG fallen würden[505]. Andernfalls würde – so die gängige Begründung - Arbeitnehmern, die nicht vom Kündigungsschutzgesetz erfaßt werden, auf dem Umweg über §§ 138 und 242 BGB ein dem Kündigungsschutzgesetz entsprechender allgemeiner Kündigungsschutz verschafft, was mit § 23 KSchG nicht zu vereinbaren wäre. In jüngster Zeit ist diese Rechtsprechung allerdings in Frage gestellt worden.[506] Die Einzelheiten können hier jedoch dahingestellt bleiben, zumal im whistleblower-Kontext diesen Vorschriften ohnehin keine

---

[503]Bei § 612 a ist umstritten, ob das vom Arbeitnehmer ausgeübte Recht tatsächlich bestehen muß, so Erfurter Kommentar/Preis, § 612a, Rndr.5, oder ob es ausreicht, wenn der Arbeitnehmer (nicht fahrlässig) vom Bestehen des geltend gemachten Rechts ausgehen durfte, so Kittner/Trittin, Kündigungsschutzrecht, § 612a Rdnr 8. Bei § 612a trifft die Darlegungs- und Beweislast grundsätzlich den Arbeitnehmer. In Anbetracht der Tatsache, daß der Beweis der Maßregelung, also der Kausalität der Maßnahme für das whistleblowing oft schwer zu führen sein wird, sind in gewissem Umfang Beweiserleichterungen nach den Regeln des Anscheinsbeweises zuzulassen, wenn ein offensichtlicher Zusammenhang zwischen benachteiligender Maßnahme und der Rechtsausübung besteht.

[504]Preis/Reinfeld, AuR 1989, S. 361 (371), ebenfalls nur klarstellend verweist der ökologische Tarifvertragsentwurf der Gewerkschaft NGG (siehe unten Teil V III 1 b) in § 3 Nr. 4 S. 2 auf das Maßregelungsverbot.

[505]So Kittner/Trittin, Kündigungsschutzrecht, für § 242 BGB; KR/Friedrich § 13 III KSchG Rdnr. 118 für §§ 138 und 242 BGB

[506]Vgl. Beschlüsse des BVerfG v. 27.1.1998 zur Kleinbetriebsklausel, NZA 1998, 469ff.; Kittner, NZA 1998, S. 731 (732 f.)

eigenständige Bedeutung zukommt, weil § 612a BGB insoweit spezieller ist[507]. Dies gilt im übrigen auch bei anderen Maßnahmen als Kündigungen, die ja ebenfalls von dem Maßregelungsverbot erfaßt werden.

e) Außerordentliche Kündigung nach § 626 BGB

Ob whistleblowing unter bestimmten Umständen eine außerordentliche Kündigung rechtfertigt, richtet sich nach § 626 BGB. Dieser setzt eine schwere Verletzung arbeitsvertraglicher Pflichten voraus, die das Arbeitsverhältnis so nachhaltig stört, daß dem betroffenen Teil seine Weiterführung nicht mehr zugemutet werden kann[508]. Es kommt also auch für § 626 BGB entscheidend auf die Bestimmung der Reichweite der arbeitsvertraglichen Pflichten in Bezug auf whistleblowing an (dazu unten 2.).

Nach der Rechtsprechung des BAG ist im Rahmen des § 626 BGB zunächst zu prüfen, ob die Pflichtverletzung „an sich" geeignet ist, einen wichtigen Grund zur Kündigung darzustellen. Auf einer zweiten Stufe muß dann im Rahmen einer Interessenabwägung unter Berücksichtigung aller Umstände des Einzelfalles geklärt werden, ob die Verletzung im konkreten Fall so schwer wiegt, daß die Weiterführung des Vertrages bis zum Ablauf der Fristen für eine ordentliche Kündigung unzumutbar erscheint[509]. Wie für die Kündigung nach dem KSchG, so gilt auch für die außerordentliche Kündigung das Prognoseprinzip, weshalb es entscheidend darauf ankommt, ob eine Wiederholungsgefahr oder zumindest die Folgewirkungen des Pflichtverstoßes das Fortsetzen des Arbeitsverhältnisses ausschließen. Zum Erfordernis einer Abmahnung gelten die Ausführungen zum KSchG entsprechend.

f) Disziplinarmaßnahmen im Beamtenrecht

Bei Beamten kommt zwar keine Kündigung, dafür aber eine Sanktionierung in Form einer disziplinarrechtlichen Ahndung in Betracht, sofern das whistleblowing

---

[507] KR/Becker, § 612a, Rdnr. 2

[508] In Bezug auf § 626 BGB wird vielfach betont, daß verhaltensbedingte Gründe nur dann einen wichtigen Grund für eine Kündigung bilden, wenn der Gekündigte schuldhaft seine Pflichten aus dem Arbeitsvertrag verletzt hat, vgl. Kittner/Trittin, Kündigungsschutzrecht, § 626, Rdnr. 25; im Ergebnis auch KR/Fischermeier § 626 Rdnr. 139, der betont, daß die Frage, ob ausnahmsweise eine schuldlose Vertragspflichtverletzung eine verhaltensbedingte Kündigung rechtfertigen könnte, bei § 626 BGB nicht von praktischer Bedeutung sei, da es dem Arbeitgeber in diesen Fällen in der Regel zumutbar sein wird, das Arbeitsverhältnis durch eine ordentliche Kündigung zu beenden.

[509] So BAG v. 2.6.1960, AP Nr. 42 zu § 626 BGB; Kittner/Trittin, Kündigungsschutzrecht, § 626 Rdnr. 15. Bei einer außerordentlichen Kündigung wegen whistleblowing (§ 626 BGB) trägt der Arbeitgeber die Darlegungs- und Beweislast für das Vorliegen der tatsächlichen Voraussetzungen des wichtigen Grundes. Dazu zählen die Vertragsverletzung sowie alle Umstände, die die Unzumutbarkeit der Weiterbeschäftigung begründen.

ein Dienstvergehen darstellt[510]. Diese setzt gemäß § 77 I S. 1 BBG voraus, daß der Beamte schuldhaft gegen beamtenrechtliche Pflichten verstoßen hat. Es kommt hier also – parallel zu den oben genannten Konstellationen - auf die Reichweite der beamtenrechtlichen Pflichten in Bezug auf whistleblowing an[511]. Die in Betracht kommenden Disziplinarmaßnahmen sind abhängig von der Schwere des Pflichtverstoßes. In den „leichtesten" Fällen kann dies nach §§5 ff. Bundesdisziplinarordung ein „Verweis" sein, in schwereren Fällen z.B. eine Geldbuße oder Gehaltskürzung. Sollte der Beamte sich untragbar gemacht haben, so muß vom Disziplinargericht die Entfernung aus dem Dienst (§ 11 BDO) ausgesprochen werden (Untragbarkeitsgrundsatz) [512]

2. Die einschlägigen Verhaltenspflichten

a) Arbeitnehmer im privaten Sektor

Innerhalb der arbeitsvertraglichen Pflichten unterscheidet man Haupt- und Nebenpflichten. Grundsätzlich können im Fall des whistleblowing beide Arten betroffen sein – obschon die Verletzung von Nebenpflichten der praktisch weitaus häufigere Fall ist.

aa) Hauptpflichten des Arbeitsverhältnisses

Die Hauptleistungspflicht des Arbeitnehmers besteht in der Erbringung der geschuldeten Arbeitsleistung. Die Gefahr, daß das whistleblowing den Arbeitnehmer von der Erfüllung seiner Arbeitspflicht abhält, ist gering. Zeitliche Kollisionen lassen sich – anders etwa als bei der Teilnahme an Kundgebungen o.ä. – leicht vermeiden. Störungen von Hauptleistungspflichten kommen deshalb im Zusammenhang mit whistleblowing regelmäßig nur dort in Betracht, wo ausnahmsweise der *Inhalt* des Arbeitsverhältnisses bestimmte Meinungsäußerungen verbietet: So verletzt z.B. der Pressesprecher eines Unternehmens seine Hauptleistungspflicht, wenn er sich negativ über das Unternehmen äußert[513].

Eine derartige Leistungspflicht wird zum Teil pauschal für alle Arbeitnehmer in gehobenen Positionen angenommen.[514] Diese hätten eine so weitgehende Identifikationspflicht mit dem Unternehmen, daß jede Äußerung von Unternehmenskritik

---

[510]Daneben kommen auch dienstrechtliche Maßnahmen im Rahmen der Personalführung in Betracht, vgl. Post/Braun, Beamtenrecht, S. 116 ff.

[511]Dazu unten 2 b aa, wo auch die Voraussetzungen des § 77 BBG genauer behandelt werden

[512]So GKÖD/Weiß J 630 Rdnr. 79; vgl. Post/Braun, Beamtenrecht, S. 116 ff.

[513]So Wendeling-Schröder, Autonomie im Arbeitsrecht, S. 180

[514]Oder für alle Arbeitnehmer einer Sparte, etwa den Dienstleistungsbereich, vgl. v. Hoyningen-Huene/Hoffman, BB 1984 S. 1050 (1053)

als Verletzung der Hauptleistungspflicht gewertet werden müsse. Dem wird zu Recht entgegengehalten, daß eine solche bedingungslose Identifikation von niemandem verlangt werden könne, schon gar nicht von Arbeitnehmern mit erheblichem eigenen Verantwortungsbereich. Nach wohl überwiegender Ansicht kann eine solche Leistungspflicht deshalb nur in besonderen Fällen und für ganz bestimmte Beschäftigungsbilder angenommen werden[515]. Vielfach wird außerdem darauf hingewiesen, daß der Arbeitgeber auch in Fällen wie dem des Pressesprechers keinen Anspruch auf gesetzeswidrige Leistungen habe, also z.B. nicht verlangen könne, daß dieser die Unwahrheit sage bzw. Illegalitäten aktiv vertusche.[516] In diesen Fällen würde es also selbst bei jenen Arbeitnehmern nicht zur Verletzung von Leistungspflichten kommen.

bb) Nebenpflichten des Arbeitsverhältnisses

aaa) Treuepflicht

Das Gebot, sich loyal gegenüber seinem Arbeitgeber zu verhalten, wird traditionell mit der sogenannten Treuepflicht begründet, die mit der Fürsorgepflicht seitens des Arbeitgebers korrespondiert[517].

(1) Historische Wurzeln und traditionelle Herleitung

Das Konzept der Treuepflicht hat viel Kritik erfahren und wird zuweilen als nationalsozialistische oder sonst totalitäre Entwicklung abgelehnt. Es ist richtig, daß die Treuepflicht, verbunden mit der Vorstellung vom personenrechtlichen Gemeinschaftsverhältnis, im Dritten Reich eine Blütezeit erlebte. Im faschistischen Arbeitsordnungsgesetz (AOG) von 1934[518] war die Treuepflicht explizit niedergelegt. Doch auch das Reichsarbeitsgericht der Weimarer Zeit hatte sich stets auf eine - wenn auch ungeschriebene - Treuepflicht berufen und alle wesentlichen Neben-

---

[515] So z.B. Wendeling-Schröder, Autonomie im Arbeitsrecht,S. 180.

[516] So Wendeling-Schröder, Autonomie im Arbeitsrecht, S. 180

[517] Vgl. Kempff, Grundrechte im Arbeitsverhältnis, S. 80; nach Ramm, AuR 1973, S. 220 ff. ergibt sich das Loyalitätsgebot bereits aus dem allgemeinen Verbot des „venire contra factum proprium": Der Arbeitsvertrag begründe eine „Zweckgemeinsamkeit" bzw." Interessengemeinsamkeit", die zumindest in der Erhaltung des Betriebes liege. Der Arbeitnehmer dürfe deshalb der unternehmerischen Zielsetzung des Arbeitgebers nicht entgegenarbeiten. Dieser Ansatz läuft letztendlich auf das gleiche hinaus wie die Annahme einer Treue- bzw. Interessenwahrungspflicht, die ja heute ebenfalls aus § 242 abgeleitet wird, s.u.

[518] Vgl. § 2 II S.2 AOG: „Diese (=die Gefolgschaft, also die Beschäftigten) hat ihm (= dem Führer des Betriebes, also dem Arbeitgeber) die in der Betriebsgemeinschaft begründete Treue zu halten."; vgl. Hinrichs ArbRGegenw. 1980, S. 35 (41, Fn. 37); Kempff, Grundrechte im Arbeitsverhältnis, S. 93 ff.; vgl. auch Mayer-Maly, AuR 1968, S.1 (12), der außerdem darauf hinweist, daß der Begriff der arbeitsrechtlichen Treuepflicht schon in der Gesetzessprache des 19. Jahrhunderts, z.B. in § 76 österreichische Gewerbeordung auftaucht.

pflichten des Arbeitnehmers aus ihr entwickelt.[519] Die Treuepflicht findet sich außerdem bereits in § 32 ff. des Entwurfs eines Arbeitsvertragsgesetzes von 1923[520], wo sie als dritte Arbeitnehmerpflicht neben Arbeitsleistung und Unterordnung statuiert war.

Die historischen Wurzeln der Treuepflicht reichen bis ins letzte Jahrhundert hinein. Im auslaufenden neunzehnten und beginnenden zwanzigsten Jahrhundert verstand man das Arbeitsverhältnis zwar noch überwiegend als normales Austauschverhältnis, dessen Inhalt von den Parteien in freier Übereinkunft festgelegt wurde. Nach dieser auf dem römischen Recht basierenden Betrachtungsweise konnten aus dem Arbeitsvertrag keine Rechte und Pflichten abgeleitet werden, die nicht vereinbart waren. Es gab allerdings auch andere Stimmen. So hatten seit Bismarcks Zeiten verschiedene Juristen versucht, germanische Wurzeln des Arbeitsrechts aufzugreifen und die mittelalterliche Beziehung zwischen Lehnsherr und Gefolgsmann in Form eines personenrechtlichen, von Treue- und Fürsorgepflichten geprägten Gemeinschaftsverhältnisses wiederzubeleben. Herausragender Protagonist dieser Konzeption war Otto von Gierke.[521]

Das Konstrukt des „personenrechtlichen Gemeinschaftsverhältnisses" diente bis in die sechziger Jahre als Basis für die Herleitung von Treuepflichten im Arbeitsverhältnis[522]. Seitdem ist es allerdings vielfach auf Kritik gestoßen. Die Annahme eines solchen Gemeinschaftsverhältnisses gehe an der Realität vorbei. Die am Lehenswesen orientierte idealisierende Vorstellung von Treue und Fürsorge leugne die tatsächlichen Interessengegensätze der Vertragsparteien, wie sie etwa im Arbeitskampfrecht ihren Ausdruck fänden[523]. Sie verschleiere den Gegensatz zwischen Kapitalverwertungsinteressen des Arbeitgebers und den Interessen des Arbeitnehmers an der Verwertung seiner Arbeitskraft und vermittle diesem somit das (falsche) Bewußtsein, daß die Interessen des Arbeitgebers auch die seinen seien.[524]

---

[519] In den Worten von Simitis „...geht es in der Tat nicht an, die Treuepflicht als `Ausgeburt einer Ideologie´ zu bezeichnen, aber nur deshalb, weil sie sich für jede Ideologie nutzen läßt." Simitis, Festschrift für Simon, S. 329 (335); vgl. Weber, RdA 1980, S. 289 (292 ff).

[520] RArbBL.1923 Amtl. Teil S. 498ff. und Richter, RArbBL. 1924 Nichtamtlicher Teil S. 232; vgl. Hueck/Riezler/Molitor, Entwurf eines allgemeinen Arbeitsvertragsgesetzes S. 283; Mayer-Maly, AuR 1968, S.1 (12)

[521] Vgl. zum ganzen Le Friant, Verantwortung des Arbeitgebers, S. 52 f.; Weber, RdA 1980, S. 289 (293); Simitis, Festschrift für Simon, S. 329 (333f.)

[522] So Schaub, Arbeitsrechts-Handbuch, § 53 S. 374

[523] Vgl. Wendeling-Schröder, Autonomie im Arbeitsrecht, S. 71: Begrüßenswert sei zwar, daß die Annahme eines Gemeinschaftsverhältnisses das Arbeitsverhältnis aus dem Bereich des allgemeinen Schuldrechts heraushebe, allerdings bedeute dies gleichzeitig eine wenig beschränkte und deshalb auch gefährliche Interventionsmacht der Gerichte.

[524] So Kempff, DB 1979, S. 790 (794); vgl. auch Kempff, Grundrechte im Arbeitsverhältnis, S. 78 f.: „...Hier wie überall hat aber dieses realitätswidrige, quasi `neurotische´ Harmonisierungsbedürfnis, wie es insbesondere in den Begriffen der `Betriebsgemeinschaft´ und des `Betriebsfrie-

Außerdem werde das Konstrukt des „Gemeinschaftsverhältnisses" spätestens dort ad absurdum geführt, wo es seinerseits mit dem Bestehen einer besonderen Treuepflicht begründet wird.[525] Abgesehen davon setze die Annahme eines „personenrechtlichen Verhältnisses" ein Fürsorgerecht voraus, wie es etwa in der Eltern-Kind-Beziehung oder bei vormundschaftsrechtlichen Verhältnissen bestehe, nicht aber im Arbeitsverhältnis. Weder der Tatbestand der Rechtsgemeinschaft (§ 741 ff.) noch der der Gesellschaft (§ 705 ff.) seien hier erfüllt.[526] Das Arbeitsverhältnis sei zwar kein gewöhnliches Schuldverhältnis, es sei aber auch kein „personenrechtliches Gemeinschaftsverhältnis", sondern vielmehr ein Schuldverhältnis „sui generis" mit gewissen personalen Elementen.

(2) Neuorientierung der Treuepflicht in jüngerer Zeit

Die Lehre von „personenrechtlichen Gemeinschaftsverhältnis" hat inzwischen kaum noch Anhänger. Die überwiegende Rechtsprechung und die herrschende Meinung gehen allerdings bis heute von der Existenz einer Treuepflicht des Arbeitnehmers gegenüber dem Arbeitgeber aus. Die gegenseitigen Loyalitäts- und Rücksichtnahmepflichten werden zunehmend als normale vertragliche Nebenpflichten aus § 242 BGB hergeleitet. Viele vermeiden auch den teilweise negativ belegten Begriff Treuepflicht zugunsten einer Interessenwahrungspflicht als spezifisch arbeitsrechtlicher Ausprägung des Grundsatzes von Treu und Glauben[527].

---

dens´ immer wieder zum Ausdruck kommt, die Folge, daß die Interessen der sozial stärkeren Gruppierung als gemeinschaftliche, allgemeine Interessen ausgegeben, einer kritischen Betrachtung entzogen und damit stabilisiert werden. Mit einer offen geführten Auseinandersetzung der divergierenden Interessen, wie sie die Meinungsfreiheit gerade gewährleisten will, hat dies allerdings nichts mehr zu tun."

Nach Hueck/Nipperdey dagegen soll mit dem Begriff „personenrechtliches Gemeinschaftverhältnis" lediglich zum Ausdruck gebracht werden „daß sich das Arbeitsverhältnis nicht im bloßen Austausch vermögenswerter Leistungen erschöpft, sondern daß es enge persönliche Beziehungen zwischen beiden Teilen begründet, aus denen sich für beide Parteien eine weit über den Grundsatz von Treu und Glauben hinausreichende Treuepflicht ergibt." „Vor allem ist nicht gemeint eine mehr oder weniger vollständige Gleichheit der Interessen. Es unterliegt keinem Zweifel, daß zwischen Arbeitgeber und Arbeitnehmer erhebliche Interessengegensätze bestehen können; man braucht nur an die Kämpfe um Lohn oder die Länge der Arbeitszeit zu denken", Zitate aus: Lehrbuch des Arbeitsrechts (1963) § 22 II.

[525] Auf diesen Zirkelschluß weist u.a. Kempff, DB 1979, S. 790 hin; vgl. auch Hinrichs, ArbRGegenw. 1980, S. 35 (41)

[526] Weber, RdA 1980, S. 289 (292 f.)

[527] So z.B. Söllner, Festschrift für Herschel, S. 389 (396) Fn. 23; auch die Entwürfe zu einem Arbeitsgesetzbuch vermeiden allesamt den Begriff der Treuepflicht, vgl. bereits den Entwurf der Arbeitsgesetzbuchkommission von 1977 (Hrsg. Bundesminister für Arbeit und Sozialordnung), der in § 77 regelt: „Der Arbeitnehmer hat seine Verpflichtungen aus dem Arbeitsverhältnis so zu erfüllen, seine Rechte so auszuüben und die im Zusammenhang mit dem Arbeitsverhältnis stehenden Interessen des Arbeitgebers so zu wahren, wie dies von ihm unter Berücksichtigung seiner Stellung im Betrieb, seiner eigenen Interessen und der Interessen der anderen Arbeitnehmer des Betriebes nach Treu und Glauben billigerweise verlangt werden kann".

Man ist sich einig, daß diese neue Herleitung die Treuepflichten enger begrenzt, als dies nach der traditionellen Auffassung der Fall war. Allerdings wird das materielle Ausmaß dieser Veränderung unterschiedlich beurteilt. Manche bewerten sie als wesentlichen Umbruch[528], andere lediglich als „Akzentverschiebung"[529]. Diese Divergenz der Beurteilungen dürfte ein Reflex der allgemeinen Schwierigkeit sein, aus der nach wie vor vagen dogmatischen Grundlage konkrete Vorgaben für den Umfang der arbeitsvertraglichen Nebenpflichten herzuleiten. Fraglos erleichtert die dogmatische Neuorientierung eine Abkehr von bestehenden Entscheidungskontinuitäten. Der Verweis auf die Treuepflicht verliert seine Funktion als Begründungsersatz und weicht der konkreten Wertung im Einzelfall. Die Abkehr von der personenrechtlichen Begründung setzt außerdem ein Signal gegen ein übermäßiges Ausgreifen arbeitsvertraglicher Bindungen ins Privatleben des Arbeitnehmers.

(3) Inhalt der Treue- bzw. Interessenwahrungspflicht

Der Inhalt der Treue- bzw. Interessenwahrungspflicht läßt sich abstrakt nur sehr schwer fassen, generalisierende Formeln sind meist nichtssagend oder unzulässig vergröbernd. So hat das BAG beispielsweise in einer Entscheidung von 1990 die Treuepflicht folgendermaßen beschrieben: Sie gebiete dem Arbeitnehmer, alles zu unterlassen, was dem Arbeitgeber oder dem Betrieb abträglich sei.[530] Zwischen dieser abstrakten Pointierung und der praktischen Anwendung herrscht allerdings eine deutliche Diskrepanz: Niemand vertritt ernsthaft, daß allein aufgrund der Subsumtion unter diese Formel verlangt werden könne, daß der Arbeitnehmer alle seine Interessen hinter die Arbeitgeberinteressen zurückstelle[531]. Bei der Konkretisierung der arbeitsvertraglichen Treuepflicht müßten vielmehr bereits die berechtigten und insbesondere die grundrechtlich geschützten Interessen des Arbeitnehmers berücksichtigt werden[532]

Der Umfang der Treuepflicht hängt also stets von den Besonderheiten des konkreten Arbeitsverhältnisses ab. So werden i.d.R. gesteigerte Treuepflichten angenommen in Arbeitsverhältnissen, die von besonderem Vertrauen getragen werden, wie es etwa bei Prokuristen oder leitenden Angestellten der Fall ist. Auch die Dauer des Arbeitsverhältnisses oder die Art der geschuldeten Leistung können Inhalt und Umfang der Loyalitätspflichten beeinflussen. So wird man bei einem kaufmännischen

---

[528] So Schaub, Arbeitsrechts-Handbuch, § 52 S. 375 f.

[529] So Wendeling-Schröder, Autonomie im Arbeitsrecht, S. 73

[530] BAG v. 16.8.1990 AP Nr. 7 zu § 611 Treuepflicht; kritisch dazu Simitis, Festschrift für Simon, S. 329 (337); vgl. Söllner, Festschrift für Herschel, S. 389 (397ff.)

[531] So Preis, Grundfragen, S. 518

[532] Otto, AuR 1980, S. 289

Angestellten regelmäßig weitergehende Interessenwahrungspflichten annehmen als bei gewerblichen Arbeitern in einem Großbetrieb.[533]

bbb) Verschwiegenheitspflicht

Nach der früheren arbeitsrechtlichen Dogmatik, die alle Nebenpflichten des Arbeitnehmers unter den Begriff Treuepflicht faßte, war auch die Verschwiegenheitspflicht als Ausfluß der Treuepflicht zu werten. Nach der moderneren Auffassung hat die Verschwiegenheitspflicht ihre Grundlage im Grundsatz von Treu und Glauben (§ 242) und steht somit selbständig neben der Treue- bzw. Interessenwahrungspflicht.[534]

(1) Gesetzliche Geheimhaltungspflichten

Es gibt eine Vielzahl gesetzlich geregelter Geheimhaltungspflichten. Diese gelten zum Teil auch oder sogar speziell für Arbeitnehmer[535]. Auch wenn die ungeschriebenen arbeitsvertraglichen Verschwiegenheitspflichten grundsätzlich über die gesetzlichen Geheimhaltungspflichten hinausgehen, so ist ein Blick auf diese Regelungen dennoch aufschlußreich. Die dort getroffenen Wertungen können als Vorgaben für die richterrechtliche Konkretisierung der arbeitsrechtlichen Verschwiegenheitspflichten Bedeutung gewinnen:

- Der gesetzliche Schutz von Betriebs- und Geschäftsgeheimnissen setzt stets ein *berechtigtes wirtschaftliches Interesse* des Arbeitgebers an der Geheimhaltung voraus. Ein solches wird bezüglich Wettbewerbsverstößen, Straftaten und sonstigen Gesetzwidrigkeiten sowie eindeutigen Vertragsbrüchen des Arbeitgebers regelmäßig verneint.[536] So werden beispielsweise im Rahmen der Strafnorm des § 17 UWG bereits bei der Begriffsdefinition des Betriebs- oder Geschäftsgeheimnisses solche Geheimnisse ausgeklammert, an deren Schutz kein berechtigtes wirtschaftliches

---

[533] So Schaub, Arbeitsrechts-Handbuch, § 53 S. 375 f.

[534] Vgl. Reinfeld, Verschwiegenheitspflicht, S. 3

[535] Vgl. z.B. §§ 17, 18 und 20 UWG. Für Arbeitnehmer am bedeutsamsten ist § 17 UWG. Danach macht sich ein Arbeitnehmer strafbar, wenn er zu Zwecken des Wettbewerbes, aus Eigennutz, zugunsten eines Dritten oder in der Absicht, dem Inhaber des Geschäftsbetriebes einen Schaden zuzufügen, ein Betriebs- oder Geschäftsgeheimnis verrät; vgl. auch die besonderen Verschwiegenheitspflichten im Betriebsverfassungsrecht (§§ 79, 120 BetrVG) und im Recht der Unternehmensmitbestimmung (§ 93, 116 AktG).

[536] „Illegale Geheimnisse" sind nicht schutzwürdig, vgl. Reinfeld, Verschwiegenheitspflicht, S. 6; vgl. auch die Wertung im Patentrecht: nach § 2 Nr.1 PatG werden für Erfindungen, deren Veröffentlichung oder Verwertung gegen die öffentliche Ordnung oder die guten Sitten verstoßen würde, Patente nicht erteilt, Preis/Reinfeld, AuR 1989, S. 361.

Interesse besteht. Auf die auf Rechtfertigungsebene zu prüfende Befugtheit der Weitergabe kommt es also bei solchen Geheimnissen gar nicht an.[537]

- Die gesetzlichen Regelungen zeigen außerdem, daß der Schutz von Betriebs- und Geschäftsgeheimnissen *nicht absolut* ist, sondern nach den jeweiligen Adressaten differenziert werden muß. So werden umweltrelevante Geheimnisse i.d.R. nicht gegenüber den zuständigen Behörden, wohl aber zum Teil gegenüber der Öffentlichkeit geschützt[538], arbeitnehmerbezogene Daten werden i.d.R. nicht gegenüber Interessenvertretungsgremien der Arbeitnehmer, weitgehend aber gegenüber der Öffentlichkeit geschützt[539]. Auch § 79 I BetrVG, der die Verschwiegenheitspflicht für Betriebsratsmitglieder speziell gesetzlich regelt, differenziert nach Adressaten[540]

(2) Arbeitsvertragliche Geheimhaltungspflicht

Die allgemeine arbeitsrechtliche Verschwiegenheitspflicht bezieht sich jedenfalls auf die auch delikts- und wettbewerbsrechtlich geschützten Unternehmensgeheimnisse (Geschäfts- und Betriebsgeheimnisse). Sie geht aber weiter und erfaßt darüber hinaus neben als vertraulich deklarierten Informationen alle schützenswerten betrieblichen und persönlichen Angelegenheiten[541]. In der Literatur wird überwiegend - entsprechend den gesetzlich geregelten Verschwiegenheitspflichten - nach Adressaten differenziert. So sei „bei der Entscheidung, wem und wann der Mißstand of-

---

[537] Vgl. Baumbach/Hefermehl, Wettbewerbsrecht, zu § 17 UWG Rdnr. 2 und 6; Preis/Reinfeld, AuR 1989, S. 361 (363)

[538] Vgl. etwa § 10 II S.1 BImSchG; § 7 IV S.3 AtG; § 11 III GenTG; Knemeyer, DB 1993, S. 721 ff.

[539] Vgl. Wendeling-Schröder, Autonomie im Arbeitsrecht, S. 82

[540] Nach § 79 I BetrVG sind Betriebsratsmitglieder verpflichtet, Betriebs- und Geschäftsgeheimnisse, die ihnen wegen ihrer Zugehörigkeit zum Betriebsrat bekannt geworden und vom Arbeitgeber ausdrücklich als geheimhaltungsbedürftig bezeichnet worden sind, nicht zu offenbaren und nicht zu verwerten. § 79 I S. 3 und 4 regelt, welchen Adressaten gegenüber die Verschwiegenheitspflicht nicht besteht, nämlich u.a. Mitgliedern des Betriebsrats, dem Gesamt- und Konzernbetriebsrat, Arbeitnehmervertretern im Aufsichtsrat sowie der Einigungsstelle, tariflichen Schlichtungsstellen oder betrieblichen Beschwerdestellen gegenüber (§ 29 SprAG enthält eine entsprechende Regelung).

[541] So Froschauer, Arbeitsschutz und Umweltrecht, S. 122; Reinfeld, Verschwiegenheitspflicht, S. 6; vgl. dazu auch den Entwurf der Arbeitsgesetzbuchkommission von 1977 (Hrsg. Bundesminister für Arbeit und Sozialordung):

§ 80 I: Der Arbeitnehmer ist verpflichtet, Betriebs- und Geschäftsgeheimnisse zu wahren....Der Arbeitnehmer hat auch Verschwiegenheit über Tatsachen zu wahren, die die Person des Arbeitgebers oder eines anderen Arbeitnehmers in besonderem Maße berühren, und die er auf Grund seiner Tätigkeit im Betrieb erfahren hat.

§ 80 II: Der Arbeitnehmer ist nur dann verpflichtet, über andere als in Absatz I genannte Tatsachen Verschwiegenheit zu wahren, wenn und soweit dies durch Belange des Betriebes gerechtfertigt ist und er dies mit dem Arbeitgeber vereinbart hat oder die Tatsachen vom Arbeitgeber als geheimhaltungsbedürftig bezeichnet worden sind.

fenbart wird, Raum für eine Rücksichtnahme auf die Interessen des Arbeitgebers."[542]

Der Schutz setzt auch hier nach überwiegender Auffassung ein berechtigtes Interesse des Arbeitgebers an der Geheimhaltung voraus[543]. Ob ein solches bei illegalen oder unlauteren Vorgängen generell verneint werden muß, wird unterschiedlich beantwortet. Gegen die Erstreckung der Verschwiegenheitspflicht auf Illegalitäten wird angeführt, daß man sich andernfalls in erhebliche Wertungswidersprüche zur übrigen Rechtsordnung begäbe. Aus diesem Grunde werde auch in der zu den *gesetzlichen* Verschwiegenheitspflichten ergangenen Rechtsprechung ein berechtigtes wirtschaftliches Geheimhaltungsinteresse bei Straftaten und Illegalitäten pauschal verneint[544]. Die Gerichtsentscheidungen zur whistleblower-Thematik (s.u. B III) bieten jedoch ein anderes Bild. Vielfach wird whistleblowing auch bezüglich illegaler Vorgänge für unzulässig gehalten.[545] Allerdings wird in diesen Entscheidungen oftmals nicht explizit zwischen Verschwiegenheits- und Interessenwahrungspflicht getrennt. Es ist also auch denkbar, daß die Gerichte zwar die hier in Frage stehende Verschwiegenheitspflicht nicht auf Illegalitäten beziehen, wohl aber aus der sonstigen Interessenwahrungs- bzw. Treuepflicht ein weitergehendes Verbot der Anzeige von Illegalitäten herleiten. Damit hätten sie zwar die dogmatische Konsistenz mit der Auslegung der gesetzlichen Verschwiegenheitspflichten gewahrt. Die Gefahr, sich in Wertungswidersprüche zur übrigen Rechtsordung zu begeben, bleibt jedoch auch dann bestehen, wenn das Schweigegebot statt auf die Verschwiegenheitspflicht auf die allgemeine Treue- bzw. Interessenwahrungspflicht gestützt wird.

(3) Verschwiegenheitspflichten besonderer Berufsgruppen

Besonderen Verschwiegenheitspflichten unterliegen bestimmte Berufsgruppen wie z.B. Ärzte, Psychologen oder auch bestimmte Angehörige des öffentlichen Dienstes (vgl. §§ 203- 205 StGB)[546]. Diese öffentlichrechtlichen Verschwiegenheitspflichten können auch innerhalb konkreter arbeitsvertraglicher Beziehungen von

---

[542] Froschauer, Arbeitsrecht und Umweltschutz, S. 123 f.

[543] Vgl. den Entwurf eines Arbeitsgesetzbuches von 1992 (Hrsg. Ständige Deputation des Deutschen Juristentages) :

§ 90 I: Der Arbeitnehmer ist verpflichtet, über Betriebs- und Geschäftsgeheimnisse und über bestimmte oder bestimmbare, vom Arbeitgeber aus berechtigtem Interesse als geheimhaltungsbedürftig bezeichnete Tatsachen Verschwiegenheit zu wahren. (...).

[544] Vgl. Hitzfeld, Geheimnisschutz im Betriebsverfassungsrecht, S. 26 m.w. N.

[545] Vgl. BAG vom 5.2.1959, LAG Düsseldorf vom 18.1.1961, Schaub, Arbeitsrechts-Handbuch, § 53 S. 377; vgl. auch Darstellung in Froschauer, Arbeitschutz und Umweltrecht, S. 123 m.w.N.

[546] Zu den Besonderheiten im öffentlichen Dienst siehe im übrigen unten b

Bedeutung sein, nämlich dadurch, daß sie in der Regel als mit dem „Berufsbild" im Arbeitsvertrag vereinbart gelten.[547]

ccc) Pflicht zur Wahrung des Betriebsfriedens

Über das grundsätzliche Bestehen einer arbeitsvertraglichen Nebenpflicht zur Wahrung des Betriebsfriedens herrscht weitgehend Einigkeit, umstritten ist allerdings die Herleitung dieser Pflicht sowie ihre Reichweite.

(1) Herleitung

Eine Ansicht will sie aus § 74 II S. 2 BetrVG ableiten, wo es heißt: „Arbeitgeber und Betriebsrat haben Betätigungen zu unterlassen, durch die der Arbeitsablauf oder der Frieden des Betriebes beeinträchtigt werden."[548] § 74 II gelte zwar unmittelbar nur für Funktionsträger kraft ihres Amtes, müsse aber auf alle anderen Arbeitnehmer analog angewandt werden. Die Gegenmeinung lehnt dies mit dem Hinweis darauf ab, § 74 II sei vor dem Hintergrund der besonderen gesetzlich geregelten Beziehung zwischen Arbeitgeber und Betriebsrat zu verstehen und folglich nicht auf Meinungsäußerungen einzelner Arbeitnehmer übertragbar.[549] Nach einer verbreiteten Ansicht in der Literatur besteht die Pflicht zur Wahrung des Betriebsfriedens für jeden Arbeitnehmer - relativiert durch das Grundrecht der Meinungsäußerungsfreiheit – allerdings ohnehin schon aufgrund des Arbeitsvertrages[550]. Aus § 74 II S. 2 BetrVG lasse sich dabei lediglich schließen, daß die ungeschriebenen vertraglichen Verhaltensanforderungen nicht weiter reichen können.[551]

---

[547] Ausführlicher Wendeling-Schröder, Autonomie im Arbeitsrecht, S. 83

[548] Vgl. auch die entsprechenden Regelungen in den Personalvertretungsgesetzen (zu den Besonderheiten im öffentlichen Dienst siehe unten b bb). Während § 49 II S. 1 BetrVG 1952 noch von einer Eignung zur Gefährdung des Betriebsfriedens sprach, ist jetzt die engere Formulierung „Beeinträchtigung" Gesetz geworden. Es wird somit nicht nur die ernstliche Möglichkeit, sondern eine tatsächliche konkrete Störung verlangt; vgl. Zachert, AuR 1984, S. 289ff (295), auch zur Ausdehnung des § 74 II auf andere Arbeitnehmer; Blomeyer, ZfA 1972, S. 85

[549] Simitis, Festschrift für Simon, S. 329 (352); vgl. Kempff, Grundrechte im Arbeitsverhältnis, S. 53 f.; § 104 BetrVG sieht allerdings vor, daß der Betriebsrat vom Arbeitgeber die Entlassung oder Versetzung eines Arbeitnehmers verlangen kann, der durch gesetzwidriges Verhalten oder grobe Verletzung der Grundsätze des § 75 I BetrVG den Betriebsfrieden wiederholt ernstlich gestört hat. Zumindest insoweit kommt also dem betriebsverfassungsrechtlichen Begriff des Betriebsfriedens mittelbare individualrechtliche Bedeutung zu, so Wendeling-Schröder, Autonomie im Arbeitsrecht, S. 183; vgl. Ramm, AuR 1973, S. 220 (223)

[550] Söllner, Festschrift für Herschel, S. 389 (395); im Ergebnis ebenso Arbeitgeberverband, Dokumentation Fachtagung 1989, S. 51

[551] Otto, AuR 1980, S. 289 (295)

(2) Inhalt und Reichweite

Unter der Pflicht zur Wahrung des Betriebsfriedens bzw. der betrieblichen Ordnung werden von der herrschenden Meinung die Grundsätze verstanden, „die die Rechtsprechung für das gedeihliche, an der Erreichung des Unternehmenszwecks orientierte Zusammenwirken von Arbeitgeber und Belegschaft - auch der Belegschaftsangehörigen untereinander - entwickelt hat.“[552] Der Schutz des Betriebsfriedens dient danach zum einen den wirtschaftlichen Interessen des Arbeitgebers, zum anderen den ideellen Interessen der Arbeitskollegen, die unter einem schlechten Betriebsklima ebenfalls leiden (vgl. auch § 75 I BetrVG).[553]

Früher ging das BAG davon aus, daß bereits eine konkrete Gefährdung des Betriebsfriedens zur Beschränkung der Meinungsfreiheit ausreiche[554], weil man nicht verlangen könne, daß der Arbeitgeber abwarte, bis eine Störung des Betriebsfriedens mit möglicherweise unabsehbaren Folgen für das Unternehmen tatsächlich eintrete. Nunmehr verlangt das BAG eine konkrete Störung des Betriebsfriedens.[555] Zur Begründung führt es an, daß die früher notwendige Unterscheidung zwischen abstrakter und konkreter Gefahr nicht praktikabel gewesen sei[556]. Allerdings setzt das BAG bei Meinungsäußerungen im Betrieb die Schwelle zur konkreten Störung zuweilen sehr niedrig an[557]. So genügt bereits, wenn einzelne Arbeitnehmer Anstoß an provozierenden Äußerungen nehmen und diese mißbilligen. Man mag angesichts dessen bezweifeln, ob die Unterscheidung zwischen Gefahr und Störung klarer zu handhaben ist, oder ob nicht angesichts der niedrigen Störungsschwelle die Grenzen zur bloßen Gefährdung verschwimmen.

In der Literatur wird vielfach die Tendenz des Betriebsfriedensbegriffes kritisiert, subjektive Empfindlichkeiten von Kollegen zum Maßstab für die Zulässigkeit einer Meinungsäußerung zu machen. Auf Kritik stößt außerdem der Ansatz der Rechtsprechung, auch dann von einer Störung des Betriebsfriedens auszugehen, wenn nur der Arbeitgeber selbst Anstoß an einer Meinungsäußerung nimmt. So hatte das BAG im oben dargestellten ersten „Anti-Strauß-Plaketten”-Urteil[558] betont, daß

---

[552]Zit.: Arbeitgeberverband, Dokumentation Fachtagung 1989, S. 48; zu den Definitionsschwierigkeiten des Betriebsfriedensbegriffes siehe Blomeyer, ZfA 72, S. 85 (86 ff.)

[553]Otto, AuR 1980, S. 289 (295)

[554]BAG v. 13.1.1956 AP Nr. 4 zu § 13 KSchG; BAG v. 26.5.1977 AP Nr.5 zu § 611 BGB; offengelassen in BAG vom 9.12.1982 AP Nr. 73 zu § 626 BGB

[555]BAG v. 17.3.1988 NZA 1989 S. 261 ff (263); BAG 23, 371 f.; BAG 24, 438 (444); BAG v. 11.12.1975 AP Nr. 1 zu § 15 KSchG 1969

[556]Es sei zweifelhaft gewesen, auf wessen Erfahrung es ankommen und welche Rechtsfolgen eintreten sollten, wenn die Störung entgegen der Erfahrung ausgeblieben war, vgl. BAG NZA 1989 S. 261 ff (263).

[557]BAG AP Nr. 73 zu § 626

[558]Siehe unter I e bb

auch die Vertreter des Arbeitgebers Mitglieder der Betriebsgemeinschaft seien, deren Reaktion für die Auswirkungen auf den Betriebsfrieden von Bedeutung sei[559]. (Im konkreten Fall hatten insbesondere der Personalleiter und der Technische Direktor Anstoß an der Plakette genommen). Der BAG-Rechtsprechung wird vorgeworfen, die Meinungsäußerungsfreiheit auf diese Weise auf eine „Freiheit der mehrheits- oder arbeitgeberkonformen Meinungsäußerung"[560] zu reduzieren. Die Reichweite des Grundrechts bestimme sich unter diesen Umständen nach der Toleranz, die die Belegschaft und der Arbeitgeber diesen Meinungsäußerungen gegenüber aufzubringen bereit sei. Oder, wie Kempff es pointiert formuliert: „Das Grundrecht der Meinungsfreiheit endet dort, wo das Ruhebedürfnis der anderen anfängt: das Grundrecht als Schlafmittel. Ein Recht auf Ruhe wird man in der Verfassung allerdings vergeblich suchen."[561]

Vereinzelt gibt es auch Stimmen, die ganz grundsätzliche Kritik an der ungeschriebenen Pflicht zur Wahrung des Betriebsfriedens äußern. Diese leugnen nicht, daß im Betrieb sowohl Arbeitgeber wie Belegschaft ein schützenswertes Interesse an einem spannungsfreien Miteinander haben, bezweifeln jedoch, daß dieses Ziel auf

---

[559] Vgl. auch das Urteil des BAG vom 3.12.1954, das eine Störung des Betriebsfriedens annahm, weil der Arbeitgeber sich wiederholt die parteipolitische Betätigung des Arbeitnehmers im Betrieb verbeten hatte: „...Dabei ist zu berücksichtigen, daß es für die Gefährdung des Betriebsfriedens durch das Verhalten des Klägers nicht nur auf die Einstellung der Arbeitnehmerschaft des Betriebes, sondern auch auf die des Arbeitgebers ankommt, der genauso zum Betrieb gehört wie der Arbeitnehmer".

[560] So Wendeling-Schröder, Autonomie im Arbeitsrecht, S. 171; vgl. auch Kempff, Grundrechte im Arbeitsverhältnis, S. 60, Remmert, Die Meinungsfreiheit, S. 17; „Das Haben einer anderen Meinung ermöglicht erst den nach den Vorstellungen des Verfassungsgebers erwünschten Meinungkampf. Eine Meinungsäußerung kann daher nicht mit dem Argument, sie stehe in Konflikt mit der Meinung anderer Arbeitnehmer, unterbunden werden," ArbG Frankfurt Az. 12 Ca 31/82.

[561] Kempff, Grundrechte im Arbeitsverhältnis, S. 62, der auch von einer „Fetischisierung des Betriebsfriedens" spricht, S. 66; Remmert, Die Meinungsfreiheit, S. 16 ff., vertritt provokativ die These, als Störer des Betriebsfriedens dürfe nicht der Meinungsäußernde, sondern müsse der Arbeitskollege betrachtet werden, der nicht die Toleranz aufbringe, die Meinungsäußerung zu ertragen. Disziplinierungsmaßnahmen des Arbeitgebers müßten also denjenigen gelten, die durch ihre Reaktion die Störung unmittelbar ausgelöst haben, nicht aber dem seine Meinung äußernden Arbeitnehmer. Er anerkennt jedoch davon folgende Ausnahmen: Bei einer erheblichen Störung des Betriebsfriedens sei es dem Arbeitgeber nicht zumutbar, die Anstoß nehmenden Arbeitnehmer zu disziplinieren und gegebenenfalls zu entlassen und somit seine betrieblichen Interessen erheblich zu gefährden. Die Situation des Arbeitgebers sei hier der einer Druckkündigung vergleichbar, weshalb es ihm gestattet sein müsse, Disziplinierungsmaßnahmen gegenüber dem meinungsäußernden Arbeitnehmer vorzunehmen. Auch wenn der Arbeitnehmer mit seiner Äußerung (durch Wortwahl etc.) gerade die Störung des Betriebsfriedens beabsichtigt bzw. bewußt provoziert hat, seien gegen ihn gerichtete Disziplinierungsmaßnahmen gerechtfertigt.

rechtlichem Wege, insbesondere durch Beschränkung der Meinungsfreiheit, überhaupt erreichbar sei.[562]

Der traditionelle Umgang mit dem Betriebsfriedensbegriff stößt also in vielerlei Hinsicht auf Bedenken. Die Diskussion um die Pflicht zur Wahrung des Betriebsfriedens findet im übrigen primär im Kontext politischer Meinungsäußerungen statt, auch wenn sie im Zusammenhang mit whistleblowing oft erwähnt wird. Whistleblowing ist regelmäßig deutlich weniger geeignet, den Betriebsfrieden zu stören als politische Meinungskundgaben. Insbesondere die Konstellation, daß nur die Belegschaft, nicht aber der Arbeitgeber Anstoß an den Meinungsäußerungen nimmt, ist im Zusammenhang mit whistleblowing kaum denkbar, allenfalls in Fällen der „Denunziation" von Kollegen. In den Fällen aber, in denen (auch) der Arbeitgeber Anstoß an dem whistleblowing nimmt, wird es primär um Loyalitätsprobleme gehen, der Betriebsfrieden also nur als Folge des Loyalitätsbruchs gestört sein.

cc) Vertragliche Erweiterungen dieser Nebenpflichten ?

Zum Teil wird in der Praxis versucht, die Nebenpflichten - insbesondere die Verschwiegenheitspflicht - durch individualvertragliche Abreden zu erweitern. Solche Regelungen reichen von der Verpflichtung, über alle *als vertraulich bezeichneten Informationen* Stillschweigen zu bewahren, bis hin zu sogenannten „Allklauseln" mit der Verpflichtung, über *sämtliche* betriebsinternen Angelegenheiten und Vorgänge jederzeit, auch nach Ausscheiden, Stillschweigen zu bewahren. Abgesehen von individualvertraglichen Vereinbarungen wird vielfach versucht, in sogenannten „Arbeits- oder Betriebsordnungen" im Einvernehmen mit dem Betriebsrat (vgl. § 87 I Nr.1 BetrVG) weitergehende Verschwiegenheitsverpflichtungen zu vereinbaren[563].

Der individualvertraglichen Ausweitung von Nebenpflichten sind enge Grenzen gesetzt, insbesondere wenn es um Bindungen des Arbeitsverhältnisses im grundrechtlich geschützten Bereich geht. Ausdrückliche Vereinbarung von Verschwiegenheitspflichten im Arbeitsvertrag unterliegen der richterlichen Billigkeitskontrolle. Die richterliche Korrektur wird gestützt auf die zivilrechtlichen Generalklau-

---

[562] So Wendeling-Schröder, Autonomie im Arbeitsrecht, S. 182; vgl. auch Blomeyer, ZfA 72, S. 85 (93 f.), der darauf hinweist, daß sich weder eine einheitliche Friedensvorstellung entwickeln (Betriebsfrieden als spannungsfreier Zustand innerhalb der Belegschaft, als ordnungsgemäßer Betriebsablauf oder als Zustand des vertrauensvollen Zusammenwirkens von Arbeitgeber und Betriebsvertretung...), noch ein einheitliches Interesse an der Wahrung des Betriebsfriedens ermitteln lasse. Dies schließe den rechtlichen Schutz eines abstrakt verstandenen „Betriebsfriedens" von vornherein aus.

[563] Vgl. Wendeling-Schröder, Autonomie im Arbeitsrecht, S. 88

seln oder den übergeordneten Grundsatz von Treu und Glauben[564], jeweils in Verbindung mit der Drittwirkung der Grundrechte[565] sowie dem aus der Sozialstaatlichkeit abzuleitenden Arbeitnehmerschutzprinzip[566].

Eine Mindermeinung verneint jegliche Möglichkeit, das Grundrecht der Meinungsfreiheit im Bereich der oben beschriebenen Nebenpflichten noch weiter einzuschränken, als dies durch die ohnehin vorgenommene Interessenabwägung der Fall sei[567]. Nach überwiegender Meinung dagegen sind Vereinbarungen einer besonderen Verschwiegenheitspflicht des Arbeitnehmers grundsätzlich möglich. Allerdings ist dabei das Grundrecht der Meinungsfreiheit wesentlich zu berücksichtigen. Solche Verschwiegenheitsvereinbarungen sind danach nur insoweit zulässig, als die Geheimhaltung durch *berechtigte betriebliche Interessen* gerechtfertigt ist. [568] So sei eine weitergehende Beschränkung der Meinungsfreiheit im Arbeitsvertrag nur zu billigen, „wo sie vom Zweck des jeweiligen konkreten Arbeitsverhältnisses her geboten oder doch zumindest sinnvoll oder respektabel ist, wenn (...) unter Berücksichtigung der bei diesem Arbeitsvertrag und seiner Durchführung in Betracht kommenden anerkennenswerten Interessen eines jeden der beiden Vertragsschließenden bei objektiver Betrachtung ein nach Treu und Glauben anerkennenswerter Anlaß besteht.“[569]

Fraglich ist, ob für tarifvertragliche Vereinbarungen ein großzügigerer Maßstab gelten könnte. Hier hängt die Antwort davon ab, welche Funktion des auf die Meinungsfreiheit gestützten „Korrektureingriffes” man hervorhebt. Geht es primär um den Schutz des Arbeitnehmers, so wird man bei kollektiv ausgehandelten Regelun-

---

[564]Fastrich, Richterliche Inhaltskontrolle, S. 71 f.; Coester-Waltjen, AcP 1990, S.1 (16)

[565]Badura, RdA 1999, S.8

[566]Einen Überblick bietet Coester-Waltjen, AcP 1990 S. 1 (5-12), speziell zur Rechtsprechung des BAG insbesondere S. 6; vgl. auch Preis, Grundfragen, S. 189

[567]Vgl. Wendeling-Schröder, Autonomie im Arbeitsrecht, S. 209

[568]Vgl. Zöllner/Loritz, Arbeitsrecht, § 13 V.; LAG Hamm, v. 5.10.88, DB 1989 S. 783 f. (784) m.w.N., die dieses Kriterium aus § 138 I ableiten, vgl. Preis /Reinfeld, AuR 89, S. 361 (364), die § 242 für einen tauglicheren Maßstab halten.

Die verschiedenen Entwürfe eines Arbeitsvertragsgesetzes folgen allesamt der erstgenannten Ansicht. vgl. § 80 II des Entwurfs der Arbeitsgesetzkomission von 1977 (a.a.O.):

„Der Arbeitnehmer ist nur dann verpflichtet, über andere als in Absatz I genannte Tatsachen Verschwiegenheit zu wahren, wenn und soweit dies durch Belange des Betriebes gerechtfertigt ist und er dies mit dem Arbeitgeber vereinbart hat....“

Der Entwurf eines Arbeitsgesetzbuches von 1992 (Hrsg. Ständige Deputation des deutschen Juristentages) schweigt zu der Möglichkeit der vertraglichen Erweiterung der Verschwiegenheitspflichten. Da er jedoch vom Arbeitgeber aus berechtigtem Interesse (einseitig) als geheimhaltungsbedürftig bezeichnete Tatsachen in die Verschwiegenheitspflicht mit einbezieht, muß davon ausgegangen werden, daß dies erst recht für vertragliche Vereinbarungen gilt.

[569]Zit.: Kissel, NZA 1988, 145 (149), bei den sogenannten „All-Klauseln” wird dies in der Regel nicht der Fall sein, weshalb diese regelmäßig nichtig sind, vgl. LAG Hamm v. 5.10.1988 DB 89 S. 783 f. m.w.N.

gen weniger Grund zur Korrektur haben[570]. Schließlich kann man den Kollektivvertrag als Instrument zur Überwindung eines strukturellen Verhandlungsungleichgewichts zu Lasten des Arbeitnehmers beim Abschluß von Individualverträgen betrachten. Wer dagegen den „Korrektureingriff“ auch auf die gesamtgesellschaftliche Erwägung stützt, daß es einer pluralistischen Demokratie schade, wenn Schweigen erkauft werden könnte, wird konsequenterweise dem Kollektivvertrag keine andere Stellung einräumen als dem Individualvertrag. (Für den dogmatischen Rahmen einer eventuellen Korrektur von Tarifvereinbarungen galt in der Rechtsprechung bis vor kurzem, daß es sich wegen des Normcharakters der Tarifverträge nicht um ein Problem der Drittwirkung handle, sondern wie bei Gesetzen um eine Frage der verfassungskonformen Auslegung. Allerdings hat das BAG diese Rechtsprechung jüngst aufgegeben[571]. Es betont nunmehr, daß Tarifnormen auf „kollektiv ausgeübter Privatautonomie" beruhen. Deswegen gälten hinsichtlich der Einwirkung der Grundrechte dieselben Prinzipien wie für individualvertragliche Vereinbarungen, also die Grundsätze der mittelbaren Drittwirkung[572].)

Auch für Betriebsvereinbarungen schließlich ist anerkannt, daß sie einer richterlichen Billigkeitskontrolle unterliegen[573], auch wenn dabei regelmäßig größere Zurückhaltung geboten sein wird, als bei der Kontrolle von Individualverträgen[574]. Aus verfassungsrechtlicher Perspektive spricht angesichts der neuen Rechtsprechung zum Tarifvertrag viel dafür, die Betriebsvereinbarung auch – oder erst recht – als „kollektiv ausgeübte Privatautonomie“ zu betrachten, so daß auch hier die Grundsätze der mittelbaren Drittwirkung Anwendung finden.

b) Beschäftigte im öffentlichen Sektor

aa) Beamte

Im Beamtenrecht finden sich – anders als im Arbeitsrecht - zahlreiche gesetzliche Normierungen von Verhaltenspflichten, die für die whistleblower-Problematik Bedeutung gewinnen können.

---

[570] A.A. wohl Wendeling-Schröder, Autonomie im Arbeitsrecht, S. 245, die ganz generell die Auffassung vertritt, daß über Tarifverträge keine weitergehenden Verschwiegenheitspflichten vereinbart werden können.

[571] Vgl. BAG NZA 1998, 751 ff.

[572] Mit dieser Wende folgt das BAG einer in der Literatur schon länger vertretenen Richtung; vgl. statt vieler Dieterich, Festschrift für Schaub, S. 117 ff.

[573] Vgl. Löwisch, Arbeitsrecht, Rdnr. 553 m.w.N.

[574] Genauer Wendeling-Schröder, Autonomie im Arbeitsrecht, S. 210

aaa) Allgemeine Vorgaben

Bei der Beurteilung der disziplinarrechtlichen Relevanz von Meinungsäußerungen des Beamten ist zunächst zwischen Äußerungen, die der Beamte in unmittelbarer Ausübung seiner Funktion, also als Organwalter, macht, und „privaten" Äußerungen zu unterscheiden.[575] Äußert sich der Beamte als Organwalter, so unterliegt er in vollem Umfang der Gehorsamspflicht und dem Weisungsrecht seiner Vorgesetzten (§ 55 BBG). Beschränkungen der Meinungsfreiheit sind dabei regelmäßig hinzunehmen. Äußert sich der Beamte privat, d.h. als Staatsbürger und nicht als Amtsträger, so ist weiter zu unterscheiden, ob dies innerdienstlich oder außerdienstlich geschieht. Nach § 77 I S. 1 BBG stellt bei innerdienstlichem Verhalten jede schuldhafte Pflichtwidrigkeit ein Dienstvergehen dar. Außerdienstliches Verhalten dagegen ist gemäß § 77 I S. 2 nur dann ein Dienstvergehen, wenn es besonders geeignet ist, Achtung und Vertrauen des Amtes oder das Ansehen des Beamtentums erheblich zu beeinträchtigen. In der Literatur wird unterschiedlich beurteilt, wo die Grenze zwischen inner- und außerdienstlichem Verhalten verläuft, und auch in der Rechtsprechung läßt sich kein scharfes Abgrenzungskriterium erkennen. Manche wollen zeitliche und örtliche Verbindungen mit dem Dienst gänzlich außer acht lassen und allein auf einen (weit gefaßten) sachlichen Zusammenhang abstellen[576]. Die dabei zitierten Beispiele erwecken allerdings den Eindruck, als seien es oft gerade die zeitlichen und örtlichen Kriterien, die zur Begründung des sachlichen Zusammenhangs herangezogen werden.[577] Einigkeit besteht außerdem insoweit, als selbst eine als außerdienstlich qualifizierte Äußerung eines Beamten tendenziell strengeren Maßstäben unterworfen werden muß, wenn er sich bei ihr auf seinen Beamtenstatus beruft (sogenannter „Amtsbonus").

Regelmäßig wird in den hier in Frage stehenden whistleblower-Fällen der Dienstbezug der Äußerung so bedeutsam sein (andernfalls würde es sich kaum mehr um whistleblowing, sondern um Arbeitnehmer-Meinungsäußerungen allgemeiner Art handeln), daß nach dem BBG Innerdienstlichkeit vorläge. Außerdienstlichkeit wäre allenfalls denkbar in Fällen, in denen der Beamte Mißstände oder Fehlverhalten in anderen Abteilungen oder übergeordneten Stellen anzeigt.

bbb) Loyalitätspflicht

Hinsichtlich der Treue- bzw. Loyalitätspflichten des Beamten finden sich verschiedene gesetzliche Regelungen. Zu den wichtigsten gehören die sogenannte „Wohl-

---

[575] Zu all dem siehe Schnellenbach, Beamtenrecht, Rdnr. 189 ff.

[576] Claussen/Janzen, Bundesdisziplinarordnung, Rdnr. 59

[577] Vgl. die Darstellung von Köpp in Steiner, Besonderes Verwaltungsrecht, Rdnr. 34; dieser dagegen vertritt zumindest für den hier relevanten Bereich der Meinungsäußerungen ein deutlich engeres Verständnis von „innerdienstlich".

verhaltensklausel“ in § 54 S.3 BBG („Sein Verhalten muß der Achtung und dem Vertrauen gerecht werden, die sein Beruf erfordert“) sowie § 52 BBG (Unparteilichkeit, Bedachtnahme auf das Wohl der Allgemeinheit, Eintreten für die Freiheitlich Demokratische Grundordnung) und § 53 BBG (Zurückhaltung bei politischer Betätigung).

Vielfach wird betont, daß die Treuepflicht des Beamten gegenüber der von Arbeitnehmern erheblich gesteigert sei. Unter „Treuepflicht" wird dabei allerdings primär eine politische Treuepflicht im Sinne eines Bekenntnisses zur freiheitlich demokratischen Grundordnung verstanden (§§ 52, 53 BBG). Doch auch im übrigen wird eine gegenüber Arbeitnehmern gesteigerte Loyalitätspflicht angenommen.[578] Im Zusammenhang mit whistleblowing wird dabei insbesondere auf die „Wohlverhaltensklausel“ als den „disziplinaren Grundtatbestand" verwiesen[579], obwohl der Wortlaut diese Konstellationen nicht unbedingt zu erfassen scheint. Aus § 54 S.3 BBG wird jedoch die allgemeine Pflicht zur loyalen Zurückhaltung im Verkehr mit der Öffentlichkeit abgeleitet (wobei unter „Öffentlichkeit“ die außerdienstliche Öffentlichkeit, also auch andere staatliche Stellen zu verstehen sind, s.u. eee)). § 54 S.3 verpflichte den Beamten, „das ihm entgegengebrachte Vertrauen seines Dienstherren und damit sogleich seine eigene Achtungswürdigkeit zu wahren."[580]

ccc) Verschwiegenheitspflicht

Nach § 61 BBG ist der Beamte zur Verschwiegenheit bezüglich aller Angelegenheiten, die ihm in seiner amtlichen Tätigkeit bekannt werden, verpflichtet. Die Verschwiegenheitspflicht besteht zwar in erster Linie im Interesse einer effektiven und unparteiischen öffentlichen Verwaltung, dient aber auch – wie etwa § 203 StGB (Verletzung von Privatgeheimnissen) zeigt – dem Schutz privater Interessen.[581] Ausgenommen von der Verschwiegenheitspflicht sind offenkundige oder ihrer Bedeutung nach nicht geheimhaltungsbedürftige Tatsachen. Allerdings muß die beamtenrechtliche Verschwiegenheitspflicht im Hinblick auf Art. 5 I GG verfassungskonform reduziert werden. So geht die herrschende Meinung davon aus, daß, wenn überwiegende Interessen eine Veröffentlichung von Informationen rechtfertigen, strafrechtliche wie dienstrechtliche Geheimhaltungspflichten zurücktreten müssen[582]. Bedeutsam in diesem Zusammenhang ist außerdem die Vorschrift des §

---

[578] Schaub, Arbeitsrechts-Handbuch, § 53 S. 375; U/B/K/H-BAT § 8 S. 66.1

[579] GKÖD/Weiß J 630 Rdnr. 13; Claussen/Janzen, Bundesdisziplinarordnung, Rdnr. 46ff.

[580] GKÖD/Weiß J 630 Rdnr. 13

[581] GKÖD/Arndt, Baumgärtel u.a. T § 9 S. 3

[582] Das BVerwG hat dementsprechend festgestellt: „Die dem Beamten obliegende Pflicht zur Amtsverschwiegenheit kann allerdings über den Bereich seiner amtlichen Tätigkeit, in dem der Beamte ausschließlich als Amtswalter (Organ).... tätig ist, hinausgreifen und sich auf die individuelle Rechtssphäre des Beamten auswirken, in der er dem Dienstherren als Träger eigener

61 IV BBG, wonach die gesetzlich begründeten Pflichten des Beamten, Straftaten anzuzeigen und bei Gefährdung der freiheitlich demokratischen Grundordnung für deren Erhaltung einzutreten, von den Verschwiegeheitspflichten unberührt bleiben.

Daß der Verschwiegenheitspflicht bei Beamten dennoch größere Bedeutung zugemessen wird als bei privaten Arbeitnehmern, offenbart sich zum einen darin, daß Verstöße stärker, nämlich u.U. strafrechtlich sanktioniert sind (vgl. §§ 203 und 353 b StGB). Zum anderen zeigt es sich daran, daß hier das Regel-Ausnahme-Verhältnis umgekehrt wird. Ist es im privaten Arbeitsverhältnis die Vertraulichkeit einer Information, die besonderer Begründung bedarf, unterliegen Beamte grundsätzlich einer allgemeinen Verschwiegenheitspflicht, von der nur bestimmte Bereiche (s.o.) ausgenommen werden.

ddd) Pflicht zur Wahrung des Arbeitsfriedens

Aus § 54 S. 3 BBG wird außerdem eine Pflicht zur Wahrung des Arbeitsfriedens in der Behörde hergeleitet, die der Pflicht zur Wahrung des Betriebsfriedens in privaten Arbeitsverhältnissen weitgehend entspricht.[583]

eee) Dienstwegbindung

In whistleblower-Fällen gewinnt außerdem die Vorschrift des § 171 BBG, welche die Pflicht zur Einhaltung des Dienstweges regelt, besondere Bedeutung[584]. Nach § 171 BBG sind Anträge und Beschwerden grundsätzlich zunächst gegenüber dem unmittelbaren Vorgesetzten vorzubringen, der sie gegebenenfalls an den nächsthöheren weitergibt. Der Dienstwegvorbehalt dient neben dem Geheimnisschutz der Hierarchiewahrung[585] und dem Effizienzinteresse der Verwaltung. Letzterem liegt die Erwägung zugrunde, daß Gesuche an die nächsthöhere Behörde nicht zweck-

---

Rechte gegenübertritt und die als Bereich persönlicher Freiheit insbesondere durch die Grundrechte gegen staatliche Eingriffe gesichert wird. Insoweit bedarf es nach dem verfassungsrechtlichen Grundsatz der Verhältnismäßigkeit im Rahmen des § 61 II BBG der Abwägung zwischen dem Interesse an der Geheimhaltung und einem Interesse des Beamten an der Offenlegung und Verwertung von Tatsachen, die ihm bei seiner amtlichen Tätigkeit bekannt geworden sind." BVerwG v. 25.11.1982 NJW 1983 S. 2343, 2344; vgl. auch Weiß, ZBR 1984, S. 129 (134); so implizit auch BVerwG NVwZ 1989 S. 975 zum Verhältnis von Verschwiegenheitspflicht und Meinungsfreiheit ehrenamtlicher Gemeinderatsmitglieder.

[583] Schnellenbach, Beamtenrecht, Rdnr. 189

[584] Vgl. auch die Landesbeamtengesetze, etwa Art. 121 des Bayrischen Beamtengesetzes, der die gleiche Regelung enthält.

[585] „Die vertikale Hierarchie der Ressorts hat eine objektive Schutzfunktion, die unter derartigen (horizontalen) „Querschüssen" erheblich leiden würde." Zit.: Dürig in Maunz/Dürig, Art. 17 Rdnr. 31

mäßig wären, da diese sich regelmäßig die notwendige Kenntnis über die Sachlage erst durch Rückfrage bei den unteren Dienststellen beschaffen müßte.[586]

Auch § 171 BBG ist in den hier in Frage stehenden Fällen stets im Lichte der Art. 5 und 17 GG zu sehen und gegebenenfalls verfassungskonform zu reduzieren[587]. Einer neueren Auffassung zufolge soll der Dienstwegvorbehalt im Hinblick auf Art. 17 GG bei Petitionen an das Parlament gänzlich entfallen, was jedoch nicht ausschließe, daß durch die Parlamentspetition gegen andere Dienstpflichten, z.B. §§ 53, 54 S.3, 61 BBG verstoßen werde.[588]

§ 171 BBG gewinnt im Zusammenhang mit whistleblowing nicht nur als Verhaltenspflicht Bedeutung, sondern auch schon im Vorfeld, nämlich bei der Einordnung des whistleblowing als intern oder extern[589]. Als intern kann die Anzeige oder Beschwerde eines Beamten nur gewertet werden, wenn sie an den *dienstlichen* Adressatenkreis gerichtet ist, welcher sich nach § 171 BBG bestimmt. Danach sind dienstliche Stellen allein die in hierarchisch aufsteigender Linie für den Dienstherren des Beamten tätigen Amtswalter vom Dienstvorgesetzten bis hin zur obersten Dienstbehörde.[590] Externes whistleblowing kann demnach sowohl innerhalb des Staatsorganismus als auch außerhalb erfolgen.[591]

bb) Angestellte des öffentlichen Dienstes

aaa) Allgemeine Vorgaben

§ 8 I S. 1 BAT regelt, daß der Angestellte sich so zu verhalten hat, wie es von einem Angehörigen des öffentlichen Dienstes erwartet wird[592]. Die ausdrücklichen gesetzlichen Verhaltensgebote, wie sie für Beamte in den einschlägigen Beamtengesetzen angeordnet sind (vgl. §§ 52 ff. BBG), gelten für diese Arbeitnehmer auf Grund der tarifvertraglichen Bezugnahme auf die Beamtengesetze also entsprechend.

---

[586] So z.B. Weiß, ZBR 1984, S. 129 (136); Die Dienstwegbindung kann jedoch, wie Dürig – in Bezug auf Petitionen - überzeugend darlegt, nicht absolut gelten: Bei persönlichen Angelegenheiten dürfe dem Beamten die Einhaltung des Dienstweges nicht zur Voraussetzung einer Petition gemacht werden. Insoweit könne §171 BBG nämlich nicht als spezifisch beamtenrechtliche Ausprägung des Art. 17 GG betrachtet werden. Anders aber bei dienstlichen Angelegenheiten, und zwar auch, wenn nicht der eigene „Dienst", sondern nur der „Dienst" als solcher, etwa bei Kritik an fremden Ressorts, betroffen sei, vgl. Dürig in Maunz/Dürig Art. 17 GG Rdnr. 31.

[587] Vgl. dazu unten B II 1 b und Schluß-Teil V B II 2 g

[588] Vgl. Weiß, ZBR 1984, S. 129 (136); GKÖD/Weiß J 630 Rdnr. 11

[589] Vgl. dazu die nachfolgende Kategorisierung B II und III

[590] So GKÖD/Weiß J 630 Rdnr. 5; als dienstliche Stellen sind außerdem die Personalvertretungen zu betrachten, vgl. § 171 III BBG

[591] GKÖD/Weiß J 630 Rdnr. 5

[592] Vgl. Kissel, NZA 1988, S. 145 (146)

In der Literatur wird teilweise die Auffassung vertreten, daß die Verweisungsvorschrift des § 8 BAT sowie die in § 9 ff. BAT speziell geregelten Verhaltenspflichten die Meinungsfreiheit nicht wirksam beschränken könnten, zumal diese Regelungen als Tarifvorschriften keine allgemeinen Gesetze i.S.d. Art. 5 II GG seien. Auch Allgemeinverbindlichkeitserklärungen (vgl. § 5 TVG) könnten allenfalls den Stellenwert einer Verordnung erreichen, nicht aber den eines förmlichen Gesetzes[593]. Die Rechtsprechung geht jedoch ohne nähere Begründung davon aus, daß §§ 8 f. BAT ebenso wie die „allgemeinen Grundregeln des Arbeitsverhältnisses" den Anforderungen des Art. 5 II GG genügen[594].

bbb) Loyalitätspflicht

Der Verweis auf die für Beamte geltenden Verhaltensregeln in § 8 BAT gewinnt insbesondere Bedeutung für die andernorts nicht geregelten Treue- bzw. Loyalitätspflichten. Das BAG hat in Bezug auf § 8 BAT mehrfach betont, daß der Umfang der einem Beamten aufgegebenen Treuepflichten sich nicht schematisch auf Angestellte übertragen lasse.[595] Welches Maß an Loyalität geboten sei, hänge weitgehend von der Funktion ab, die der Bedienstete wahrzunehmen habe.[596] Von unterschiedlichen Anforderungen an Beamte einerseits und an Angestellte des öffentlichen Dienstes andererseits geht auch das BVerfG aus [597] („abgestufte Treuepflicht"[598]). Wie bei den Beamten beziehen sich auch diese Stellungnahmen zur Treuepflicht vorwiegend auf den politischen Bereich. Doch auch im übrigen wird

---

[593] Vgl. zu dem ganzen Kempff, Grundrechte im Arbeitsverhältnis, S. 71

[594] Wenn man mit der wohl herrschenden Meinung eine unmittelbare Grundrechtsbindung öffentlicher Arbeitgeber annimmt, ist die Schrankenregelung des Art. 5 II GG auch wirklich direkt anwendbar - anders im privaten Sektor, vgl. oben Teil III A I.

V. Hoyningen-Huene/ Hoffman, BB 1984, S. 1050 (1052) betonen, daß die Tarifvertragsparteien an die Grundrechte ihrer Mitglieder gebunden seien, § 8 I BAT aber nicht gegen Grundrechte verstoße, da das Vertrauen der Öffentlichkeit und die parteipolitische Neutralität der Verwaltung als Rechtsgüter hohen Ranges diese Grundrechtsbeschränkung rechtfertigen würden.

[595] So BAG v. 6.6.1984 DB 1985 S. 341 f. (342); zur politischen Betätigung von Angestellten des öffentlichen Dienstes hat das BAG entschieden, daß diese dann einen Kündigungsgrund darstellen könne, wenn der Angestellte unter Berücksichtigung der Aufgabenstellung der Behörde und für die von ihm wahrzunehmenden Funktionen nicht mehr als geeignet betrachtet werden kann oder wenn durch die im außerdienstlichen Bereich entfaltete politische Betätigung das Arbeitsverhältnis konkret beeinträchtigt wird (BAG v. 6.6.1984 DB 1985 S. 341f.). „Politische Betätigung" ist hier weiter zu verstehen als etwa „parteipolitische Betätigung" i.S.d. § 74 II S.3 BetrVG. Hintergrund des Zurückhaltungsgebots ist nämlich der Schutz des Vertrauens in die Neutralität und Objektivität der Amtsführung durch die Angestellten des öffentlichen Dienstes.

[596] So BAG AP Nr.8 zu Art.5 I GG zur politischen Meinungsfreiheit (Tragen einer Anti-Atomkraft-Plakette durch einen Lehrer während des Schuldienstes)

[597] BVerfGE 39, 334 (355)

[598] BAG AP 2 zu Art. 33 II GG; vgl. auch Kempff, Grundrechte im Arbeitsverhältnis, S. 50

eine – je nach Position - gesteigerte Loyalitätspflicht angenommen (vgl. oben, insbesondere die Ausführungen zur „Wohlverhaltensklausel")[599].

ccc) Verschwiegenheitspflicht

Verschwiegenheitspflichten für den öffentlichen Dienst sind z.B. in § 9 BAT geregelt (vgl. auch §§ 11 MTB II und 11 MTL II). Im Gegensatz zu den beamtenrechtlichen Regelungen, die grundsätzlich eine Verschwiegenheitspflicht bezüglich aller dem Beamten im Rahmen seiner amtlichen Tätigkeit bekanntgewordenen Angelegenheiten vorsehen, begründet § 9 I BAT nur eine abgeschwächte Verschwiegenheitspflicht.[600] Danach hat der Angestellte über Angelegenheiten der Verwaltung oder des Betriebes, deren Geheimhaltung durch gesetzliche Vorschriften vorgesehen oder auf Weisung des Arbeitgebers angeordnet ist, Verschwiegenheit zu bewahren. Die Verschwiegenheitspflichten sind - wie für Beamte - über §§ 203 und 253 b StGB auch strafrechtlich sanktioniert.

ddd) Pflicht zur Wahrung des Friedens der Dienststelle

Hier gilt wohl entsprechendes wie für die Pflicht zur Wahrung des Betriebsfriedens im privaten Sektor[601]. (Eine dem § 74 II S. 2 BetrVG entsprechende Vorschrift findet sich in § 66 II S. 1 BPersVG.)

eee) Dienstwegbindung

Die für Beamte unmittelbar aus § 171 BBG folgende Dienstwegbindung gilt nach herrschender Meinung für Arbeitnehmer des öffentlichen Dienstes entsprechend, auch wenn eine dem § 171 BBG vergleichbare Vorschrift fehlt.[602]

B. Lösungsansätze für konkrete Fallkonstellationen

In dem vorangegangenen Abschnitt A ging es um den abstrakten Rahmen, den sowohl das Verfassungs- als auch das einfache Recht - für die Behandlung der whistleblower-Problematik generell - vorgeben. Im Mittelpunkt des nun folgenden Abschnitts steht die Frage nach konkreten Lösungen für die verschiedenen in Betracht kommenden Fallkonstellationen.

---

[599] U/B/K/H-BAT § 8 Rdnr. 66.1; vgl. Erfurter Kommentar/ Dieterich, Art. 5 GG, Rdnr. 38: eine Sonderstellung (unter den privaten Arbeitsverhältnissen) nimmt der öffentliche Dienst ein, von dem ganz allgemein eine funktionsbezogene Zurückhaltung erwartet werden darf.

[600] So GKÖD/ Arndt, Baumgärtel u.a.T § 9 Rdnr. 1 mit Hinweis auf den früheren § 4 I ATO, der den beamtenrechtlichen Bestimmungen weitgehend nachgebildet war.

[601] Vgl. U/B/K/H-BAT § 8 S. 6

[602] Vgl. Dietz/Richardi, Bundespersonalvertretungsgesetz, § 68 Rdnr. 27

Die vorhandenen Lösungsansätze sind nicht nur lückenhaft, sondern auch höchst unterschiedlichen Ursprungs, stammen teils aus Spezialgesetzen in- und außerhalb des Arbeitsrechts, teils aus der Rechtsprechung, wie sie etwa zur verhaltensbedingten Kündigung oder zum Beamtendisziplinarrecht ergangen ist. Infolgedessen kann sich die Darstellung kaum an einer vorgefundenen inneren Systematik ihres Gegenstandes orientieren, und sie sollte dem Gegenstand zunächst auch keine solche Systematik aufzwingen, um nicht Lücken, Brüche und Redundanzen der tatsächlichen Rechtslage zu überdecken. Die nachfolgende Darstellung folgt daher einer anderen Logik. Sie behandelt die vorhandenen Lösungsansätze in der Reihenfolge abnehmender Bestimmtheit - zunächst also diejenigen, die eine klare Antwort für bestimmte, in der Praxis leider zumeist wenig bedeutsame Konstellationen liefern, später solche, die nur noch mit punktuellen und mitunter sogar widersprüchlichen Anhaltspunkten aufwarten können. Eine Konsequenz dessen ist, daß die Darstellung sich zunehmend von der Formulierung klarer Aussagen über die deutsche Rechtslage entfernt und zu einer Bestandsaufnahme einzelner Rechtsakte und einer vorsichtigen Deutung ihrer Grundtendenzen entwickelt.

Dementsprechend setzt sich der erste Abschnitt mit den weitgehend geklärten Fällen auseinander, in denen das Recht des Beschäftigten zum whistleblowing daraus folgt, daß er sogar einer entsprechenden Pflicht unterliegt. Der zweite Abschnitt beschäftigt sich mit dem Fragenkreis des internen whistleblowings. Zuletzt geht es um das weitgehend ungeklärte Problem der Zulässigkeit externen whistleblowings. Dabei sollen innerhalb dieses dritten Schritts zunächst die Behördenanzeigen behandelt werden, gefolgt von dem Problem der Anzeigen gegenüber der Öffentlichkeit oder den Medien. Wie bereits angekündigt, wird der sich daran anschließende Teil IV im Rahmen der Gegenüberstellung der unterschiedlichen Ansätze des US-amerikanischen und deutschen Rechts unter anderem auch darum bemühen, einzelne „Lücken“ des deutschen Rechts anhand von Literaturmeinungen und unter Rückgriff auf die zuvor dargestellten allgemeinen Rechtsprinzipien zu schließen.

I. Spezialfall: Anzeigepflichten[603]

Es sind Fälle denkbar, in denen ein whistleblower bei seiner Anzeige gar keine legale Alternative hatte, sondern zum whistleblowing verpflichtet war. Solche Pflichten können vertraglicher oder gesetzlicher Natur sein, sie unterscheiden sich hinsichtlich des Adressaten der vorgeschriebenen Anzeige, und auch der Verstoß gegen sie kann unterschiedlich sanktioniert sein. Aus dem Bestehen einer solchen Pflicht wird man zugleich darauf schließen können, daß an ihre Befolgung keine arbeitsrechtlichen Sanktionen geknüpft werden dürfen. Logisch zwingend erscheint dieser Schluß freilich nur für arbeitsvertragliche Pflichten, zumal sich der Arbeit-

---

[603] Die Ausführungen zu I. gelten sinngemaß auch für Beamte.

geber andernfalls dem Einwand des venire contra factum proprium aussetzen würde. Aber auch das Bestehen einer gesetzlichen Pflicht zur Anzeige wird regelmäßig zugleich die Unzulässigkeit einer ihretwegen ausgesprochenen Kündigung bedeuten. Denn es wäre wohl unzumutbar, wenn der Gesetzgeber dem Arbeitnehmer abverlangte, daß er seinen Arbeitsplatz für Gemeinwohlbelange opfert, denen die jeweilige Anzeigepflicht zu dienen bestimmt ist. In der Erfüllung einer solchen gesetzlichen Pflicht durch den Arbeitnehmer kann deshalb schwerlich ein Loyalitätsbruch gegenüber dem Arbeitgeber gesehen werden. Eine andere Lösung wäre mit den Wertungen der §§ 242, 138 und 612 a BGB unvereinbar.

Es besteht also weitgehend Einigkeit darüber, daß wenn eine Pflicht zur Anzeige besteht, diese nicht mit arbeitsrechtlichen Sanktionen belegt werden kann. Die Reichweite einzelner Anzeigepflichten ist allerdings in Literatur und Rechtsprechung umstritten.

1. Anzeigepflicht gegenüber dem Arbeitgeber

Die überwiegende Meinung geht davon aus, daß die arbeitsvertragliche Interessenwahrungspflicht grundsätzlich auch eine Pflicht zur Abwendung von Schäden beinhaltet, aus der sich unter bestimmten Umständen eine Anzeigepflicht gegenüber dem Arbeitgeber ergeben kann. Diese Anzeigepflicht reicht besonders weit, wenn ein Zusammenhang mit der eigenen Arbeitsleistung besteht, also bei Schäden, die im eigenen Pflichtenbereich auftreten können. Ob dagegen ein Arbeitnehmer aufgrund seiner Schadensabwendungspflicht auch verpflichtet ist, Schäden anzuzeigen, die in fremden Pflichtenbereichen auftreten, wie etwa bei Nachlässigkeiten oder strafbaren Handlungen anderer Arbeitnehmer, ist umstritten. Das BAG hat eine solche Verpflichtung nur für den Fall konstatiert, daß dem Arbeitnehmer entweder generell die Überwachung des anderen Dienstverpflichteten übertragen sei oder ihn wenigstens insoweit eine sogenannte aktualisierte Überwachungs- und Kontrollpflicht treffe. Letzteres sei anzunehmen, wenn sich das schädigende Verhalten in seinem Aufgabenbereich abspiele und eine Wiederholungsgefahr bestehe.[604]

---

[604] BAGE 6, S. 82, 83 f., BAG AP Nr. 57 zu § 611; gehen die Schädigungen von anderen Arbeitnehmern aus, so wird in der Regel nur bei schweren Schäden eine Anzeigepflicht angenommen, da Denunziantentum im Betrieb grundsätzlich vermieden werden soll. So hat das BAG z.B. entschieden, daß ehrverletzende Äußerungen von Arbeitskollegen nicht anzuzeigen sind, auch wenn sie kreditschädigend sind, BAG AP 66 zu §626 BGB; Schaub, Arbeitsrechts-Handbuch §53 S. 377; vgl. auch den Entwurf eines Arbeitsvertragsgesetzes von 1977 (Hrsg. Bundesminister für Arbeit und Sozialordung):

> § 79 II: Der Arbeitnehmer (...) hat dem Arbeitgeber einen drohenden Schaden unverzüglich anzuzeigen. Geht jedoch der drohende Schaden von einem anderen Arbeitnehmer des Betriebes aus, so ist dies nur dann dem Arbeitgeber anzuzeigen, wenn Personenschaden oder sonstiger erkennbar erheblicher Schaden droht.

Im Schrifttum wird eine Anzeigepflicht teilweise auch über die Fälle vertraglicher Überwachungs- und Kontrollpflichten hinaus dann angenommen, wenn dem Arbeitgeber erkennbar erheblicher Schaden droht[605]. Dem ähnelt auch der Ansatz des neuen Arbeitsschutzgesetzes, das in § 16 für alle Beschäftigten ungeachtet ihres Aufgabenbereiches die Pflicht begründet, jede von ihnen festgestellte unmittelbare erhebliche Gefahr für Sicherheit und Gesundheit sowie jeden festgestellten Defekt an Schutzsystemen unverzüglich dem Arbeitgeber oder einem Vorgesetzten zu melden. (Außerdem *sollen* sie die Fachkräfte für Arbeitssicherheit oder den Sicherheitsbeauftragten verständigen.). In vielen Tarifverträgen des öffentlichen Dienstes ist eine noch umfassendere Anzeigepflicht vorgesehen. So bestimmen §§ 9 Abs. 8 MTB II, 9 Abs. 8 MTL II und § 9 Abs. 7 BMT-G II, daß (jeder) Arbeitnehmer verpflichtet ist, einen wahrgenommenen Sachverhalt, der zu einer Schädigung der Verwaltung oder des Betriebes führen kann, dem Arbeitgeber unverzüglich zur Kenntnis zu bringen.[606]

Die eben dargestellten Anzeigepflichten beziehen sich – soweit ersichtlich - nur auf solche Schäden, die dem Arbeitgeber drohen, und sei es auch nur mittelbar. Bezüglich Schäden, die Dritten oder der Umwelt drohen, und für die der Arbeitgeber nicht haftbar gemacht werden kann, ist keine Anzeigepflicht gegenüber dem Arbeitgeber anzunehmen, zumal dessen Interessen gar nicht betroffen werden.

Gesetzliche innerbetriebliche Anzeigepflichten existieren insbesondere für die sogenannten Betriebsbeauftragten. Seit Mitte der siebziger Jahre hat der Gesetzgeber die Bestellung von Betriebsbeauftragten im Umwelt- und Sicherheitsbereich vorgeschrieben, um so innerbetriebliche Gefährdungen frühzeitig aufdecken zu können[607] (vgl. etwa den Gewässerschutzbeauftragten nach §§ 21 a ff. WHG, den Betriebsbeauftragten für Abfall nach § 54 f. Kreislaufwirtschafts- und Abfallgesetz, den Si-

---

Siehe auch den Entwurf eines Arbeitsvertragsgesetzes von 1992 (Hrsg. Ständige Deputation des Deutschen Juristentages):

> § 86 I: Der Arbeitnehmer hat innerhalb seines Arbeitsbereiches....eingetretene Störungen unverzüglich zu beseitigen. Ist ihm dies unmöglich, unzumutbar oder vom Arbeitgeber untersagt, so hat er die Störungen dem Arbeitgeber unverzüglich anzuzeigen.

(Aus den Motiven S.115 f. ergibt sich, daß mit dieser Formulierung weder die Pflichtenstellung des Arbeitgebers aus seiner Organisationsbefugnis ignoriert werden, noch der Arbeitnehmer mit Anzeigepflichten überfordert werden sollte, die seine Zusammenarbeit mit den anderen Arbeitnehmern gefährden könnten.)

[605] AK-BGB/ Derleder, § 611 Rdnr. 34; MünchKomm/ Söllner, § 611 BGB Rdnr. 399; weitergehend LAG Berlin BB 1989, 630, wonach ein Arbeitnehmer grundsätzlich verpflichtet ist, dem Arbeitgeber unerlaubte Handlungen anderer Arbeitnehmer anzuzeigen, insbesondere wenn durch die rechtzeitige Anzeige der Schaden noch verhindert werden kann; für eine generelle Anzeigepflicht Nikisch, Arbeitsrecht I, S. 447

[606] Vgl. auch die Remonstrationspflicht für Beamte in § 56 II BBG, die sich allerdings lediglich auf die Rechtmäßigkeit dienstlicher Anordnungen bezieht.

[607] Deiseroth, Berufsethische Verantwortung, S. 369

cherheitsbeauftragten nach § 22 SBG VII, den Immissionsschutzbeauftragten nach §§ 53 ff. BImSchG, den Störfallbeauftragten nach §§ 58 a ff. BImSchG und den Beauftragten für den Datenschutz nach §§ 36 ff. BDSG). Die Betriebsbeauftragten haben das Recht und die Pflicht, in ihren Zuständigkeitsbereich fallende Schäden, Störungen oder Gefahren dem Arbeitgeber anzuzeigen. Zum Teil wird vertreten, daß sich ein Betriebsbeauftragter für Umweltschutz bei Unterlassen der Anzeige an den Arbeitgeber bzw. die innerbetrieblich entscheidungsbefugte Person sogar als Unterlassungstäter nach § 324 ff. StGB strafbar machen kann, ihn also seine Funktion zum strafrechtlichen Überwachungsgaranten macht.[608]

2. Anzeigepflichten gegenüber außerbetrieblichen Stellen

Eine öffentlichrechtliche Anzeigepflicht gegenüber außerbetrieblichen Stellen besteht grundsätzlich nicht, es sei denn, es handelt sich um derart gravierende Straftaten, daß ausnahmsweise § 138 StGB (Pflicht zur Anzeige geplanter Straftaten) greift.

Betriebsbeauftragte haben - wie oben dargestellt – eine gesetzliche, u.U. auch strafrechtlich sanktionierte Pflicht, Gefahren und Mängel dem Arbeitgeber anzuzeigen. Fraglich ist, ob sie darüber hinaus die Pflicht haben, nach einer erfolglosen Anzeige an den Arbeitgeber externe Stellen zur Vermeidung von Schäden einzuschalten. Weitgehende Einigkeit besteht zwar darüber, daß Betriebsbeauftragte unter bestimmten Voraussetzungen das *Recht* zur Einschaltung der Aufsichtsbehörden bzw. der Staatsanwaltschaft haben[609], auch wenn die Gesetze dazu überwiegend schweigen[610]. Eine externe Anzeige*pflicht* des Betriebsbeauftragten wird jedoch von niemandem angenommen, zumal stets betont wird, daß der Betriebsbeauftragte in keiner öffentlichrechtlichen Beziehung zur Überwachungsbehörde stehe. Er sei kein „Spitzel" des Staates im Betrieb[611]. Der Betriebsbeauftragte, der sich nach erfolgloser interner Beanstandung nicht an externe Stellen wendet, macht sich also nicht etwa der Beihilfe durch Unterlassen zur aktiven Umweltstraftat des Benutzers/Betreibers bzw. der im Betrieb entscheidenden Person schuldig[612].

---

[608] So SK-Horn § 324 Rdnr. 11, wonach der Umstand, daß der Betriebsbeauftragte nur zu kontrollieren und zu überwachen, nicht aber selbst zu entscheiden habe, die Haftung als (mittelbarer) Unterlassungstäter nicht ausschließe; Arndt, Der Betriebsbeauftragte, S.195 ff., der weiter problematisiert, ob sich der Umweltbeauftragte auch dann strafbar macht, wenn er es unterläßt, eine Umweltstraftat gegenüber dem Arbeitgeber zu beanstanden, die von diesem vorsätzlich begangen wird; dagegen Cramer in Schönke/Schröder, § 324 Rdnr. 17; Dreher/Tröndle, § 324 Rdnr. 9

[609] Deiseroth, Berufsethische Verantwortung, S. 369

[610] Genauer dazu siehe unten Teil IV A III

[611] Vgl. Arndt, Der Betriebsbeauftragte, S. 51 und 195; Fischer, Der Betriebsbeauftragte, S. 156

[612] Vgl. Arndt, Der Betriebsbeauftragte, S. 188 ff

Anders als zu Initiativanzeigen können Arbeitnehmer - wie alle Bürger - sowohl zu Zeugenaussagen als auch zur Mitwirkung im Verwaltungsverfahren verpflichtet werden. Selbstverständlich dürfen sie arbeitgeberseitig nicht sanktioniert werden, wenn sie diesen Pflichten nachkommen[613].

In den Berufsordnungen finden sich – anders als in den USA – keine Anzeigepflichten bezüglich Fehlverhaltens von Kollegen oder Vorgesetzten an die berufständischen Organsationen.

3. Fazit

Anzeigepflichten bestehen demnach nur in engem Rahmen und können deshalb nur für ganz spezielle Bereiche die Frage der Zulässigkeit von „whistleblowing" beantworten. In der Mehrzahl der Fälle muß die Frage, ob whistleblower rechtlichen Schutz genießen, anders als mit Rückgriff auf eine entsprechende Pflicht beantwortet werden. Dazu im folgenden.

II. Zulässigkeit von internem whistleblowing

1. Gegenüber dem Arbeitgeber

a) Im privaten Sektor

aa) Beschwerderechte nach dem Betriebsverfassungsgesetz

Gemäß § 82 BetrVG hat der Arbeitnehmer das Recht, in betrieblichen Angelegenheiten, die seine Person betreffen, von den zuständigen Stellen des Betriebes gehört zu werden.[614] Nach §84 I BetrVG hat jeder Arbeitnehmer außerdem das Recht, sich

---

[613] Beamte und Angestellte des öffentlichen Dienstes bedürfen, wenn sie vor Gericht oder vor einer anderen Behörde über Angelegenheiten aussagen sollen, die der Amtsverschwiegenheit unterliegen, der Genehmigung (§§ 376 ZPO, 54, 72 StPO, 46 II, 80 II ArbGG, 118 I SGG, 98 VwGO). Die Genehmigung für die gerichtliche Zeugenschaft muß erteilt werden, wenn die in § 62 I BBG, § 65 I LBG vorgesehenen Ablehnungsgründe fehlen. Beachtung verdient im gegebenen Kontext vor allem der Ablehnungsgrund des § 62 I Nr. 1 BBG, wonach die Aussage versagt werden kann, wenn sie dem Wohle des Bundes oder eines Landes zum Nachteile gereichen oder die Erfüllung öffenlicher Aufgaben ernstlich gefährden oder erheblich erschweren würde. Für Angestellte des öffentlichen Dienstes gelten diese Regelungen entsprechend, GKÖD/Arndt, Baumgärtel u.a. T § 9 Rdnr. 8

[614] Der Gesetzgeber wollte dem Arbeitnehmer durch ein unmittelbares Mitspracherecht „rund um seinen Arbeitsplatz" das Gefühl der bloßen Objektstellung nehmen, vgl. BR-Drucks. 715/70 S. 47. In der Literatur wird überdies vertreten, daß das Anhörungsrecht auch den Interessen des Arbeitgebers diene, der über Mißstände bzw. über das Meinungsbild seiner Beschäftigten informiert wird, in seiner Entscheidungsfreiheit aber nicht beeinträchtigt ist, insbesondere nicht zu Maßnahmen gezwungen werden kann, vgl. Hess in Hess/Schlochauer/Glaubitz, Betriebsverfassungsgesetz, § 82 Rdnr. 2. Dieser Auffassung läßt sich allerdings entgegenhalten, daß es dem Arbeitgeber freistünde, ein solches Anhörungsrecht zu gewähren, auch wenn es nicht normiert

bei den zuständigen Stellen des Betriebes zu beschweren, wenn er sich vom Arbeitgeber oder von Arbeitnehmern des Betriebes benachteiligt, ungerecht behandelt oder sonst beeinträchtigt fühlt. § 84 II BetrVG regelt, daß sich der Arbeitgeber mit der Kritik auseinandersetzen muß. Es besteht also ein Anspruch auf Entgegennahme, Prüfung und Bescheidung der Beschwerde. Ein Anspruch auf Abhilfe ist allerdings nur gegeben, wenn der Arbeitgeber die Beschwerde als berechtigt erachtet, nicht dagegen bereits, wenn die Beschwerde bloß objektiv berechtigt ist.[615] Die §§ 82 ff sind trotz ihrer systematischen Stellung im BetrVG als Individualrechte konzipiert und deshalb auch im betriebsratslosen Betrieb anwendbar. Umstritten ist allerdings, ob sie auch Anwendung finden, wenn der Betrieb nicht betriebsratsfähig ist.[616] „Zuständige Stelle“ i.S.d. §§ 82 ff kann je nach Fall der Vorgesetzte, ein Betriebsbeauftragter oder auch der Arbeitgeber direkt sein[617].

Voraussetzung ist nach herrschender Meinung sowohl bei § 82 als auch bei § 84 stets die eigene Betroffenheit des Arbeitnehmers. Popularbeschwerden seien unter diesen Vorschriften ausgeschlossen. Einer Mindermeinung zufolge sollen Popularbeschwerden allerdings nur dann ausgeschlossen sein, wenn ein Betriebsrat vorhanden ist und die Beschwerde Arbeitgeberpflichten nach dem BetrVG zum Inhalt hat. Denn in diesem Fall (– und nur in diesem Fall !) sei es legitim, den Betriebsrat als einzig zuständigen Vertreter der Arbeitnehmerinteressen *insgesamt* zu betrachten.[618] In allen anderen Fällen müsse der einzelne Arbeitnehmer die Interessen der Arbeitnehmerschaft geltend machen dürfen. Andere modifizieren den Ansatz der herrschenden Meinung dadurch, daß sie betonen, daß es für § 84 BetrVG allein auf die subjektive Sicht des Arbeitnehmers ankomme, der sich persönlich belastet fühlen müsse[619]. Wenn ein Arbeitnehmer sich also z.B. durch umweltfeindliche Praktiken seines Unternehmens belastet fühle - auch wenn er nicht selbst daran mitwirken müsse[620] -, so könne eine diesbezügliche Beschwerde nicht als Popularbe-

---

wäre. Es leuchtet deswegen nicht ein, inwiefern der gesetzliche Zwang hierzu den Arbeitgeberinteressen dienen soll.

[615] So Hinrichs, ArbRGegenw. 1980, S. 35 (46); vgl. auch .Fitting/Kaiser/ Heither/ Engels, BetrVG, Rdnr. 18 zu § 84

[616] Dafür Hess in Hess/Schlochauer/Glaubitz, Betriebsverfassungsgesetz, Vorbemerkung vor § 81 Rdnr. 3; dagegen Dietz/Richardi, Bundespersonalvertretungsgesetz, Vorbemerkung vor § 81 Rdnr. 5; für Arbeitnehmer des öffentlichen Dienstes gelten die §§ 81 ff. aber dennoch nicht.

[617] So Froschauer, Arbeitsschutz und Umweltrecht, S. 126 f.; gemäß § 84 I S. 2 BetrVG kann der Arbeitnehmer bei seiner Beschwerde gegenüber der „zuständigen Stelle“ außerdem ein Mitglied des Betriebsrates zur Unterstützung oder Vermittlung hinzuziehen.

[618] Wendeling-Schröder, Autonomie im Arbeitsrecht, S. 187

[619] Vgl. LAG Schleswig-Holstein NZA 1990 S. 703; Froschauer, Arbeitsschutz und Umweltrecht, S. 115

[620] Umweltverstöße, an denen er selbst mitwirken muß, belasten ihn auch persönlich. In diesem Fall habe der Arbeitnehmer auch das Recht (bzw. u.U. sogar die Pflicht), die Arbeitsleistung zu verweigern, so daß ihm ein Anhörungsrecht als für den Arbeitgeber milderes Mittel erst recht zustehen müsse, vgl. Froschauer, Arbeitsschutz und Umweltrecht, S. 113.

schwerde verworfen werden. „Intersubjektive" Nachvollziehbarkeit der Belastung werde schließlich vom Gesetz nicht verlangt, auch nicht das Abstellen auf eine sogenannte „Normalempfindlichkeit". Voraussetzung sei nur, daß die Belastung sich aus dem Arbeitsverhältnis ergebe bzw. mit diesem in innerem Zusammenhang stehe, was bei betrieblichen Umweltverstößen der Fall sei.[621]

bb) Ungeschriebenes allgemeines Beschwerderecht

Ungeachtet der Differenzen hinsichtlich der Voraussetzungen der §§ 82 ff. BetrVG herrscht weitgehende Einigkeit darüber, daß es dem Arbeitnehmer grundsätzlich sanktionslos möglich sein muß, Kritik an betrieblichen Mißständen intern vorzubringen, auch wenn sie weder sein Arbeitsverhältnis noch das seiner Kollegen berührt, sondern lediglich die Interessen Dritter oder der Allgemeinheit[622]. Außerhalb der §§ 82 ff BetrVG wird dadurch allerdings keine Pflicht des Arbeitgebers ausgelöst, sich mit diesen Beschwerden auseinanderzusetzen[623].

Teilweise wird diese nicht normierte Beschwerdemöglichkeit aus der Fürsorgepflicht des Arbeitgebers abgeleitet, zu der auch die Wahrung ideeller Interessen und damit die Gewährung eines Beschwerderechts in Angelegenheiten gehöre, die dem Arbeitnehmer als verantwortlichem Mitglied des Unternehmens am Herzen liegen.[624] Andere argumentieren schlicht damit, daß es keine vernünftige rechtliche Überlegung gebe, die eine in angemessener Form vorgetragene Kritik von Mißständen gegenüber Vorgesetzten als Verletzung vertraglicher Pflichten erscheinen lasse.[625] Auch die an die zuständigen betriebsinternen Instanzen gerichtete Anzeige, die Fehlverhalten von Kollegen enthüllt, könne wohl kaum als Vertragsverletzung gewertet werden [626]. Allerdings betonen verschiedene Kommentatoren, daß berech-

---

[621] So Froschauer, Arbeitsschutz und Umweltrecht, S. 116

[622] Siehe z.B. Wendeling-Schröder, Autonomie im Arbeitsrecht, S. 186 f.

[623] Wendeling-Schröder, Autonomie im Arbeitsrecht, S. 187; allerdings existieren Tarifverträge, die für bestimmte Fragen eine „Auseinandersetzungspflicht" vorsehen. So z.B. der Entwurf eines ökologischen Tarifvertrages der ÖTV von 1994, der in § 8 II regelt, daß und wie der Arbeitgeber sich mit Arbeitnehmerbeschwerden über Umwelt- und Gesundheitsgefahren auseinanderzusetzen hat. Er sieht u.a. vor, daß der beschwerdeführende Arbeitnehmer über den Verlauf der Nachprüfung bzw. das Ergebnis und die geplanten Maßnahmen zu informieren sei. Vgl. auch den Entwurf eines ökologischen Tarifvertrags der Gewerkschaft Nahrung/Genuß/Gaststätten von 1992, der in § 3 jedem Arbeitnehmer ein Beschwerderecht bzgl. Umweltgefahren durch den Produktionsablauf bzw. die herzustellenden Produkte gegenüber der Betriebsleitung bzw. dem Umweltschutzbeauftragten unter Einschaltung des Betriebsrats gibt. Dem Sinn und Zweck dieses Tarifvertragsentwurfes nach muß sich der Beschwerdeempfänger mit einer solchen Beschwerde auseinandersetzen, auch wenn dies nicht explizit geregelt ist.

[624] GK-BetrVG/Wiese, vor § 81 Rdnr. 2, 23, § 82 Rdnr. 8; Dietz/Richardi, Betriebsverfassungsgesetz, vor § 81 Rdnr. 2; Froschauer, Arbeitsschutz und Umweltrecht, S. 118

[625] Wendeling-Schröder, Autonomie im Arbeitsrecht, S. 187

[626] So z.B. LAG Hamm 29.7.1994 BB 1994 S. 2352 – die Entscheidungen beziehen sich auf Fälle, in denen der Arbeitnehmer nicht ohnehin zur Anzeige verpflichtet ist.

tigte sachliche Kritik an Kollegen von Denunziantentum abzugrenzen sei: Letzteres könne je nach den Umständen des Einzelfalls eine verhaltensbedingte Kündigung rechtfertigen[627]. Wo die Grenze zwischen sachlicher Kritik und Denunziantentum verläuft, wird jedoch nicht näher erläutert.

cc) Mäßigungspflicht

Überwiegend wird davon ausgegangen, daß der Arbeitnehmer aufgrund der Treuepflicht und der Pflicht zur Wahrung des Betriebsfriedens gehalten ist, Kritik an Mißständen im Betrieb in zurückhaltender Weise zu äußern. Der Arbeitnehmer habe sich – so das BAG - sofern dies möglich ist, „einer kränkenden Ausdrucksform zu enthalten. Das Beharren auf Schärfe ist nicht Teil jener Freiheit, die das Grundgesetz garantiert.“[628] Andere geben zu bedenken, daß gerade im betrieblichen Milieu ein schrofferer Ton durchaus üblich sein kann. Außerdem seien übersteigerte Anforderungen an die Sachlichkeit dort fehl am Platze, wo es um wichtige Rechtsgüter gehe. Hier müsse auch „suggestiver Nachdruck“ zulässig sein[629]. Die Kritik dürfe allerdings nicht beleidigend sein, wobei jedoch kein kleinlicher Maßstab anzulegen sei.[630] Beschränkt sei der Arbeitnehmer lediglich wie jeder Bürger durch die Strafgesetze (§§ 185 ff. StGB) und außerdem durch § 75 BetrVG.

b) Im öffentlichen Sektor

Auch für Beamte und Beschäftigte des öffentlichen Dienstes sind Kritik und Beschwerden gegenüber dem Dienstvorgesetzten grundsätzlich nicht pflichtwidrig. In diesem internen Verhältnis gilt nichts anderes als bei privaten Arbeitnehmern. In § 171 I BBG ist dies sogar explizit geregelt[631]. Allerdings muß der Beamte bzw. der öffentliche Bedienstete sich stets an den internen Dienstweg halten, also den Weg über den unmittelbaren Dienstvorgesetzten bis hin zur obersten Dienstbehörde, letztlich also dem parlamentarisch verantwortlichen Minister verfolgen (vgl. § 171 I 2. HS).[632]

In Bezug auf die Dienstwegbindung wird allerdings betont, daß deren Nichtbeachtung im Sinne eines Angehens einer unzuständigen Stelle im hierarchischen Gefüge

---

[627] Vgl. Erfurter Kommentar/Ascheid, § 1 KSchG, Rdnr. 383; Kittner/Trittin, Kündigungsschutzrecht, § 1 KSchG Rdnr. 208

[628] Zit.: BAG v. 5.2.1981 2 AZR 883/78, abgedruckt in Mückenberger, KJ 1983, S. 81 (83 f.)

[629] So Wendeling-Schröder, Autonomie im Arbeitsrecht, S. 206

[630] Kissel, NZA 1988, 145 (148), Fitting/Kaiser/Heither/Engels, Betriebsverfassungsgesetz, § 45 Rdnr. 19

[631] Entsprechende Regelungen finden sich in den Landesbeamtengesetzen, vgl. etwa Art. 121 Bayrisches Beamtengesetz.

[632] Die Dienstwegbindung gilt nach ganz herrschender Meinung für Arbeitnehmer des öffentlichen Dienstes entsprechend, s.o. A II 2 b bb eee.

aufwärts (also im „dienstlichen“ im Gegensatz zu dem „außerdienstlichen“ Bereich, s.o.[633]) allenfalls die Verletzung einer Ordnungsvorschrift darstelle. Dies allein könne schwerlich ausreichen, ein Dienstvergehen zu begründen, zumal in dieser Pflichtwidrigkeit regelmäßig auch keine Achtungswidrigkeit gegenüber den Dienstvorgesetzten liege, die in der Hierarchie übergangen wurden [634].

Nach herrschender Meinung darf die Kritik nicht unsachlich sein oder in beleidigender Absicht vorgetragen werden. Sie dürfe auch nicht die Form „haltloser Nörgeleien oder querulatorischer Eingaben“[635] annehmen. Andererseits wird betont, daß im Interesse einer Förderung der Verwaltungstätigkeit durch positive Kritik keine zu engen Grenzen für kritische Äußerungen gezogen werden sollten[636].

2. Gegenüber dem Betriebsrat bzw. der Personalvertretung

a) Im privaten Sektor

§ 85 I BetrVG regelt, daß der Betriebsrat Beschwerden von Arbeitnehmern entgegenzunehmen und - falls er sie für berechtigt erachtet - beim Arbeitgeber auf Abhilfe hinzuwirken hat.[637] § 85 setzt damit ein Beschwerderecht gegenüber dem Betriebsrat voraus, das selbständig neben dem Beschwerderecht bei den jeweils „zuständigen Stellen“ steht[638]. Beschwerdegegenstände sind die gleichen wie in § 84, also eine Benachteiligung, ungerechte Behandlung oder sonstige Beeinträchtigung des beschwerdeführenden Arbeitnehmers, was sich aus dem engen inhaltlichen Zusammenhang dieser Normen ergibt[639]

Vorteil der Vorgehensweise über den Betriebsrat kann zum einen eine gewisse „Entindividualisierung“ des Konflikts sein. Zum anderen hat der Betriebsrat gemäß § 80 III BetrVG die Möglichkeit, innerbetriebliche Experten zuzuziehen. Wenn der Arbeitgeber die Beschwerde nach § 85 BetrVG nicht für berechtigt erachtet, kann der Betriebsrat die Einigungsstelle anrufen (§ 85 II S. 1 BetrVG). Deren Spruch ersetzt die Einigung zwischen Arbeitgeber und Betriebsrat - allerdings nur soweit der

---

[633]Unter A II b aa eee

[634]So Weiß, ZBR 1984, S. 129 (134); GKÖD/ Weiß J 630 Rdnr. 24

[635]Zit.: Claussen/Janzen, Bundesdisziplinarordung, Rdnr. 46

[636]So Claussen/Janzen, Bundesdisziplinarordnung, Rdnr. 46

[637]Ein Tätigwerden des Betriebsrates kann allerdings - selbst wenn das Unterlassen pflichtwidrig ist - vom Arbeitnehmer nicht gerichtlich erzwungen werden, vgl. Hinrichs, ArbRGegenw. 1980, S. 35 (47).

[638]Denck, DB 1980, S. 2132 (2134)

[639]Vgl. § 85 III 2 BetrVG, der auf § 84 II verweist; Wendeling-Schröder, Autonomie im Arbeitsrecht, S. 188

Gegenstand der Beschwerde kein Rechtsanspruch ist (§85 II S. 2 u. 3)[640]. Angesichts der Tatsache jedoch, daß heute die meisten nach § 85 rügbaren „Benachteiligungen“ oder „ungerechten Behandlungen“ als Verletzung von arbeitsrechtlichen Nebenpflichten (Fürsorgepflicht, Gleichbehandlungsgrundsatz etc.) justiziabel sind, werden Einigungsstellen nach diesen Paragraphen in der Praxis fast nie angerufen.[641]

Umstritten ist, ob § 85 dem Betriebsrat die Möglichkeit gibt, den Konflikt mit dem Arbeitgeber alleine auszutragen, ohne den beschwerdeführenden Arbeitnehmer zu benennen, um diesen vor eventuellen Vergeltungsmaßnahmen zu schützen. Dies wird überwiegend mit dem Argument verneint, nach dem Willen des Gesetzes solle keine Popularbeschwerde möglich sein, eine konkrete Betroffenheit müsse deshalb dargelegt, der Arbeitnehmer somit genannt werden.[642] Einer Mindermeinung zufolge verlangten §§ 84, 85 zwar eine subjektiv empfundene persönliche Beeinträchtigung. Daraus folge aber nicht, daß eine Namensnennung erforderlich sei. Es reiche vielmehr aus, wenn der Betriebsrat die persönliche Betroffenheit prüfe und dem Arbeitgeber nur das Ergebnis mitteile[643]. Voraussetzung sei natürlich, daß die konkrete Beschwerde sich auch ohne Namensnennung so beschreiben lasse, daß ihre Berechtigung überprüft und entsprechende Abhilfe erfolgen könne[644]. Es bestehe allerdings kein Rechtsanspruch auf anonyme Behandlung der Beschwerde durch den Betriebsrat[645].

Wenn der Arbeitnehmer sicherstellen will, daß seine Anonymität gewahrt wird, bleibt ihm dennoch ein – wenn auch informeller - Weg über den Betriebsrat: Gemäß § 80 I Nr. 3 hat der Betriebsrat nämlich die allgemeine Aufgabe, Anregungen von Arbeitnehmern entgegenzunehmen und - falls sie berechtigt erscheinen - durch Verhandlungen mit dem Arbeitgeber auf eine Erledigung hinzuwirken. „Anregungen" ist in diesem Zusammenhang als Sammelbegriff zu verstehen, unter den auch

---

[640] Nach dem Willen des Gesetzgebers sollten Rechtsstreitigkeiten zwischen Arbeitgeber und Arbeitnehmer nicht der Einigungsstelle, sondern den Gerichten zugewiesen sein, vgl. Dietz-Richardi, Betriebsverfassungsgesetz, § 85 Rdnr. 16 unter Hinweis auf die Gesetzesmaterialien. Beugt sich der Arbeitgeber dem Spruch der Einigungsstelle nicht, kann ihn der Betriebsrat - zumindest in Fällen von Sicherheitsverstößen- unmittelbar bei der Arbeitsschutzbehörde anzeigen, ohne zuvor das langwierige Beschwerdeverfahren durchlaufen zu müssen, vgl. Denck, DB 1980, S. 2132 (2137) unter Berufung auf das BAG-Urteil zum Strahlenschutzbeauftragten, AP Nr. 8 zu § 1 KSchG (dargestellt unter, III 1 b ee)).

[641] Hinrichs, ArbRGegenw. 1980, S. 35 (48); Denck, DB 1980, S. 2132 (2135)

[642] Simitis, Festschrift für Simon, S. 329 (341); Denck, DB 1980, S. 2132ff.

[643] Für das Verfahren vor den „zuständigen Stellen“ (§ 84) sei die Wahrung der Anonymität nicht praktikabel, da ansonsten keine Möglichkeit bestünde, die persönliche Betroffenheit nachzuprüfen.

[644] So Hinrichs, ArbRGegenw. 1980, S. 35 (47)

[645] Vgl. auch Fitting/Kaiser/Heither/Engels, Betriebsverfassungsgesetz, § 84 Rdnr. 4

Beanstandungen und Beschwerden fallen[646]. Lehnt der Betriebsrat die Verfolgung der Beschwerde ab, so hat er den Arbeitnehmer davon zu unterrichten. Eine Begründung muß er jedoch – anders als im förmlichen Verfahren nach § 85 BetrVG – nicht geben.[647] (Das Verfahren nach § 80 I Nr. 3 eröffnet nicht die Möglichkeit eines zwingenden Verfahrens vor der Einigungsstelle gemäß § 76 V BetrVG, sondern nur eines freiwilligen Einigungsverfahrens, was jedoch wegen der geringen praktischen Relevanz des Einigungsverfahrens, s.o., keinen gewichtigen Nachteil bedeutet.)

Über § 80 I Nr. 3 kann der Arbeitnehmer übrigens auch vorgehen, wenn seine Beschwerde nicht eigene Interessen, sondern Interessen von Kollegen, sonstigen Dritten oder der Allgemeinheit zum Gegenstand hat.[648]

b) Im öffentlichen Sektor

Das Personalvertretungsrecht des Bundes enthält eine dem § 80 I Nr. 3 BetrVG weitgehend entsprechende Vorschrift (§ 68 I Nr. 3 BPersonalVG[649]), jedoch keine den §§ 84 und 85 BetrVG vergleichbaren Regelungen. Bedeutsam ist in diesem Zusammenhang auch § 171 III BBG, der die Stellen der Personalvertretung ausdrücklich als zuständige Petitionsadressaten bezeichnet. Dabei braucht der Dienstweg nach ganz herrschender Meinung nicht eingehalten zu werden.[650]

3. Gegenüber der Betriebs- bzw. Personalversammlung

a) Im privaten Sektor

Ein weiteres Forum zur betriebsinternen Äußerung von Kritik bietet die Betriebsversammlung. Gemäß § 45 S. 1 BetrVG können auf Betriebsversammlungen „Angelegenheiten einschließlich solcher tarifpolitischer, sozialpolitischer und wirtschaftlicher Art behandelt werden, die den Betrieb oder seine Arbeitnehmer unmittelbar betreffen." Die funktionelle Zuständigkeit der Betriebsversammlung ist also auf die eben genannten Gegenstände beschränkt, was bedeutet, daß etwa für die Diskussion von allgemeinpolitischen Fragestellungen ohne unmittelbaren Be-

---

[646] Buchmann in Däubler/ Kittner/Klebe, Betriebsverfassungsgesetz, § 80 Rdnr. 18

[647] So Fitting/Kaiser/Heither/Engels § 80 Rdnr. 28 und § 85 Rdnr. 2

[648] Simitis, Festschrift für Simon, S. 329 (340)

[649] Vgl. auch die Landespersonalvertretungsgesetze, z.B. Bayrisches PersVG, das ebenfalls in § 69 I c eine entsprechende Normierung vorsieht.

[650] So GKÖD/ Weiß J 630 Rdnr. 54; das Bayrische Beamtengesetz enthält dagegen keine dem § 171 III BBG entsprechende Regelung.

zug zum Betrieb hier kein Raum ist[651]. Die wohl herrschende Meinung betont, daß die Angelegenheit für die Arbeitnehmer in ihrer Eigenschaft als Arbeitnehmer des konkreten Betriebes von Bedeutung sein müsse. Es genüge nicht, daß sie von ihr in ihrer Eigenschaft als Staatsbürger oder in ihren sonstigen Interessen betroffen würden[652]. So wäre es wohl nach herrschender Auffassung unzulässig, die Betriebsversammlung als Forum für Kritik der Sicherheit der hergestellten Produkte für den Verbraucher zu benutzen. Genausowenig wäre es zulässig, auf der Betriebsversammlung eines Nuklearunternehmens Umweltrisiken der Kernenergie zu erörtern (dazu s.u. 4 b cc).

Soweit zulässige Themen i.S.d. § 45 BetrVG behandelt werden, ist umstritten, ob bezüglich der Äußerung von Kritik eine Mäßigungspflicht besteht. § 45 S. 1 BetrVG regelt, daß die Grundsätze des § 74 II BetrVG Anwendung finden, so daß u.a. Betätigungen zu unterlassen sind, durch die der Arbeitsablauf und der Betriebsfrieden beeinträchtigt werden. Teilweise wird betont, daß dies nicht zu einer Einschränkung des Rechts zur freien Meinungsäußerung in betrieblichen Angelegenheiten führen dürfe. Da die Betriebsversammlung auch ein Forum der innerbetrieblichen verbalen Auseinandersetzung sei, dürfe kein kleinlicher Maßstab angelegt werden[653]. Außerdem wird angeführt, daß durch erhitzte Debatten während der Betriebsversammlung der Arbeitsablauf gar nicht beeinflußt werden könne und daß gerade die Betriebsversammlung dem Arbeitgeber optimale Gelegenheit gebe, zu den Vorwürfen Stellung zu nehmen und die Situation zu entspannen.[654] Für eine weitergehende Pflicht zur Mäßigung oder gar eine Pflicht, bestimmte Kritik nicht in die Betriebsversammlung zu tragen, machen sich allerdings verschiedene Stimmen in der Literatur stark[655]: Die Treuepflicht gebiete dem Arbeitnehmer, Kritik nicht sofort auf der Betriebsversammlung als der „betrieblichen Öffentlichkeit" zu verbreiten, ohne daß sie zunächst dem Arbeitgeber, einem Vorgesetzten oder dem Betriebsrat gegenüber geäußert und diesen Gelegenheit zur Abhilfe geboten wurde.[656]

---

[651] § 45 enthält somit eine Begrenzung des Grundrechts der freien Meinungsäußerung; diese ist zulässig, weil § 45 „allgemeines Gesetz" i.S.d. Art. 5 GG ist, so Dietz/Richardi, Betriebsverfassungsgesetz, § 45 Rdnr. 21.

[652] So Dietz/Richardi, Betriebsverfassungsgesetz, § 45 Rdnr. 23 m.w.N.

[653] Berg in Däubler/Kittner/Klebe, Betriebsverfassungsgesetz, § 45 Rdnr. 13

[654] Wendeling-Schröder, Autonomie im Arbeitsrecht, S. 190; vgl. auch Berg in Däubler/Kittner/Klebe, BetrVG §45 Rdnr. 13, wonach kein kleinlicher Maßstab angelegt werden dürfe.

[655] Kritik darf nicht nur an Mißständen im Betrieb, sondern auch an den Personen geübt werden, die für diese Mißstände verantwortlich sind; sie muß aber so vorgebracht werden, daß Ehrverletzungen und Störungen des Betriebsfriedens vermieden werden, so Dietz/Richardi, Betriebsverfassungsgesetz, § 45 Rdnr. 23.

[656] So Buchner, ZFA 1982, S. 49 (70); Glaubitz in Hess/Schlochauer/Glaubitz, § 45 Rdnr. 20

b) Im öffentlichen Sektor

§ 51 Bundespersonalvertretungsgesetz enthält eine dem § 45 BetrVG im wesentlichen entsprechende Regelung. Die obigen Ausführungen sind auf Beamte und Angestellte des öffentlichen Dienstes weitgehend übertragbar[657].

4. Stellungnahme zur Situation innerbetrieblicher Anzeigen und Beschwerden

Insgesamt sind nach herrschender Meinung also der innerbetrieblichen Äußerung von Kritik kaum Grenzen gesetzt. Bei fehlender eigener Betroffenheit stehen dem Arbeitnehmer zwar nur sehr informelle Möglichkeiten zur Verfügung (insbesondere nicht §§ 84, 85 BetrVG). Auf jeden Fall aber berechtigt interne Kritik, die in angemessener Form gegenüber dem Arbeitgeber, Vorgesetzten, Betriebsbeauftragten oder der Betriebsversammlung vorgetragen wird, grundsätzlich nicht zu arbeitgeberseitigen Sanktionen.

An die Form der Äußerung dürfen nach überzeugender Ansicht keine allzu strengen Maßstäbe angelegt werden; insbesondere ist zu vermeiden, daß eventuelle Empfindlichkeiten des Kritisierten das Maß der zulässigen Meinungsäußerung bestimmen.

a) Gefahr versteckter Sanktionen

Auch wenn also interner Kritik und Beschwerden rechtlich wenig Schranken gezogen werden, so darf das nicht darüber hinwegtäuschen, daß das Risiko versteckter Sanktionen dennoch besteht. Insbesondere schwer nachweisbare Vergeltungsformen, wie etwa eine versagte Beförderung oder ein „Kaltstellen" des unliebsamen Arbeitnehmers sind dabei nicht selten. Das gleiche gilt für rechtlich kaum faßbare, subtile Vergeltungsformen. Der aus Verantwortungsgefühl gegenüber der Gesamtgesellschaft handelnde Arbeitnehmer läuft zudem Gefahr, bei all denjenigen Kollegen im Betrieb auf Unverständnis oder gar Ablehnung zu stoßen, die aus Sorge um ihren Arbeitsplatz vor eventuellen Illegalitäten gerne die Augen verschließen. Er riskiert, sich als „Nestbeschmutzer" der allgemeinen Ächtung auszusetzen.

Die Situation eines internen whistleblowers, der sich als Mahner im Stillen allein mit seinen Vorgesetzten auseinandersetzt und gegen deren Widerstände behauptet, wird deshalb zuweilen wesentlich schwieriger sein als die des whistleblowers, der (direkt) über einen spektakulären Schritt in die Öffentlichkeit innerbetriebliche Mißstände enthüllt und dort auf Anerkennung und unter Umständen auch auf die schützende Wirkung der öffentlichen Aufmerksamkeit hoffen kann. Ganz zu

---

[657] Vgl. auch die Landespersonalvertretungsgesetze; z.B. das Bayrische LPersVertG, das in § 51 eine dem § 45 BetrVG im wesentlichen entsprechende Regelung enthält.

schweigen von dem whistleblower, der anonym nach außen Anzeige erstattet. Daß der interne whistleblower rechtlich den weitestgehenden Schutz genießt, hat also vielfach nicht mehr als theoretischen Wert.

b) Geringe Wirksamkeit interner Anzeigen

Dem oftmals hohen (tatsächlichen) Risiko für den Arbeitnehmer steht die in vielen Fällen vergleichsweise geringe Wirksamkeit interner Anzeigen gegenüber:

Möchte der Arbeitnehmer erreichen, daß sein Arbeitgeber für (bereits abgeschlossene) illegale Machenschaften zur Rechenschaft gezogen wird, wird er an einer internen Beschwerde ohnehin kein Interesse haben. Auch wenn die Illegalitäten noch andauern und eine interne Beschwerde insofern nicht völlig sinnlos wäre, besteht die Gefahr, daß die Unternehmensleitung - auf diesem Wege vorgewarnt - Maßnahmen zur Verschleierung der Illegalitäten trifft.

Aber auch, wenn es dem Arbeitnehmer nicht um die Strafverfolgung, sondern nur um das effektive Abstellen der angeprangerten Mißstände geht, sind die Wirkungsmöglichkeiten interner Kritik begrenzt. Sie hängen stets von der Bereitschaft des Arbeitgebers ab, dem angezeigten Mißstand abzuhelfen. Auf wesentliche Unterstützung durch andere betriebliche Instanzen wird der Arbeitnehmer dabei nicht immer bauen können:

aa) Vorgehen über Betriebsbeauftragten

Von der Unterstützung durch einen eventuell vorhandenen Betriebsbeauftragten darf nicht allzu viel erwartet werden, zumal der Arbeitgeber hier eine Person seines Vertrauens bestellen kann, ohne daß der Betriebsrat dagegen ein Vetorecht hat. Solche Umwelt- und Sicherheitsbeauftragte sind also nicht etwa unabhängige Beauftragte einer aufsichtsführenden Behörde, deren Wirkungskreis der Betrieb ist, sondern Beauftragte des Arbeitgebers, der zu ihrer Bestellung gesetzlich verpflichtet ist, sofern der Betrieb die Voraussetzungen des jeweiligen Gesetzes erfüllt.[658]

bb) Vorgehen über Betriebsrat bzw. Personalvertretung

Auch die Vorgehensweise über den Betriebsrat bzw. die Personalvertretung kann die Risiken interner Kritik und Beschwerden nur begrenzt abmildern.[659] Die Unter-

[658] Ausführlicher Denck, DB 1980, S. 2132 (2139): "... hat der Arbeitgeber den Vorgesetzten des Arbeitnehmers zum Sicherheitsbeauftragten gemacht, wird eine Beschwerde des Arbeitnehmers nicht viel Aussicht auf Erfolg haben."

[659] Vorausgesetzt, in dem betreffenden Unternehmen besteht überhaupt ein Betriebsrat. Nach Angaben des DGB wurden 1994 in der Bundesrepublik in 40.000 Betrieben Betriebsräte gewählt; der Anteil der Beschäftigten in Betrieben ohne Betriebsrat an der Gesamtbeschäftigung im privaten Sektor betrug 1994 49,4%, Hassel/Kluge Gewerkschaftliche Monatshefte 3/99, S. 167 ff.

stützung kann zum einen daran kranken, daß der Betriebsrat möglicherweise selbst in die betreffenden Mißstände involviert oder aber vorrangig am Erhalt der Arbeitsplätze interessiert und deshalb wenig motiviert ist, an der Aufdeckung und Beseitigung illegaler Zustände mitzuwirken. Der Arbeitnehmer riskiert also womöglich, den Unwillen des Betriebsrats auf sich zu ziehen. Außerdem bietet die Einschaltung des Betriebsrates nicht immer die Gewähr, daß das Konfliktpotential reduziert wird, insbesondere wenn das Verhältnis Arbeitgeber/Betriebsrat bereits vorbelastet ist.

Auch ist der Betriebsrat nicht für alles der richtige Ansprechpartner. Anders als bei konkret auf das Arbeitsverhältnis bezogenen Beschwerden, die in die klassische Zuständigkeit des Betriebsrates fallen (wie etwa Fragen der Arbeitssicherheit), wird der Arbeitnehmer bei Angelegenheiten wie Umweltfragen, Steuerhinterziehung oder Verschwendung öffentlicher Mittel vielfach nicht auf relevante Unterstützung bauen können.[660] Aus diesem Grunde hat z.B. die Gewerkschaft Nahrung/Gaststätten/Genuß in ihrem Entwurf eines ökologischen Tarifvertrages eine Regelung vorgesehen, die die Zuständigkeit des Betriebsrates für Beschwerden über ökologische Probleme (genauer: über Umweltbelastungen durch Produktionsablauf oder Produkte) explizit begründet. § 3 Nr. 2 S. 2 des Entwurfs sieht außerdem vor, daß der Betriebsrat, sofern er eine solche Beschwerde für berechtigt hält, bei der Betriebsleitung auf Abhilfe hinzuwirken hat.

cc) Vorgehen über Betriebs- bzw. Personalversammlung

Die Betriebs- bzw. Personalversammlung ist ebenfalls nur begrenzt geeignet, dem Arbeitnehmer das betriebsinterne Vorbringen von Kritik und Beschwerden zu erleichtern. Die von einer Mindermeinung geforderte vorherige Information des Arbeitgebers (s.o. 3 a)) wird zwar von der herrschenden Meinung zu Recht abgelehnt, zum einen, da sie die Möglichkeiten der Betriebsversammlung faktisch beschränkt, zumal viele Arbeitnehmer sich scheuen, direkt beim Arbeitgeber vorstellig zu werden, zum anderen wegen der Gefahr, daß einzelne Arbeitnehmer durch individuelle Zugeständnisse „befriedet" werden, bevor die Information die Betriebsversammlung erreicht[661].

Doch auch wenn man mit der herrschenden Meinung das Erfordernis vorheriger Arbeitgeberbenachrichtigung verneint, wird die Betriebsversammlung nicht immer das geeignete Forum für Kritik und Beschwerden sein. Denn zum einen wird die

---

[660] Daß es jedoch auch Betriebsräte gibt, die durchaus bereit sind, sich auch für außerhalb ihrer Zuständigkeit liegende Anliegen zu engagieren, zeigt etwa das Beispiel der Betriebsräte von Philips in Hamburg, die die Zurücknahme eines besonders brutalen Kriegs-Computerspieles durchgesetzt haben, Nachweis in Wendeling-Schröder, Autonomie im Arbeitsrecht, S.48.

[661] Zu diesem Problem vgl. auch unten, interne Vorschaltbeschwerde Teil IV D

Diskussion bestimmter Sachverhalte hier vielfach nicht möglich sein - aus Zeitgründen oder auch aufgrund der Komplexität der Materien oder der fehlenden Sachkenntnis innerhalb der Belegschaft.[662] Zum anderen sind die zulässigen Diskussionsthemen ja nach herrschender Auffassung beschränkt auf Angelegenheiten, welche die Arbeitnehmer in ihrer Eigenschaft als Arbeitnehmer des konkreten Betriebes und nicht nur in ihrer Eigenschaft als Staatsbürger oder in ihren sonstigen Interessen betreffen[663]. Entgegen der herrschenden Meinung wäre hier allerdings auch eine großzügigere Auslegung denkbar. Bezogen auf die oben genannten Beispiele der Debatten um die Verbrauchersicherheit oder die Risiken der Kernenergie etwa ist es durchaus möglich, daß Arbeitnehmer sich in besonderer Weise für die von „ihrem" Betrieb ausgehenden Risiken verantwortlich fühlen und insofern *als Arbeitnehmer* und nicht bloß in ihrer Rolle als Staatsbürger betroffen sind[664]. Auch läßt sich nicht negieren, daß illegale oder zumindest zweifelhafte Unternehmenspraktiken Rückwirkungen auf die konkreten Arbeitsverhältnisse bzw. die Arbeitsplätze haben können – man denke etwa an die wirtschaftlichen Folgen, die eine Haftung für Umweltschäden bzw. der damit verbundene Imageverlust haben können (vgl. auch die in der Einleitung dargestellten „Ford Pinto"- und „General-Motors"- Fälle).

Aber auch abgesehen von dem Problem der Beschränkung der zulässigen Themen besteht stets die Möglichkeit, daß der Arbeitnehmer auf der Betriebsversammlung mit seinem Anliegen „untergeht", sei es, weil seine Einschätzung von der Mehrheit der Arbeitnehmer nicht geteilt wird, sei es, weil die Mehrheit aus Sorge um den Arbeitsplatz die angeprangerten Mißstände lieber ignoriert. Der Weg über die Betriebsversammlung ist in diesen Fällen eine Sackgasse, denn eine Pflicht zur Weiterleitung „überstimmter" Beschwerden besteht selbstverständlich nicht.

c) Stellenwert des Problems innerbetrieblicher Anzeigen in der whistleblower-Diskussion

Nach alldem ist die Situation bei innerbetrieblichen Anzeigen hierzulande also gänzlich anders als in den USA.

Während in Deutschland eine Kündigung wegen innerbetrieblichen whistleblowings regelmäßig unzulässig sein wird, ist dies in den USA, wie die geschilderten Fälle zeigen, keineswegs so eindeutig. Dies erklärt sich u.a. aus dem unterschiedlichen Rechtskontext, in dem der whistleblower-Schutz in beiden Ländern steht.

---

[662] Wendeling-Schröder, Autonomie im Arbeitsrecht, S. 191

[663] Dies bedeutet allerdings nicht, daß Betriebsversammlungen sich in der Praxis immer streng an diesen Zuständigkeitskanon halten, was aus Wendeling-Schröder, Autonomie im Arbeitsrecht, S. 48 geschlossen werden kann.

[664] Dazu vgl. auch unten Teil V B II 2 cc

Man muß sich an dieser Stelle in Erinnerung rufen, daß die überwiegende Mehrheit der amerikanischen Arbeitnehmer „at will" beschäftigt sind, es also zu ihrer Kündigung grundsätzlich keines Grundes bedarf. Es ist dort also regelmäßig nicht die Zulässigkeit, sondern die Unzulässigkeit der Kündigung, die einer besonderen Begründung bedarf - sei es über Verfassungsrecht, über die Konstruktion von Ausnahmetatbeständen im Privatrecht („public policy"-Ausnahme etc.) oder über spezielle gesetzliche Normierungen. Da diese Ausnahmen vorwiegend öffentliche Interessen im Auge haben und deshalb primär externes whistleblowing schützen, bleibt internes whistleblowing häufig schutzlos.

Hierzulande bedarf es dagegen aufgrund des Kündigungsschutzgesetzes für die überwiegende Mehrheit der Arbeitnehmer stets eines berechtigten Grundes zur Kündigung. Ein solcher ist - wie dargestellt - bei internem whistleblowing regelmäßig zu verneinen, zumal die Arbeitgeberinteressen hier allenfalls marginal tangiert werden. Ergeben sich demnach bei der Beurteilung internen whistleblowings nach deutschem Recht nur selten Probleme, verwundert es nicht, wenn sich die Diskussion hierzulande auf die weitaus umstrittenere Frage der Zulässigkeit externen whistleblowings konzentriert[665]. Hinzu kommt, daß internes whistleblowing nicht nur rechtlich weniger problematisch, sondern auch wegen der Existenz institutionalisierter Arbeitnehmervertretungen im deutschen System weniger häufig erforderlich sein wird (dazu s.u. Kommentar Teil V, A I). Der letzte Abschitt III dieses Teils III sowie Teil IV widmen sich daher ausschließlich dem Problembereich des externen whistleblowing.

III. Zulässigkeit von externem whistleblowing

1. Whistleblowing gegenüber Behörden

a) Explizite Regelungen

Explizite Normierungen von Arbeitnehmer-Anzeigerechten findet man hierzulande nur sehr selten. So konnten lediglich fünf Gesetze[666] ausgemacht werden, die derartige Regelungen treffen, - abgesehen davon enthalten einige Tarifverträge eine solches Anzeigerecht.

[665] Vielfach wird unter dem Rechtsproblem der Arbeitnehmer-Anzeigen und Beschwerden in Deutschland überhaupt nur externes whistleblowing diskutiert.

[666] Auch die Gefahrstoffverordnung ist ein Gesetz im materiellen Sinne.

aa) Gefahrstoffverordnung und Arbeitsschutzgesetz

Explizite Anzeigerechte sind sowohl in der Gefahrstoffverordnung von 1986 als auch im Arbeitsschutzgesetz von 1996 vorgesehen. Das Arbeitsschutzgesetz regelt primär den Schutz der Arbeitnehmer im betrieblichen Geschehen, während die Gefahrstoffverordnung vorrangig anderen Zwecken dient, nämlich dem produktbezogenen Gefahrenschutz, und nur am Rande einige Regelungen zum speziellen gefahrstoffbezogenen betrieblichen Arbeitsschutz enthält.[667]

Nach § 21 VI der GefahrstoffVO kann sich der Arbeitnehmer, wenn eine bestimmte Schadstoffkonzentration am Arbeitsplatz erreicht ist und der Arbeitgeber auf die dagegen erhobene oder veranlaßte Beschwerde des Arbeitnehmers nicht unverzüglich Abhilfe schafft, nach Ausschöpfung der innerbetrieblichen Möglichkeiten an die zuständige Überwachungsbehörde wenden. Die Anzeige richtet sich gegen die Nichteinhaltung von Betriebsschutzgrenzwerten. Umweltgefährdungen können also nur insoweit beanstandet werden, als Leben oder Gesundheit der Arbeitnehmer unmittelbar tangiert sind[668]. § 21 VI S. 3 GefahrstoffVO regelt explizit, daß dem Arbeitnehmer aus der Ausübung dieses Rechts kein Nachteil entstehen darf.

Das Arbeitsschutzgesetz, das u.a. die EG-Rahmenrichtlinie Arbeitsschutz von 1989[669] in nationales Recht umsetzt, sieht in § 17 II Satz 1 und 2 folgende Regelung vor: „Sind Beschäftigte auf Grund konkreter Anhaltspunkte der Auffassung, daß die vom Arbeitgeber getroffenen Maßnahmen und bereitgestellten Mittel nicht ausreichen, um die Sicherheit und den Gesundheitsschutz bei der Arbeit zu gewährleisten, und hilft der Arbeitgeber darauf gerichteten Beschwerden von Beschäftigten nicht ab, können sich diese an die zuständige Behörde wenden. Hierdurch dürfen den Beschäftigten keine Nachteile entstehen."

Als Beschäftigte im Sinne des Arbeitsschutzgesetzes gelten gemäß § 2 Nr. 4 auch Beamte. In § 17 II S. 3 wird klargestellt, daß die beamtenrechtlichen Vorschriften über Beschwerden unberührt bleiben, also insbesondere der Dienstweg (§ 171 BBG) einzuhalten ist. § 17 Arbeitsschutzgesetz differenziert nicht nach Beschäftigten im allgemeinen und Personen mit besonderen Funktionen im Arbeitsschutz wie etwa Sicherheitsbeauftragte, Betriebsärzte, Fachkräfte für Arbeitssicherheit etc.

---

[667] Wlotzke, NZA 1996, S. 1017 (1018)

[668] § 21 enthält seinem Wortlaut nach auch ein explizites Beschwerderecht gegenüber dem Arbeitgeber. Aus den Gesetzesmaterialien ist jedoch zu entnehmen, daß diesbezüglich kein neues, selbständiges Anzeigerecht geschaffen werden sollte, sondern nur die bestehenden zivilrechtlichen Rechte und Pflichten der Rechtsklarheit wegen in die öffentlich-rechtliche Vorschrift mit aufgenommen wurden, vgl. BR-Drucks. 211/86 S. 43; BR-Drucks. 211/86, S. 30; Froschauer, Arbeitsschutz und Umweltrecht, S. 112.

[669] Richtlinie 89/391/EWG, AblEG Nr. L 183, S. 1

Ob diesen gegebenenfalls weitergehende Beschwerderechte zustehen, bleibt offen.[670]

§ 17 II Arbeitsschutzgesetz soll in Umsetzung des Art. 11 VI der EG-Richtlinie die „Autonomie der Beschäftigten im Arbeitsprozeß, die Stärkung ihrer Eigenverantwortung und die Herstellung einer Transparenz der Arbeitsbedingungen sicherstellen".[671] Mit dem Abstellen auf die subjektive Auffassung des Beschäftigten soll dem Umstand Rechnung getragen werden, daß dieser die objektive Wirkung einer Maßnahme oft nicht ausreichend beurteilen kann.[672] Der Arbeitnehmer darf bei einer eventuellen Fehleinschätzung allerdings nicht leichtfertig gewesen sein.[673]

Das Arbeitsschutzgesetz verlangt ebenso wie die Gefahrstoffverordnung, daß der Arbeitnehmer sich zuvor erfolglos um interne Abhilfe bemüht hat. (Im Vergleich zur Gefahrstoffverordnung ist das externe Beschwerderecht hier jedoch insofern weiter, als es nicht voraussetzt, daß der Arbeitnehmer zuvor *sämtliche* innerbetrieblichen Beschwerdemöglichkeiten ausgeschöpft hat[674].) Das Erfordernis der internen Vorschaltbeschwerde widerspricht nach wohl herrschender Ansicht nicht den Vorgaben der EG-Rahmenrichtlinie[675]: Diese sehe zwar ein solches Verfahren nicht vor, gestatte aber in Art. 11 VI, daß das externe Beschwerderecht entsprechend den „nationalen Rechtsvorschriften bzw. Praktiken" ausgestaltet werden kann. Da man in Deutschland generell von der Erforderlichkeit einer internen Vorschaltbeschwerde ausgehe (dazu genauer unten Teil IV D) und z.B. auch die Gefahrstoffverordnung in § 21 VI 2 eine solche vorsehe, müsse dies als „nationale Praktik" i.S.d. Rahmenrichtlinie betrachtet werden[676]. Die Literatur geht allerdings überwiegend davon aus, daß die Vorschaltbeschwerde in § 17 II unter dem Vorbehalt der Zumutbarkeit für den Beschäftigten stehe[677] (dazu genauer unten Teil IV D II 2).

---

[670] Vgl. Wank, Festschrift für Wlotzke, S. 617 (Fn 18 zum Entwurf eines Arbeitsschutzrahmengesetzes)

[671] Zit: Kittner/Pieper, Arbeitsschutzgesetz, § 17 Rdnr. 4

[672] So Wank, DB 1996, S. 1134 ff.

[673] Kittner/Pieper, Arbeitsschutzgesetz, § 17 Rdnr. 8; bei dieser Beurteilung kommt es auch darauf an, inwieweit der Arbeitgeber seine Informationspflichten gemäß § 7 ff. Arbeitsschutzgesetz wahrgenommen hat.

[674] So Wank, DB 1996, S. 1134 (1136); vgl. auch Möx Arbeitnehmerrechte in der Gefahrstoffverordung 1992 S.73 ff.; welche Voraussetzungen an die interne Vorschaltbeschwerde nach § 17 Arbeitsschutzgesetz genau zu stellen sind, ist umstritten, vgl. dazu unten. Teil IV D.

[675] Vgl. Kittner/Pieper, Arbeitsschutzgesetz, § 17 Rdnr. 5 m.w.N.

[676] Vgl. Wlotzke, NZA 1996, S. 1017 (1022) und Wank, in Festschrift f. Wlotzke, S. 617 (620); a.A. Angermaier, Aib 96, S. 522 (527)

[677] So z.B. Kittner/Pieper Arbeitsschutzgesetz, § 17 Rdnr. 7 m.w.N.

bb) Landesdatenschutzgesetze

§ 28 Hessisches Datenschutzgesetz von 1987 sieht folgende Regelung vor:

„I. Jeder kann sich an den hessischen Datenschutzbeauftragten wenden, wenn er annimmt, bei der Verarbeitung seiner personenbezogenen Daten durch datenverarbeitende Stellen.... in seinen Rechten verletzt zu sein. Niemand darf dafür gemaßregelt oder benachteiligt werden, daß er sich aufgrund tatsächlicher Anhaltspunkte für einen Verstoß gegen dieses Gesetz oder andere Vorschriften über den Datenschutz an den Hessischen Datenschutzbeauftragten wendet.

II. Beschäftigte öffentlicher Stellen können sich ohne Einhaltung des Dienstweges an den Hessischen Datenschutzbeauftragten wenden. Die dienstrechtlichen Pflichten der Beschäftigten bleiben im übrigen unberührt."

Im Hinblick auf Absatz II könnte man die Regelung des Abs. I so verstehen, also schließe sie das Erfordernis einer vorherigen internen Beschwerde, wie sie etwa im Arbeitsschutzgesetz verlangt wird, nicht aus. In der Literatur wird jedoch darauf hingewiesen, daß die explizite Regelung des direkten externen Beschwerderechts für öffentliche Bedienstete keinen Umkehrschluß zulasse, zumal die Vorschriften keine Ausnahme darstellen sollten.[678] Absatz II beabsichtigte lediglich, Behördenmitarbeitern schnelle und unbürokratische Hilfe ohne die häufig umständliche und zeitraubende Beschreitung des Dienstweges angedeihen zu lassen.[679]

Das Datenschutzgesetz Hamburg enthält in § 26 I und II sinngemäß entsprechende Regelungen.

cc) Tarifverträge

In einigen Tarifverträgen sind, insbesondere für den Bereich des Arbeitsschutzes, externe Anzeigenrechte vorgesehen. So regeln etwa die von der IG Medien abgeschlossenen Manteltarifverträge der Druckindustrie von 1997, daß Arbeitnehmer sich bei eventuellen Unfall- oder Gesundheitsgefahren an ihnen geeignet erscheinende Fachleute und Institutionen wenden dürfen, wenn sie sich zuvor erfolglos an den Arbeitgeber gewandt haben.[680]

dd) Kommentar

Die beiden Datenschutzgesetze sehen – zumindest für den öffentlichen Sektor - direkte Anzeigerechte vor, während die Gefahrstoffverordnung und das Arbeits-

---

[678] Simitis, Festschrift für Simon, S. 329 (346 f.)

[679] Bergmann/Möhrle/Herb, Datenschutzrecht, § 28 HDSG

[680] Vgl. IG Medien, § 2 a IV des Manteltarifvertrages für Angestellte in Baden-Württemberg und Hessen, sowie Manteltarifvertrag für die gewerblichen Arbeitnehmer der Druckindustrie in der BRD; Möx, AiB 1987, S. 382

schutzgesetz ein vorheriges internes Vorstelligwerden zur Voraussetzung machen. Alle diese Gesetze schützen nur Anzeigen zu eng definierten Themen, nämlich einerseits zum betrieblichen Arbeitsschutz und andererseits zum Schutz von Arbeitnehmer-Daten. Es geht also bei den zulässigen Anzeigegegenständen stets um eigene Interessen der Belegschaft. Beschwerden, die primär die Interessen außenstehender Dritter oder der Allgemeinheit betreffen, sind nach keinem dieser Gesetze geschützt.

Auffällig ist, daß alle Normierungen aus jüngerer Zeit stammen, die älteste Regelung eines externen Anzeigerechts findet sich in der Gefahrstoffverordnung von 1986.

Der Umstand, daß zumindest teilweise dazu übergegangen wird, außerbetriebliche Beschwerderechte in Tarifverträgen zu regeln, indiziert, daß dies als „höchst regelungsbedürftige Angelegenheit betrachtet wird, in der weitgehend Rechtsunsicherheit herrscht".[681]

b) Fallbeispiele aus der Rechtsprechung

aa) „Whistleblower"-Fall des Reichsarbeitsgerichts

Bereits das Reichsarbeitsgericht hatte sich 1930 mit der Anzeige eines Arbeitnehmers gegen seinen Arbeitgeber auseinanderzusetzen.[682] Dabei ging es um eine Anzeige gegenüber der Staatsanwaltschaft, die zu einem Strafverfahren gegen den Arbeitgeber geführt hatte, das letztlich aus Mangel an Beweisen eingestellt worden war. Der Arbeitnehmer war aufgrund der Anzeige fristlos gekündigt worden.

Das RAG bestätigte die Kündigung, wobei es betonte, daß der Arbeitnehmer auf eigenes Risiko gehandelt habe. Auch wenn er gutgläubig hinsichtlich der Berechtigung seiner Anschuldigungen gewesen sei, so habe das Strafverfahren seine Behauptungen jedoch nicht erweisen können. Deswegen müsse er auch die Konsequenzen für die Rufschädigung tragen, die er dem Arbeitgeber durch die Anzeige zugefügt habe. Der Arbeitgeber sei faktisch gezwungen gewesen, das Arbeitsverhältnis fristlos zu beenden. Denn hätte er ihn trotzdem in seinen Diensten behalten, so hätte er sich dem Verdacht ausgesetzt, er sehe die Vorwürfe des Arbeitnehmers als nicht völlig ungerechtfertigt an.

---

[681] Zit.: Froschauer, Arbeitsschutz und Umweltrecht, S. 134; vgl. auch Stahlhacke/Preis/Vossen, Kündigung und Kündigungsschutz, Rdnr. 702.; siehe auch unten Reformvorschläge Teil V B III

[682] RAGE 10 S. 464 ff.; LeFriant, Verantwortung des Arbeitgebers, S. 61

bb) „Speditions-Fall"

Im Jahre 1959 mußte sich erstmals auch das BAG mit einer (allerdings inhaltlich berechtigten) Anzeige eines Arbeitnehmers gegen seinen Arbeitgeber beschäftigen[683]. In dem Fall hatte ein Angestellter eines Speditionsunternehmens seinen Arbeitgeber wegen wiederholter Verstöße gegen güterfernverkehrsrechtliche Bestimmungen, an denen er zum Teil selber mitwirken mußte, angezeigt. Dieser hatte ihn daraufhin fristlos entlassen.

Die Klage des Arbeitnehmers wurde in allen drei Instanzen abgewiesen. Das BAG betonte, das LAG habe bei seiner Entscheidung alle zugunsten des Klägers sprechenden Faktoren berücksichtigt, insbesondere die Wahrheitsgemäßheit der Anzeige, zu befürchtende Verstöße in der Zukunft sowie die Gefahr des Klägers, sich selbst strafbar zu machen. Es habe in diesem Zusammenhang berechtigterweise darauf hingewiesen, daß der Arbeitnehmer die Alternative gehabt hätte, die Arbeit zu verweigern, sofern von ihm verlangt worden sei, an Gesetzeswidrigkeiten mitzuwirken. Die vor diesem Hintergrund vom LAG vorgenommene Abwägung, nach deren Ergebnis die Loyalitätsinteressen des Arbeitgebers das Interesse an der Anzeige klar überwögen, sei nicht zu beanstanden. Die Grundrechte des Arbeitnehmers finden in der Entscheidung des BAG keine Erwähnung.

cc) „Beleidigungsanzeigen"-Fall

Auch die instanzgerichtliche Rechtsprechung der Folgezeit stand whistleblowing grundsätzlich ablehnend gegenüber. Lediglich in einem Sonderfall, in dem die illegalen Handlungen gegen den Arbeitnehmer selbst gerichtet waren, entschied das LAG Baden-Württemberg 1964, daß der Arbeitnehmer ein Recht zur Anzeige haben müsse. Dies sei ein Gebot der Menschenwürde. In dem konkreten Fall hatte ein Arbeitnehmer ihn betreffende Beleidigungen durch den Arbeitgeber angezeigt[684]. Das Gericht führt aus, daß der Arbeitnehmer in der (strafrechtlichen) Verteidigung seiner Ehre gegenüber dem Arbeitgeber nicht schlechter gestellt werden dürfe als in der Geltendmachung von Vertragsansprüchen.

dd) „Verwaltungsangestellten"-Fall

Im Jahre 1970 hat das BAG in einem whistleblower-Fall im öffentlichen Dienst deutlich andere Töne angeschlagen. Die Grundrechtsrelevanz wurde hier allerdings

---

[683] BAG v. 5.2.1959 AP Nr.2 zu § 70 HGB; vgl. auch LAG Düsseldorf, das ein Anzeigerecht bejahte in dem Fall, daß der Arbeitnehmer Kenntnis von Straftaten erlangt, durch deren Nichtanzeige er sich selbst einer Strafverfolgung aussetzt. In diesem Fall sei er auch ohne vorherige Mitteilung an den Arbeitgeber zur Einschaltung staatlicher Ermittlungsbehörden berechtigt, LAG Düsseldorf v. 21.2.53 BB 53 S. 532.

[684] LAG Baden-Württemberg v. 29.6.64 in DB 1964, S. 1451

nur in Bezug auf das Petitionsrecht erörtert. In dem Fall[685] hatte eine Verwaltungsangestellte beim Personalleiter und später beim Bürgermeister ihre Versetzung aus dem Vermessungsamt beantragt, weil dort - so ihr Vorwurf - die Erschließungsbeiträge falsch berechnet würden. Sie habe dies bereits erfolglos beanstandet und könne eine weitere Arbeit dort mit ihrem Gewissen nicht vereinbaren. Als der Bürgermeister zwar ihrem Versetzungswunsch entsprach, gegen die behaupteten Fehler in der Vermessungspraxis jedoch nicht einschreiten wollte, erhob sie Dienstaufsichtsbeschwerde gegen ihn. Das Regierungspräsidium wies die Dienstaufsichtsbeschwerde zurück, räumte aber gleichzeitig Inkorrektheiten in der Vermessungspraxis ein. In der Folgezeit wurde der Arbeitnehmerin wegen dieser Geschehnisse gekündigt.

Das BAG betonte, daß Arbeitnehmern des öffentlichen Dienstes grundsätzlich wie jedem Bürger ein Petitionsrecht zustehe, daß sie jedoch aufgrund des Arbeitsvertrages gehalten seien, keine haltlosen oder übereilten Beschuldigungen zu erheben und keine sachfremden Ziele zu verfolgen. Weiter sei ihr Petitionsrecht allerdings nicht beschränkt, insbesondere nicht durch ein „besonderes Gewaltverhältnis". Durch Erhebung der Dienstaufsichtsbeschwerde habe die Klägerin von ihrem Petitionsrecht Gebrauch gemacht, weshalb die Kündigung nicht sozial gerechtfertigt gewesen sei.

ee) „Strahlenschutzbeauftragten"-Fall

Zwei Jahre später hatte das BAG einen weiteren whistleblower-Fall zu entscheiden. Obwohl in dieser Entscheidung Grundrechte nicht thematisiert wurden, rückt auch sie deutlich von der extremen Betonung der Loyalitätspflichten im Speditions-Fall ab. In dem Fall[686] hatte ein Strahlenschutzbeauftragter einer Kernforschungsanlage Sicherheitsbedenken zunächst gegenüber der Geschäftsführung und später auch wiederholt gegenüber der Aufsichtsbehörde geltend gemacht und war daraufhin entlassen worden.

Das BAG befand, daß Arbeitnehmern, denen die Aufgabe obliegt, die Sicherheit betrieblicher Einrichtungen zu kontrollieren, das Recht zustehe, Sicherheitsbedenken bei allen zuständigen Stellen vorzubringen. Erst wenn die Bedenken des Sicherheitsbeauftragten nach objektiven Maßstäben ausgeräumt sein müßten, könne das Beharren auf der Kritik als Grund für eine ordentliche Kündigung in Betracht kommen.

---

[685] BAG v. 18.6.1970 AP Nr. 82 § 1 KschG

[686] AP Nr. 8 zu § 1 KSchG Verhaltensbed. Künd.

ff) „Matrosen"-Fall

Die unterinstanzliche Rechtsprechung der folgenden Jahre ist ausgesprochen uneinheitlich. Sehr whistleblower-freundlich zeigte sich das LAG Düsseldorf in einem 1974 entschiedenen Fall. Damals hatte ein Matrose seine Vorgesetzten wegen Erschleichung von Schiffsführerpatenten schriftlich bei der Wasser- und Schiffahrtsdirektion angezeigt und war deshalb gekündigt worden. Das LAG entschied unter Bezugnahme auf die BAG-Urteile zum Verwaltungsangestellten-Fall und zum Strahlenschutzbeauftragten-Fall, daß der Arbeitnehmer sich hier gegenüber dem Arbeitgeber auf sein Petitionsrecht berufen könne. Er sei auch nicht verpflichtet gewesen, sich erst intern zu beschweren, bevor er sich mit einem Bericht an die zuständige externe Stelle gewandt hatte: „Das Petitionsrecht wird insoweit nicht durch arbeitsrechtliche Beziehungen eingeschränkt."[687]

Ob letzteres tatsächlich aus den angeführten BAG-Urteilen abgeleitet werden kann, erscheint fraglich, da in beiden Fällen mehrmalige interne Beanstandungen vorausgegangen waren.

gg) „Schweißer"-Fall

Der eben dargestellten Entscheidung steht sozusagen als anderes Extrem der vom LAG Baden-Würtemberg 1976 entschiedene „Schweißer-Fall" gegenüber.[688] In dem Fall hatte ein Arbeitnehmer kunststoffbeschichtete Stahlbleche zusammenzuschweißen, wobei Reizungen der Nasen- und Rachenschleimhäute sowie der Augen auftraten. Der Arbeitnehmer wandte sich deshalb an den Betriebsingenieur[689]. Nachdem mehrere Wochen nichts geschehen war, erkundigte er sich wegen der von ihm befürchteten Gesundheitsschädlichkeit der Schweißarbeit beim Gesundheitsamt. Dieses verwies ihn an die Gewerbeaufsicht. Der Arbeitnehmer informierte daraufhin die Verwaltungsstelle seiner Gewerkschaft, die den Arbeitgeber auf Betreiben des Arbeitnehmers schließlich beim Gewerbeaufsichtsamt anzeigte.

Das Gericht bestätigte die ordentliche Kündigung des Arbeitnehmers. Es unterstellte dabei, daß der Arbeitgeber seiner Pflicht zum Schutz der Gesundheit des Arbeitnehmers nicht ausreichend genügt hatte und der Arbeitnehmer Gesundheitsschäden befürchten mußte. Es stellte jedoch entscheidend darauf ab, daß der Arbeitnehmer sich selbst hätte helfen können. Er hätte nach Ansicht des Gerichts auf die Idee kommen können, die Kunstoffbeschichtung jeweils vor dem Schweißen zu entfernen. Außerdem hätte er sich erkundigen können, ob ihm eine Atemschutz-

---

[687] LAG Düsseldorf v. 21.2.1974 in DB 1974, S. 2164

[688] LAG Baden-Württemberg v. 20.10.1976 - 6 Sa 51/ 76 nicht veröffentlicht, besprochen in Denck, DB 1980 S. 2132, Hinrichs, ArbRGegenw., S. 35 (36ff. m.w.N.)

[689] Einen Betriebsrat gab es nicht.

maske zur Verfügung gestellt werde. (Dem Gericht war dabei bewußt, daß der Betriebsingenieur und die Vorgesetzten den Arbeitnehmer auf keine dieser Möglichkeiten hingewiesen hatten und beide Maßnahmen seine Arbeitsleistung deutlich verlangsamt und damit seinen „output" erheblich gesenkt hätten.) Nach Auffassung des Gerichts war der Arbeitnehmer nicht auf behördliche Hilfe mit allen ihren nachteiligen Folgen für den Arbeitgeber angewiesen gewesen. Das LAG sah in der Anzeige einen „unerfreulichen, wenn nicht sogar feindseligen Akt". Der Arbeitnehmer habe die vertrauensvolle Zusammenarbeit empfindlich gestört. Der Vorteil, den eine Überprüfung durch das Gewerbeaufsichtsamt für ihn gehabt habe, sei gegenüber den sich daraus für den Arbeitgeber ergebenden Nachteilen ungleich gering gewesen. Die Verletzung der Fürsorgepflicht durch den Arbeitgeber wiege insofern die Loyalitätspflichtverletzung des Arbeitnehmers in keiner Weise auf.

Diese Entscheidung des LAG Baden Württembergs gab Anlaß zu ungewöhnlich drastischer Schelte in der Literatur (siehe genauer Kommentar unten jj ccc)).

hh) „Hackfleisch"-Fall

In der Folgezeit schwenkte das LAG Baden-Württemberg auf einen deutlich moderateren Kurs ein. So hat es in einem 1987 entschiedenen Fall die Behördenanzeige einer Arbeitnehmerin für - unter den gegebenen Umständen - zulässig erklärt. In dem Fall[690] hatte eine Arbeitnehmerin einer Kaufhauskette den zuständigen Wirtschaftskontrolldienst darüber informiert, daß in ihrer Metzgereiabteilung altes Hackfleisch mit frischem vermischt und mit dem Herstellungsdatum des frischen Fleisches zum Verkauf angeboten werde. Dieses Vorgehen war zuvor bereits erfolglos von anderen Arbeitnehmern gegenüber der Personalleitung beanstandet worden. Die Arbeitnehmerin selbst war von Betriebsrat und Gewerkschaft an den Wirtschaftskontrolldienst verwiesen worden. Ihr wurde aufgrund der Anzeige gekündigt.

Das LAG führte zunächst aus, daß eine Anzeige gegen den gesetzwidrig handelnden Arbeitgeber zwar grundsätzlich geeignet sei, einen Kündigungsgrund darzustellen. Wegen der Besonderheiten des vorliegenden Falles müsse man hier jedoch zu einem anderen Ergebnis gelangen: An der Einhaltung der verletzten Vorschriften bestehe ein besonderes öffentliches Interesse, zumal diese dem Schutz von Leben und Gesundheit der Bevölkerung dienten. Die unverzügliche Abstellung der Manipulationen habe außerdem auch dem wohlverstandenen Interesse des Arbeitgebers selbst entsprochen, da damit mögliche Schäden bei Kunden und folglich Ansehensverlust und Haftung des Arbeitgebers vermieden worden seien. Die mögliche Minderung des Ansehens des Arbeitgebers beim Wirtschaftskontrolldienst er-

---

[690]LAG BW v. 3.2.1987 in AiB 87 S. 260 ff.

scheine demgegenüber unbedeutend. Da die Arbeitnehmerin davon ausgehen mußte, daß die Manipulationen von der Geschäftsleitung gebilligt würden, sei es im übrigen „entschuldbar“, daß sie diese nicht zuvor gegenüber der Geschäftsleitung beanstandet habe[691].

ii) Neuere Rechtsprechung

Bei den jüngsten Entscheidungen handelt es sich überwiegend um Fälle unrichtiger oder aus verwerflicher Motivation erstatteter Behördenanzeigen.

So hat das BAG 1991 entschieden, daß eine außerordentliche Kündigung dann gerechtfertigt sein könne, wenn ein Arbeitnehmer wegen Zerrüttung seiner privaten Beziehungen zum Arbeitgeber aus niederen Beweggründen dem Finanzamt Tatsachen mitteilt, die eine Steuerfahndung auslösen. Die Mitteilung an das Finanzamt könne in diesem Fall nicht als Wahrnehmung berechtigter Interessen anerkannt werden[692].

Das LAG Frankfurt hat – ebenfalls 1991- entschieden, daß eine zur ordentlichen Kündigung berechtigende „leichtfertige" Anzeigenerstattung vorliege, wenn die erhobenen Beschuldigungen aus der Sicht eines vernünftig urteilenden Dritten nicht nachvollziehbar oder auf den ersten Blick in keiner Weise sachlich fundiert sind, oder der Anzeigeerstatter objektiv unrichtige Behauptungen gerade auch deshalb aufstellt, weil er sie nicht einmal in einem ihm unter den konkreten Umständen zumutbaren Umfang vorher auf ihre Richtigkeit hin überprüft hatte[693].

In die gleiche Richtung geht auch die Entscheidung des LAG Köln von 1994, wonach das Anschwärzen des Arbeitgebers bei öffentlichen Institutionen und die Drohung mit einer Strafanzeige Grund für eine außerordentliche Kündigung sein könne, jedenfalls dann, wenn es sich bei den beanstandeten Zuständen – entgegen

---

691 Daß sich die Klägerin an den Betriebsrat gewandt hat, scheint also nach dieser Auffassung grundsätzlich nicht zu genügen, vgl. unten Teil IV D II 1.

692 BAG v. 4.7.1991 Rzk I 6 a Nr. 74; das Landesarbeitsgericht hatte hingegen darauf abgestellt, daß die Arbeitnehmerin, die an den Steuerhinterziehungen jahrelang selbst beteiligt gewesen war, Straffreiheit nach §371 AO nur durch Selbstanzeige erlangen konnte und dazu zwangsläufig auch die Verstöße des Arbeitgebers mit aufdecken mußte. Die Arbeitnehmerin habe also eigene schutzwürdige Interessen mit der Anzeige verfolgt, weshalb ihr nach Auffassung des LAG nicht hätte gekündigt werden dürfen, LAG Hamm v. 12.11.1990 19 (16) 6/90 LAGE § 626 BGB Nr. 54; vgl. auch den vom LAG Düsseldorf 1961 entschiedenen Fall, wo einem Arbeitnehmer gekündigt worden war, nachdem er ein Steuerstrafverfahren gegen seinen Arbeitgeber in Gang zu bringen versucht hatte. Das LAG erkannte, daß dies eine verhaltensbedingte Kündigung rechtfertige, LAG Düsseldorf v. 18.1.1961 in BB 1961, S. 532.

693 LAG Frankfurt v. 14.2.1991 NZA 1992, S. 124; vgl. auch LAG Frankfurt v. 12.2.1987, wonach eine Anzeige gegen den (objektiv rechtmäßig) handelnden Arbeitgeber bei den zuständigen Stellen nur dann eine ausserordentliche Kündigung rechtfertigen kann, wenn völlig haltlose Vorwürfe in einer zudem nach Art und Inhalt erheblich zu mißbilligenden Beschwerde aus einer verwerflichen Motivation (Rache, Schädigungsabsicht) erhoben werden.

der Annahme des Arbeitnehmers – gar nicht um Gesetzeswidrigkeiten handelt und der Arbeitnehmer dies durch eine (unterlassene) rechtskundige Beratung hätte feststellen können.[694]

Nicht in diese Reihe paßt die dennoch erwähnenswerte Entscheidung des LAG Köln von 1996, wonach einem LKW-Fahrer, der den ihm zugewiesenen verkehrsuntüchtigen LKW bei der Polizei vorführt, nicht aus diesem Grunde gekündigt werden kann, wenn er zuvor vergeblich versucht hat, den Arbeitgeber zur Herstellung der Verkehrstüchtigkeit zu veranlassen. Ob anders zu entscheiden wäre, wenn ein Arbeitnehmer bei dieser Gelegenheit weitergehende Vorwürfe gegen den Arbeitgeber erhebt oder gar droht, die Öffentlichkeit und Presse einzuschalten, hat das LAG ausdrücklich offengelassen.[695]

jj) Anmerkungen zur dargestellten Rechtsprechung

aaa) Linie in der Rechtsprechung

In Anbetracht der dargestellten Entscheidungen – die übrigens die (veröffentlichte) Jurisdiktion zu diesem Thema[696] im wesentlichen erschöpfen – stellt sich zunächst die Frage, inwiefern eine Linie in der Rechtsprechung erkennbar ist. (Zu Anzeigen von Beamten an „externe" öffentliche Stellen, also solche außerhalb des Dienstweges (s.o.), gibt es - soweit ersichtlich - keine publizierten Entscheidungen.)

(1) Rechtsprechung des BAG

Der Fall des Speditions-Arbeitnehmers von 1959, der Fall der Verwaltungsangestellten von 1970, der Fall des Strahlenschutzbeauftragten von 1972 und schließlich der „Steueranzeige-Fall" von 1991 sind – soweit ersichtlich- die einzigen vier veröffentlichten höchstrichterlichen Entscheidungen zu Arbeitnehmeranzeigen bei Behörden.

In dem „Speditions-Fall" hat das BAG die Grundrechtsrelevanz des Konflikts gar nicht gesehen, weder unter dem Gesichtspunkt von Art. 5 GG noch von Art. 17 GG. Dabei ist allerdings zu beachten, daß das BAG überhaupt erst in den sechziger

---

[694] LAG Köln v. 10.6.1994 LAG-E § 626 BGB Nr. 78; vgl. auch die Entscheidung des ArbG Berlin v. 29.5.1990 EzA Nr. 31 zu § 1 KSchG

[695] LAG Köln v. 23.2.96, BB 1996 S. 2411

[696] Es ist natürlich davon auszugehen, daß weitere unveröffentliche Entscheidungen zu diesem Bereich existieren. Daß es sich – wie Wendeling-Schröder, Autonomie im Arbeitsrecht, S. 21 annimmt – um eine beträchtliche Zahl unveröffentlichter Entscheidungen handelt, ließ sich durch Nachfrage bei verschiedenen Gerichten nicht bestätigen. Vielmehr wurde dort betont, daß whistleblower-Rechtsstreitigkeiten insgesamt sehr selten aufträten. Es ist also vielmehr davon auszugehen, daß entsprechend der geringen Zahl an veröffentlichten Urteilen zu diesem Thema die Zahl unveröffentlichter Entscheidungen ebenfalls vergleichsweise gering ist.

Jahren begann, eine Einwirkung der Grundrechte auf die privaten Arbeitsbeziehungen anzuerkennen[697]. Die BAG-Entscheidung zur Dienstaufsichtsbeschwerde der Verwaltungsangestellten anerkennt die Grundrechtsrelevanz zumindest unter dem Gesichtspunkt des Petitionsrechts und wird insoweit zuweilen auch als Relativierung der alten Rechtsprechung verstanden[698]. Dieser Schluß erscheint jedoch zu weitgehend, zumal nicht zwingend davon ausgegangen werden kann, daß das BAG das Petitionsrecht auch herangezogen hätte, wenn es sich um ein privates Arbeitsverhältnis gehandelt hätte[699]. In der Entscheidung zum Strahlenschutzbeauftragten werden Grundrechte nicht erwähnt, allerdings handelte es sich hierbei auch lediglich um eine Zurückverweisung wegen Rechtsfehlers, da das zuständige LAG fälschlicherweise von unstreitig unberechtigten Sicherheitsbedenken des Sicherheitsbeauftragten ausgegangen war. Schließlich bleiben auch im „Steueranzeigen-Fall" Grundrechte unerwähnt.

Angesichts des spärlichen Fallmaterials und des Alters der Entscheidungen ist eine Linie der BAG-Rechtsprechung zu Anzeigen gegenüber Behörden schwerlich auszumachen, so daß nicht klar vorgezeichnet ist, welche Positionen das BAG heute etwa im Falle wahrheitsgemäßen whistleblowings aus altruistischen Motiven einnehmen würde. Der „Strahlenschutzbeauftragten-Fall" wurde zwar in der Literatur vielfach als Schritt in Richtung eines verstärkten whistleblower-Schutzes gewertet. Ob dies wirklich gerechtfertigt ist, erscheint zweifelhaft. Schließlich bindet die Entscheidung das Anzeigerecht an die besondere Position bzw. Funktion des betroffenen Arbeitnehmers. Daß die Entscheidung eine großzügigere Linie auch für normale Arbeitsverhältnisse einleiten könnte, ist damit noch nicht gesagt. Das Urteil hat allerdings nahezu einhellig Zustimmung erfahren, so daß zumindest in Fällen, in denen der Arbeitnehmer eine besondere Verantwortung trägt, nicht zu erwarten ist, daß von dieser Entscheidung abgewichen wird. Ebenso ist davon auszugehen, daß das BAG - wie im „Steueranzeigen-Fall" demonstriert - die Schutzwürdigkeit von Anzeigen aus verwerflicher Motivation grundsätzlich verneinen wird.

(2) Unterinstanzliche Rechtsprechung

Die instanzgerichtliche Rechtsprechung ist ausgesprochen uneinheitlich. Sie unterscheidet sich danach, ob überhaupt auf Grundrechte eingegangen wird, und wenn dies der Fall ist, ob die Meinungsfreiheit oder das Petitionsrecht als Basis für ein mögliches Anzeigerecht herangezogen wird.

---

[697] Die erste grundlegende Entscheidung für die Anerkennung einer Drittwirkung der Grundrechte durch das BVerfG stammt aus dem Jahre 1958 (Lüth); vgl. auch Gamillscheg, AcP 164 (1964), S. 385ff

[698] So Wendeling-Schröder, Autonomie im Arbeitsrecht, S. 164

[699] Vgl. oben A I 2b

Für den Fall, daß die angezeigten Straftaten gegen den Arbeitnehmer selbst gerichtet waren, hatte das LAG Baden-Württemberg schon 1964 ein Anzeigerecht befürwortet. In der neueren Rechtsprechung ist die Tendenz zu erkennen, Anzeigerechte an Behörden zumindest im Falle von anhaltenden Illegalitäten oder Sicherheitsbedenken grundsätzlich zu bejahen. Die Urteile unterscheiden sich jedoch hinsichtlich der konkreten Anforderungen, die an die Zulässigkeit derartiger Anzeigen gestellt werden. Ganz überwiegend werden Anzeigen nur nach erfolgloser interner Beschwerde für schützenswert erachtet. Anders nur im „Matrosen-Fall" von 1974, in dem das LAG Düsseldorf entschied, daß eine Vorschaltbeschwerde vor Ausübung des Petitionsrechts nicht erforderlich sei.

bbb) Entscheidungscharakteristika

Auch wenn es schwer fällt, klare Tendenzen in der Rechtsprechung bezüglich der Bereitschaft zum Schutz von externem Behörden-whistleblowing auszumachen, so lassen sich doch zumindest auffällige Gemeinsamkeiten der rechtlichen Behandlung solcher whistleblower-Fälle beschreiben.

(1) Keine Berücksichtigung öffentlicher Interessen

Den dargestellten Urteilen ist gemein, daß sie die Abwägung grundsätzlich nur zwischen den betroffenen Arbeitnehmer- und Arbeitgeberinteressen vornehmen, eventuelle Interessen der Allgemeinheit an der Arbeitnehmeranzeige dagegen nicht thematisieren. Lediglich im „Hackfleisch-Fall" argumentiert das LAG Baden-Württemberg an einer Stelle damit, daß die Arbeitnehmerin den Wirtschaftskontrolldienst über die Verletzung von Vorschriften informiert habe, „deren Einhaltung von erheblichem öffentlichen Interesse ist, zumal sie dem Schutz der Gesundheit und des Lebens dienen."[700]

Eine derart explizite Berücksichtigung öffentlicher Interessen findet sich in keinem der anderen Urteile, wenn auch z.B. das Abwägungskriterium „zu befürchtender Verstöße in der Zukunft" im „Speditions-Fall" des BAG möglicherweise eine gewisse Einbeziehung öffentlicher Interessen andeutet.[701]

(2) Keine Prüfung der nachteiligen Auswirkungen

Auffällig ist außerdem, daß insbesondere die sehr restriktiven Entscheidungen die Frage gar nicht untersuchen, inwieweit das Einschalten zuständiger Behörden überhaupt in rechtlich geschützte Interessen des Arbeitgebers eingreift. Die meisten

---

[700] LAG BW v. 3.2.1987, AiB 87 S. 260ff.

[701] Siehe auch Kommentar Teil V, B III 2

begnügen sich mit der Feststellung einer Verletzung der Loyalitäts- oder Verschwiegenheitspflicht, ohne zu thematisieren, inwiefern dadurch schutzwürdige materielle oder ideelle Rechtspositionen des Arbeitgebers verletzt wurden. Als geschützte Rechtspositionen kämen hier insbesondere das Vertrauensverhältnis zwischen Arbeitgeber und Beschäftigten, der Betriebsfrieden oder auch die Geschäftsbeziehungen bzw. das geschäftliche Ansehens in Betracht[702]. Einer Benennung der konkret beeinträchtigten Rechtsposition bedürfte es sowohl im Anwendungsbereich des § 1 KSchG als auch bei § 626 BGB: Spätestens im Rahmen der Interessenabwägung müssen dort nämlich die konkreten schädlichen Auswirkungen der Pflichtverletzung dargelegt und gegen die grundrechtlich geschützten oder sonst berechtigten Interessen des Arbeitnehmers abgewogen werden[703]

ccc) Echo in der Literatur

Aufschlußreich ist außerdem, auf welche Resonanz die dargestellten Urteile in der Literatur gestoßen sind. Insgesamt haben sie nicht sonderlich viel Beachtung gefunden - was erstaunt, weisen die unterschiedlichen Ergebnisse der dargestellten Fälle doch zweifellos darauf hin, daß hier noch erheblicher Klärungsbedarf besteht. Die meisten Entscheidungen wurden nur als Leitsatz veröffentlicht[704]. Weitreichende Beachtung fanden nur das Urteil des BAG zum Strahlenschutzbeauftragten sowie das Urteil des LAG Stuttgart zum „Schweißer-Fall". Ersteres stieß – wie gesagt - auf breite Zustimmung, während letzteres scharfe Kritik hervorrief:

Die Kritiker sprachen von einem „Schandurteil". Das Gericht habe die Pflichtverteilung verkehrt, nach der es eindeutig dem Arbeitgeber als Inhaber der Arbeitsorganisationsgewalt obliege, die notwendigen Sicherheitsvorkehrungen zu treffen. Die Unabdingbarkeit der Fürsorgepflicht würde unterlaufen, wenn die Anforderungen an die Selbsthilfe derart hochgeschraubt würden, daß letztlich der Arbeitnehmer selbst die schwierige Entscheidung treffen müsse, welche Mittel zur Gefahrenabwehr erforderlich und geeignet sind.[705] Das Gericht mute außerdem dem Arbeit-

---

[702]Siehe auch Kommentar Teil V, B II 2 cc

[703]Vgl. oben A II 1; v. Hoyningen-Huene/Hoffman, BB 1984, S. 1050 (1055); Löwisch, Arbeitsrecht, S. 393 Rdnr. 1332; KR/Fischermeier, § 626 Rdnr. 171

[704]Zum „Hackfleisch-Fall", vgl. die Besprechung von Colneric, AiB 1987, S. 261; nicht nachvollziehbar erscheint die Argumentation des Gerichts im „Hackfleisch-Fall", die unverzügliche Abstellung der Manipulationen habe auch dem wohlverstandenen Interesse des Arbeitgebers entsprochen, da mögliche Schäden beim Kunden und damit die Haftung des Arbeitgebers vermieden worden seien. Die Tatsache, daß sich der Arbeitgeber trotz interner Beanstandungen nicht veranlaßt sah, die illegale Praxis abzustellen, zeigt vielmehr, daß er primär an den Einsparungen durch Verwertung des alten Hackfleisches interessiert war und das mögliche Entdeckungs- und Haftungsrisiko dafür in Kauf nahm. Ob das Interesse unvernünftig war oder nicht, kann keine Rolle spielen.

[705]Vgl. Hinrichs, ArbRGegenw., S. 35 (37), wonach die Unfallverhütungsvorschriften eine privatrechtliche Pflicht des Arbeitgebers gegenüber dem Arbeitnehmer begründen, welche nicht dis-

nehmer zu, eigenmächtig von Anordnungen abzuweichen, auf produktivitätssenkende Arbeitsweisen überzugehen und sich somit den sicheren Unwillen seiner Vorgesetzten zuzuziehen. Es habe völlig unberücksichtigt gelassen, daß der Arbeitnehmer mehrere Wochen abgewartet hatte, bevor er sich an externe Stellen wandte. Kurzum lasse das Urteil jegliche sinnvolle Interessenabwägung vermissen[706].

Vereinzelt gab es allerdings Stimmen in der Literatur, die das Urteil mit dem Argument verteidigten, daß eine veranlaßte Kontrolle durch Gewerbeaufsichtsbeamte erhebliches Aufsehen bei der Arbeitnehmerschaft erregen und somit zu einer empfindlichen Störung des Vertrauensverhältnisses zum Arbeitgeber führen könne. Außerdem habe der Arbeitgeber fürchten müssen, daß das Tätigwerden der Gewerbeaufsicht in der Öffentlichkeit bekannt werde und sein geschäftliches Ansehen schädige. Zwar unterlägen die Gewerbeaufsichtsbeamten einer Verschwiegenheitspflicht, doch schütze dies den Arbeitgeber natürlich nicht davor, daß Betriebsangehörige möglicherweise anonym das Tätigwerden der Gewerbeaufsicht in der Öffentlichkeit publik machten.[707]

Dem wurde allerdings entgegengehalten, daß das Gewerbeaufsichtsamt im konkreten Fall kein Verfahren gegen die Firma eingeleitet habe, zumal die Bearbeitung der Bleche zu jenem Zeitpunkt bereits abgeschlossen war. Das Gericht habe sich nicht bemüht, konkret aufzuzeigen, zu welchen Nachteilen die Anzeige für das Unternehmen geführt habe. Für die Annahme eines erheblichen Nachteils könne nicht ausreichen, daß bloß die Gefahr der Anordnung einschneidender Maßnahmen bestanden habe[708].

Auf dem Boden der Entscheidung im „Schweißer-Fall" bliebe kaum Raum für die Vorstellung, daß eine selbst elementare Bedrohung der eigenen Interessen des Arbeitnehmers jemals geeignet sein könnte, gegenüber dem alles dominierenden Loyalitätsanspruch des Arbeitgebers zu überwiegen. Allerdings kann wohl angesichts der entschiedenen Kritik davon ausgegangen werden, daß die Gerichte dieser Linie heute nicht mehr folgen würden. Dies gilt insbesondere auch deshalb, weil der Gesetzgeber mittlerweile mit § 17 II Arbeitsschutzgesetz eine Regelung getroffen hat, die nicht nur für den konkreten Fall ein anderes Ergebnis vorschreiben würde, sondern auch in ähnlichen Konstellationen als gesetzgeberische Wertung Berücksichtigung finden dürfte.[709]

---

positiv ist. Dabei handele es sich um Konkretisierungen der dem Arbeitgeber gemäß § 618 BGB und 120 a Gewerbeordnung obliegenden Fürsorgepflicht.

[706] Vgl. Weiss Anmerkung zu EZA § 1 KSchG Nr.8 S. 34 ff.

[707] So Denck, DB 1980, S. 2132

[708] So Hinrichs, ArbRGegenw., S. 35 (38)

[709] So auch Kittner/Trittin, Kündigungsschutzrecht, § 1 KSchG Rdnr. 185 b

2. Whistleblowing gegenüber den Medien bzw. der Öffentlichkeit

a) Keine expliziten Regelungen

Während zumindest einzelne Normierungen externer Anzeigerechte gegenüber Behörden existieren, gibt es – soweit ersichtlich - keinerlei Normierungen, die explizit ein Anzeige- bzw. Beschwerderecht gegenüber der Öffentlichkeit vorsehen.

In diesem Zusammenhang sei darauf hingewiesen, daß das Petitionsrecht (Art. 17 GG) bei Enthüllungen gegenüber den Medien bzw. der Öffentlichkeit nicht herangezogen werden kann, da diese nicht „zuständige Stelle" im Sinne jener Grundgesetznorm sind.

b) Fallbeispiele aus der Rechtsprechung

aa) „Verfassungsschutz"-Fall

Die bis heute wohl bedeutsamste Entscheidung zum Anzeigerecht öffentlicher Bediensteter gegenüber den Medien stammt aus dem Jahre 1970. Das BVerfG hat damals entschieden, daß es keinen Verstoß gegen Art. 5 I GG darstelle, wenn einem Beamten oder Angestellten des öffentlichen Dienstes, der glaubt, ein verfassungswidriges Handeln seiner Behörde festgestellt zu haben, grundsätzlich zur Pflicht gemacht wird, „zunächst die in der institutionellen Ordnung des demokratischen Staates liegenden Abhilfemöglichkeiten auszuschöpfen, bevor er die Öffentlichkeit unterrichtet."[710]

In dem Fall hatte ein Angestellter des Bundesamts für Verfassungsschutz, der Bedenken gegen die Verfassungsgemäßheit verschiedener Praktiken seiner Behörde hatte, einen Rechtsanwalt und später die Presse hierüber informiert und dabei Interna des Verfassungsschutzes preisgegeben. Er wurde dafür vom BGH wegen vorsätzlicher Verletzung der Amtsverschwiegenheit verurteilt, wogegen er Verfassungsbeschwerde erhob[711].

Der BGH hatte aus der Rolle des Beschwerdeführers als Angestelltem des öffentlichen Dienstes gewisse Vorbedingungen hergeleitet, unter welchen sich ein solcher Amtsträger an die Öffentlichkeit wenden dürfe. Danach müsse ein Amtsträger zunächst die ihm nach der Organisation des demokratischen Rechtsstaates zu Gebote stehenden Möglichkeiten ausschöpfen, bevor er den Weg in die Öffentlichkeit beschreite. Von dieser Regel solle nur dann eine Ausnahme gelten, wenn ein schwe-

[710] BVerfGE 28, 191 (1970)

[711] Es handelte sich hier also nicht um eine Kündigung, die Problemlage ist jedoch weitgehend übertragbar.

rer Verstoß gegen oberste Rechts-und Verfassungswerte vorliege, was hier nicht der Fall gewesen sei.

Das BVerfG hat offengelassen, ob es dieser „Stufentheorie" stets folgen würde, im vorliegenden Fall sei jedoch die vom BGH vorgenommene Abwägung zwischen den Interessen einer geordneten öffentlichen Verwaltung und den Grundrechten des Amtsträgers nicht zu beanstanden. Beamte und Angestellte des öffentlichen Dienstes, deren Tätigkeit nachrichtendienstlicher Natur ist, treffe eine gesteigerte Verschwiegenheitspflicht. Auf diese komme es hier allerdings gar nicht an, denn schon aufgrund des Treue- und Loyalitätsverhältnisses zum Staat sei *jeder* Amtsträger grundsätzlich verpflichtet, im Interesse der ungestörten und möglichst wirksamen Tätigkeit seiner Behörde bei der Rüge von Verfassungswidrigkeiten mit dem schonendsten Mittel zu beginnen. Er müsse sich also zunächst bei seinen Vorgesetzten um Abhilfe bemühen. Sollten diese nicht so reagieren, wie es die Sachlage erfordere, oder verspreche ihre Unterrichtung offensichtlich keinen Erfolg, etwa weil sich das beanstandete Verhalten bereits zu einer Übung ausgeweitet habe bezüglich derer eine Änderung allein auf Anregung eines Bediensteten nicht zu erwarten sei, so sei diesem anzusinnen, den Dienstweg bis zu dem für die Tätigkeit der Behörde parlamentarisch verantwortlichen Minister weiterzuverfolgen. Darüber hinaus verbleibe ihm die Möglichkeit, sich an einen Abgeordneten oder mit einer Petition an das Parlament zu wenden. Zum direkten Schritt in die Öffentlichkeit sei der Angestellte hier also nicht befugt gewesen. (Das Verfassungsgericht sah es in diesem Zusammenhang außerdem für bedeutsam an, daß die Verfolgung des Dienstweges im konkreten Fall keine nennenswerte zeitliche Verzögerung verursacht hätte.)

bb) „Wallraff"-Fall

Eine weitere Entscheidung von (ebenfalls[712]) mittelbarer Bedeutung für das Recht zum „whistleblowing" gegenüber der Öffentlichkeit ist das Urteil des BGH von 1981 zum Wallraff-Fall, das 1984 vom Verfassungsgericht kassiert wurde.[713] Mittelbar bedeutsam deshalb, weil hier nicht die Klage des Arbeitnehmers wegen etwaiger arbeitgeberseitiger Sanktionen Gegenstand der Entscheidung war, sondern eine Unterlassungsklage des Arbeitgebers. Anders als im Verfassungsschutzfall standen hier whistleblower-Rechte im privaten Sektor in Frage.

In dem Fall hatte ein Arbeitnehmer der BILD-Zeitung (Günter Wallraff) nach seinem Ausscheiden aus dem Arbeitsverhältnis ein Buch veröffentlicht, in dem er seine Erlebnisse als Mitarbeiter der BILD-Zeitungs-Redaktion schilderte. Ausschließlich zu diesem Zweck hatte er sich unter einem Decknamen für ein halbes

---

[712] Vgl. Fn. 304

[713] BGH v. 20.1.1981 BGHZ 80, S. 25 ff.

Jahr von der Zeitung einstellen lassen. Die BILD-Zeitung verklagte ihn auf Unterlassung der Veröffentlichung verschiedener Textstellen.

In diesem Zusammenhang hatte der BGH u.a. zu prüfen, ob und inwieweit die nachvertragliche arbeitsrechtliche Treuepflicht den Veröffentlichungen entgegenstehen könnte[714]. Auf der einen Seite – so der BGH – müsse dabei das Interesse des Arbeitgebers an der Wahrung des Betriebsfriedens sowie seines wirtschaftlichen Rufes und das Bedürfnis, den Redaktionen die für ihre Arbeit notwendige Vertraulichkeitssphäre zu sichern, berücksichtigt werden. Auf der anderen Seite stehe das Interesse des Arbeitnehmers an freier Kommunikation und Kritik - beides Freiheiten, denen Art. 5 GG hohe Bedeutung zumesse. Der BGH betonte, daß die Interessenabwägung verschieden ausfallen könne, je nachdem ob - wie hier - die Frage eines Unterlassungsanspruches oder aber arbeitsrechtliche Maßnahmen wie etwa eine Kündigung zur Entscheidung stünden. Bezüglich letzterem stellte er als obiter dictum fest, daß angesichts eines derartigen Vertrauensbruches vom Arbeitgeber nicht verlangt werden könne, das Arbeitsverhältnis fortzusetzen. Ein deliktischer oder arbeitsvertraglicher Unterlassungsanspruch des Arbeitgebers bestehe hingegen nicht. Denn ein solcher würde nicht nur den Arbeitnehmer, sondern auch die öffentliche Diskussion schwer belasten. Die Ernsthaftigkeit und Bedeutung des Anliegens, das der Arbeitnehmer mit seinem Beitrag verfolge, lasse die Nachteile für den Betroffenen und für die Rechtsordung in den Hintergrund treten.

Das BVerfG korrigierte die Entscheidung des BGH dahingehend, daß schwerwiegende Einbrüche in die Grundrechtssphäre des Arbeitgebers (hier insbesondere in die Pressefreiheit) „nicht schon durch das *bloße Interesse* der Öffentlichkeit an der Aufdeckung gewichtiger Mißstände, sondern nur bei Vorliegen gravierender Rechtsbrüche gerechtfertigt werden.“[715] Die Bedeutung der Information für die Öffentlichkeit müsse *eindeutig* die Nachteile der Veröffentlichung überwiegen, was nicht der Fall sei, wenn - wie hier - die widerrechtlich beschafften und verwerteten Informationen Zustände offenbarten, die ihrerseits nicht rechtswidrig seien.

cc) „Chefarzt”-Fall

Die wohl erste Entscheidung des BAG zum Anzeigerecht gegenüber den Medien stammt aus dem Jahre 1981[716]. In dem Fall hatte der Chefarzt eines Krankenhauses in einem Artikel und in einem Leserbrief angebliche Mißstände im Krankenhaus

---

[714] Der Beklagte war zwar kein Arbeitnehmer, sondern stand in einem freien Mitarbeiterverhältnis. Das Gericht hat jedoch klargestellt, daß dieses im konkreten Fall hinsichtlich der Fähigkeit, Loyalitätspflichten zu begründen, einem Arbeitsverhältnis gleichgestellt ist, vgl. BGH 80 S. 25, 28.

[715] BVerfG vom 25.1.1984, BVerfGE 1984, S. 117 ff.

[716] BAG v. 5.2.81 (unveröffentlicht), auszugsweise wiedergegeben in der Anm. von Mückenberger, KJ 1983, S. 69 (72 ff.) und in Zachert, AuR 1984, S. 289 (291 f.)

scharf kritisiert und u.a. behauptet, man habe ihn wie einen Sklaven behandelt. Nach den Feststellungen des Gerichts war sein wesentliches Motiv dabei, finanzielle Forderungen (private Liquidationen) gegenüber der Klinik durchzusetzen.

Das BAG entschied, daß private Interessen Presseveröffentlichungen über den eigenen Arbeitgeber nicht rechtfertigen, insbesondere wenn wie hier der Kläger durch Übersteigerungen das Ansehen des Arbeitgebers beträchtlich schädige.

dd) „WDR"-Fall

In dem zweiten vom BAG entschiedenen Medien-Whistleblowerfall (1982)[717] hatte ein Redakteur des WDR gegenüber dem Nachrichtenmagazin „Spiegel" behauptet, ein von ihm mitgestalteter Dokumentationsbeitrag sei vom WDR aus politischen Gründen abgesetzt worden. Die Beweiswürdigung ergab, daß diese Behauptung unzutreffend und von dem Redakteur wider besseres Wissen aufgestellt worden war.

Die Klage des Redakteurs auf Entfernung einer daraufhin erfolgten Abmahnung aus der Personalakte wegen Verletzung seiner grundrechtlich geschützten Meinungsfreiheit hatte nur in erster Instanz Erfolg. Das BAG stellte fest, daß sich auf die Meinungsfreiheit nicht berufen könne, wer unwahre und ehrenrührige Behauptungen über seinen Arbeitgeber verbreite. In einem solchen Verhalten liege eine schwere Vertragsverletzung, die eine Abmahnung rechtfertige. Auch aus dem Rechtsgedanken der Wahrnehmung berechtigter Interessen (vgl. § 193 StGB) folge im konkreten Fall nichts anderes.

ee) Erster „Hoechst"-Fall

In bewußter Opposition zur Rechtsprechung des BAG in Bezug auf die Meinungsfreiheit im Arbeitsrecht steht das Urteil des Arbeitsgericht Frankfurt von 1982 zum „Hoechst"-Fall, das allerdings durch die Berufungsentscheidung von 1984 korrigiert wurde[718]. Damals hatte ein Betriebsratsmitglied der Hoechst AG auf einer SPD-Veranstaltung zur geplanten Erweiterung des Frankfurter Flughafens u.a. folgende Äußerung gemacht: „Ich bin Beschäftigter eines Unternehmens, das schon jahrelang in der Lage ist, die hessische Landesregierung mit dem Arbeitsplatzargument zu erpressen, um eine lebensbedrohende Verseuchung unserer Umwelt durchzusetzen". Diese Äußerungen wurden im Rahmen eines Berichts der Frankfurter Rundschau wiedergegeben. Dem Betriebsratsmitglied wurde fristlos gekündigt.

---

[717] So BAG v. 11.8.82 AP Nr. 9 zu Art. 5 I GG

[718] Az 12 Ca 31/ 82 mit Anmerkung Mückenberger, KJ 1983 S. 69ff; 11 Sa 1163/82

Das Arbeitsgericht Frankfurt gab der dagegen gerichteten Klage statt. Es übte in seiner Urteilsbegründung scharfe Kritik an der Rechtsprechung des BAG zur Meinungsfreiheit im Arbeitsrecht, insbesondere an der Einschränkung des Grundrechts durch die „Grundsätze des Arbeitsverhältnisses", der mangelnden Berücksichtigung der Wechselwirkung bzw. der Verkennung der herausragenden Bedeutung der Meinungsfreiheit innerhalb des Grundrechtskatalogs. Das Gericht betonte, daß der Arbeitgeber von der Meinungsfreiheit geschützte Kritik auch dann zu erdulden habe, wenn sie in polemischer Schärfe vorgetragen werde. Tendenz und Formulierung seien danach zu beurteilen, was im Rahmen einer solchen Veranstaltung üblich und zulässig sei.

Die zweite Instanz stützte ihre Begründung dagegen auf die traditionelle BAG-Rechtsprechung, ohne auf die diesbezügliche Kritik des Arbeitsgerichts einzugehen. Nach Auffassung des LAG hätte das Betriebsratsmitglied, bevor es in der Öffentlichkeit den Vorwurf erhob, sein Arbeitgeber nehme eine lebensbedrohende Umweltverseuchung bewußt in Kauf, innerbetrieblich darauf hinwirken müssen, daß solche Umweltverschmutzungen unterlassen werden. Zu derartigen Forderungen sei er gerade als Betriebsratsmitglied in besonderer Weise in der Lage gewesen. (Daß die Berufung dennoch zurückgewiesen wurde, lag an besonderen Details des Falles, die für diese Erörterung nicht von Interesse sind.)

ff) Zweiter „Hoechst-Fall"

Im Jahre 1989 hatte sich das LAG Frankfurt wieder mit einem whistleblower-Fall der Hoechst-AG zu beschäftigen[719]. Ein Chemiearbeiter und Betriebsratsmitglied der Hoechst AG hatte in einer Sendung des Fernsehmagazins „Report" anonym und mit technisch verzerrter Stimme kritisch zu Störfallemissionen, durch die möglicherweise Anlieger gefährdet wurden, Stellung genommen. Dabei hatte er teilweise falsche und irreführende Behauptungen aufgestellt und in der Öffentlichkeit den Eindruck erweckt, daß die Hoechst AG die Unfälle nicht vollends aufgedeckt und keine Konsequenzen daraus gezogen habe. Das Betriebratsmitglied hatte zuvor über Jahre innerbetrieblich auf Versäumnisse hingewiesen und Verbesserungsvorschläge gemacht. Seine Einschätzungen wurden allerdings von der Betriebsleitung nicht geteilt. Der Hoechst AG gelang es, den Arbeitnehmer zu identifizieren. Ihm wurde wegen des Fernsehauftrittes fristlos gekündigt.

In zweiter Instanz wurde die fristlose Kündigung für unzulässig erklärt. Das LAG betonte, daß die Äußerungen des Arbeitnehmers zweifellos eine erhebliche Pflichtverletzung darstellten. Mit der teilweise unwahren Wiedergabe und der ungenauen Darstellung habe er das Ansehen der Beklagten in der Öffentlichkeit beschädigt

[719] Vgl. ArbG Frankfurt v. 7.7.88- 10 Ca 332/87 und LAG Frankfurt v. 16.4.89- 11 Sa 1357/88

und damit gegen seine Treuepflichten verstoßen. Wegen der Unrichtigkeiten könne er sich auch nicht darauf berufen, durch schutzwürdige eigene oder öffentliche Interessen zu diesem Schritt gezwungen worden zu sein. Er habe sich bei seinem Fernsehauftritt auch nicht in einem unverschuldeten Rechtsirrtum befunden. Sein anonymes Auftreten zeige gerade sein Wissen um seine zweifelhafte Vorgehensweise. Sein Verhalten sei also grundsätzlich geeignet gewesen, eine außerordentliche Kündigung zu rechtfertigen.

Jedoch lasse die nach § 626 I BGB erforderliche weitere Interessenabwägung das Festhalten am Vertrag bis zum Ende einer – hier fiktiven[720] – Kündigungsfrist nicht als unzumutbar erscheinen. Es müsse nämlich berücksichtigt werden, daß die Behauptungen nicht insgesamt falsch und auch nicht agitatorisch oder mit hetzerischen Parolen verbunden waren. Dem Kläger sei es nicht um eine Rufschädigung des Arbeitgebers gegangen, sondern darum, auf die besonderen Gefahren der chemischen Industrie hinzuweisen, was auch seine vorherigen internen Abhilfebemühungen belegen. Außerdem müsse berücksichtigt werden, daß ein hohes Interesse der Öffentlichkeit an der Aufdeckung derartiger Gefahren bestehe.

gg) „BSE"-Fall

Um einen inhaltlich sehr brisanten Fall von whistleblowing handelte es sich auch bei der Entscheidung des LAG Schleswig-Holstein von 1995.[721] Damals war eine im Fleischhygieneamt beschäftigte Veterinärmedizinerin mit Berichten über unzulängliche hygienische Verhältnisse in einem Schlachthof an die Öffentlichkeit getreten. Es seien dort u.a. Rinder verarbeitet worden, die im Verdacht standen, mit BSE („Rinderwahnsinn") infiziert zu sein. Die Veterinärmedizinerin berichtete über diese Zustände u.a. in Zeitungs- und Fernsehinterviews, obwohl ihr dies unter Hinweis auf ihre arbeitsvertraglichen Verschwiegenheitspflichten untersagt worden war. Als die Staatsanwaltschaft ein Ermittlungsverfahren einleitete, stellte die Medizinerin dieser u.a. eine von ihr erstellte Liste der BSE-Verdachtsfälle zur Verfügung. Auf Grund dieser Vorfälle wurde sie fristlos entlassen.

Die gegen die Kündigung gerichtete Klage wurde abgewiesen. Das LAG betonte, daß für die sogenannte „Flucht in die Öffentlichkeit" strenge Voraussetzungen gälten. Die Arbeitnehmerin hätte vor Einschaltung der Medien andere Möglichkeiten der Abhilfe in Anspruch nehmen müssen. So hätte sie zunächst ihren Arbeitgeber ausreichend über alle angeblichen Verdachtsfälle informieren müssen. Falls dieser nicht angemessen reagiert hätte, hätte sie sich gegebenenfalls an die zuständige Fachaufsichtsbehörde wenden können. Durch den direkten und frühzeitigen

---

[720] Schließlich war der Arbeitnehmer Betriebsratsmitglied und konnte deshalb nur außerordentlich gekündigt werden.

[721] LAG Schleswig-Holstein v.15.11.1995, 3 Sa 58/96 a

Gang in die Öffentlichkeit habe sie die Ängste der Bevölkerung im Zusammenhang mit der BSE-Erkrankung zusätzlich geschürt und damit dem Schlachthof erheblich geschadet.

(Später wurde noch eine andere Kammer des LAG Schleswig-Holstein aufgrund einer Restitutionsklage mit dem Fall befaßt. Die Restitution wurde zwar nicht zugelassen, die Kammer beanstandete aber trotzdem, daß weder das Arbeitsgericht noch das LAG auf die Problematik des Verhältnisses der Verschwiegenheitspflichten zu den Grundrechten der Klägerin aus Art. 5 GG eingegangen sei.)

hh) Anmerkungen zur dargestellten Rechtsprechung

aaa) Tendenzen in der Rechtsprechung

Zum Thema „Arbeitnehmerkritik und -anzeigen gegenüber der Öffentlichkeit" gibt es noch weniger (veröffentlichte[722]) Rechtsprechung als zum Themenbereich „Anzeigen gegenüber Behörden".

In der Rechtsprechung ist keine klare Tendenz erkennbar, was hier – mehr noch als bei den Urteilen zu Behördenanzeigen – auch an der Unterschiedlichkeit der Fälle liegen kann (vgl. etwa den „Verfassungsschutz-Fall", in dem illegales Behördenhandeln angezeigt wurde, den „Wallraff-Fall", in dem - nicht illegale, sondern nur unlautere - Praktiken eines privaten Unternehmens nach Vertragsende publik gemacht wurden, und den ersten „Hoechst-Fall", wo ein Arbeitnehmer sich auf einer öffentlichen Veranstaltung unternehmensschädigend äußerte).[723]

Zu der Konstellation des redlichen whistleblowers hat das BAG im Falle von Medienanzeigen bedauerlicherweise nie Stellung nehmen müssen: Im „WDR-Fall" hat es die Zulässigkeit des whistleblowing verneint, weil die Behauptungen wider besseres Wissen aufgestellt worden waren und somit von vornherein nicht vom Schutzbereich des Art. 5 GG erfaßt wurden. Im „Chefarzt-Urteil" hatte es ein Recht zum whistleblowing abgelehnt, da der Kläger durch Übersteigerungen das Ansehen des Arbeitgebers beträchtlich geschädigt und aus sachfremden Motiven gehandelt habe. Es bleibt somit offen, wie das BAG entschieden hätte, hätte es sich in diesen

---

[722] Vgl. Fn. 289.

[723] Zu öffentlicher Kritik bzw. Medienanzeigen von Beamten gibt es kaum Fallmaterial (siehe lediglich die sehr alten Entscheidungen BDGE Band 1 Nr.10 vom 21.8.1953, BDGE Nr. 9 vom 30.1.1954 und BDGE Band 6 Nr. 30 vom 25.10.1961; im „Verfassungsschutz-Fall" (s.o.) war nach dem konkreten Sachverhalt eine Angestellte des öffentlichen Dienstes betroffen, das BVerfG betont jedoch in der Entscheidung, daß diese für Beamte nicht anders ausfallen würde. Es gibt zwar zahlreiche Entscheidungen zu öffentlichen politischen Äußerungen von Beamten, vgl. z.B. BVerwGE 46, Nr. 48 S. 175 ff. Politische Meinungsäußerung eines Soldaten; BVerfG Beschluß v. 6.6.88, NJW 89 S. 93 Allgemeinpolitische Äußerungen von Beamten und Richtern. Die dort aufgestellten Grundsätze sind auf whistleblowing jedoch nicht ohne weiteres übertragbar (allenfalls BVerwGE v. 10.10.1989, Band 86 Nr. 40; siehe auch Weiß, ZBR 1984, S.129ff).

Fällen etwa um „altruistisch" motivierte Enthüllungen inhaltlich wahrer Informationen gehandelt.

Auch aus den wenigen unterinstanzlichen Entscheidungen kann schwerlich eine generelle Linie ermittelt werden. Auffällig - im Vergleich zu den Entscheidungen über Behördenanzeigen - ist, daß die Grundrechtsrelevanz des Konflikts hier in fast allen Urteilen thematisiert wird. Eine Erklärung hierfür könnte sein, daß in diesen Fällen der Konnex zur öffentlichen Meinungsbildung und mithin die Einschlägigkeit des Art 5 I GG augenfälliger ist als etwa bei Strafanzeigen oder sonstigen reinen Tatsachenmitteilungen gegenüber Behörden. Daß die Rechtslage dem nicht entspricht, ist bereits dargelegt worden. Schließlich fallen alle Tatsachenbehauptungen in den Schutzbereich des Art. 5 GG, sofern sie nicht bewußt oder erwiesen unwahr sind.

bbb) Rolle der öffentlichen Interessen

Es stellt sich auch hier die Frage, inwiefern öffentliche Interessen eine Rolle in den Entscheidungen spielen.

Interessen der Öffentlichkeit *gegen* den Schutz von whistleblowing werden im „Verfassungsschutz-Fall" und im „BSE-Fall" berücksichtigt, zumal sie dort gleichzeitig die Arbeitgeberinteressen sind. Die Abwägung findet statt zwischen dem Interesse an einer geordneten öffentlichen Verwaltung (also dem Interesse des Arbeitgebers, der in diesem Fall die öffentliche Hand ist) und den Grundrechten des Beschäftigten. Interessen der Öffentlichkeit *zugunsten* des whistleblowing, etwa an Gesetzesdurchsetzung und Strafverfolgung, werden in diese Abwägung nicht einbezogen.[724] Auch im Urteil des Arbeitsgerichts Frankfurt zum ersten „Hoechst-Fall", das ein weitgehendes Recht des Arbeitnehmers zu öffentlicher Kritik annimmt, wird explizit nur mit den grundrechtlich geschützten Arbeitnehmerinteressen argumentiert, nicht aber mit öffentlichen Interessen an derartigen Enthüllungen.

Diesen Entscheidungen steht das später vom BVerfG aufgehobene Urteil des BGH zum „Wallraff-Fall" gegenüber, in dem öffentliche Interessen explizit in die Abwägung eingestellt werden. (Das BVerfG hat in jenem Fall nicht beanstandet, *daß* öffentliche Interessen auf Seiten des Arbeitnehmers in die Abwägung eingestellt wurden, sondern nur kritisiert, *wie* die konkrete Interessengewichtung im Hinblick auf die Bedeutung der Pressefreiheit des Arbeitgebers erfolgt ist.) Die „Wallraff-

[724] Lediglich eine Bemerkung läßt vermuten, daß öffentliche Belange – zumindest mittelbar – berücksichtigt wurden: Wenn ein schwerer Verstoß gegen oberste Rechts- und Verfassungswerte vorliege, sei ein direktes Anzeigerecht gegeben. Es ist nicht anzunehmen, daß dies aus Arbeitnehmerinteressen erklärt wurde. Denn wenn es um die Gewissensnöte des Beamten gegangen wäre, hätte man nicht auf das objektive Vorliegen eines solchen Verstoßes, sondern auf die subjektive Einschätzung des Beamten abstellen müssen.

Entscheidungen" hatten jedoch keine Kündigung oder sonstige Vergeltungsmaßnahme, sondern einen Unterlassensanspruch des Arbeitgebers zum Gegenstand. Das einzige Urteil, das in einer der hier interessierenden klassischen whistleblower-Konstellationen mit öffentlichen Interessen argumentiert, ist das des LAG Frankfurt zum zweiten Hoechst-Fall, in dem das Allgemeininteresse an der Aufdeckung von Störfällen in der Chemieindustrie in die Abwägung eingestellt wird.

Abgesehen von diesem Einzelfall läßt sich also für das whistleblowing gegenüber der Öffentlichkeit konstatieren, daß Gemeinwohlinteressen in der Abwägung keine Berücksichtigung finden. Es gilt insoweit also nichts anderes als bei Behördenanzeigen.

ccc) Echo in der Literatur

Bis auf den „Verfassungsschutz"-Fall und den „Wallraff"-Fall haben die Urteile nur sehr wenig Beachtung gefunden. (Bei letzterem wurde die Aufmerksamkeit allerdings primär den Ausführungen zur Pressefreiheit und zur verfassungskonformen Auslegung der §§ 823 ff. BGB gewidmet). Das „Chefarzt"-Urteil des BAG, die Berufungsentscheidungen zu den beiden „Hoechst"-Fällen sowie der „BSE"-Fall wurden, soweit ersichtlich, gar nicht veröffentlicht.

Teil IV: Einzelfragen zur deutschen Rechtslage aus vergleichender Perspektive

Dieser Teil hat eine doppelte Funktion. Erstens soll er den vorangegangenen zum deutschen Recht komplettieren, der sich bezüglich des im deutschen whistleblower-Recht zentralen Problems externen whistleblowings bislang auf eine Bestandsaufnahme von spezifischen Normierungen und Rechtsprechung beschränkte. Dabei soll trotz der sehr lückenhaften Vorgaben eine gewisse Systematisierung des Rechts versucht und die zugrundeliegenden Werthaltungen herausgearbeitet werden.

Darüber hinaus bemüht sich dieser Teil aber bereits in einem ersten Schritt, Nutzen aus der bisherigen Gegenüberstellung der beiden Rechtssysteme zu ziehen. Dies geschieht zum einen dadurch, daß die deutsche Problembetrachtung durch die in den USA aufgeworfenen Fragestellungen ergänzt wird; zum anderen dadurch, daß die deutschen Werthaltungen, wie sie in der rechtlichen Behandlung der darzustellenden Einzelfragen zutage treten, mit den amerikanischen kontrastiert werden.

Entsprechend dieser doppelten Funktion steht dieser Teil als Bindeglied zwischen den vorangegangenen, primär darstellenden Teilen und der darauffolgenden Schlußbetrachtung. Die Gegenüberstellung der unterschiedlichen Wertungen erfolgt zum einen deswegen bereits hier, weil die Spezifika der deutschen Argumentationsweise in whistleblower-Fällen plastischer werden, wenn sie in Abgrenzung zu einem so grundlegend anderen Ansatz dargestellt werden. Zum anderen lassen sich die unterschiedlichen Werthaltungen am deutlichsten anhand der verschiedenen Ergebnisse in konkreten Einzelfragen illustrieren.

A. Differenzierung nach der Funktion des Arbeitnehmers

Wie in den USA wird auch in der deutschen Diskussion hinsichtlich der whistleblower-Rechte nach verschiedenen Arbeitnehmergruppen bzw. nach der konkreten Position des Arbeitnehmers differenziert[725]. Allerdings kommt man hierzulande vielfach zu anderen Ergebnissen, wofür – wie zu zeigen sein wird – die unterschiedlichen dogmatischen Ansätze bzw. die sie widerspiegelnden Wertungen verantwortlich sind.

---

[725] Differenziert wird in Deutschland – das hat die bisherige Darstellung gezeigt – zwischen den whistleblower-Rechten von Arbeitnehmern im privaten Sektor, Angestellten des öffentlichen Dienstes und Beamten (in der Literatur werden die whistleblower-Rechte dieser Gruppen allerdings nie gemeinsam diskutiert, was einen Vergleich ihrer rechtlichen Situation erschwert.) Der Unterscheidung zwischem öffentlich-rechtlichem und privatrechtlichem Beschäftigungsverhältnis ist kein eigener Unterpunkt gewidmet. Da diese Differenzierung fast alle Einzelfragen des whistleblower-Rechts durchzieht, erscheint es sinnvoll, sie nicht gesondert, sondern im Zusammenhang mit den jeweiligen Einzelaspekten abzuhandeln.

I. Arbeitnehmer in Führungs- oder Repräsentationspositionen

In der deutschen Literatur wird vielfach vertreten, daß die Verpflichtung, bei externen Äußerungen auf Unternehmensinteressen Rücksicht zu nehmen, umso größer sei, je höher die Stellung in der Unternehmenshierarchie und die deswegen zu erwartende Identifikation des Arbeitnehmers mit der Unternehmenspolitik ist[726]. Andere wehren sich dagegen, dies zu einer allgemeinen Regel zu erheben. Eine blinde Unterwerfung könne gerade von Arbeitnehmern mit erheblichem Verantwortungsbereich nicht verlangt werden[727]. Zwar gebe es bestimmte Arbeitnehmer, deren arbeitsrechtliche Leistungspflichten gerade auch die Wahrung und Verbesserung des Images des Unternehmens zum Gegenstand hätten, wie z.B. Pressesprecher. In diesen Fällen könne eine Kritik am Unternehmen zu Problemen im Leistungsbereich führen und deswegen eine Kündigung u.U. eher rechtfertigen[728]. Abgesehen von diesem Spezialfall könne aber aus der gehobenen Stellung des Arbeitnehmers allenfalls eine erhöhte interne Abhilfepflicht abgeleitet werden[729].

Die deutsche Diskussion um das Für und Wider einer gesteigerten Loyalitätspflicht von Arbeitnehmern in gehobener Stellung beschränkt sich stets auf die Abwägung der involvierten Arbeitgeber- und Arbeitnehmerinteressen. Interessen der Öffentlichkeit werden – anders als in den USA - nicht thematisiert. Den Informationsinteressen der Öffentlichkeit – sei es zur Erleichterung der Strafverfolgung, sei es zur Förderung eines kompetenten demokratischen Diskurses – wäre aber ein Schutz gerade jener Arbeitnehmer zuträglich, die Zugang zu ansonsten unzugänglichen Informationen haben, also jenen, welche Schlüsselpositionen besetzen.

II. Betriebsbeauftragte

Wie bereits in Teil III dargestellt[730], sind Betriebsbeauftragte diejenige Arbeitnehmergruppe, der in Deutschland die weitestgehenden Rechte zum externen whistleblowing zugebilligt werden. Das diesbezügliche BAG-Urteil von 1972 zum „Strahlenschutzbeauftragten-Fall" hat - wie gesagt – im Grundsatz nahezu einhellige Zustimmung gefunden.

---

[726] Vgl. v. Hoyningen-Huene/Hoffmann, BB 1984, S. 1050 (1053)

[727] Wendeling-Schröder, Autonomie im Arbeitsrecht, S. 180, die weiter argumentiert, daß eine solche blinde Identifikation auch im Widerspruch zur strafrechtlichen und deliktsrechtlichen Rechtslage stünde, die vom einzelnen gerade in Problemfällen (mitunter) fordere, aktiv auf die Abstellung von Mißständen hinzuwirken. Dies setzt jedoch voraus, daß man das Bestehen von Garantenpflichten bejaht (vgl. oben Teil III B I).

[728] Dazu s.o. Teil III A II 2 a aa

[729] Dazu unten D

[730] S.o. Teil III B III

Der Gesetzgeber hat jedoch in den Novellierungen der Umweltschutzgesetze (z.B. dem neuen Kreislaufwirtschaftsgesetz) das Recht des Betriebsbeauftragten, unter bestimmten Voraussetzungen externe Stellen einzuschalten, nicht explizit aufgenommen, obwohl er die Rolle des Beauftragten dort ansonsten detailliert regelt. Dies mag darauf hinweisen, daß hinsichtlich der konkreten Voraussetzungen des externen Anzeigerechts noch kein Konsens erreicht wurde[731].

III. Mitglieder der Arbeitnehmervertretung

Für Betriebsratsmitglieder gilt die Besonderheit des § 89 I BetrVG, wonach der Betriebsrat die Aufgabe hat, bei der Bekämpfung von Unfall- und Gesundheitsgefahren die für den Arbeitsschutz zuständigen Behörden, die Träger der gesetzlichen Unfallversicherung und die sonstigen in Betracht kommenden Stellen durch Anregung, Beratung und Auskunft zu unterstützen sowie sich für die Durchführung der Vorschriften über den Arbeitsschutz und die Unfallverhütung im Betrieb einzusetzen. Die Kooperation zwischen Betriebsrat und Behörde wird also besonders geschützt und sogar verlangt. Die Schweigepflicht des Betriebsrates nach § 79 BetrVG ist insoweit eingeschränkt. Der Betriebsrat kann, falls der Arbeitgeber gegen Arbeitsschutzvorschriften verstößt, Betriebskontrollen durch das Gewerbeaufsichtsamt veranlassen[732]. Der Grundsatz der vertrauensvollen Zusammenarbeit gebietet allerdings nach wohl herrschender Meinung, daß der Betriebsrat zunächst die internen Konfliktlösungsmöglichkeiten ausschöpft, bevor er sich an externe Stellen wendet[733]. Dies müsse gelten, obwohl der Gesetzgeber es im Jahr 1972 unterlassen hat, eine dem § 49 IV BetrVG von 1952 vergleichbare Bestimmung in das Gesetz aufzunehmen, wonach die Anrufung von Einigungsstellen und Behörden erst zulässig ist, nachdem eine Einigung im Betrieb nicht erzielt wurde[734].

Angesichts der Tatsache, daß dem Betriebsrat gerade die Funktion der *innerbetrieblichen* Konfliktlösung zukommt und er nach dem Betriebsverfassungsgesetz vielfältige Möglichkeiten zur Artikulation und Durchsetzung hat, erscheint diese Bedingung legitim und konsequent, sofern man – wie in Deutschland üblich - le-

---

[731] Einigkeit besteht wohl zumindest insoweit, als der Betriebsbeauftragte nicht schon zum Bruch seiner Schweigepflicht berechtigt ist, wenn der Arbeitgeber bzw. der Betreiber seine Vorschläge zum Schutz der Umwelt nicht umsetzt, sondern erst, wenn eine tatsächliche Gefährdung öffentlicher Belange eingetreten ist, vgl. Fischer, Der Betriebsbeauftragte, S. 156.

[732] So GK-BetrVG/ Wiese, § 89 Rdnr. 8

[733] Vgl. auch den ersten „Hoechst-Fall" oben, Teil III B III 2 b ee

[734] So LeFriant, Verantwortung des Arbeitgebers, S. 71; vgl. auch Dietz/Richardi, BetrVG, § 89 Rdnr. 8; a.A. Wendeling-Schröder, Autonomie im Arbeitsrecht, S. 204 f., wonach Betriebsratsmitgliedern ein direktes Anzeigerecht zustehen solle. Die Unterschiede zur herrschenden Meinung sind jedoch im Ergebnis gering, zumal über den Vorbehalt der Rechtsmißbräuchlichkeit zahlreiche Ausnahmen vom direkten Anzeigerecht gemacht werden (vgl. unten D „interne Vorschaltbeschwerde").

diglich aus Arbeitgeber- und Arbeitnehmerinteressen argumentiert. Zu einem anderen Ergebnis könnte man nur kommen, wenn man – wie in den USA - das öffentliche Interesse an Strafverfolgung bzw. Abschreckung als relevanten Abwägungsfaktor anerkennen würde[735].

Für Mitglieder der Personalvertretung gelten die obigen Ausführungen entsprechend (vgl. §81 I BPersVG, der eine dem § 89 I BetrVG wortgleiche Regelung enthält).

IV. Syndikusanwälte und Arbeitnehmer in Rechtsabteilungen

In Deutschland wird – anders als in den USA[736] - eine Sonderbehandlung speziell für „in-house attorneys" nicht diskutiert, zumindest wird hinsichtlich der whistleblower-Rechte nicht zwischen ihnen und anderen Arbeitnehmern in gehobenen Positionen differenziert.

Zurückzuführen ist diese Divergenz wohl darauf, daß sich das Konzept vom festangestellten Unternehmensjuristen in beiden Ländern erheblich unterscheidet. Wie bereits die Bezeichnung „in-house attorney" andeutet, scheint man in den USA stärker die Gemeinsamkeiten von fest angestelltem und nur für den Einzelfall mandatiertem externen Rechtsbeistand zu betonen. (Letzterer unterliegt ja auch hierzulande sehr weitgehenden Verschwiegenheitsverpflichtungen. Das Vertrauensverhältnis zwischen Anwalt und Mandanten wird besonders geschützt. Nach § 203 I Nr. 3 StBG muß der Anwalt belastende Umstände nicht offenbaren und darf es gegen den Willen des Beschuldigten auch gar nicht.)

Die amerikanische Sichtweise trägt der funktionalen Ähnlichkeit von internem und externem Rechtsbeistand Rechnung. Oft werden es rein betriebswirtschaftliche Erwägungen sein, die darüber entscheiden, ob ein „out-sourcing" der kontinuierlich benötigten Rechtsberatung sinnvoll ist. Das Interesse des Unternehmens an Vertraulichkeit der Geschäftsinformationen ist dasselbe. Außer acht gelassen wird dabei allerdings die besondere Abhängigkeitsstellung, die den „in-house attorney" vom selbständigen Anwalt grundlegend unterscheidet und ihn mit dem „normalen" Angestellten verbindet. Zum einen kann er das Mandat nicht einfach niederlegen, wenn er in Gewissensnöte gerät, sondern müßte eine solche Entscheidung möglicherweise mit dem Verlust seines Arbeitsplatzes bezahlen. Zum anderen wird er eher als ein erst im Konfliktfall hinzugezogener Anwalt als verantwortlich für die Verhaltensweisen „seines" Unternehmens betrachtet – und sich auch selbst in dieser Verantwortung sehen. Diesen Erwägungen wird die hierzulande unterschiedliche Behandlung von externem und internem Rechtsbeistand eher gerecht.

---

[735] Dazu siehe unten D bei „interne Vorschaltbeschwerde"

[736] Vgl. oben Teil II C II 2 g

V. Besonderheiten für Beschäftigte von Polizei, Nachrichtendiensten u.ä.

Auffällig ist, daß trotz aller Differenzen bezüglich der Annahme einer gesteigerten Loyalitätspflicht für Arbeitnehmer in gehobener Stellung hierzulande niemand dafür eintritt, bestimmten Arbeitnehmergruppen pauschal und absolut ein Recht zum whistleblowing zu versagen, wie es etwa in der amerikanischen Gesetzgebung für Beschäftigte des Geheimdienstes der Fall ist[737]. So geht das BVerfG im „Verfassungsschutz-Fall" davon aus, daß Arbeitnehmer des Verfassungsschutzes zwar eine gesteigerte Verschwiegenheitspflicht treffe, dies aber ein Anzeigerecht nicht generell ausschließe.

Die Annahme einer gesteigerten Loyalitätspflicht wird in Deutschland mit öffentlichen Interessen begründet, die gleichzeitig die Interessen des Arbeitgebers als der öffentlichen Hand sind und die deshalb auch Eingang in die deutsche Abwägung finden: Polizei und Nachrichtendienste seien für ihr effektives Funktionieren auf ein besonderes Maß an Loyalität und Verschwiegenheit angewiesen. Abgesehen davon dürften Achtung und Vertrauen der Öffentlichkeit in diese Institutionen und damit die Kooperationsbereitschaft der Bürger nicht gefährdet werden.

Auf der anderen Seite gibt es auch gewichtige öffentlichen Interessen, die für einen whistleblower-Schutz in diesen Bereichen geltend gemacht werden können. Da die Tätigkeit dieser Institutionen mit schwerwiegenden Grundrechtseingriffen verbunden ist, bestehen erhebliche Interessen an rechtsstaatlicher Kontrolle, die durch Arbeitnehmeranzeigen unterstützt oder überhaupt erst ermöglicht wird. Diese öffentlichen Interessen werden jedoch – wie bereits mehrfach festgestellt – in die deutsche Interessenabwägung nicht integriert. Sie finden hierzulande allenfalls mittelbar Berücksichtigung, nämlich insoweit, als sie sich mit den Arbeitnehmerinteressen am whistleblowing decken. Die Arbeitnehmerinteressen können sich jedoch z.B. im Abstellen des konkreten Mißstandes erschöpfen, was möglicherweise auch auf dem Dienstweg erreicht werden kann. Den Informationsinteressen der Öffentlichkeit etwa im Hinblick auf zukünftige Verstöße oder auf die Beurteilung des Verhaltens bestimmter öffentlicher Amtsträger (vgl. Connick v. Myers[738]) wäre damit jedoch nicht gedient.

B. Geschützter Anzeigegegenstand

Ganz im Gegensatz zu den USA wird die Frage, mit welchen Themen sich der Arbeitnehmer an externe Stellen wenden darf, in der deutschen Rechtsliteratur kaum diskutiert. Auf den ersten Blick könnte man dies damit begründen, daß es aus grundrechtsdogmatischer Sicht problematisch erscheint, innerhalb der Meinungs-

---

[737] Vgl. z.B. den „Whistleblower Protection Act", Teil II F III 4

[738] Siehe oben Teil II B II 4

freiheit nach Inhalten der Äußerung zu differenzieren. Doch spätestens im Rahmen der gebotenen Abwägung mit den anderen in Frage stehenden Interessen wird eine Berücksichtigung des Inhalts der Äußerung häufig unvermeidlich sein.[739]

I. Privater Sektor

Auch wenn Differenzierungen nach dem Gegenstand der Anzeige nur selten direkt thematisiert werden, so läßt sich doch aus den in der Literatur besprochenen Beispielen schließen, daß einige Autoren das Recht zum externen whistleblowing – unabhängig von den sonstigen Voraussetzungen – überhaupt nur auf die Anzeige von Straftaten beschränkt sehen wollen. Die Mehrheit scheint jedoch ein Anzeigerecht auch bei schweren Gefahren für Gesundheit oder Umwelt im Grundsatz zu befürworten – unabhängig davon, ob sie auf strafbaren oder nicht strafbaren Gesetzesverstößen oder gar auf legalem Verhalten beruhen. Die Möglichkeit der Anzeige anderer Mißstände wie Verschwendung, Mißmanagement, Autoritätsmißbrauch und sonstiger unlauterer oder ethisch zweifelhafter Praktiken wird meist gar nicht erwähnt[740].

Der Differenzierungsgrad der deutschen Literatur reicht hier also bei weitem nicht an den der amerikanischen Literatur heran, was sicherlich auch damit zusammenhängt, daß diese Fallkonstellationen in der deutschen Gerichtspraxis bislang kaum aufgetaucht sind (Ausnahme ist insoweit der „Wallraff-Fall", wo unlautere journalistische Praktiken publik gemacht wurden. Entschieden wurde hier allerdings nicht über „Vergeltungsmaßnahmen", sondern über einen Unterlassungsanspruch des Arbeitgebers; vgl. auch den „WDR-Fall" und den „Chefarzt-Fall", in denen die Zulässigkeit des whistleblowing jedoch bereits aus anderen Gründen verneint wurde).

Die einzige Differenzierung in Bezug auf den Anzeigegegenstand, die in Deutschland explizit diskutiert wird, ist diejenige nach den vom angezeigten Mißstand Betroffenen. Dabei kommt man zu entgegengesetzten Ergebnissen wie in den USA, wo der whistleblower-Schutz primär öffentlichen Interessen zu dienen bestimmt ist[741]:

---

[739] Daß der Inhalt der Meinungsäußerung im Rahmen der Interessenabwägung auch in der höchstrichterlichen Rechtsprechung eine Rolle spielt, zeigen u.a. die Entscheidungen zum deliktischen Schutz in Bezug auf Unternehmenskritik, s.u. Teil V B III 2 aa)

[740] Eine Ausnahme stellen insofern die Ausführungen von Simitis, Festschrift für Simon, S. 329 (346ff.) und Wendeling-Schröder, Autonomie im Arbeitsrecht, insbesondere Kapitel V, dar.

[741] Gemeint sind die First Amendment-Rechtsprechung, die „public policy"-Rechtsprechung und die Gesetzgebung, nicht aber die schiedsgerichtliche Rechtsprechung zu „just cause"-Arbeitsverhältnissen.

Hierzulande wird vielfach betont, der Arbeitnehmer dürfe sich nicht zum „Sachwalter der Öffentlichkeit" machen[742]. Es dürfen folglich primär solche Verstöße angezeigt werden, die eigene Interessen des Arbeitnehmers, der Arbeitnehmerschaft generell oder einzelner Kollegen betreffen[743]. Bezeichnend ist insofern auch, daß die einzigen gesetzlichen Regelungen von whistleblower-Rechten im Bereich des betrieblichen Arbeitsschutzes und des Arbeitnehmer-Datenschutzes erfolgt sind[744].

In den USA dürfen dagegen vorrangig Verstöße angezeigt werden, die außenstehende Dritte, die Allgemeinheit oder die Umwelt betreffen. So stellen nach der First Amendment-Rechtsprechung das Arbeitsverhältnis betreffende Mißstände keinen „public concern" dar, da diese Äußerungen in der Rolle als Arbeitnehmer und nicht als Bürger gemacht werden.

Daß Anzeigen zu eigenen Interessenbeeinträchtigungen hierzulande privilegiert werden, bedeutet allerdings nicht, daß die Schutzwürdigkeit anderer Anzeigen generell verneint wird, was insbesondere der „Hackfleisch"- und die beiden „Hoechst"-Fälle belegen[745]. Die deutschen Gerichte tun sich in diesen Fällen jedoch schwer, das Arbeitnehmerinteresse an der Anzeige zu begründen.

II. Öffentlicher Sektor

Im öffentlichen Sektor gilt hinsichtlich der zulässigen Anzeigegegenstände im wesentlichen das gleiche wie im privaten Sektor. Auffällig ist, daß auch hier die Möglichkeit der Anzeige von Verschwendung, Mißmanagement bzw. unlauterer oder ethisch zweifelhafter Praktiken nicht diskutiert wird, auch wenn sich diese Fragen hier dringlicher stellen als im privaten Sektor, wo gegen derartiges Verhalten staatlicherseits nicht eingeschritten werden könnte. Anders als in der Privatwirtschaft ist Verschwendung im öffentlichen Sektor außerdem illegal (vgl. insbesondere den Wirtschaftlichkeits- und Sparsamkeitsgrundsatz in § 7 BHO sowie die entsprechenden Vorschriften in den Landesgesetzen und Gemeindeordnungen).

---

[742] BAG vom 5.2.1959 EZA Nr. 1 zu § 70 HGB; Künzel in Kasseler Handbuch 2.1. Rdnr. 50; siehe auch Schaub, Arbeitsrechts-Handbuch § 53, S. 377, der weiter betont, daß der Arbeitnehmer, auch wenn eine strafbare Handlung vorliege, nicht berechtigt sei, Strafanzeige zu erstatten, es sei denn, die Straftat richte sich gegen ihn selbst.

[743] Vgl. etwa den „Beleidigungsanzeige"-Fall oben Teil III B III 1 b cc; diese Grundhaltung findet sich auch im Ansatz von Kittner/Trittin, Kündigungsschutzrecht, § 1 KSchG Rdnr. 185, wonach nur Anzeigen, die eigene Interessen der Arbeitnehmer betreffen, grundsätzlich zulässig sein sollten, andere nur dann, wenn sich der Arbeitnehmer vergewissert hat, daß es keinen dem Vorgang Näherstehenden gibt, der die Anzeige erstatten kann und will, und die Größe der abzuwendenden Gefahr diesen Schritt rechtfertigt.

[744] S.o. Teil III B III 1 a

[745] Vgl. auch den „Wallraff-Fall" oben Teil III B III 2 b bb, wo allerdings ein Unterlassensanspruch in Frage stand.

Das fehlende Thematisieren dieser Fragen mag u.a. darauf zurückzuführen sein, daß derartige Fallkonstellationen – wie gesagt - hierzulande die Gerichte noch nicht häufig beschäftigt haben. Doch auch in Konstellationen, die in Deutschland noch nicht zur Entscheidung standen, können - unter Zuhilfenahme allgemeiner Prinzipien, wie sie in anderen Fallentscheidungen sichtbar werden - Prognosen hinsichtlich der zu erwartenden Ergebnisse gestellt werden. So wird man, wenn man die Zulässigkeit von whistleblowing ausschließlich unter Abwägung der Interessen der Arbeitsvertragsparteien beurteilt, nicht umhin können, die Statthaftigkeit zumindest von Anzeigen *legaler* Mißstände zu verneinen. Denn im Hinblick auf nicht verbotene Verhaltensweisen werden die Arbeitgeberinteressen regelmäßig als schützenswerter gelten, als dies bei vorsätzlichen oder zumindest fahrlässigen Gesetzesverstößen der Fall ist[746]. Demgegenüber wird man die Arbeitnehmerinteressen an der Enthüllung etwa von strukturellen Schwerfälligkeiten oder Mißmanagement im öffentlichen Sektor als weniger schützenswert betrachten, zumal hier nicht eigene materiellen Interessen tangiert sind. Auch würde man wohl die Gewissensnöte, in die das altruistische Verantwortungsgefühl den Arbeitnehmer in solchen Fällen bringen kann – so sie denn überhaupt Berücksichtigung finden –, nicht als so gewichtig einstufen, wie dies etwa beim Verschweigenmüssen von Straftaten oder erheblichen Gefahren der Fall wäre.

Nachdem in Deutschland den Loyalitätsinteressen ohnehin großes Gewicht beigemessen wird, ist davon auszugehen, daß diese bei der Anzeige *legaler* Mißstände regelmäßig überwiegen werden. Die Schutzwürdigkeit solcher Anzeigen wird denn auch in den USA primär aus öffentlichen Informationsinteressen begründet[747], die jedoch nach deutschem Verständnis in der Abwägung nicht zu berücksichtigen sind[748].

C. Zulässiger Adressat der Anzeige

Eng mit der Frage des Anzeigegegenstandes verknüpft ist die Frage nach den zulässigen Adressaten der Anzeige. Während jedoch ersteres hierzulande kaum explizit diskutiert wird, ist bei der Frage des zulässigen Adressaten – zumindest bezüglich whistleblowing im privaten Sektor - ein deutlich größeres Problembewußtsein auszumachen.

Auch bei diesem Thema zeigt sich wieder, zu welch unterschiedlichen Ergebnissen der deutsche und der amerikanische Ansatz führen.

---

[746] Differenzierter hierzu siehe Teil V II 2 c

[747] So insbesondere in der First Amendment-Rechtsprechung, vgl. Pickering v. Board of Education, 391 U.S. 563 (1968)

[748] Zum Problem der (illegalen) Mittelverschwendung, s.u. Teil V B II 2 a

I. Privater Sektor

Während in Deutschland Literatur und Rechtsprechung ganz überwiegend davon ausgehen, daß Anzeigen gegenüber Behörden (unter bestimmten Voraussetzungen) zulässig sein müssen, ist die Frage eines Rechts zum whistleblowing gegenüber der Öffentlichkeit, insbesondere den Medien, wesentlich umstrittener[749].

Dagegen wird vielfach vorgebracht, daß das berechtigte Interesse des Arbeitnehmers sich darin erschöpfe, auf die Beseitigung der Gesetzeswidrigkeiten hinzuwirken.[750] Der Arbeitnehmer sei verpflichtet, unnötigen Schaden vom Betrieb fernzuhalten, weshalb sich die Einschaltung der Presse regelmäßig verbiete.[751] Dem Behördenweg, also der Inanspruchnahme rechtsstaatlicher Kontroll- und Strafverfolgungsorgane, gebühre regelmäßig der Vorrang.

Manche befürworten jedoch ein Anzeigerecht gegenüber den Medien, wenn sich der Behördenweg als nicht erfolgreich erweise, etwa wenn ein Arbeitgeber die Verhängung von Geldstrafen bewußt in Kauf nimmt, um höhere Umweltschutzausgaben zu sparen, oder wenn Behörden ohne öffentlichen Druck nur unzureichend gegen die reportierten Mißstände vorgehen.[752]

Eine Mindermeinung hält unter bestimmten Voraussetzungen nur für erforderlich, daß der Arbeitnehmer einen Versuch der innerbetrieblichen Abhilfe - erfolglos - unternommen habe. Dies solle insbesondere dann ausreichen, wenn „feste Zuständigkeiten" für behördliche Beschwerden nicht existierten, wenn also - wie im „Wallraff-Fall" - „nur" verwerfliche, aber nicht illegale Verhaltensweisen angeprangert werden sollten. Hier sei allein die Öffentlichkeit der richtige Adressat[753].

Angesichts der Tatsache, daß die Interessenabwägung hierzulande ausschließlich zwischen Arbeitnehmer- und Arbeitgeberinteressen stattfindet, ist die überwiegend

---

[749] Die zuständige Gewerkschaft ist keine „Öffentlichkeit" in diesem Sinne, sondern Teil des arbeitsrechtlichen Korrekturverfahrens; so Erfurter Kommentar/Dieterich, Art. 5 Rdnr. 37; a.A. offensichtlich LAG BW im „Schweißer"-Fall, s.o. Teil III B III 1 b gg; vgl. zum ganzen oben Teil III A I 3 zu Art. 9 III GG

[750] So Brox/Rüthers, Arbeitsrecht, Rdnr. 92a; allerdings ist wohl nicht nur ein Interesse des Arbeitnehmers an der Mißstandsbeseitigung, sondern auch an behördlicher Strafverfolgung anzuerkennen.

[751] Stahlhacke/Preis/Vossen, Kündigung und Kündigungsschutz, Rdnr. 505

[752] So Froschauer, Arbeitsschutz und Umweltrecht, S.153 f.; vgl. auch Erfurter Kommentar/ Dieterich, zu Art. 5 Rdnr. 37

[753] So Wendeling-Schröder, Autonomie im Arbeitsrecht, S. 199 ff., die sogar noch weiter geht, indem sie auch eine Verpflichtung vorherigen innerbetrieblichen Vorstelligwerdens ablehnt: „Es muß Sache des Kritikers bleiben zu entscheiden, wie er seine Kritik am effektivsten einsetzen will. Sanktionsbewehrte Vorschriften darüber könnten einen einschüchternden Effekt haben und würden so dem Kommunikationsgrundrecht des Art. 5 I GG widersprechen."

ablehnende Haltung in Literatur[754] und Rechtsprechung gegenüber solchen Anzeigen nur konsequent. Eindeutig ist, daß Meinungsäußerungen gegenüber den Medien die Interessen des Arbeitgebers am empfindlichsten tangieren. Denn die Massenöffentlichkeit schließt nicht nur die Kontroll- und Verfolgungsbehörden, sondern beispielsweise auch Kreditgeber, den Kundenkreis und sonstige Geschäftspartner des Arbeitgebers mit ein. Zumindest soweit es um Anzeigen von Illegalitäten geht, wird die Schutzwürdigkeit von Medienanzeigen unter diesen Vorzeichen regelmäßig verneint werden. Denn ein Interesse des Arbeitnehmers an einer öffentlichen Bloßstellung des Arbeitgebers erscheint kaum schützenswert. Dagegen ist die Belastung des Arbeitgebers immens, die durch eine u.U. skandalheischende Aufbereitung eines überdies noch nicht rechtskräftig festgestellten Fehlverhaltens entstehen könnte.

Bei ausschließlicher Berücksichtigung der Arbeitgeber- und Arbeitnehmerinteressen kann also der Weg in die Öffentlichkeit nur ausnahmsweise beschritten werden. Im Normalfall wird dem Arbeitnehmer die vorrangige Inanspruchnahme rechtsstaatlicher Kontroll- und Strafverfolgungsorgane zumutbar sein. Eine andere Beurteilung kann - wie oben dargestellt - auch unter diesen Vorzeichen geboten sein, wenn es um Enthüllungen nicht von illegalem Verhalten, sondern von legalen Mißständen geht, für deren Entgegennahme oder Verfolgung naturgemäß kein behördliches Verfahren existiert. Wer auch diese Themen für schützenswert hält, kommt nicht umhin, die Öffentlichkeit als grundsätzlich zulässigen Adressaten zu betrachten.

Weitergehende Anzeigerechte gegenüber der Öffentlichkeit, wie sie z.T. durch die US-Rechtsprechung und -Gesetzgebung gewährt werden[755], ließen sich nur dann rechtfertigen, wenn man ein eigenständiges Interesse der Öffentlichkeit auf Information anerkennen und in die Abwägung einbeziehen würde[756].

II. Öffentlicher Sektor

Im öffentlichen Sektor wird bei der Frage der Zulässigkeit von externem whistleblowing kaum nach Adressaten differenziert. Hier sei noch einmal klargestellt, daß externes whistleblowing bei Beamten und Angestellten des öffentlichen Dienstes nicht nur gegenüber der Öffentlichkeit, sondern auch innerhalb des Staatsorganismus denkbar ist, nämlich dann, wenn Stellen außerhalb des Dienstweges (vgl. § 171 I BBG) angegangen werden, was u.a bei Anzeigen an die Strafverfolgungsor-

[754] Vgl. z.B. Brox/Rüthers, Arbeitsrecht, Rdnr. 92a; Stahlhacke/Preis/Vossen, Kündigung und Kündigungsschutz, Rdnr. 505

[755] Vgl. insbesondere den „Occupational Health and Safety Act“ sowie den „False Claims Act“, wonach auch illegales Verhalten direkt veröffentlicht werden darf.

[756] Dazu siehe Kommentar unten Teil V B II

gane der Fall sein kann. Dabei werden alle außerdienstlichen Stellen als „Öffentlichkeit" bezeichnet, ohne daß wie im privaten Sektor zwischen staatlichen und nichtstaatlichen Adressaten unterschieden wird.

Die Zulässigkeit von whistleblowing gegenüber dieser „außerdienstlichen Öffentlichkeit" wird insgesamt sehr restriktiv gehandhabt. Das BVerwG hat dies einmal folgendermaßen formuliert[757]: „Die Verwaltung ist im Interesse möglichst effektiver, objektiver und von sachfremden Einflüssen unbeeinflußter Wahrnehmung der ihr gegenüber der Allgemeinheit obliegenden Aufgaben auf einen von sachfremden Einflüssen freien Prozeß der Meinungs- und Entscheidungsbildung angewiesen. Jeder Beamte ist daher gehalten, diesen Meinungs- und Entscheidungsbildungsprozeß nach außen hin gegen Einflüsse möglichst abzuschirmen, die nicht allein der Sache dienen. Das bindet ihn auch dann, wenn er selbst mit den zu treffenden Entscheidungen nicht einverstanden sein sollte, zur Loyalität gegenüber seinem Dienstherren im Hinblick auf die Kontakte zur Öffentlichkeit, insbesondere zur Zurückhaltung in der Publizierung von internen Angelegenheiten, und zwar selbst dann, wenn sie nicht einer konkreten Geheimhaltungspflicht unterliegen."

Beamten und Arbeitnehmern im öffentlichen Sektor ist es nach wohl herrschender Auffassung also grundsätzlich verwehrt, mit Kritik und Beschwerden an die „außerdienstliche Öffentlichkeit" zu treten[758]. Den Beschäftigten stehe der Dienstweg und darüber hinaus das Petitionsrecht zur Verfügung. Nur in Ausnahmefällen, nämlich wenn Grundrechte verletzt würden und der öffentliche Bedienstete vergeblich alle in Betracht kommenden Organe angerufen habe, dürfe er sich an die „Öffentlichkeit" wenden[759].

Anders als in den USA wird das Recht zum whistleblowing im öffentlichen Sektor also restriktiver gehandhabt als im privaten Sektor. Während in den USA das Interesse an demokratischer Kontrolle gerade des öffentlichen Sektors betont wird und die Verschwiegenheitsinteressen dementsprechend in den Hintergrund treten, wird entgegengesetzt dazu hierzulande gerade im öffentlichen Dienst ein erhöhtes Loyalitätsbedürfnis anerkannt[760].

III. Sonderproblem Gewerkschaftsanzeigen

Bereits im Rahmen der Darstellung der verfassungsrechtlichen Vorgaben (insb. Art. 9 III GG) wurde auf das Recht auf Gewerkschaftsanzeigen eingegangen. An dieser Stelle sollen die Ausführungen deshalb lediglich ergänzt werden.

---

[757] BVerwG 1 D 54.82, Urteil vom 27.4.1983, zit.:BDH 1 DV 3.53

[758] So Claussen/Janzen, Bundesdisziplinarordnung, Rdnr. 47 m.w.N.

[759] BGH NJW 66, 1227; Weber, JZ 1966, 250

[760] Vgl. oben A V sowie unten D und Teil V B II 2 g

Eine kaum thematisierte Frage ist, ob Arbeitnehmer sich auch dann an die Gewerkschaft wenden dürfen, wenn ihre Kritik oder Beschwerden keine klassischen Arbeitnehmeranliegen zum Gegenstand haben, sondern vielmehr Belange außenstehender Dritter, der Allgemeinheit oder der Umwelt. In der Literatur wird lediglich von der Existenz solcher Fälle berichtet, in denen Gewerkschaften Arbeitnehmer hinsichtlich außerhalb ihrer primären Zuständigkeit liegender Themen unterstützt haben. Viele Gewerkschaften engagieren sich heute z.B. in Ökologiefragen[761]. Regelmäßig wird die Gewerkschaft bei solchen außerhalb ihrer klassischen Zuständigkeit liegenden Themen nicht selbst zur Behebung der Mißstände beitragen können, so daß weiterhin ein Einschalten der zuständigen Behörden bzw. eine Information der Öffentlichkeit erforderlich bleibt. Hierbei sind verschiedene Fallkonstellationen zu unterscheiden: Zum einen ist denkbar, daß die Gewerkschaft den Arbeitnehmer an die zuständigen Stellen weiterverweist, also lediglich beratend tätig wird. In einem solchen Fall wird sich die Zulässigkeit der Arbeitnehmeranzeige nach den allgemeinen für Behörden- bzw. Medienanzeigen geltenden Grundsätzen richten. Zum anderen ist möglich, daß die Gewerkschaft selbst aktiv wird, also von sich aus die Behörden einschaltet oder die Öffentlichkeit informiert. Dies kann – wie im „Schweißer-Fall" – auf Betreiben des Arbeitnehmers oder auch ohne dessen Veranlassung oder Billigung geschehen. Wenn sie auf Veranlassung des Arbeitnehmers tätig wird, dürften wiederum die allgemeinen, für externes whistleblowing geltenden Regeln anzuwenden sein. Dem Einschalten der Gewerkschaft könnte dann aber insofern Bedeutung zukommen, als Irrtümer beispielsweise in der rechtlichen Bewertung des angezeigten Verhaltens als unvermeidbar gelten können, soweit sich der Arbeitnehmer auf den Rat der Gewerkschaft verläßt[762]. Die problematischere Frage, welche Konsequenzen es für den Arbeitnehmer hat, wenn die Gewerkschaft ohne dessen Wissen oder Billigung die Beschwerde weiterleitet, wird - soweit ersichtlich - nirgends diskutiert. Ob man dem Arbeitnehmer diese Anzeige zurechnet, wird letztlich davon abhängen, inwieweit er sich auf die Vertraulichkeit der Konsultation mit der Gewerkschaft verlassen durfte. Dies wiederum hängt davon ab, in welchem Umfang man gewerkschaftliche Verschwiegenheitspflichten[763] annimmt.

---

[761] Vgl. etwa den Entwürfe zu „ökologischen Tarifverträgen" der Gewerkschaften Nahrung/Genuß/Gaststätten und der ÖTV, dargestellt in Teil V B III 1 b; siehe auch Wendeling-Schröder, Autonomie im Arbeitsrecht S. 47 und 197

[762] Ferner könnte man innerhalb der Interessenabwägung zugunsten des Arbeitnehmers berücksichtigen, daß er sich nicht sofort zur Anzeige entschieden, sondern zuerst den „milderen" Weg einzuschlagen versucht hat. Insbesondere wenn man die Motivation des whistleblowers für wesentlich hält, wird die vorherige Konsultation der Gewerkschaft u.U. als Indiz für die Wahrhaftigkeit der Gewissensanstrengung gewertet werden können.

[763] Vgl. § 79 II BetrVG; genauer dazu oben Teil III A I 3

D. Pflicht zu vorheriger interner Beanstandung

Die in der deutschen Rechtsliteratur im Zusammenhang mit whistleblowing am intensivsten diskutierte Frage ist zweifellos die des Erfordernisses einer internen Vorschaltbeschwerde. Insbesondere bei der Frage der ausnahmsweisen Entbehrlichkeit eines vorherigen internen Abhilfebemühens wird der höchste Differenzierungsgrad erreicht, den die deutsche Diskussion bei der whistleblower-Problematik zu bieten hat. Auch dies ist ein auffälliger Kontrast zu der Situation in den USA, wo in vielen Bereichen eine interne Vorschaltbeschwerde ganz für entbehrlich gehalten oder gar nicht thematisiert wird.

I. Öffentlicher Sektor

In Deutschland wird - wie bereits mehrfach festgestellt - im öffentlichen Sektor für Anzeigen und Beschwerden die Einhaltung des hierarchischen Dienstweges, also die Ausschöpfung der vorgesehenen internen Abhilfemöglichkeiten, ausdrücklich zur Dienstpflicht gemacht. Wie oben ausgeführt[764], dient die Dienstwegbindung dem Geheimnisschutz, der Hierarchiewahrung sowie der Verwaltungseffizienz. Der Dienstweg als interner Kontrollmechanismus wird für ausreichend erachtet. Seine Einhaltung genießt daher oberste Priorität[765].

Der Vorrang der internen Beschwerde wird jedoch von Literatur und Rechtsprechung nicht nur aus der Dienstwegbindung (§ 171 I BBG), sondern bereits aus der allgemeinen Loyalitätspflicht abgeleitet (vgl. oben § 54 S. 3 BBG, ggf. i.V.m. § 8 BAT). Aufgrund der Pflicht zur Wahrung der Interessen des Dienstherren sei stets das mildeste Mittel zu wählen, um auf einen Rechtsverstoß aufmerksam zu machen, weshalb zunächst eine interne Anzeige geboten sei.[766] Eine direkte externe Anzeige solle jedoch möglich sein, wenn gegen die freiheitlich demokratische Grundordnung verstoßen werde.[767]

Die strenge Betonung des Vorranges der internen Beschwerde in Form der Erschöpfung des Dienstweges steht in auffälligem Gegensatz etwa zur amerikanischen Pickering-Entscheidung, in der dem Lehrer zugestanden wird, sich wegen le-

---

[764] Teil III A II b aa eee)

[765] Dabei wird allerdings betont, daß, wenn sich der Dienstherr auf die im Dienstweg vorgebrachte dienstliche Petition hin nicht in angemessener Zeit äußert, diese Lage der „Erschöpfung des Dienstweges" gleichzuachten sei und ggf. den Schritt in die Öffentlichkeit erlauben könne, vgl. GKÖD/ Weiß J 630 Rdnr. 23.

[766] Jarass/Pieroth, DÖV 1986, S. 721 (727); vgl. Claussen/Janzen, Bundesdisziplinarordung, Rdnr. 51: Die Erstattung einer Strafanzeige gegen einen Vorgesetzten sei nicht zwingend eine Pflichtverletzung. Aus dem Treueverhältnis ergebe sich jedoch die Pflicht, sich zunächst um eine Klärung der Vorwürfe durch die Verwaltung zu bemühen. Die Anzeige dürfe stets nur das letzte Mittel sein.

[767] Vgl. „Verfassungsschutz-Fall" oben Teil III B III 2 b aa

galer Umstände, die er persönlich als kritikwürdig empfand, direkt an die Öffentlichkeit zu wenden. Nach amerikanischer Auffassung wird Loyalität im öffentlichen Sektor vorrangig der Gemeinschaft als ganzer, also dem Wohle der Öffentlichkeit geschuldet und erst nachrangig bestimmten Behörden oder Vorgesetzten. So wird etwa im Amtseid für amerikanische Staatsbedienstete explizit betont, daß Loyalität primär dem Gemeinwesen zu gelten habe[768]. Demgegenüber scheint in Deutschland das Loyalitätskonzept streng an die Arbeitgeber/Arbeitnehmer-Strukturen gebunden zu sein. Loyalität wird also in erster Linie dem konkreten Dienstherren geschuldet, wie etwa der „Verfassungsschutz-Fall" veranschaulicht. In der Literatur ist dies als Manifestation deutschen Obrigkeitsdenkens kritisiert worden[769]. Die Gegenüberstellung mit dem amerikanischen Loyalitätskonzept als klarem Ausdruck republikanischen Bewußtseins kann diesen Eindruck zumindest nicht widerlegen[770].

II. Privater Sektor

Im privatwirtschaftlichen Bereich findet sich zwar keine dem § 171 I BBG vergleichbare Regelung, doch gehen die deutsche Literatur und Rechtsprechung ganz überwiegend davon aus, daß auch in privaten Arbeitsverhältnissen der Arbeitnehmer mit Blick auf die Interessenwahrungspflicht grundsätzlich gehalten sei, sich zunächst innerbetrieblich um Abhilfe zu bemühen[771].

Eine Mindermeinung lehnt dagegen die Pflicht zu vorherigem innerbetrieblichen Vorstelligwerden im privaten Sektor zumindest im Grundsatz ab[772]. Auf den ersten Blick scheint dies von der h.M. stark abzuweichen. Bei genauerem Hinsehen er-

---

[768] Siehe oben Teil II F IV 4

[769] Koester, ZBR 1981, S. 210 (214ff.)

[770] Vgl. auch Kommentar unten Teil V B II 2 d am Ende

[771] So Brox/Rüthers, Arbeitsrecht, Rdnr. 92 a; Buchner, ZfA 1982, S. 49 (70); vgl. Preis/Rheinfeld, AuR 1989 S.361 (372 f.); Arbeitgeberverband, Dokumentation Fachtagung 1989, S. 49; eine sofortige externe Anzeige sei unverhältnismäßig, zumal der Arbeitnehmer die Folgen des behördlichen Einschreitens weder übersehen noch beherrschen könne, so Denck, DB 1980, S. 2132 (2133ff.); a.A. Rützel, Umweltschutz und Arbeitsrecht, S. 213; Wendeling-Schröder, Autonomie im Arbeitsrecht, S. 195 f.

[772] Vgl. „Matrosen"-Fall oben Teil III B III 1 b ff; Wendeling-Schröder, Autonomie im Arbeitsrecht, S. 195 f., Colneric, AiB 1987, S. 260 (265); vgl. Brücker/Feldhoff/Kothe zu § 18 II ArbSchRGE Rdnr. 615 „Eine solche Sanktionierung (gemeint ist die Unzulässigkeit direkter externer Beschwerden – die Verf.), die nicht nur haltlose, sondern auch zutreffende Anzeigen erfaßt, ist damit weder sachgemäß noch verhältnismäßig, da sie Freiheitsrechte der Beschäftigten mit einem ungeeigneten Mittel einschränkt. Zugleich ist sie geeignet, ein Klima zu schaffen, das nicht durch Offenheit, sondern Mißtrauen oder Vorsicht geprägt ist und damit der notwendigen unbefangenen Erörterung von Gesundheitsschutzfragen am Arbeitsplatz entgegensteht."; Rützel, Umweltschutz und Arbeitsrecht, S. 213 mit dem Argument, daß es rechtspolitisch sinnvoller wäre, Arbeitnehmern direkte externe Anzeigenrechte zu gewähren, um einen Anreiz für Arbeitgeber zu schaffen, die Attraktivität innerbetrieblicher Anzeigen zu steigern. Diesem wünschenswerten Effekt steuere eine vorherige interne Anzeigepflicht entgegen.

weisen sich die Unterschiede jedoch zumindest im Ergebnis als eher gering, denn über die Grenze des Rechtsmißbrauchs werden hier im wesentlichen die gleichen Einschränkungen gemacht, wie sie umgekehrt von der herrschenden Meinung als Ausnahmen von der grundsätzlichen Einschränkung statuiert werden (dazu unten 2).

1. Art der innerbetrieblichen Abhilfebemühungen

Welche Anforderungen an das Bemühen um innerbetriebliche Abhilfe zu stellen sind, ist innerhalb der herrschenden Meinung umstritten. Ein Teil der Literatur verlangt, zunächst das innerbetriebliche Beschwerdeverfahren gemäß §§ 84, 85 BetrVG durchzuführen, wie ja auch im öffentlichen Dienst zunächst die in der institutionellen Ordnung der Verwaltung liegenden Abhilfemöglichkeiten ausgeschöpft werden müßten.[773] Das wohl überwiegende Schrifttum lehnt dies jedoch ab. Zum Teil wird argumentiert, die Verhaltensanforderungen des öffentlichen Dienstes könnten nicht übertragen werden, da die innere Ordnung der Privatwirtschaft weder vergleichbar institutionell geordnet sei noch einer demokratischen Kontrolle unterliege[774]. Andere weisen darauf hin, daß § 85 BetrVG als freiwilliges Verfahren konzipiert sei. §85 sollte die Rechte der Arbeitnehmer stärken, indem er ihnen die Angst vor Sanktionen im Falle von Beschwerden und Kritik nehme. Es laufe deshalb der Intention des § 85 BetrVG zuwider, wenn er zur zwingenden Voraussetzung einer externen Beschwerde gemacht und damit faktisch dazu benutzt werde, die Rechte der Arbeitnehmer in Bezug auf externe Kritik zu beschränken. Auch schade es letztlich der Position des Betriebsrats, wenn seine Beteiligung rechtlich erzwungen werde[775]. Die überwiegende Meinung geht deshalb davon aus, daß das Bemühen um eine informelle interne Abhilfe ausreiche[776].

Uneinigkeit herrscht jedoch darüber, ob es genügen soll, wenn ein Arbeitnehmer sich an seinen unmittelbaren Vorgesetzten oder an irgendeinen Beschäftigten in übergeordneter Funktion wendet, dieser aber der Beschwerde nicht selbst abhelfen

---

[773] Sofern die §§ 84, 85 BetrVG in der konkreten Fallkonstellation überhaupt anwendbar sind, s.o. Teil III B II; vgl. Möx, AiB 1992, S. 382 (387) ; Denck, DB 1980, S. 2132 (2137) wonach der Arbeitnehmer sogar das Einigungsstellenverfahren abwarten muß; mit zahlreichen Ausnahmen grundsätzlich auch Schaub, Arbeitsrechts-Handbuch S. 142; Zöllner/Loritz, Arbeitsrecht, § 13 I 2; Buchner, ZfA 1982, S. 49 (71ff.) verlangt sogar, daß die vom Betriebsverfassungsgesetz eröffneten Möglichkeiten des Einwirkens auf den Arbeitgeber ausgeschöpft werden, bevor sich ein Arbeitnehmer mit Flugblättern an die betriebliche Öffentlichkeit wendet (in dem dort erwähnten Fall hatte ein Arbeitnehmer auf Flugblättern „Neueinstellungen statt Überstunden" und eine Diskussion hierüber gefordert).

[774] So Hinrichs, ArbRGegenw., S. 35 (50 f.), der auch auf die vielfältigen Schwächen des innerbetrieblichen Beschwerdeverfahrens nach §§ 84,85 hinweist.

[775] So Wendeling-Schröder, Autonomie im Arbeitsrecht, S. 195

[776] So etwa im „Hackfleisch"-Fall oben Teil III B III 1 b hh; vgl. Hinrichs, ArbRGegenw., S. 35 (50 f., m.w.N)

will oder kann und sie auch nicht weiterzuleiten beabsichtigt. Zum Teil wird vertreten, der Arbeitnehmer müsse sich nach erfolgloser Mitteilung an einen Vorgesetzten erneut an andere übergeordnete Unternehmensstellen oder sogar an die Unternehmensleitung wenden. Dagegen wird angeführt, daß die selbständige Suche nach einem abhilfebereiten Übergeordneten dem Arbeitnehmer nicht zumutbar sei[777]. Zum anderen gehöre das Nicht-Weiterleiten der Beschwerde durch Vorgesetzte zum Risikobereich des Arbeitgebers, der allein für die Betriebsorganisation verantwortlich sei.

2. Ausnahmsweise Entbehrlichkeit der Vorschaltbeschwerde

Die unterschiedlichen Meinungen sind sich darin einig, daß eine vorherige interne Beanstandung im Einzelfall verzichtbar sein kann, wenn sie dem Arbeitnehmer unzumutbar wäre: Dies sei etwa der Fall, wenn dem Arbeitgeber eine wirksame und rechtzeitige Abhilfe offensichtlich nicht möglich ist, wozu es insbesondere dann kommen könne, wenn sofortige Maßnahmen geboten sind. Gleiches gelte in Fällen, in denen der Arbeitgeber bereits Kenntnis von dem Mißstand hat und ihm offensichtlich nicht abhelfen will[778]. Insbesondere bei vorsätzlichen Straftaten des Arbeitgebers sei eine vorherige Beschwerde unzumutbar [779]. Entsprechendes müsse ferner in Fällen gelten, in denen der Arbeitnehmer Gefahr läuft, sich bei Untätigkeit selbst strafbar zu machen.

Diese Einschränkungen sollen übrigens nach überwiegender Ansicht auch auf die gesetzlich geregelten Fälle, insbesondere auf § 17 Arbeitsschutzgesetz angewandt werden.[780]

3. Zugrundeliegende Wertungen

In Deutschland wird also dem Versuch vorheriger interner Abhilfe große Bedeutung beigemessen. Das ist aus Sicht einer starken Betonung der Loyalitätspflicht durchaus konsequent. Aus einer wesentlich am Gesetzesvollzug orientierten Perspektive, wie sie etwa in der amerikanischen „public policy"-Rechtsprechung ihren Ausdruck findet, wäre es dagegen kontraproduktiv, eine vorherige interne Anzeige zu verlangen. Dies gilt insbesondere bei der Anzeige von Straftaten. Denn der Ar-

---

[777] Vgl. Froschauer, Arbeitsschutz und Umweltrecht, S. 138; Colneric, AiB 1987, S. 260 ff.; a.A. aber LAG BW im „Schweißer"-Fall s.o. Teil III B III 1 b gg)

[778] Vgl. „Hackfleisch"-Fall oben Teil III B III 1 b hh; Knorr/ Bichelmaier/ Kremhelmer, Kündigungsrecht, S. 389 Rdnr. 111 betonen, daß es sich hier nicht um eine subjektive Mutmaßung des Arbeitnehmers handeln dürfe, sondern die Einschätzung vielmehr auf konkreten, aussagekräftigen Tatsachen beruhen müsse, wie beispielsweise dem früheren Verhalten des Arbeitgebers in vergleichbaren Fällen.

[779] Vgl. z.B. LAG-BW „Beleidigungsanzeige"-Fall Teil III B III 1 b cc

[780] So Kittner/Pieper, Arbeitsschutzgesetz, § 17 Rdnr. 7

beitgeber könnte die „Vorwarnung" durch die interne Beschwerde zum Anlaß nehmen, das beanstandete Verhalten einzustellen und etwaige Indizien hierfür zu vertuschen. Infolgedessen würden nicht nur die Strafverfolgungsinteressen unterlaufen, sondern der Arbeitgeber auch nicht von der erwünschten Abschreckungswirkung des verletzten Strafgesetzes erreicht. Schließlich müßte er nie fürchten, aufgrund einer überraschenden Arbeitnehmer-Anzeige „erwischt" zu werden.

Wenn man demgegenüber auch in Deutschland - wie oben dargestellt - zumindest bei vorsätzlichen Straftaten das Erfordernis eines vorherigen internen Abhilfebemühens verneint, so wird dies nicht mit öffentlichen Strafverfolgungs- oder Abschreckungsinteressen begründet, sondern mit Zumutbarkeits- und Schutzwürdigkeitserwägungen. Es sei dem Arbeitnehmer unzumutbar, in solchen Fällen auf interne Abhilfe zu drängen. Der Arbeitgeber sei im übrigen nicht schutzwürdig, wenn und soweit er das Gesetz bewußt mißachtet habe, so daß seine Interessen in der Abwägung unterlägen: Das Interesse, erfolgte Verstöße vor den Verfolgungsbehörden geheim zu halten, sei kein schutzwürdiger Belang[781]. Die Loyalitätspflicht verpflichte eben nicht zu „Ganoventreue"[782]. Außerdem könne es kein Anliegen des Arbeitsrechts sein, innerhalb des Unternehmens einen „sanktionsfreien Raum für objektiv schutzunwürdige Verhaltensweisen des Arbeitgebers zu schaffen"[783].

Die Argumentation bleibt also streng an den Arbeitnehmer- und Arbeitgeberinteressen orientiert. Öffentliche Interessen werden nicht thematisiert.

Auffallend ist, daß die öffentlichen Interessen in dem umgekehrten Fall einer Strafanzeige des Arbeitgebers gegen seinen Arbeitnehmer nicht prinzipiell ausgeklammert werden. So entschied das Arbeitsgerichts Hamburg in einem solchen Fall, daß es dem Arbeitgeber nicht durch seine Fürsorgepflicht verwehrt sei, strafbare Handlungen des Arbeitnehmers anzuzeigen.[784] In der Begründung argumentierte das Gericht explizit mit dem öffentlichen Interesse an der Strafverfolgung, das das Individualinteresse des Arbeitnehmers überwiege. „Grundsätzlich ist es dem Arbeitgeber nicht verwehrt, seinen Arbeitnehmer durch eine Anzeige der Strafverfolgung auszusetzen, obwohl der Arbeitnehmer dadurch möglicherweise einen Schaden erleidet. Es ist nämlich das Recht eines jeden Staatsbürgers, Anzeige zu erstatten. Die Grenzen dieses Rechts umschreibt § 164 StGB. Die arbeitsrechtliche Fürsorgepflicht schränkt dieses Recht nicht über den Bereich des § 164 StGB hinaus ein, denn die Fürsorgepflicht dient nur dem Schutz des einzelnen Arbeitnehmers; Zweck der Strafverfolgung ist hingegen, die Rechtsordnung zu schützen und somit

[781] Vgl. z.B. Colneric, AiB 1987, S. 260 (265)

[782] So Kittner/Trittin, Kündigungsschutzrecht, § 626 BGB Rdnr. 108

[783] So Froschauer, Arbeitsschutz und Umweltrecht, S. 144

[784] So ArbG Hamburg BB 1966, S. 1453; vgl. Kempff, Grundrechte im Arbeitsverhältnis, S. 87, Le Friant, Verantwortung des Arbeitgebers, S. 54

Interessen der Allgemeinheit zu wahren. Allgemeininteressen gehen jedoch den Individualinteressen vor."

Diese Entscheidung hebt sich also deutlich von der großen Mehrheit der Entscheidungen ab, die zur umgekehrten Konstellation der Anzeige durch den Arbeitnehmer ergangen sind. Dabei sollte man meinen, daß es für die Relevanz der öffentlichen Interessen und ihre Berücksichtigungsfähigkeit keinen Unterschied machen kann, ob ein Arbeitgeber seinen Arbeitnehmer anzeigt oder umgekehrt.

E. Vorrang eigener Abhilfemaßnahmen

Die Frage des Vorrangs von Selbsthilfemaßnahmen oder Arbeitsverweigerungsrechten wird in der deutschen Literatur rege diskutiert, wiederum in auffälligem Gegensatz zu den USA, wo diese Frage kaum je erörtert wird, zumal Interessenwahrungs- und Rücksichtnahmepflichten für den whistleblower-Schutz zumindest bei „at will"-Arbeitsverhältnissen nur eine untergeordnete Rolle spielen.

Die deutsche Diskussion dieser beiden Fragen verläuft im öffentlichen und privaten Sektor parallel, so daß auf eine diesbezügliche Differenzierung verzichtet werden kann.

I. Vorrang der Selbsthilfe

Die deutsche Literatur und Rechtsprechung geht überwiegend davon aus, daß der Arbeitnehmer, falls er in der Lage ist, die Gefahr selbst zu beseitigen oder dem Mißstand selbst abzuhelfen, aufgrund der Interessenwahrungspflicht gehalten ist, diese Möglichkeit anstelle einer externen Anzeige wahrzunehmen. Es dürften jedoch - so betonen viele - keine zu hohen Anforderungen an das Ausfindigmachen angemessener Selbsthilfemaßnahmen gestellt oder sogar entsprechende Pflichten des Arbeitgebers oder des Vorgesetzten auf den Arbeitnehmer abgewälzt werden[785]. Unzumutbar sei dem Arbeitnehmer etwa, sich selbst Gesundheitsgefahren auszusetzen, in fest vorprogrammierte Arbeitsabläufe eigenmächtig einzugreifen oder den Weisungen eines Vorgesetzten zuwider zu handeln. Auch die Möglichkeit, sich unkalkulierbaren Schadensersatzforderungen in Falle einer Fehleinschätzung der Situation auszusetzen, wie etwa beim eigenmächtigen Abschalten einer ganzen Anlage, lasse den Vorrang der Selbsthilfe entfallen[786].

II. Vorrang eines Arbeitsverweigerungsrechts

In der deutschen Literatur überwiegt die Auffassung, daß der Hinweis auf ein mögliches Arbeitsverweigerungsrecht nicht die Beschränkung der Grundrechtsaus-

---

[785] Vgl. die Kritik zum „Schandurteil" des LAG-BW, s.o. Teil III B III 1 b jj ccc)

[786] So Froschauer, Arbeitsschutz und Umweltrecht, S. 142

übung nach Art. 5 I und 17 GG rechtfertigen könne.[787] Mit der Arbeitsverweigerung gehe der Arbeitnehmer ein hohes Risiko bezüglich des Arbeitsklimas, seines Verhältnisses zu den Vorgesetzten oder sogar für den Bestand des Arbeitsverhältnisses ein. Die Gefahr mittelbarer Repressionen sei nicht von der Hand zu weisen.

Sofern es sich bei dem beanstandeten Verhalten um ein Unterlassen handelt, welches der einzelne Arbeitnehmer nicht glaubt, verantworten zu können, ist eine Verweigerung ohnehin nicht denkbar.[788] Abgesehen davon wird die Arbeitsverweigerung den Arbeitnehmer dann nicht zu dem angestrebten Ziel führen, wenn er durch „weniger verantwortungsvolle" Kollegen ersetzt werden kann, die dann das umstrittene Projekt dennoch fortsetzen.

Die Tatsache, daß regelmäßig nicht die vorrangige Ausübung von Arbeitsverweigerungsrechten verlangt wird, darf nicht darüber hinwegtäuschen, daß grundsätzlich in Deutschland externes whistleblowing aus Gewissensgründen weit weniger entschuldigt wird als die Ausübung von Arbeitsverweigerungsrechten.[789] Die Nebenpflicht zur Loyalitätswahrung wird also in dieser Situation weit höher gehalten als die vertragliche Hauptpflicht zur Arbeitsleistung. Dem Schaden, der durch eine eventuell erforderliche Versetzung des Arbeitnehmers entsteht, scheint regelmäßig weniger Gewicht beigemessen zu werden als dem Schaden einer Anzeige.

F. Sorgfaltsanforderungen

Umstritten ist weiter, welche Anforderungen an die inhaltliche Richtigkeit, die rechtliche Bewertung sowie an das Ausfindigmachen der zuständigen Behörde zu stellen sind, wobei die beiden letztgenannten Themen in der Literatur nur selten überhaupt behandelt werden.

I. Privater Sektor

1. An die inhaltliche Richtigkeit

Wie bereits in Teil III dargestellt, fallen nach der Rechtsprechung des BVerfG erwiesen oder bewußt unwahre Tatsachenbehauptungen nicht in den Schutzbereich des Art. 5 I GG[790]. Allerdings, so betont das BVerfG, dürfen die Anforderungen an

[787] Vgl. die Kritik zum „Schandurteil" des LAG-BW, s.o. Teil III B III 1 b jj ccc); ausführlich Hinrichs, ArbRGegenw., S. 35 (37 ff.) ; a.A. Schaub, Arbeitsrechtshandbuch, § 53 S. 378

[788] Vgl. Rohpohl, Ethik und Technikbewertung, S. 125

[789] So Rohpohl, Ethik und Technikbewertung, S.125

[790] Vgl. auch den „WDR"-Fall

die Wahrheitspflicht nicht so bemessen werden, daß darunter die Funktion der Meinungsfreiheit leide.[791]

Aus dieser vagen Vorgabe werden in Literatur und Rechtsprechung unterschiedliche Konsequenzen gezogen. Einigkeit besteht darüber, daß der Arbeitnehmer keine haltlosen und übereilten Anzeigen erstatten darf. Er müsse vorher im Rahmen des Möglichen und Zumutbaren prüfen, ob die Beschuldigungen zutreffend und berechtigt sind. Die überwiegende Kommentarliteratur verweist diesbezüglich auf ein Urteil des LAG Frankfurt von 1991 (s.o.), nach dem eine zur ordentlichen Kündigung berechtigende „leichtfertige" Anzeigenerstattung vorliege, wenn „die erhobenen Beschuldigungen aus der Sicht eines vernünftig urteilenden Dritten nicht nachvollziehbar oder auf den ersten Blick in keiner Weise sachlich fundiert sind oder der Anzeigeerstatter objektiv unrichtige Behauptungen gerade auch deshalb aufstellt, weil er sie nicht einmal in einem ihm unter den konkreten Umständen zumutbaren Umfang vorher auf ihre Richtigkeit hin überprüft hatte" [792].

Was ihm zumutbar ist bzw. welche Sorgfaltsanforderungen an die Prüfung der Richtigkeit der Angaben zu stellen sind, wird in dem Urteil allerdings nicht beantwortet.

Fraglich ist, ob bei Arbeitnehmern mit Hinblick auf die arbeitsrechtliche Interessenwahrungspflicht eine weitergehende Überprüfung der Richtigkeit der Äußerungen verlangt werden kann, als dies etwa im Deliktsrecht bezogen auf das Recht am eingerichteten und ausgeübten Gewerbebetrieb[793] der Fall ist. Für einen strengeren Sorgfaltsmaßstab wird argumentiert, daß Arbeitnehmer als „Insider" und „Experten" besondere Glaubwürdigkeit und Kompetenz für sich in Anspruch nähmen. Abgesehen davon hätten sie bessere Möglichkeiten, sich über die Berechtigung ihrer Vorwürfe zu informieren als außenstehende Dritte. Die Gegenmeinung weist indessen auf die Gefahren für Betriebsklima und Arbeitsablauf hin, wenn es dem Arbeitnehmer zur Pflicht gemacht würde, vor seiner Anzeige eigenständige Recherchen vorzunehmen. Dem Arbeitnehmer dürfe ferner auch deswegen nicht das volle Risiko der Richtigkeit seiner Angaben aufgebürdet werden, weil sonst faktisch eine Meinungsäußerungssperre errichtet würde. Nach dieser Meinung soll es entscheidend auf die Redlichkeit des Arbeitnehmers ankommen.[794]

Letztere Auffassung ähnelt im Ergebnis der US-amerikanischen Rechtsprechung und -Gesetzgebung. Allerdings steht dort nicht das verfassungsrechtlich geschützte individuelle Äußerungsinteresse im Vordergrund, sondern das öffentliche Interesse

---

[791] BVerfGE 54, 208 (219 ff); 61, 1 (8)

[792] Zit.: LAG Frankfurt v. 14.2.1991 NZA 1992 S. 124

[793] Vgl. BGH NJW 1987 S. 2225; Wendeling-Schröder, Autonomie im Arbeitsrecht, S. 202

[794] Vgl. Wendeling-Schröder, Autonomie im Arbeitsrecht, S. 202

an der Förderung von whistleblowing. Die Risiken des Arbeitnehmers werden dort primär als Hemmnis der Anzeigebereitschaft problematisiert.

2. An die rechtliche Bewertung

Irren kann der Arbeitnehmer nicht nur bezüglich der Fakten des angezeigten Verhaltens, sondern auch bezüglich der rechtlichen Frage, ob ein anzeigewürdiges *illegales* Verhalten vorliegt[795]. Fraglich ist, ob der Arbeitnehmer bei einem diesbezüglichen „Rechtsirrtum" vor Sanktionen seitens des Arbeitgebers geschützt ist. In der Literatur sind hierzu nur sehr vereinzelt Stellungnahmen zu finden. Nach einer Ansicht soll der Arbeitnehmer nur dann nicht geschützt werden, wenn ihm in Bezug auf den Irrtum Leichtfertigkeit vorzuwerfen ist (vgl. auch die Wertung des § 17 II Arbeitsschutzgesetz)[796]. Nach anderer Ansicht genügt jede Fahrlässigkeit. Wenn der Arbeitnehmer etwa durch rechtskundige Beratung hätte feststellen können, daß die beanstandeten Aktivitäten nicht illegal sind, so sei seine Anzeige als pflichtwidrig zu werten[797]

Die Beurteilung, ob die beanstandeten Aktivitäten tatsächlich illegal sind, kann – wie z.B. der US-Fall Adler v. American Standard Corp[798] zeigt – für den Arbeitnehmer sehr schwierig sein, insbesondere in so komplizierten Rechtsbereichen wie etwa dem Umwelt-, Wettbewerbs- oder Steuerrecht. Teilweise wird darauf hingewiesen, daß es natürlich auch für den Arbeitgeber schwierig sein kann zu beurteilen, ob sein angezeigtes Verhalten tatsächlich illegal ist, und ob ihm deswegen Sanktionen gegenüber dem Arbeitnehmer verboten sind[799]. Dies scheint jedoch das geringere Problem zu sein, zumal der Arbeitgeber regelmäßig besseren Zugang zu Rechtsrat hat und außerdem ohnehin die Rechtmäßigkeit der von ihm zu verantwortenden betrieblichen Zustände gewissenhaft prüfen sollte.

3. An das Ausfindigmachen der zuständigen Stelle

Von denjenigen, die grundsätzlich nur Anzeigen gegenüber Behörden schützen wollen, thematisieren nur wenige die Frage, ob der Arbeitnehmer auch dann geschützt sein soll, wenn er sich an eine unzuständige Behörde wendet, weil er über die Zuständigkeitsverteilung irrt. Einem Lösungsansatz zufolge sollten grundsätz-

---

[795] Dies wird primär dann relevant, wenn man ein Anzeigerecht für nicht illegale Mißstände verneint.

[796] So Kittner/Trittin, Kündigungsschutzrecht, § 1 KSchG Rdnr. 186, die die Regelung des § 17 II ArbSchG auf Sachverhalte außerhalb des Arbeitsschutzgesetzes analog angewandt wissen wollen.

[797] So LAG Köln § 626 BGB Nr. 78 von 1994, s.o. Teil III B III 1 b ii

[798] 291 Md. 31 (1981), s.o. Teil II C II 2 d

[799] Malin, 16 U. Mich. J. L. Ref. 277, 287

lich nur Anzeigen an die zuständige Behörde geschützt werden. Zwar unterlägen sämtliche staatlichen Stellen gesetzlichen Verschwiegenheitspflichten und seien verpflichtet, die Beschwerde weiterzuleiten bzw. den Anzeigenden an die zuständige Stelle zu verweisen. Trotzdem dürften Anzeigen an falsche Stellen wegen der Gefahr von Indiskretionen nicht sanktionslos bleiben. Der oft für den Arbeitnehmer undurchsichtigen Zuständigkeitsverteilung etwa im Umweltrecht solle durch eine Begrenzung des Verschuldensmaßstabes auf grobe Fahrlässigkeit Rechnung getragen werden.[800]

Einen anderen Ansatz wählen z.B. die Manteltarifverträge der Druckindustrie von 1997[801], wonach sich die Arbeitnehmer „an ihnen geeignet *erscheinende* Fachleute und Institutionen" wenden dürfen. Hier wird also die subjektive Redlichkeit zum entscheidenden Kriterium gemacht.

Im Ergebnis werden sich die beiden Ansätze allerdings nicht wesentlich unterscheiden, denn ebenso wie der erste, vermeintlich objektive Ansatz durch die großzügige Berücksichtigung subjektiver Fehlvorstellungen des einzelnen abgeschwächt wird, so darf man erwarten, daß das auf den ersten Blick rein subjektive Kriterium des zweiten Ansatzes – um überhaupt justiziabel zu sein – einer objektivierenden Auslegung unterzogen wird. Nicht welche Stelle geeignet erscheint, sondern welche geeignet erscheinen durfte, wird letztlich das Kriterium sein.

II. Öffentlicher Sektor

Im öffentlichen Sektor, insbesondere bei Beamten, scheint insgesamt ein strengerer Maßstab angelegt zu werden, wobei darauf hingewiesen werden muß, daß in der Literatur die Rechtstellung von Beamten und privaten Arbeitnehmern kaum vergleichend diskutiert wird.

Nach wohl herrschender Meinung muß sich der Beamte - soweit möglich und zumutbar - über die Richtigkeit der von ihm behaupteten Tatsachen Gewißheit verschaffen. Alle erreichbaren Beweismöglichkeiten seien auszuschöpfen. Für eine Verletzung der Sorgfaltspflicht genüge bereits Fahrlässigkeit. Leichtfertigkeit sei nicht erforderlich. Die Vorwürfe müßten außerdem frei sein von jeder Übertreibung.[802]

Auch an die Bewertung der Rechtmäßigkeit des angezeigten Verhaltens sowie das Ausfindigmachens der zuständigen Stelle werden tendenziell strengere Anforderungen gestellt als im privaten Sektor.

[800] So Rützel, Umweltschutz durch Arbeitsrecht, S. 213

[801] Siehe oben Teil III B III 1 a cc

[802] Vgl. zum ganzen Claussen/Janzen, Bundesdisziplinarordnung, Rdnr. 50; Weiß, ZBR 1984, S. 129 (139)

G. Motiv der Anzeige oder Beschwerde

I. Privater Sektor

In Rechtsprechung und Literatur wird verschiedentlich betont, daß das Anzeigerecht nur zur Wahrnehmung berechtigter Interessen und nicht mißbräuchlich ausgeübt werden dürfe[803]. Die Anzeige dürfe nicht aus einer verwerflichen Motivation wie z.B. Rache oder Schädigungsabsicht erfolgen[804]. Außerdem dürfe der Arbeitnehmer keine sachfremden Ziele, wie etwa Schikane oder Diffamierung seiner Vorgesetzten, verfolgen[805].

Diese Auffassung ist aus deutscher Perspektive durchaus schlüssig. Nur wenn man wie in den USA das öffentliche Interesse an Strafverfolgung und Gesetzesvollzug bzw. an einer informierten öffentlichen Debatte berücksichtigen würde, könnte man selbst im Fall fehlender Schutzwürdigkeit des einzelnen Arbeitnehmers die Gewährung von whistleblower-Schutz für geboten erachten. Denn für diese öffentlichen Anliegen ist es grundsätzlich unerheblich, von welcher Motivation der Arbeitnehmer geleitet ist[806].

II. Öffentlicher Sektor

Für Angestellte des öffentlichen Dienstes gelten die obigen Ausführungen entsprechend.

Bei Beamten gewinnt die Frage des Motives allerdings noch aus einem anderen Blickwinkel Bedeutung. Hier werden im Zusammenhang mit der Veröffentlichung von dienstbezogenen Informationen zwei Fallgruppen von disziplinarrechtlich relevanten Pflichtverstößen unterschieden, nämlich die „Flucht in die Öffentlichkeit" und die „Verletzung der Dienstverschwiegenheit". Die Abgrenzung erfolgt regelmäßig danach, ob von außen Druck auf den Dienstherren ausgeübt werden soll (dann „Flucht in die Öffentlichkeit") oder der Öffentlichkeit etwa nur Kenntnis verschafft werden soll. Die Motivation ist also entscheidend für die Kategorisierung. Hervorgehoben wird, daß die „Flucht in die Öffentlichkeit" primär ein Problem der Loyalitätspflicht (§ 54 S. 3 BBG) darstelle und der Bruch von Verschwiegenheits-

---

[803] Stahlhacke/Preis/Vossen, Kündigung und Kündigungsschutz, Rdnr. 505; BAG v. 4.7.91, LAG Köln v. 10.6.94, siehe zu beiden Entscheidungen oben Teil III B III 1 b ii

[804] LAG Frankfurt v. 12.2.1987 in DB 1987, S. 1696, zu beachten ist allerdings, daß die entsprechende Entscheidung eine (inhaltlich) unwahre Anzeige zum Gegenstand hatte; vgl. auch BAG v. 4.7.91 s.o. Teil III B III 1 b ii

[805] Vgl. „Verwaltungsangestellten-Fall" des BAG, oben Teil III B III 1 b dd

[806] Jedoch wird dies in den USA auch nur in Ausnahmefällen so gehandhabt, etwa unter dem False Claims Act, s.o. Teil II F III 5.

pflichten (§ 61 BBG) keine notwendige Voraussetzung für die Verwirklichung dieses Tatbestandes sei[807].

Mit der Zuordnung zu einer der beiden Fallgruppen wird noch nicht über die Pflichtwidrigkeit entschieden. Die Pflichtwidrigkeit einer „Flucht in die Öffentlichkeit" scheint jedoch leichter angenommen zu werden, und regelmäßig wird ihr im Vergleich zur „Verletzung der Dienstverschwiegenheit" ein gesteigerter Unwert beigemessen. In der Kommentarliteratur wird betont, daß gerade das „Sichverbrüdern" mit der Öffentlichkeit zu einer Einbuße an berufserforderlicher Achtung führe[808].

Auffällig ist, daß das Differenzierungskriterium „Druckausübung" im privaten Sektor nicht existiert, man dort also eine entsprechende Wertung nicht trifft, obwohl solche Konstellationen in der Privatwirtschaft ebenso denkbar sind.

H. Form der Äußerung

I. Privater Sektor

Unumstritten ist, daß der strafrechtliche Ehrschutz nach §§ 185 ff. StGB dem Recht zum whistleblowing Grenzen setzt. Eine darüber hinausgehende Mäßigungspflicht in Ausdruck und Ton wird in Deutschland primär bei internem whistleblowing diskutiert[809]. Bei Behördenanzeigen scheint sie weniger relevant zu sein, zumal hier die Gefahr der Rufschädigung in der Öffentlichkeit und damit der Geschäftsschädigung nicht unmittelbar besteht. (Schließlich erfährt die Öffentlichkeit hier zwar möglicherweise vom behördlichen Einschreiten. Die Anzeige in ihrer konkreten Form wird dagegen wohl kaum publik gemacht werden.)

Was das whistleblowing gegenüber der Öffentlichkeit anbelangt, so ist davon auszugehen, daß, wenn schon bei interner Kritik vielfach eine Mäßigungspflicht des Arbeitnehmers angenommen wird, dies aufgrund der Interessenwahrungspflicht erst recht bei Kritik und Beschwerden gegenüber der Öffentlichkeit oder den Medien verlangt würde, auch wenn diesbezüglich kaum Stellungnahmen zu finden sind (vgl. den „Chefarzt-Fall" und den ersten „Hoechst-Fall" – in beiden Fällen wurde das whistleblowing bereits aus anderen Gründen für unzulässig erklärt). Allerdings wird man auch hier mit Blick auf die Verfassungsrechtsprechung zu Art. 5 GG die Anforderungen nicht so bemessen dürfen, daß darunter die Funktion der Meinungsfreiheit leidet.

---

[807] So GKÖD/Weiß J 630 Rdnr. 9 und 25; Köpp in Steiner, Besonderes Verwaltungsrecht, Rdnr. 35

[808] GKÖD/Weiß J 630 Rdnr. 28

[809] Dazu siehe genauer oben Teil III B II 1 a cc

II. Öffentlicher Sektor

Im öffentlichen Sektor, vor allem bei Beamten, wird eine besonders weitgehende Mäßigungspflicht angenommen. Der Beamte bzw. der öffentliche Arbeitnehmer habe stets auf das Ansehen des Staates und seiner organisatorischen Gliederungen Rücksicht zu nehmen, er sei zu Sachlichkeit und Takt verpflichtet (vgl. insbesondere § 54 S. 3 BBG).[810] So habe er insbesondere bei Äußerungen über Vorgesetzte stets Zurückhaltung, Achtung und Respekt zu wahren. Personen, denen der öffentliche Bedienstete unmittelbar oder mittelbar dienstlich verbunden ist, dürfe er grundsätzlich nicht „in ein schlechtes Licht stellen".[811]

Diese spezielle Betonung der Mäßigungspflicht im öffentlichen Sektor steht in deutlichem Kontrast zu den amerikanischen Gewichtungen, wo gerade im öffentlichen Sektor der Umgang mit polemischen oder formal anstößigen Äußerungen sehr großzügig gehandhabt wird („defamation of the government is an impossible notion for democracy."[812])

J. Rechtsfolgen

Auf die Rechtsfolgen wurde im einzelnen bereits im Rahmen der Darstellung der dogmatischen Vorgaben eingegangen.[813] Im Gegensatz zu den USA, wo eine Kündigung unter Verstoß gegen whistleblower-Schutzvorschriften grundsätzlich als rechtswirksam betrachtet wird und „nur" Schadensersatzansprüche auslöst (allerdings häufig in Form von „reinstatement"), wird hierzulande stets die Unwirksamkeit der rechtswidrigen Vergeltungsmaßnahme angenommen. So ist etwa eine Kündigung unter Verstoß gegen § 1 KSchG bzw. § 626 BGB oder § 612 a BGB nichtig.

Das Kündigungsschutzgesetz sieht allerdings unter bestimmten Umständen ein arbeitgeberseitiges Trennungsrecht trotz Sozialwidrigkeit der Kündigung vor. Dabei ist jedoch zu betonen, daß primäres Anliegen des Kündigungsschutzgesetzes der „Bestandsschutz" und nicht etwa „Abfindung" ist.[814] Eine Lösung gegen finanzielle Ausgleichszahlungen kommt nach dem KSchG deshalb nur ausnahmsweise in Betracht, sofern die Voraussetzungen des § 9 KSchG vorliegen. Auch wenn dies der

---

810 U/B/K/H- BAT § 8 S. 66.1

811 Zit.: GKÖD/Weiß J 630 Rdnr. 31; vgl. auch Weiß, ZBR 1984, S. 129 (134)

812 Zit.: American Postal Workers Union v. U.S. Postal Service 830 F 2 d 294, 309f. (D.C. Cir. 1987); vgl. oben Teil II B II 6 d

813 Siehe oben Teil III A II 1

814 Damit rückt das Kündigungsschutzgesetz sowohl vom BRG von 1920 als auch vom AOG von 1934 ab, die beide dem im Kündigungsrechtsstreit unterlegenen Arbeitgeber ein Wahlrecht zwischen Abfindungszahlung und Weiterbeschäftigung einräumten, KR/Spilger § 9 KSchG Rdnr. 8.

Fall ist, kann das Arbeitsverhältnis im Interesse eines weitestgehenden Bestandsschutzes nur im Wege eines *richterlichen Gestaltungsurteils* aufgelöst werden[815]. So zumindest die Theorie - die Praxis zeigt allerdings, daß in Kündigungsschutzprozessen die Beendigung des Arbeitsverhältnisses (durch Abfindungsvergleich) der Regelfall ist, so daß sich das KSchG eher als „Abfindungsgesetz" erweist.[816]

Einem vom Arbeitgeber gestellten Auflösungsantrag ist dann stattzugeben, wenn Gründe vorliegen, die eine den Betriebszwecken dienliche weitere Zusammenarbeit zwischen Arbeitgeber und Arbeitnehmer nicht erwarten lassen (§ 9 I S.2 KSchG)[817]. Ist dies der Fall, hat das Gericht eine Abfindung festzusetzen, deren Höhe sich nach § 10 KSchG bemißt. Ein Antrag nach § 9 I S.2 KSchG hat in den hier interessierenden Fällen dann Aussicht auf Erfolg, wenn durch das whistleblowing das Vertrauensverhältnis zwischen den Arbeitsvertragsparteien so nachhaltig gestört ist, daß einer weiteren Zusammenarbeit die Grundlage entzogen ist.[818]

In Deutschland besteht also gerade in Fällen vertrauensschädigenden whistleblowings ein arbeitgeberseitiges Trennungsrecht[819], während in den USA regelmäßig

---

[815]Eine eigenständige Auflösung unter Anerkennung von Schadensersatzansprüchen ist dem Arbeitgeber also – anders als in den USA – nicht möglich.

[816]Vgl. die empirische Untersuchung von Falke/Höland/Rhode/Zimmermann, Kündigungspraxis, S. 833; ebenso Kittner/Trittin, Kündigungsschutzrecht, Einleitung Rdnr. 445

[817]Bei der außerordentlichen Kündigung eines unter das KSchG fallenden Arbeitnehmers kann gemäß § 13 I KSchG zwar der Arbeitnehmer, nicht jedoch der Arbeitgeber einen Antrag auf richterliche Auflösung des Arbeitsverhältnisses gegen Abfindung stellen.

[818]KR/ Spilger § 9 KSchG Rdnr. 52, der betont, daß es im Hinblick auf die oben beschriebene primäre Zielsetzung des KSchG gerechtfertigt ist, an den Auflösungsantrag des Arbeitgebers strenge Anforderungen zu stellen. Dies bedeutet jedoch nicht, daß die Gründe des Arbeitgebers dem § 626 BGB genügen müßten. Denn in jenen Fällen wäre der Arbeitgeber befugt, sich ohne Zahlung einer Abfindung aufgrund einer außerordentlichen Kündigung vom Arbeitnehmer zu lösen.

Bei leitenden Angestellten besteht die Besonderheit, daß gemäß § 14 II S. 2 KSchG der Auflösungsantrag des Arbeitgebers keiner Begründung bedarf.

[819]Wenn das erstinstanzliche Gericht die Zulässigkeit und Begründetheit des Auflösungsantrages bejaht hat, besteht außerdem kein Weiterbeschäftigugsanspruch, da überwiegende schützenswerte Interessen des Arbeitgebers dagegenstehen. Die durch einen zulässigen Auflösungsantrag begründete Ungewißheit über den Ausgang der Kündigungssache begründet ein schützenswertes Interesse des Arbeitgebers an der Nichtbeschäftigung des gekündigten Arbeitnehmers für die Dauer des Kündigungsschutzprozesses, so BAG v. 16.11.1995 EzA Art. 20 Einigungsvertrag Nr. 47, KR/Spilger § 9 KSchG Rdnr. 59a; vgl. die Entscheidung des Großen Senates vom 27.2.1985 AP Nr.14 zu § 611 BGB Beschäftigungspflicht, wonach bei einem die Umwirksamkeit der Kündigung feststellenden Instanzurteil zu der Ungewißheit des Prozeßausgangs zusätzliche Umstände hinzukommen müssen, aus denen sich im Einzelfall ein überwiegendes Interesse des Arbeitgebers an der Nichtbeschäftigung ergibt. Ein solches bestehe u.U. beim Verdacht des (weitergehenden) Verrates von Betriebsgeheimnissen oder bei sonstigem schädigenden Verhalten des Arbeitnehmers.

ungeachtet des Schadens am Vertrauensverhältnis „reinstatement" gewährt wird[820]. In Anbetracht dieser unterschiedlichen Rechtsfolgen erscheint es umso bemerkenswerter, daß in den USA dem Loyalitätserwägungen soviel weniger Gewicht beigemessen wird als hierzulande, wo dem Arbeitgeber eine Weiterbeschäftigung des illoyalen Arbeitnehmers häufig ohnehin nicht zugemutet würde.

[820] Ausnahme ist insoweit die „public policy"-exception, unter der grundsätzlich keine Wiedereinstellung gewährt wird. Die „public policy"-exception hat jedoch angesichts weitreichender gesetzlicher Normierungen an Bedeutung verloren.

Teil V: Schlußteil

Dieser Schlußteil gliedert sich in zwei Abschnitte. Zunächst sollen die jeweiligen whistleblower-Rechte in den weiteren Kontext ihrer Rechtssysteme eingeordnet und aus dieser Perspektive verglichen werden. Dabei soll zum einen gefragt werden, inwiefern die dargestellten rechtlichen und tatsächlichen Unterschiede auf grundsätzliche Systemunterschiede zurückgeführt werden können. Zum anderen wird sich zeigen, daß die Wertungsunterschiede im Bereich des whistleblowing auch in anderen Rechtsbereichen ihre Entsprechung haben und insofern als das Ergebnis unterschiedlicher Werthaltungen in beiden Rechtsordnungen gedeutet werden können (hierzu A). Danach soll untersucht werden, welche Lehren sich aus dem Rechtsvergleich für die künftige Entwicklung des deutschen Rechts ergeben (dazu B).

A. Kontext

I. Unterschiedliche Bedeutung von whistleblowing im individualistischen und kollektivistischen System

Die Gegenüberstellung der beiden Systeme zeigt, daß die Bedeutung von whistleblowing ganz unterschiedliche Grade erreicht, je nachdem ob man es mit einem kollektivistischen oder mit einem individualistischen Arbeitsrechtssystem zu tun hat.

Im individualistischen System der USA sind kaum institutionalisierte Wege vorhanden, um *innerbetrieblich* Beschwerden zu artikulieren, während im kollektivistischen deutschen System insbesondere die betriebliche Arbeitnehmervertretung Kritik und Beschwerden kanalisiert und die Aktivitäten des Betriebsrats bzw. der Personalvertretung ein whistleblowing des einzelnen Arbeitnehmers vielfach erübrigen[821]. Dies gilt zumindest in Bezug auf Arbeitsbedingungen und sonstige Arbeit-

[821] Auch in den USA gibt es - in allerdings noch immer bescheidenem Ausmaß - informelle, fast immer von den Arbeitgebern initiierte Arrangements von Arbeitnehmermitwirkung in unterschiedlichsten Erscheinungsformen, die freilich allesamt mit Mitbestimmung nichts zu tun haben, sich vielmehr in Informations- und Beratungsrechten erschöpfen. Sie sind meist von nicht sehr langer Lebensdauer, vgl. dazu US. Department of Labor/ U.S. Department of Commerce (Hrsg.), Fact Finding Report, 1994 S. 29 ff. Daneben gibt es im öffentlichen Sektor einige Ansätze, innerbetriebliche Artikulationsmöglichkeiten für im öffentlichen Interesse liegende Kritik oder Beschwerden zu schaffen. So haben einige Bundesbehörden beispielsweise sogenannte "Inspector-General (IG) hotlines" eingerichtet. Dies sind entweder bekanntgemachte Telefonnummern oder spezielle Telefonanschlüsse, über die Arbeitnehmer jederzeit mit dem zuständigen leitenden Inspektor Kontakt aufnehmen und diesem Vorkommnisse von Korruption, Mittelverschwendung und Mißbrauch von Hoheitsbefugnissen reportieren können (vgl. U.S. Merit Systems Protection Board 1993, S.29).

In manchen Behörden sind zudem sogenannte "open-door policy"-Programme entwickelt worden, durch die Arbeitnehmer ermutigt werden sollen, beobachtete Mißstände behördenintern

nehmerrechte, also auf all das, was in den USA als „employee grievances“ bezeichnet wird. So ist whistleblowing in Deutschland primär dort von Bedeutung, wo entweder betriebliche Arbeitnehmervertretungen nicht existieren oder versagen bzw. dort, wo es um Themen geht, die nicht in die klassische Zuständigkeit der Arbeitnehmervertretungen fallen[822].

Das kollektivistische System fängt also die Notwendigkeit zum whistleblowing in bestimmten Bereichen ab. Am offensichtlichsten ist dies bezüglich internen whistleblowings, doch auch externes whistleblowing zu klassischen „employee grievances“ wird weitgehend entbehrlich, zumal das konsensualistische System wirksame interne Konfliktlösungsmöglichkeiten bereit hält[823].

II. Unterschiedliche Rechtfertigungsansätze für richterliche Einflußnahme auf den Vertragsinhalt

Die amerikanische Rechtsprechung rechtfertigt ihre Beschränkung der „at will"-Doktrin im Arbeitsverhältnis mit dem Schutz der Interessen Dritter bzw. der Allgemeinheit. Da diese keinen Einfluß auf die Vertragsgestaltung nehmen könnten, dürfe in ihrem Interesse die Vertragsfreiheit der Arbeitsvertrags-Parteien beschnitten werden. Wenn dagegen der Arbeitnehmer seine eigenen Interessen im Arbeits-

---

anzuzeigen (U.S. Merit Systems Protection Board 1993, S.28). Ein Beispiel ist das „Differing Professional Views or Opinions System" der für Kernenergie zuständigen Behörde, das Arbeitnehmern die Möglichkeit bietet, die Verfahrensabläufe betreffende Kritik bzw. abweichende Ansichten dem Management schriftlich zu unterbreiten, das sich dann damit auseinandersetzen muß. Ein weiteres Beispiel ist das „Tell it to the Secretary Program" der für Veteranen zuständigen Behörde, das allen Arbeitnehmern direkte Kontaktaufnahme mit dem Behördenleiter ermöglicht.

Abgesehen davon befragen einige wenige Behörden ihre Belegschaften regelmäßig per Fragebogen nach Vorkommnissen von Korruption, Mittelverschwendung und Mißbrauch von Hoheitsbefugnissen. Letzterer Weg, aktiv z.B. per Fragebogen nach Informationen zu forschen, wird allerdings recht selten beschritten, während die passivere Version, bei der zunächst der einzelne Arbeitnehmer tätig werden muß, häufiger anzutreffen ist.

Auch in Deutschland zeigen sich Bestrebungen der Institutionalisierung von Beschwerdemöglichkeiten, die über die klassischen Zuständigkeiten der Arbeitnehmervertretungen hinausreichen. Einige Tarifvertragsentwürfe sehen z.B. ein sogenanntes innerbetriebliches Vorschlagswesen für den betrieblichen Umweltschutz vor (z.B. § 1 des Entwurfs eines ökologischen Tarifvertrags der Gewerkschaft NGG von 1992, wonach Vorschläge an den Umweltschutzausschuß zu richten sind, der sich aus Betriebsleitung und Betriebsrat zusammensetzt). In Bereichen, in denen es also nicht um spezifische Arbeitnehmeranliegen geht, unterscheidet sich die Ausgangssituation in kollektivistischem und individualistischem System demnach primär dadurch, daß in ersterem bereits Strukturen vorhanden sind, die für die Einbringung solcher Beschwerden nutzbar gemacht werden können.

[822] Vgl. auch Kommentar oben Teil III B II zum Weg über Betriebsrat oder Betriebsversammlung

[823] Vgl. Kittner/Pieper, Arbeitsschutzgesetz, § 17 Rdnr. 6, der betont, daß die außerbetriebliche Beschwerde nach § 17 II ArbSchG überhaupt erst zum Tragen kommt, „wenn die informellen innerbetrieblichen Verfahren nicht mehr greifen, bei denen die Beschäftigten keine Nachteile befürchten müssen und davon ausgehen können, daß die zugrundeliegenden Arbeitsschutzdefizite sachgerecht gelöst werden können.“

verhältnis geschützt sehen wolle, so müsse und könne er dies selbst mit dem Arbeitgeber im Arbeitsvertrag aushandeln, ohne daß die (zivilgerichtliche) Rechtsprechung sich einzumischen habe[824]. (Der Gesetzgeber darf dagegen selbstverständlich auch zum Schutze einer der Arbeitsvertragsparteien eingreifend tätig werden).

Im Unterschied dazu rechtfertigt hierzulande die Rechtsprechung die Korrektur von Arbeitsverträgen nicht mit öffentlichen Interessen, sondern ausschließlich mit dem Schutz der Interessen der Vertragsparteien. Vertragsfreiheit sei den Parteien eingeräumt, damit sie selbstbestimmt und selbstverantwortlich ihre Angelegenheiten regeln können. Das Vereinbarte werde von der Rechtsordnung *grundsätzlich* anerkannt, weil es auf dem Willen der Vertragsschließenden beruhe – unabhängig davon, wie vernünftig oder richtig die Vereinbarung im Einzelfall erscheine.[825] Nur wo sich die Ausgangslage der Vertragsparteien so darstelle, daß von autonomer Vertragsgestaltung keine Rede sein und die Vereinbarung deswegen auch keine Richtigkeitsgewähr für sich in Anspruch nehmen könne, da dürfe richterliche Inhaltskontrolle eingreifen[826].

Vor diesem Hintergrund überrascht es nicht, daß in Deutschland die Möglichkeit einer richterlichen Korrektur von Verträgen aufgrund öffentlicher Interessen kaum thematisiert wird. Denn es gehört zu den Prämissen dieser Diskussion, daß es allein um die Regelung der *Angelegenheiten der Vertragsparteien* gehe[827]. Gefragt wird, ob der Vertrag der geeignete und gerechte Regelungsmechanismus hierfür ist. Die Erwägung, daß durch die vertragliche Vereinbarung auch die Interessen Dritter oder der Allgemeinheit betroffen sein könnten, hat dabei keinen Raum.

Zu beachten ist freilich, daß es im whistleblowing-Kontext in Deutschland auf die Voraussetzungen der Inhaltskontrolle nur dann ankommt, wenn eine ausdrückliche vertragliche Vereinbarung zu dieser Frage getroffen wird (vgl. dazu die Ausführungen in Teil III zur Möglichkeit der Erweiterung der arbeitsvertraglichen Nebenpflichten[828]). Gibt es dagegen - wie in der Mehrzahl der Fälle - keine solche Ver-

---

[824] S.o. Teil II C III 1; Willborn u.a. 1993, S. 73

[825] Zur Begründung dieses Grundsatzes werden regelmäßig zwei sich ergänzende Erwägungen angeführt. Zum einen werde so die Autonomie des Einzelnen garantiert; einen Überblick hierzu gewährt Coester-Waltjen, AcP 1990, S.1 (14f.) m.w.N., zum anderen gelte eine Richtigkeitsgewähr für diese durch private Vereinbarung getroffenen Regelungen, weil den Vertragspartnern als Sachnächsten auch die größte Regelungskompetenz zukomme und sie wegen ihrer entgegengesetzten Interessen Belastungen nur insoweit hinnähmen, als ihnen auf der anderen Seite Vorteile zugute kommen, vgl. grundlegend dazu Schmidt-Rimpler, AcP 1941, S. 130 (149ff.), darauf aufbauend Coester-Waltjen, AcP 1990, S.1 (14f.); ähnlich auch Fastrich, Richterliche Inhaltskontrolle, S. 45

[826] Im Arbeitsrecht sind es primär Paritätsstörungen, über die eine Korrektur des Arbeitsvertrages gerechtfertigt wird, vgl. Fastrich, Richterliche Inhaltskontrolle, S. 180f.; Coester-Waltjen, AcP 1990 S. 1 (6f.); Badura, RdA 1999, S.8 (9).

[827] In diesem Sinne auch Wendeling-Schröder, Autonomie im Arbeitsrecht, S. 209

[828] Teil III A II 2 a cc

einbarung, handelt es sich nicht um die richterliche *Korrektur*, sondern um die *Konkretisierung* der vertraglichen Nebenpflichten. Für diesen Bereich ist in Teil III und IV bereits ausführlich gezeigt worden, daß in der zur Bestimmung der Reichweite der Pflichten erforderlichen Interessenabwägung hierzulande öffentliche Interessen grundsätzlich nicht berücksichtigt werden. Zu den Möglichkeiten einer Neuorientierung der Rechtsprechung in dieser Frage vgl. unten B III 2.

III. Unterschiedliche „law enforcement"-Konzepte

1. USA

Im amerikanischen Recht läßt sich allgemein eine größere Bereitschaft des Gesetzgebers beobachten, die Aufdeckung von Gesetzesverstößen nicht allein den Verfolgungsbehörden zu überlassen, sondern auch Bürger an der Strafverfolgung bzw. Gesetzesdurchsetzung zu beteiligen und sie für Informationen zu belohnen, die der Exekutive bei der Erfüllung dieser Aufgaben nutzen[829]. Für diese Beteiligung des Einzelnen gibt es sogar einen terminus technicus, sogenanntes „private law enforcement" (gemeint sind Gesetzesdurchsetzung und Strafverfolgung durch Private). Die wichtigsten „private law enforcement"-Ansätze sollen im folgenden kurz dargestellt werden:

a) Anreizstrukturen für Dritte

Zum einen gibt es die bereits von England übernommenen sogenannten „qui tam"-Verfahren („qui tam pro domino rege quam pro se ipso in hac parte sequitur" - der zugleich für die Krone und für sich selbst klagt). Danach können Privatleute Prozesse in eigenem Namen und zugleich im Namen des Staates einleiten, um für diesen Schadensersatz einzuklagen oder bestimmte Strafen durchzusetzen. Sie erhalten dann einen Anteil der Schadensersatz- oder Strafsumme[830].

Beispiel für ein „qui tam"- Verfahren ist der Federal False Claims Act (FCA), der heute auch Vorschriften zum Schutz und zur Förderung von Arbeitnehmer-whistleblowing enthält und deshalb schon oben (in Teil II) behandelt wurde. Der FCA stammt bereits aus dem Jahre 1863. Anlaß für die Schaffung dieses Gesetzes waren damals skrupellose Kriegsgewinnler, die unberechtigte Forderungen gegen den Staat geltend machten. Der FCA gab schon damals dem einzelnen Bürger die Möglichkeit, Klage zu erheben und bei Erfolg Teile der Schadensersatzsumme zu

---

[829] Vgl. zu dem ganzen Callahan/Dworkin, 37 Vill. L.Rev. 273, 326 (1992); die Tradition reicht zurück bis ins mittelalterliche England (misprison of felony, siehe oben Teil II H).

[830] Vgl. Caminker, 99 Yale L.J. 341 (1989)

erhalten. Er war damit einer der ersten Gesetzgebungsakte, der die Mithilfe des Einzelnen bei der Bekämpfung illegaler Praktiken förderte.[831]

b) Anreizstrukturen für den Anspruchsinhaber

Zum anderen gibt es verschiedene Gesetze, die finanzielle Anreize für zivilrechtliche Klagen vorsehen. So gewähren z.B. verschiedene Kartellgesetze [832] und der sogenannte“ Racketeer Influenced and Corrupt Organizations Act” (RICO)[833] den Berechtigten Schadensersatzansprüche in dreifacher Höhe. Auch die Gewährung von „punitive damages“ im Deliktsrecht dient nicht nur der Abschreckung und Bestrafung von Rechtsbrechern. Sie sollen zugleich einen finanziellen Anreiz für den Geschädigten bilden, gegen sozialschädliches Verhalten zu Felde zu ziehen und damit auch im öffentlichen Interesse an der Ahndung und Unterbindung von Rechtsbrüchen mitzuwirken.

Im Gegensatz zu den „qui tam”-Verfahren, insbesondere unter dem „False Claims Act”, handelt es sich hier bei den Anreiz-Adressaten um Bürger, die selbst einen Schaden erlitten haben, die also um einer Kompensation und nicht allein um einer Belohnung willen Klage erheben.

c) Sonstige Förderung von „private law enforcement“

Abgesehen davon gibt es zahlreiche Regeln, die zwar keine expliziten „Belohnungen“ für „private law enforcement“ vorsehen, aber dennoch die Beteiligung Privater an der Gesetzesdurchsetzung zu fördern beabsichtigen. Dies gilt etwa für das Konstrukt des sogenannten „private attorney general”. Die „private attorney general”-Doktrin wurde als Ausnahme von dem in den USA normalerweise geltenden Grundsatz entwickelt, daß jede Partei eines Prozesses ihre Anwaltskosten selbst zu tragen hat. Danach kann einem Kläger die Erstattung seiner Anwaltskosten durch den Gegner zugesprochen werden, wenn er ein Recht einklagt, das von erheblichem gesellschaftlichen Interesse („great social importance“) ist und dessen Geltendmachung einer Vielzahl von Leuten zugute kommt[834]. Der Kläger wird also für seinen Einsatz entschädigt, soweit er (auch) im Interesse der Allgemeinheit handelt und damit quasi die staatlichen Verfolgungsorgane vertritt (deshalb „private attorney

---

[831] So Westmann 1991, S.3

[832] Z.B. 15 U.S.C. § 15; vgl. Reimann, Einführung in das US-amerikanische Privatrecht, § 64 m.w.N.

[833] Dieses Gesetz richtet sich gegen vom organisierte Verbrechen beeinflußte und korrupte Organisationen, 18 U.S.C. §§ 1961-1968 (von 1970).

[834] Voraussetzung ist weiterhin, daß das Recht ein zivilrechtliches Vorgehen erfordert, daß also auch das gesellschaftliche Interesse nur mittels einer Zivilklage verfolgt werden kann. Vgl. zu dem ganzen Cheng, 73 Calif. L. Rev. 1929, 1929 ff. (1985), insbesondere das Kriterium der „great social importance” hat aufgrund seiner Vagheit viel Anlaß zu Kritik gegeben.

general").[835] Diese Ausnahme soll somit Hemmnisse ausräumen, die der prozessualen Geltendmachung von Ansprüchen entgegenstehen könnten, an deren Durchsetzung gewichtige öffentliche Interessen bestehen.[836]

In diesem Zusammenhang seien auch noch die Popularklagevorschriften (sogenannten „citizen suit provisions") erwähnt. Eine solche findet sich z. B. im dem „Clean Air Act", der eine Klausel enthält, nach der jeder Bürger unter diesem Gesetz Klage erheben kann, ohne daß eine eigene Rechtsverletzung geltend gemacht werden muß[837]. Diese Klausel wurde eingeführt, um die staatliche Durchsetzung des für so wichtig erachteten Gesetzes zu unterstützen. Im Gegensatz zu den „ qui tam" Klagemöglichkeiten (s.o.) kann der klagende Bürger hier jedoch keinen persönlichen Gewinn machen, da er ausschließlich die Unterlassung der dort verbotenen Schadstoffemissionen und/oder zivilrechtliche Strafgeldansprüche, sogenannte „civil penalties", die der Staatskasse zufließen, einklagen kann.

2. Deutschland

Eine gezielte Förderung von „private law enforcement" ist dem deutschen Recht weitgehend fremd[838]. Zwar gibt es auch bei uns vereinzelt die Möglichkeit von Popularklagen, nämlich im AGBG, Wettbewerbs- und Landes-Umweltrecht. Allerdings handelt es sich dabei stets nur um Verbandsklagemöglichkeiten. Gezielte Anreizmechanismen für Anzeigen und privat initiierte gerichtliche Verfolgung rechtswidrigen Verhaltens sieht das deutsche Recht nicht vor. So fehlt es für die meisten der zuvor dargestellten Institute aus dem US-amerikanischen Recht an einer deutschen Entsprechung.

Wie fundamental die Rechtsauffassungen in beiden Ländern in dieser Frage divergieren, läßt sich zum einen an einer jüngeren Entscheidung des BGH illustrieren. Dort ging es um die Anerkennung eines amerikanischen Vollstreckungstitels über „punitive damages" (, die – wie gesagt – auch dazu dienen, Private zur Verfolgung

---

[835] Vgl. Reimann, Einführung in das US-amerikanische Privatrecht S. 269f., der u.a. darauf hinweist, daß bei Verfahren wegen Bürgerrechtsverletzungen der Anwalt ggf. nicht nur seine Gebühren, sondern darüber hinaus noch einen Zuschlag als Belohnung für seinen Einsatz zugesprochen bekommen kann.

[836] Vgl. Oesterle, 60 Wash. L. Rev. 489 f. (1985) m.w.N. Derartige zivilrechtlichen Klagen werden also als Mittel zur Sicherstellung der Rechtsbefolgung und zur Durchsetzung von „public policies" besonders gefördert.

[837] 42 U.S.C. § 7604

[838] Vgl. auch Stürner, Festschrift für Stiefel, S. 763 (783), der das amerikanische Verständnis zivilgerichtlicher Verfahren mit dem europäischen kontrastiert und dabei ähnliches feststellt. Im amerikanischen Zivilprozeß stehe die Bewährung des objektiven Rechts im Vordergrund. Die Prozeßpartei sei „Funktionär der Gesamtrechtsordnung". Dagegen sei im kontinentaleuropäischen Recht der Zivilprozeß mit gesellschaftspolitischer Signalwirkung bislang die Ausnahme.

öffentlicher Interessen zu bewegen). Der BGH verneinte die Durchsetzbarkeit dieses Titels in Deutschland, indem er die Vollstreckung solchen Strafschadensersatzes als unvereinbar mit dem „ordre public" wertete[839].

Eindrucksvoll war zum anderen auch der Verlauf der öffentlichen Debatte hierzulande, als laut darüber nachgedacht wurde, ob man die Verfolgung von Steuerhinterziehung fördern solle, indem man Anzeigen belohne. Schnell stellte sich der Konsens ein, daß solches „Denunziantentum" nicht gefördert werden dürfe, und der Vorschlag wurde im Keim erstickt[840].

Vor diesem Hintergrund liegt es nahe, die unterschiedliche Behandlung von whistleblowing in den USA und in Deutschland auch auf das grundlegend verschiedene Verständnis von der Rolle des Einzelnen bei der Überwachung und Durchsetzung von Recht und Gesetz zurückzuführen. Worauf dieser Unterschied im Verständnis der Rolle des Individuums beruht, darüber kann an dieser Stelle lediglich spekuliert werden. Sind die deutsche Skepsis gegenüber jeglicher Involvierung Privater in Polizei- und Überwachungsfunktionen einerseits und andererseits die Selbstverständlichkeit, mit der z.B. in den US-amerikanischen Universitäten und Schulen in „honor codes" das Anzeigen von Betrugsversuchen anderer in Examen postuliert wird, Ausdruck unterschiedlicher Mentalitäten? Hat die lange obrigkeitsstaatliche Geschichte in Deutschland die Entwicklung eines solchen Gemeinsinns verhindert, wie er kennzeichnend ist für den US-amerikanischen Republikanismus?[841] Oder läßt sich die ablehnende Haltung der Deutschen gegenüber „private law enforcement" vielleicht aus den Erfahrungen der jüngeren Vergangenheit mit staatlich gefördertem oder erzwungenen Denunziatentum sowohl im Dritten Reich als auch in der DDR erklären?

B. Entwicklungsperspektiven für das deutsche whistleblower-Recht

I. Vorbemerkung

Rechtsvergleichung, so steht es im Standardlehrbuch von Zweigert/Kötz zu lesen, sei darauf gerichtet, den „Vorrat" juristischer Lösungen für ein bestimmtes soziales

---

[839] Vgl. BGHZ 118, 312 (334ff.): „....Hingegen fallen Sanktionen, die der Bestrafung und Abschreckung – also dem Schutz der Rechtsordnung im allgemeinen – dienen, nach deutscher Auffassung grundsätzlich unter das Strafmonopol des Staates."; vgl. Reimann, Einführung in das US-amerikanische Privatrecht S. 269f.

[840] Bezeichnend in diesem Zusammenhang der Kommentar der „Taufkirchner Antn" in BB 1998 S. 241, wo das in Erwägung gezogene Gesetz zynisch als „Denunzianten-Förderungs-Gesetz" beschrieben wird.

[841] Bezeichnend dafür bereits die einleitenden Worte der über zweihundert Jahre alten US-Verfassung: „We, the people..."

Problem zu erweitern.[842] Freilich sind konkrete Veränderungsvorschläge für eine der verglichenen Rechtsordnungen nicht der einzig mögliche Ertrag einer rechtsvergleichenden Studie. Bereits das Erfassen des fremden Rechts selbst kann gewinnversprechend sein, jedenfalls wenn es in der Gegenüberstellung mit dem eigenen ermöglicht, die Wirkungszusammenhänge in wenigstens einem der beiden Systeme besser zu verstehen und so eine Bewertung aus neuer Perspektive erlaubt.[843] Dennoch, am greifbarsten werden die Ergebnisse eines Rechtsvergleiches, wenn dieses „neue Bewerten" in konkrete Änderungsvorschläge mündet.[844] Dementsprechend soll im nachfolgenden Abschnitt versucht werden, einige Denkanstöße zu formulieren, die sich aus dem US-amerikanischen Recht für die künftige Entwicklung des deutschen whistleblower-Rechts ableiten lassen[845].

Selbstverständlich gibt es keine Garantie dafür, daß ein rechtliches Instrument, das sich in den USA bewährt hat, auch hierzulande funktionieren müßte. Und selbst wenn dies der Fall wäre, hieße das noch nicht, daß sein Einsatz hier wünschenswert wäre. Gerade der vorangegangene Abschnitt dürfte belegt haben, wie unterschiedlich die Grundeinstellungen in beiden Rechtskulturen in Bezug auf whistleblowing sind. Ziel der folgenden Überlegungen soll deshalb nicht sein, ein flammendes Plädoyer für die Übernahme des einen oder anderen Elements des US-amerikanischen whistleblower-Rechts zu halten. Vielmehr geht es darum, einige der in dieser Untersuchung herausgearbeiteten Unterschiede aufzugreifen und jeweils das Für und Wider, das Ob und Wie einer entsprechenden Änderung des deutschen Rechts zu erörtern.

Daß es dabei stets um eine Ausweitung des whistleblower-Schutzes geht, mag auf den ersten Blick verwundern. Schließlich ist bereits in der Einleitung festgestellt worden, daß es eine unzutreffende Verallgemeinerung wäre zu behaupten, in den USA genössen whistleblower generell mehr Schutz als hierzulande. Zwar lassen sich Fälle denken, in denen ein whistleblower durch seine Anzeige in den USA zum Millionär, in Deutschland dagegen arbeitslos wird. Umgekehrt aber bedarf es keiner größeren Phantasie, Konstellationen zu ersinnen, in denen der whistleblower seinen Kündigungsprozeß in den USA verliert, während es in Deutschland regelmäßig nicht einmal zu einer Kündigung, geschweige denn zu einem Prozeß käme.

---

842 Zu dieser Formulierung vgl. Zweigert/Kötz, Einführung in die Rechtsvergleichung, S. 14 unter Berufung auf Zitelmann

843 Vgl. zu den Zielen der Rechtsvergleichung allgemein Zacher, Vorfragen und Methoden, S. 21-74. Grundlage seiner Ausführungen ist die These, daß Rechtsvergleichung drei Zwecken diene, nämlich dem „Erfassen, Verstehen und Bewerten von Recht", vgl. dazu S. 22 f.

844 Daß das „Bewerten" in Zachers Sinne auch konkrete Änderungsvorschläge umfassen kann, wird deutlich, wenn er an anderer Stelle die Kategorie des „veränderungsgerichteten" Rechtsvergleichs beschreibt; vgl. Zacher, Horizontaler und vertikaler Rechtsvergleich, S. 52

845 Ein umgekehrter Transfer wäre ebenso denkbar – er soll jedoch nicht Gegenstand dieser aus deutscher Perspektive geschriebenen Arbeit sein.

Auf jeden Fall aber haben die vorangegangenen Darstellungen beider Rechtsordnungen gezeigt, daß der Schutz, den whistleblower in den USA genießen, gemessen am Schutzniveau, welches das US-amerikanische Arbeitsrecht anderen Arbeitnehmern zuteil werden läßt, ungewöhnlich hoch ist. Diese „relative" Stellung der whistleblower innerhalb des Systems ist in Deutschland deutlich schlechter.

Wenn im Ergebnis trotzdem das deutsche Recht whistleblowern vielfach größeren Schutz gewährt als das US-Recht, so läßt sich das primär auf das Fehlen eines allgemeinen Kündigungsschutzes in den USA zurückführen, mitunter auch auf einen der vielen konstatierten Mängel im US-amerikanischen whistleblower-Recht. Zu erinnern ist hier insbesondere an dessen Unübersichtlichkeit, Lückenhaftigkeit und vielfache Widersprüchlichkeit, an die Unbestimmtheit etwa des „public policy"-Konzepts sowie an zahlreiche Probleme der prozeduralen Realisierung der materiell gewährten Rechte. Hinzu kommt, daß auch in den USA nicht auf allen Ebenen eine gleichermaßen whistleblowerfreundliche Grundhaltung anzutreffen ist (vgl. etwa die restriktiven Tendenzen der neueren First Amendment-Rechtsprechung sowie den zurückhaltenden whistleblower-Schutz durch die schiedsgerichtliche Rechtsprechung im kollektivvertraglich geregelten Bereich).

Unbestreitbar ist jedoch, daß das amerikanische Recht einige deutlich weitergehende *Ansätze* zum Schutz von whistleblowing enthält als das deutsche. Aufgabe des „veränderungsgerichteten Rechtsvergleiches" soll es hier deshalb sein, diese punktuellen Anregungen des US-Rechts aufzugreifen und zu hinterfragen.

Die Erörterung gliedert sich in zwei Teile. Zunächst sollen verschiedene Denkanstöße formuliert und in Hinblick auf ihre Zweckmäßigkeit diskutiert werden. Eine besondere Bedeutung wird dabei den Erfahrungen zukommen, die man in den USA mit den entsprechenden rechtlichen Instrumenten gemacht hat (dazu unten II). Im darauffolgenden Abschnitt geht es dann um die rechtliche Umsetzung dieser Anregungen. Im Mittelpunkt stehen dabei die Fragen, welche Änderungen nötig wären und inwiefern an Bestehendes angeknüpft werden könnte (dazu unten III).

II. Ausweitung des whistleblower-Schutzes in Deutschland?

1. Verhältnis von internem zu externem whistleblowing

Wie in Teil II ausgeführt, besteht im amerikanischen whistleblower-Recht auf verschiedenen Ebenen die Tendenz, externes whistleblowing gegenüber internem zu privilegieren. So ist, wie oben[846] ausgeführt, dem Arbeitnehmer, um den Anforderungen der First Amendment-Rechtsprechung zu genügen, anzuraten, statt einer internen Anzeige den weniger diskreten Weg an die Öffentlichkeit zu wählen. Ex-

[846] Siehe Teil II B II 7 d

ternes whistleblowing wird auch in der „public policy"-Judikatur sowie in der jüngeren whistleblower-Gesetzgebung tendenziell privilegiert[847]. Im deutschen Recht genießt internes whistleblowing dagegen – wie dargestellt – einen deutlich weitergehenden Schutz als externes.

Aus der amerikanischen Rechtssituation könnte man die Frage ableiten, ob nicht auch in Deutschland das Verhältnis umgekehrt, externes whistleblowing also gegenüber internem stärker geschützt werden solle – unabhängig vom absoluten Schutzniveau in beiden Konstellationen. Eng verknüpft damit ist die Frage nach der Zweckmäßigkeit des in Deutschland, regelmäßig nicht aber in den USA aufgestellten Erfordernisses einer internen Vorschaltbeschwerde bei externem whistleblowing. Denn wie bereits in Teil IV ausgeführt, lassen sich beide Unterschiede auf dieselbe Grundwertung zurückführen: Wer den whistleblower-Schutz primär auf „law enforcement"-Gedanken stützt, dem muß daran gelegen sein, interne Anzeigen zugunsten (direkter) externer zurückzudrängen. Denn interne mögen zwar mitunter dazu führen, daß Fehlverhalten abgestellt wird. Dessen Ahndung jedoch ermöglichen sie ebensowenig, wie sie zu einer eventuell bezweckten Abschreckung beitragen.

Damit ist aber zugleich offengelegt, daß dieser Unterschied im whistleblower-Recht auf einem grundlegenderen Unterschied beider Rechtsordnungen beruht, nämlich der Haltung gegenüber dem „law enforcement" durch Private[848]. Auch wenn in jüngerer Zeit erste Forderungen einer Hinwendung des deutschen Rechts zum amerikanischen „law enforcement"-Konzept laut wurden[849], so scheint es dennoch kaum denkbar, daß eine derart radikale Kehrtwende weg von der Loyalitätspflichtbetonung hin zur primären Betonung von „enforcement"-Zwecken vollzogen würde. Abgesehen davon wäre eine solche Veränderung hierzulande ohnehin nur über die Schaffung finanzieller Anreizstrukturen zu erreichen (dazu unten 3), nicht aber über die rechtliche Privilegierung von externem gegenüber internem whistleblowing: Da internes whistleblowing grundsätzlich keine Vertragspflichtverletzung darstellt, muß der Arbeitnehmer dabei selbstverständlich den nach deutschem Recht geltenden allgemeinen Kündigungsschutz genießen.

2. Ausweitung des Schutzes von externem whistleblowing

Sofern das deutsche Recht in Fällen externen whistleblowings Schutz gewährt, sind dabei tendenziell Anzeigen privilegiert, bei denen es erstens um die Durchsetzung von Interessen des Arbeitnehmers selbst geht, die zweitens nicht gegenüber der Öf-

---

[847] Siehe Teil II C III 6

[848] Siehe oben A III

[849] Vgl. dazu oben A III 2

fentlichkeit, sondern einer (zuständigen) Behörde erfolgen, und die drittens nicht bloß für kritikwürdig erachtetes, sondern illegales Verhalten betreffen. Das US-amerikanische Recht kommt dabei jeweils – zumindest in Teilbereichen - zu anderen Ergebnissen. Diese Unterschiede können als Denkanstöße für die Weiterentwicklung unseres Systems dienen.

a) Verstärkter Schutz auch „altruistischer" Anzeigen?

Wie dargestellt, dürfen in Deutschland nach bisheriger Rechtslage primär Verstöße angezeigt werden, die Rechtsverletzungen und Gefährdungen des Arbeitnehmers selbst betreffen. Sofern es jedoch um Rechtsverletzungen und Gefährdungen Dritter oder der Umwelt geht, werden externe Anzeigerechte vielfach verneint. Im Gegensatz dazu werden in den USA derartige Anzeigen tendenziell privilegiert, weil gewichtige öffentliche Interessen an ihrem Schutz bestehen.

Im folgenden soll gezeigt werden, daß auch hierzulande gewichtige Interessen an einem Schutz derartiger „altruistischer" Arbeitnehmeranzeigen bestünden, und zwar sowohl aus öffentlicher wie auch aus Arbeitnehmerperspektive. Gleichzeitig können die in der deutschen Diskussion gegen solche Anzeigen angeführten Arbeitgeberinteressen relativiert werden.

aa) Öffentliche Interessen

Unternehmerisches Handeln kann mit erheblichen Risiken für die Allgemeinheit verbunden sein. Man denke nur an Gesundheitsrisiken, die in Fällen mangelnder Produktsicherheit entstehen, oder an die Gefahren, die moderne Produktionsabläufe für die Umwelt bergen. Nun sind diese Bedrohungen nicht neu. Wenn man ihnen dennoch in jüngerer Zeit wachsende Aufmerksamkeit entgegenbringt, so mag dies zum einen auf eine Schärfung des Gefahrbewußtseins zurückzuführen sein, zum anderen aber auch auf eine Zunahme der Gefahren in der modernen, durch ein rasantes Fortschrittstempo geprägten Risikogesellschaft.

Das öffentliche Interesse daran, daß auch „Unternehmensinterna" einer öffentlichen Kontrolle zugeführt werden, hat der Gesetzgeber inzwischen an verschiedenen Stellen anerkannt, u.a. durch zahlreiche Offenlegungspflichten, insbesondere im Umweltbereich. Während früher etwa im Zielkonflikt Datenschutz contra Umweltschutz den Geheimhaltungsinteressen der Unternehmen grundsätzlich im Hinblick auf Art. 1, 2 I, 12 und 14 GG Priorität eingeräumt wurde, scheint spätestens mit der EG-Umweltinformationsrichtlinie von 1990 der Schutz von Betriebs- und Geschäftsgeheimnissen im Interesse eines öffentlichen Zugangs zu Umweltdaten erheblich zurückgedrängt worden zu sein[850].

---

[850] So Knemeyer, DB 1993, S. 721

Zu beobachten ist insgesamt, daß sich der Gesetzgeber bei der Kontrolle dieser unternehmensbezogenen Risiken immer weniger auf die Weitsicht und das Verantwortungsbewußtsein der Verursacher verläßt, sondern sich ihrer in wachsendem Umfang selbst annimmt. Diese Entwicklung ist (zusammen mit der ebenfalls voranschreitenden Normierung des Arbeitsschutzes) treffend als „Veröffentlichung der Arbeitsbeziehungen“ beschrieben worden[851].

Zwar ist mit dieser zunehmenden Reglementierung auch die Schaffung und Ausweitung öffentlicher Kontrollinstanzen und -befugnisse einhergegangen. Dennoch sind in vielen Bereichen Vollzugsdefizite zu konstatieren. So ist etwa den Umweltgutachten des Sachverständigenrates zufolge die Kontrolle der Einhaltung von Umweltstandards und Sicherheitsvorschriften bislang äußerst lückenhaft. Grund dafür sei nicht nur die mangelnde finanzielle und personelle Ausstattung der zuständigen Behörden, sondern auch die erfolgreiche Abschottung der Betriebe gegenüber Kontrollmöglichkeiten der Behörden und erst recht der Medien.[852] Die Schwierigkeit liegt auf der Hand: Oft fehlt den Behörden der Einblick und – gerade bei komplexen Sachverhalten – mitunter auch die Sachkenntnis, um Fehlverhalten zu entdecken und als solches zu identifizieren. In vielen Fällen dürften deswegen die Arbeitnehmer als einzige Miteingeweihte eine problemnahe Informationsquelle darstellen und möglicherweise aufgrund ihrer Fachkenntnis auch über die zur Bewertung der Informationen nötige Expertise verfügen. Von ihrer Mithilfe könnten die Strafverfolgungs- und Gesetzesvollzugsorgane also erheblich profitieren. Zuweilen dürfte die Mitwirkung der Arbeitnehmer eine effektive Überwachung der Einhaltung der gesetzlichen Vorschriften überhaupt erst ermöglichen. Das spricht dafür, ihre Kooperationsbereitschaft zu fördern bzw. sie von dem Hemmnis drohender arbeitsrechtlicher Sanktionen zu befreien – auch bei altruistischen Anzeigen.

Dies gilt im übrigen nicht nur bezüglich der beschriebenen Gefahrenpotentiale für Mensch und Umwelt, sondern auch bezüglich anderer „altruistischer“ Anzeigegegenstände, wie z.B. Mittelverschwendung in öffentlichen Bürokratien (zur Anzeige von Verschwendung im privaten Sektor, siehe unten c „legales Fehlverhalten“). Gerade in einer Zeit leerer Staatskassen wächst das öffentliche Interesse an der Aufdeckung derartiger Mißstände, die sich nur zu häufig einer effektiven externen Kontrolle entziehen[853]. Daß diese Kontrolle durch Arbeitnehmeranzeigen effekti-

---

[851] Simitis, Festschrift für Simon, S. 329 (345 ff.)

[852] Wendeling-Schröder, Autonomie im Arbeitsrecht, S. 39 mit Verweis auf Umweltgutachten des Sachverständigenrates

[853] Vgl. den Bericht des Bundes der Steuerzahler über die öffentliche Verschwendung, Stand September 1998, wonach dies ein Problem in der Größenordnung von rund fünf Prozent der öffentlichen Ausgaben, also zwischen 65 und 70 Milliarden Mark ist. Der Bundesrechnungshof kann dem nur punktuell begegnen.

viert werden könnte, zeigen die amerikanischen Erfahrungen. Dort ist im öffentlichen Sektor die Anzeige von Steuergeldverschwendung häufigster Gegenstand von Arbeitnehmeranzeigen und -beschwerden[854].

bb) Arbeitnehmerinteressen

Doch nicht nur die Interessen der Öffentlichkeit, sondern auch rechtlich anerkannte Interessen des Arbeitnehmers lassen sich dafür vorbringen, derartiges „altruistisches" whistleblowing stärker oder zumindest eindeutiger als bisher zu ermöglichen. Auch wenn objektiv „lediglich" Dritte oder die Umwelt von dem angezeigten Mißstand tangiert sind, so ist der Arbeitnehmer als Beschäftigter des verursachenden Unternehmens dennoch mitbetroffen. Denn die Beschäftigung in einem in dieser Weise verantwortungslosen Unternehmen kann nicht nur die eigene Wertschätzung und das Sozialprestige mindern, sondern auch zu erheblichen psychischen Belastungen bzw. Gewissensnot führen.

Dieser Aspekt hat auch in der deutschen Rechtsliteratur bereits Anerkennung gefunden. So wird vereinzelt sogar vertreten, eine solche durch Loyalitätspflichten „verordnete Verantwortungslosigkeit" sei nicht nur mit Art. 5 GG unvereinbar, sondern stelle auch einen Verstoß gegen die Menschenwürde und das Recht auf Persönlichkeitsentfaltung dar.[855]

Dabei wird das Verantwortungsgefühl des Arbeitnehmers für die Machenschaften „seines" Unternehmens nicht nur subjektiv empfunden, auch die Rechtsordnung nimmt den Arbeitnehmer zunehmend in die Verantwortung. Zu denken ist insoweit nur an die steigende Regelungsdichte im Umweltbereich mit zahlreichen Auskunfts- und Mitwirkungspflichten in behördlichen Verfahren sowie die wachsende straf- und zivilrechtliche Verantwortlichkeit auch für nur mittelbar zu verantwortende Schäden[856]. Man darf sich allerdings nicht damit begnügen, nur im Falle solcher straf- oder zivilrechtlicher Verantwortlichkeit entsprechende Anzeigerechte anzunehmen. Denn jedenfalls wenn Pflichten wie im Strafrecht nur einen ethischen Minimalkonsens absichern, darf nicht bereits dort, wo sie enden, die entgegengesetzte Schweigepflicht beginnen. Ganz abgesehen davon wird es dem Arbeitneh-

[854] Nach einer Studie des „U.S. Merit Systems Protection Boards" (MSPB) von 1993 (S. 5 f.) wurde unter dem „Whistleblower Protection Act" hauptsächlich Verschwendung durch ineffiziente Verwaltungsabläufe (35%) und durch überflüssige oder fehlerhafte Anschaffungen oder Dienstleistungen (18%) angezeigt.

[855] Zit.: Wendeling-Schröder, Autonomie im Arbeitsrecht, S. 171

[856] Dazu genauer Wendeling-Schröder, Autonomie im Arbeitsrecht, S. 58-60, die auf die Ausdehnung der Garantenstellung auf in die unternehmerischen Verantwortungsstrukturen einbezogene Personen, insbesondere hochqualifizierte Arbeitnehmer, hinweist (vgl. Entscheidungsgründe von BGHSt 37, 115 „Ledersprayfall"), sowie auf die Parallelen in der zivilrechtlichen Produkthaftung, etwa BGH NJW 1987 S. 372ff.

mer vielfach kaum möglich sein, die exakten Grenzen zwischen den oft unbestimmten Normbefehlen etwa des Deliktsrechts auf der einen Seite und den kaum klareren Loyalitätsanforderungen gegenüber seinem Arbeitgeber zu bestimmen.

Für einen verstärkten whistleblower-Schutz auch in Bezug auf "altruistische" Anzeigen sprechen demnach nicht nur öffentliche Interessen, sondern auch Individualinteressen des Arbeitnehmers. In der Literatur wird in diesem Zusammenhang interessanterweise mit Gleichheitsgedanken argumentiert: Arbeitnehmer würden bei restriktiver Handhabung des Äußerungsrechts gegenüber allen anderen Bürgern deutlich benachteiligt, „weil sie gerade in dem Bereich, in dem sie einen Großteil ihrer Lebenszeit verbringen, an dem sie besonders interessiert sind und in dem sie über besondere Kenntnisse verfügen, ‚mundtot' sind – im Bereich all dessen, was mit ‚ihrem' Unternehmen zu tun hat."[857] Der Hinweis, daß abhängig Beschäftigte im Ergebnis deutlich weniger von ihrem Grundrecht aus Art. 5 I GG Gebrauch machen können als andere Bürger, ist sicherlich zutreffend - soweit jedoch mit „Benachteiligung" eine verfassungsrechtlich relevante Ungleichbehandlung gemeint sein sollte, so wäre damit der Boden jedenfalls der herkömmlichen Auslegung des Art. 3 GG verlassen.

cc) Arbeitgeberinteressen

Auf der anderen Seite stehen die weiterhin schutzwürdigen Interessen des Arbeitgebers. Es drängt sich jedoch der Eindruck auf, daß diesen Interessen nach der derzeitigen Rechtslage ein übermäßig großes Gewicht beigemessen wird - insbesondere soweit es um die Vermeidung von Ansehensschädigungen geht.

Selbstverständlich muß das Recht darum bemüht sein, Unternehmen vor unnötigem Schaden zu schützen – im Interesse des Unternehmens selbst ebenso wie im öffentlichen Interesse an einer florierenden Wirtschaft und dem Erhalt der Arbeitsplätze. Dementsprechend sollten auch Ansehensschädigungen, wie sie Folge von whistleblowing sein können, möglichst vermieden werden, insbesondere wenn sich Vorwürfe als unrichtig oder zumindest nicht beweisbar herausstellen.

Die Frage ist allerdings, ob die Gefahr solcher Ansehensschädigungen nicht regelmäßig deutlich geringer ist als vielfach angenommen, so daß der Verweis auf sie kein generelles Argument gegen die Einräumung von Anzeigerechten abgeben könnte. Dabei erscheint es geboten, in mehrfacher Hinsicht zu differenzieren.

Zunächst sollte unterschieden werden, von welchen der möglichen Folgen einer Ansehensschädigung die Rede ist. Zum einen kann es um die *ehrverletzende* Wirkung gehen, die darin besteht, vor anderen als möglicher Übel-, ja vielleicht Straftäter zu erscheinen. In einer Arbeitswelt, in der der Arbeitgeber zunehmend "ent-

[857] Wendeling-Schröder, Autonomie im Arbeitsrecht, S. 172

personalisiert" ist, treten jedoch die persönlichkeitsbezogenen Elemente von Ansehensschädigungen immer weiter in den Hintergrund. Die andere, ökonomische Komponente der Ansehensschädigungen bleibt von dieser Entwicklung freilich unberührt. Auch Aktiengesellschaften können wirtschaftlichen Schaden nehmen, wenn sie bei ihren Kunden „ins Gerede kommen". Aber insoweit ist eine zweite Differenzierung nötig, nämlich die zwischen den verschiedenen Arten externer Anzeigen.

Bezogen auf Behördenanzeigen wird nämlich in der Literatur darauf hingewiesen, daß eine Kontrolle durch Behörden heutzutage ohnehin Routine geworden sei und insofern nicht die „stigmatisiernde" Wirkung habe, die ihr oft zugeschrieben werde[858]. Die wachsende Eigeninitiative der Behörden und ihre Bemühungen, zumindest stichprobenartig zu einer kontinuierlichen Überprüfung der Betriebe zu gelangen, lasse eine derartige Untersuchung in vielen Bereichen nicht mehr als peinliche Besonderheit erscheinen. In der Regel würden die Behörden dabei überdies so behutsam vorgehen, daß nur eine geringe Publizität der Untersuchungen zu befürchten sei.[859]

Damit ist bereits angedeutet, daß für Anzeigen, die an die Öffentlichkeit gerichtet sind, anderes gelten könnte. Darauf wird im nächsten Abschnitt genauer einzugehen sein. Doch zuvor kann als Zwischenergebnis für die bisher behandelten Konstellationen festgehalten werden, daß die Gefahr des öffentlichen Ansehensverlustes heutzutage möglicherweise weniger gravierend ist als vielfach noch angenommen. Dagegen lassen sich – wie gezeigt - gewichtige Gründe für eine Ausweitung des aktuellen whistleblower-Schutzes ins Feld führen.

b) Verstärkter Schutz von Anzeigen gegenüber den Medien ?

Fraglich ist, ob das soeben Festgestellte in gleichem Maße auch für Anzeigen gegenüber der Öffentlichkeit, insbesondere gegenüber den Medien gilt. Verdienen also auch Medienanzeigen einen gesteigerten Schutz, nach Muster beispielsweise des amerikanischen „Occupational Health and Safety Act"[860]? Diese Frage stellt sich nicht nur für die eben behandelten „altruistischen" Anzeigen. Auch „egoistische" Anzeigen gegenüber den Medien, also solche, die Arbeitnehmeranliegen i.e.S. zum Gegenstand haben, werden hierzulande regelmäßig als unzulässig betrachtet.

Die Bedenken gegen einen verstärkten Schutz von Medienanzeigen liegen auf der Hand: Anders als die zuständigen staatlichen Institutionen, die primär dem Allge-

---

[858] Wendeling-Schröder, Autonomie im Arbeitsrecht, S. 193

[859] Wendeling-Schröder, Autonomie im Arbeitsrecht, S. 242

[860] Siehe insbesondere auch die dazu ergangene Rechtsprechung, Teil II F II b dd aaa

meinwohl verpflichtet sind, unterliegen die Medien wirtschaftlichem Konkurrenzdruck. Deshalb besteht die Gefahr, daß sie ihre Berichte nicht nach zuvörderst gemeinwohlorientierten Kriterien gestalten, sondern der Skandalträchtigkeit einer Meldung oberste Priorität einräumen. Inhaltlich falsche Anzeigen können über die Medien einen unverhältnismäßig großen Schaden anrichten. Einer zu Unrecht aufgehetzten Öffentlichkeit kann auch durch Gegendarstellungsrechte u.ä. oft nicht wirksam begegnet werden. Während der Verdacht im öffentlichen Bewußtsein haften bleibt, wird ein das Unternehmen entlastendes Ergebnis etwaiger Ermittlungen kaum Aufsehen erregen, so daß die Verwerfung der Beschwerde oftmals keine Rehabilitierung in der Öffentlichkeit bedeutet.

Dennoch darf diese Erwägung nicht dazu führen, Medienanzeigen kategorisch für unzulässig zu erklären. Die Medien können mitunter zur letzten Zuflucht für whistleblower werden, die mit ihren Beschwerden bei den zuständigen Behörden erfolglos geblieben sind.[861] Zuweilen kann dies der einzige Weg sein, um Druck auf öffentliche Institutionen auszuüben, die selbst nicht oder nicht entschieden genug gegen reportierte Mißstände vorgehen. Jedenfalls für die USA sind zur Genüge Fälle dokumentiert worden, in denen der Staat bzw. seine Institutionen versagt haben, wenn sie auf Anzeigen und Berichte von whistleblowern reagieren mußten, und sie lieber die Augen vor den Mißständen verschlossen haben, als ihnen zu begegnen[862].

Danach spricht viel dafür, vom Arbeitnehmer zwar zunächst zu verlangen, daß er das für den Arbeitgeber „mildere" Mittel der Behördenanzeige wählt. Bleibt dies jedoch erfolglos, weil die Behörde unzureichend reagiert, sollte dem Arbeitnehmer als „ultima ratio" der Weg in die Öffentlichkeit erlaubt sein.

Es kann allerdings nicht geleugnet werden, daß eine solche Gestattung von Medien-whistleblowing als „ultima ratio" weitere Probleme aufwirft - allem voran die schwierige Frage, wann die Behörde „unzureichend" reagiert hat. Wie sollte z.B. entschieden werden, wenn ein Arbeitnehmer eines Kernkraftwerkbetreibers vergeblich die in seinen Augen mangelhafte Reaktorsicherheit gegenüber den zuständigen Behörden bemängelt und sich schließlich an die Öffentlichkeit wendet, weil nach seiner persönlichen Auffassung die angegangenen Behörden die Gefahr nicht ausreichend ernst genommen und somit nicht angemessen reagiert haben[863]? Sollte jede sachliche Prüfung seitens der Behörde ausreichen und dem Arbeitnehmer ein Recht zum Medien-whistleblowing mit dem Argument versagt werden, die autori-

---

[861] So Dworkin/ Callahan, 15 Hastings Comm. / Ent. L. J. 357, 391 ff. (1993)

[862] Z.B. die oft fehlende Bereitschaft der nach dem Civil Service Reform Act zuständigen Behörden, whistleblower-Anzeigen nachzugehen, vgl. Callahan/Dworkin, 37 Vill. L. J. 273, FN 223 (1993)

[863] Vgl. Fälle in der Einleitung, Teil I A

tative Entscheidung der Behörde sei zu respektieren? Dagegen spricht, daß sich Behördenversagen nicht nur in Untätigkeit und Verzögerungen, sondern auch in falschen Entscheidungen niederschlagen kann. Sinnvoller erscheint es deshalb, die Medienanzeige als letzten Ausweg auch dann zuzulassen, wenn die Behörde zwar reagiert hat, diese Reaktion aber inhaltlich falsch war.[864]

Es soll nicht verkannt werden, daß es für den Arbeitnehmer ein erhebliches Risiko bedeutet, wenn sein Recht zur Anzeige davon abhängt, daß im Nachhinein die Behördenentscheidung durch die damit befaßten Gerichte für falsch erkannt wird. Denn vielfach wird es sich hier um Fragen handeln, die auch in der Fachwelt höchst umstritten sind, so daß ein „richtig“ oder „falsch“ kaum objektiv ermittelbar ist. Dies illustrieren z.B. der zweite „Hoechst“-Fall, in dem sich unterschiedliche Bewertungen der Gefährlichkeit von Störfallemissionen gegenüberstanden, sowie der „BSE“-Fall, wo BSE-Verdachtsfälle von verschiedenen Seiten unterschiedlich beurteilt wurden. Insbesondere die Einschätzung der Gefahrpotentiale neuer Technologien ist dem Beweis nur schwer zugänglich, so daß damit auch der Ausgang eines Gerichtsverfahrens über das whistleblowing kaum prognostizierbar sein wird[865]. Will der Arbeitnehmer dieses Risiko nicht eingehen, bleibt ihm – wenn er die Behördenreaktion für unzureichend hält – noch die Möglichkeit einer Parlamentspetition[866], wie erfolgsversprechend dieser Weg auch immer sein mag.

Eine andere Frage ist, wie man mit Anzeigen verfahren sollte, für die von vornherein keine behördlichen Zuständigkeiten existieren - also insbesondere mit „Anzeigen" legalen Verhaltens? Hier gibt es vielfach keine Alternative zur Medienanzeige - soweit man externes whistleblowing bei solchen Anzeigegegenständen überhaupt zulassen will. Dazu im nächsten Abschnitt.

c) Verstärkter Schutz von Anzeigen nicht illegaler Mißstände ?

Fraglich ist, ob entsprechend dem amerikanischen Beispiel Anzeigen auch in Bereichen geschützt werden sollten, wo es sich weder um Illegalitäten noch um Gefahren für Leib, Leben oder die Umwelt handelt.

Zuweilen wird die Grenze zwischen legalem und illegalem Verhalten schwer zu bestimmen sein. Man denke etwa im öffentlichen Sektor an den Vorwurf der Ver-

---

[864] Zu weitgehend wäre es dagegen in Anbetracht der dargestellten schutzwürdigen Arbeitgeberinteressen, auf die subjektive Beurteilung der Behördenreaktion durch den Arbeitnehmer abzustellen, denn dann wären einem Medien-whistleblowing nach vorheriger Behördenanzeige praktisch keine Grenzen gesetzt.

[865] Das BAG scheint allerdings im „Strahlenschutz“-Fall davon auszugehen, daß Gefahreinschätzungen objektivierbar sind. Dort heißt es nämlich, daß erst, wenn die Bedenken des Sicherheitsbeauftragten nach objektiven Maßstäben ausgeräumt sein müßten, das Beharren auf der Kritik als Grund für eine Kündigung in Betracht komme.

[866] Dazu vgl. genauer oben Teil III A II 2 b aa eee)

schwendung. Zwar unterliegen die Träger öffentlicher Gewalt allesamt haushaltsrechtlichen Bindungen, insbesondere dem Grundsatz der Wirtschaftlichkeit und Sparsamkeit (s.o.). Mehr als eine Mindestabsicherung gegen eindeutige Fälle kann dies aber nicht sein, so daß eine Vielzahl von Fragen des Einsatzes öffentlicher Mittel verbleiben, die sich zwar im legalen Bereich abspielen, aber durchaus diskussionswürdig sein werden.

Für die Frage nach der Schutzwürdigkeit von Enthüllungen legaler Mißstände kommt es entscheidend darauf an, welches Gewicht den widerstreitenden Interessen in dieser besonderen Konstellation beizumessen ist.

Auf Arbeitgeberseite gilt, daß die Erwartung von Loyalität und Verschwiegenheit im Hinblick auf nicht verbotene Verhaltensweisen deutlich legitimer erscheint, als dies bei vorsätzlichen oder zumindest fahrlässigen Gesetzesverstößen der Fall ist. Auf der anderen Seite werden die für den Arbeitgeber nachteiligen Konsequenzen eines whistleblowings im Falle legaler Mißstände jedoch regelmäßig weniger gravierend sein, zumal ihm hier kein staatliches Einschreiten oder gar Strafen drohen. Auch geht mit der „Anzeige" von vielleicht verwerflichem, aber doch immerhin legalem Verhalten grundsätzlich eine weniger stigmatisierende Wirkung einher als im Falle illegalen Handelns. Allerdings wird der Adressatenkreis bei Enthüllungen legaler Mißstände zumeist ein deutlich breiterer sein, weil sie sich in Ermangelung behördlicher Zuständigkeiten oft zwangsläufig nur an die Öffentlichkeit richten können, sei es an die Medien, sei es an Interessenvertretungen bzw. -verbände oder andere Stellen mit Öffentlichkeitsbezug. Speziell bei Medienanzeigen ist überdies die Gefahr verzerrender Darstellungen zu berücksichtigen.[867]

Die Arbeitnehmerinteressen an der Anzeige legaler Mißstände – darauf wurde bereits in Teil IV hingewiesen - werden regelmäßig weniger gewichtig sein, als dies bei illegalen Mißständen der Fall ist. Das gilt jedenfalls bei altruistischen Anzeigen. Denn anders als bei Straftaten oder erheblichen Gefahren dürfte den Arbeitnehmer das Verschweigenmüssen von legalen und deswegen regelmäßig auch weniger gravierenden Mißständen in geringere Gewissensnöte bringen. Aber auch bei eigennützigen Anzeigen, wenn der Arbeitnehmer also selbst „Opfer" des legalen Fehlverhaltens ist, dürfte er im Regelfall weniger dringlich betroffen sein, als wenn es um Praktiken geht, welche die Grenze der Legalität überschreiten.

Die öffentlichen Interessen an der Enthüllung legaler Mißstände werden dagegen oft nicht geringer sein als in Fällen illegalen Handelns. Zumindest in Bezug auf den öffentlichen Sektor gilt, daß nicht nur Rechtmäßigkeits-, sondern auch Zweckmä-

---

[867] Dazu siehe bereits oben b)

ßigkeits- oder gar „Moral"-Fragen[868] von öffentlichem Interesse sind. Beispiel ist etwa der Einsatz von Schulmitteln im amerikanischen „Pickering"-Fall. Unabhängig davon, ob man die vorrangige Förderung von Sportprogrammen für eine Fehlallokation von Steuermitteln hält, so besteht doch jedenfalls ein vitales Interesse daran, daß die Öffentlichkeit von dieser Praxis erfährt. Schließlich sollen es die Bürger sein, die über Wahlen solche Entscheidungen letztlich bestimmen. Voraussetzung dafür ist eine öffentliche Diskussion dieser Themen. Die jedoch wird in vielen Fällen nicht stattfinden, wenn es „Insidern" wie dem Lehrer Pickering versagt bleibt, sie mit ihrer Kritik anzustoßen und mit ihrer Sachkenntnis zu bereichern.[869] Dies gilt für den fragwürdigen Einsatz von Steuermitteln ebenso wie für die zweifelhaften Versetzungspraktiken, wie sie in Connick v. Myers beanstandet wurden, oder das Mißmanagement in einem öffentlichen Krankenhaus, wie es in Waters v. Churchill Gegenstand der Kritik war.[870] Ob es um die Einwirkung auf grundlegende politische Entscheidungen, das Anstoßen gesetzlicher Reformen oder auch schlicht die laufende Kontrolle der öffentlichen Gewalt geht - eine wohlinformierte Öffentlichkeit ist eine wesentliche Voraussetzung für die Ausübung demokratischer Mitwirkung.[871]

Öffentliche Interessen bestehen andererseits auch am Schutz der Funktionstüchtigkeit der öffentlichen Verwaltung. So wird in der Literatur zu Recht betont, daß die Verwaltung nicht effektiv arbeiten könne, wenn alles und jedes intensiv öffentlich erörtert werden müßte. Fraglos müssen deswegen, wenn diese gegenläufigen Interessen zum Ausgleich gebracht werden, im Interesse der Funktionsfähigkeit der Verwaltung auch Abstriche an dem Ziel gemacht werden, sie der Kontrolle durch die öffentliche Meinung weiter zu öffnen.[872] Insofern ist dem Dritten Bundesdisziplinarsenat durchaus zuzustimmen, wenn er feststellt, daß „der interne vertrauliche Bereich der Verwaltung und der gesetzgebenden Körperschaften vor unzeitiger,

---

[868] „We are part of a generation that emphasizes ethics, not merely as expressed in the minimum requirements of law, but as something beyond mere legal pronouncements. Obviously, all our laws have ethical dimensions, but the kind of conduct which we expect from our public officials exceeds the minimum protection that might be expressed through statutory means." Feerick, 19 Fordham Urban L.J. 585 (1992).

[869] Vgl. Simitis, Festschrift für Simon, S. 329 (354): „Je selbstverständlicher es erscheint, dem Lehrer lediglich die Möglichkeit einer internen Kritik einzuräumen, desto weniger kann es zu einer wirklich substantiierten öffentlichen Diskussion kommen".

[870] Konkret wurde dort die Personalpolitik beanstandet, die angeblich eine gute Patientenbetreuung gefährdete; vgl. auch die Fälle in Teil II dargestellten Fälle aus der public-policy-Rechtsprechung Pilcher v. Board of County Commissioners und Rossi v. Pennsylvania State University.

[871] Vgl. Bodner, 68 Temp. L. Rev. 461 (1995), der folgende Zwecke des whistleblowing betont: „identify shortcomings in management, policies and practices and thereby promote operating efficiencies".

[872] GKÖD/ Arndt, Baumgärtel u.a., T § 9 RN 6: „Die damit verbundenen Einschränkungen der Kontrolle der Verwaltung durch die öffentliche Meinung müssen im Interesse von deren Funktionsfähigkeit hingenommen werden."

sachfremder und übermäßiger Publizität geschützt werden" muß.[873.] Wenn es allerdings konkret darum geht zu bestimmen, was „übermäßig" ist, würde man sich mitunter jedoch eine stärkere Berücksichtigung auch der anderen Seite, nämlich der Informationsinteressen der Öffentlichkeit wünschen (näher dazu, insbesondere zur Dienstwegbindung sogleich unten d).

Auf den privaten Sektor lassen sich diese Ausführungen nicht ohne weiteres übertragen. Man braucht sich nur zu vergegenwärtigen, daß beispielsweise Fragen wie der effiziente Einsatz von Finanzmitteln hier allein den Marktkräften überlassen sind. Schließlich wird Verschwendung in Privatunternehmen nicht vom Staat und vermittelt über die öffentlichen Willensbildung korrigiert, sondern durch den Wettbewerb, vermittelt über die Preise. Ein Bedürfnis nach öffentlicher Diskussion besteht insofern grundsätzlich nicht. Freilich sind Ausnahmen denkbar. Denn auch in den Bereichen, die dem privaten Sektor zugewiesen sind, kann man nicht immer darauf vertrauen, daß entweder keine öffentlichen Interessen bestehen oder sie über den Wettbewerb zur Geltung gebracht werden. Das illustriert zum Beispiel der „Wallraff-Fall". Die manipulative Aufbereitung von Informationen, wie sie dort angeprangert wurde, dürfte durch den Konkurrenzdruck im Mediensektor sogar noch befördert werden. Ähnlich ist die Lage, wenn es etwa darum geht, daß ein Unternehmen im Ausland produziert, um von den dort legalen, aber nach hiesigen Standards „ausbeuterischen" Produktionsbedingungen (etwa Kinderarbeit) zu profitieren. Über den Markt ist diesen Mißständen nur beizukommen, indem man sie veröffentlicht, so daß die Konsumenten in die Lage versetzt werden, sie bei ihrer Entscheidung zu berücksichtigen.[874]

d) Verstärkung des whistleblower-Schutzes im öffentlichen Sektor?

Wie ausführlich dargestellt, sind sowohl in den USA als auch hierzulande private und öffentliche Arbeitnehmer dem Regime unterschiedlicher Regelungen unterworfen. Mitunter führt das zu sehr verschiedenen Ergebnissen, wobei vielfach unklar ist, ob dies ein eher zufälliges Produkt der unterschiedlichen Entwicklung der jeweiligen Rechtsbereiche oder aber der Reflex differierender Wertentscheidungen ist.

Während in Deutschland bei öffentlichen Arbeitnehmern und Beamten tendenziell stärkere Loyalitäts- und Verschwiegenheitspflichten angenommen werden, genie-

---

[873] Urteil des Dritten Bundesdisziplinarsenats, Az. III D 20, 61 BDGE Band 6 Nr. 30

[874] In der Literatur wird die Vermutung der „Privatheit" von Angelegenheiten im privaten Sektor vereinzelt noch weitergehend in Frage gestellt. So konstatiert etwa Simitis unter Verweis auf die Regelungsdichte im Arbeitsrecht eine Entwicklung zur „Veröffentlichung der Arbeitsbeziehungen" (vgl. dazu bereits oben 2 a aa). Dabei seien Meinungsäußerungen stets von öffentlichem Interesse, wenn sie Bereiche betreffen, die Gegenstand solcher gesetzgeberischer Intervention sind, vgl. Festschrift für Simon, S. 329 (345ff.).

ßen in den USA die öffentlichen Arbeitnehmer den weitestgehenden whistleblower-Schutz[875]. Auch wenn die Rechtsgrundlagen sich in beiden Ländern erheblich unterscheiden, so bieten dennoch die entgegengesetzten Ergebnisse der Differenzierung privater/öffentlicher Sektor Anlaß zu hinterfragen, ob es nicht auch bei uns sinnvoll und wünschenswert wäre, die whistleblower-Rechte öffentlicher Bediensteter im Vergleich zu denen privater Arbeitnehmer zu stärken.

Bei genauerem Hinsehen spricht einiges dafür, daß die Meinungsfreiheit der im öffentlichen Sektor Beschäftigten regelmäßig jedenfalls nicht weniger, vielleicht sogar tendenziell mehr Schutz genießen sollte als im privaten Sektor.

Zunächst gilt, daß die Grundrechtsposition der im öffentlichen Sektor Beschäftigten, insbesondere der Beamten, gegenüber dem Arbeitgeber die stärkere sein muß – jedenfalls wenn sich direkte und indirekte Grundrechtsgeltung im Ergebnis tatsächlich unterscheiden sollten[876]. Wenn die Meinungsfreiheit also (per Gesetz, Tarifvertrag und darauf aufbauender Rechtsprechung) weitergehend eingeschränkt wird als im privaten Sektor, so müßten besondere öffentliche Interessen angeführt werden, die eine solche Einschränkung gebieten. Hinzu kommt, daß öffentliche Arbeitgeber im Gegensatz zu privaten regelmäßig keinen Grundrechtsschutz genießen, sich also insbesondere nicht auf Art. 12 und 14 GG berufen können.

Andererseits sind die gegenüber dem privaten Sektor spezifischen Funktionsinteressen der öffentlichen Verwaltung zu berücksichtigen. So wird für die restriktive Handhabung der whistleblower-Rechte im öffentlichen Sektor vielfach mit dem öffentliche Interesse am Erhalt einer funktionstüchtigen öffentlichen Verwaltung argumentiert. Daß dies ein gewichtiges Interesse ist, steht ebenso außer Frage wie die Tatsache, daß es in whistleblower-Fällen tangiert sein kann. Unklar ist jedoch, worin die Besonderheit des öffentlichen gegenüber dem privaten Sektor bestehen soll, an dessen Funktionieren die Allgemeinheit selbstverständlich ebenfalls ein Interesse hat.

Zwar ist das Gemeinwesen auf die verläßliche Erfüllung der dem öffentlichen Sektor zugewiesenen Aufgaben besonders angewiesen. Dies zeigt sich u.a. daran, daß Arbeitskämpfe im öffentlichen Dienst meist mit ungleich höheren Belastungen für die Öffentlichkeit verbunden sind als im privaten Sektor - nicht umsonst wird Beamten kein Streikrecht gewährt. Um solche Störungen der Funktionsfähigkeit geht es bei whistleblowing aber nicht. Der Beschäftigte bleibt weiter leistungsbereit, das whistleblowing verursacht allenfalls atmosphärische Störungen des Betriebsklimas, welche die Leistungsfähigkeit der Behörde nicht in vergleichbarer Weise bedrohen.

---

[875] Vgl. Teil II, insbesondere B und F

[876] Vgl. oben Teil III A I

Auch der Schutz des Ansehens des Staates bzw. des Vertrauens der Bürger in das Funktionieren seiner Institutionen vermag die restriktivere Handhabung der whistleblower-Rechte im öffentlichen Sektor nicht zu rechtfertigen. Zum einen ist bereits zweifelhaft, ob tatsächlich ein öffentliches Interesse daran bestehen kann, den Bürgern den Eindruck zu vermitteln, es gebe keine Unregelmäßigkeiten in der öffentlichen Verwaltung – selbst wenn dieser Eindruck falsch ist. Zum anderen kann ein öffentliches Interesse am Publikwerden von Mißständen, die zwar intern beseitigt werden können, aber doch zumindest vorübergehend bestanden haben, gerade im öffentlichen Sektor schwerlich verneint werden (vgl. auch das Minderheitsvotum von Supreme Court Richter Bennan in Connik v. Myers, der das generelle öffentliche Interesse an der Bewertung und Beurteilung des Verhaltens von öffentlichen Bediensteten betont). Daß andererseits die Gefahren für das Ansehen der Behörde, die von möglicherweise unrichtigen Anzeigen ausgehen, größer sein sollten als im privaten Bereich und deswegen eine weitergehende Einschränkung der Äußerungsrechte im öffentlichen Sektor rechtfertigen könnten, leuchtet nicht ein. Im Gegenteil dürfte in diesem Bereich die spätere Korrektur unrichtiger Verdächtigungen noch eher möglich sein als im privaten Sektor, wo eine auch nur vorübergehende Rufschädigung unmittelbar und deswegen oft unumkehrbar in *wirtschaftliche* Schäden münden kann[877].

Freilich gibt es einzelne Bereiche des öffentlichen Sektors, in denen das Bedürfnis nach Vertraulichkeit und Loyalität besonders groß ist (vgl. dazu Teil IV A V). Soweit sich ein spezielles Bedürfnis nach einer gesteigerten Verschwiegenheitspflicht aus der besonderen Funktion der konkreten Behörde begründen läßt, verdient dies nach wie vor Anerkennung. Dagegen läßt es sich kaum begründen, daß die Anzeigenrechte im öffentlichen Sektor *generell* restriktiver gehandhabt werden als im privaten[878]. Im Gegenteil, es gibt sogar Argumente dafür, auch hierzulande gerade im öffentlichen Sektor einen besonders weitgehenden whistleblower-Schutz zu ermöglichen.

Bedenkenswert ist auch der Ansatz von Simitis, bezüglich der Beurteilung der whistleblower-Rechte von der schablonisierenden Kategorisierung in öffentliche und private Beschäftigungsverhältnisse ganz abzusehen. Dies gelte insbesondere im Hinblick darauf, daß sich die Struktur des öffentlichen Dienstes im Zuge einer expandierenden Leistungsverwaltung deutlich verändert habe[879]. Auch wenn mittler-

---

[877] Vgl. Pickering, Teil II A II 3: das „Board of Education" hätte die Angaben Pickerings durch Veröffentlichung der richtigen Zahlen unproblematisch widerlegen können, ohne durch die falschen Behauptungen Schaden zu nehmen.

[878] So auch Koester, ZBR 1981, S..210 ff.

[879] Simitis, Festschrift für Simon, S. 350; Koester stellt in seinem Aufsatz ZBR 1981, S.210 (212) zu Recht die Frage, ob wirklich noch von einem besonderen Auftrag des Berufsbeamtentums

weile versucht wird, diese Entwicklung durch weitgreifende Privatisierungen rückgängig zu machen[880], ist dennoch eine pauschalierende Behandlung angesichts der verbleibenden Vielgestaltigkeit des öffentlichen Sektors nicht gerechtfertigt. Wie im privaten Sektor muß es stets auf die Interessenlagen im Einzelfall ankommen. Zwischen dem Angehörigen des Geheimdiensts, der die Verantwortbarkeit seiner aktuellen „Mission" in der Öffentlichkeit zur Diskussion stellt, und dem Bediensteten der Stadt, der Schlampigkeiten in der städtischen Abfallentsorgung beanstandet, liegen Welten. Es muß also differenziert werden - sicherlich auch um Ähnlichkeiten zum privaten Sektor zur Geltung zu bringen. Die Grenze zwischen öffentlichem und privatem Sektor in Bezug auf whistleblowing ganz einzureißen, erscheint jedoch nicht zweckmäßig, zumal sich – wie gezeigt – aus der besonderen Situation des öffentlichen Sektors zuweilen Argumente sowohl in die eine als auch in die andere Richtung ableiten lassen.

Eine andere Frage ist, ob nicht einzelne Aspekte der whistleblower-Rechtssituation im öffentlichen Sektor grundlegend hinterfragt werden müßten, insbesondere die strenge Dienstwegbindung. Zumindest soweit „lediglich" andere *staatliche* Stellen angegangen werden, wie etwa die Staatsanwaltschaft oder der Bundesrechnungshof, erscheint die Pflicht der vorherigen Ausschöpfung des Dienstweges als zu weitgehend[881]. Warum sollte beispielsweise nicht die Mißachtung des Wirtschaftlichkeits- und Sparsamkeitsprinzips durch öffentliche Institutionen dem Bundesrechnungshof angezeigt werden können, ohne daß zuvor der Dienstweg erschöpft werden müßte – wie ja auch in manchen Bundesländern bei der Anzeige von Verstößen gegen das Datenschutzgesetz an den Datenschutzbeauftragten vom Gebot der Dienstwegwahrung abgesehen wird ?

Die starke Betonung des Vorranges behördeninterner Kontrolle mutet zuweilen an wie ein Relikt längst überkommen geglaubter obrigkeitsstaatlicher Strukturen.[882] Dies gilt insbesondere in der Gegenüberstellung mit den USA - ist der Bedienstete

---

und einer daraus abgeleiteten besonderen Rechtstellung des Beamten gesprochen werden kann; vgl. auch USA-Teil II C III 2 b.

[880] Vgl. auch die neueren Ergänzungen in § 7 I und II BHO, wonach stets geprüft werden muß, inwieweit die öffentlichen Aufgaben durch Ausgliederung und Entstaatlichung oder Privatisierung erfüllt werden können.

[881] Die herrschende Meinung läßt Ausnahmen von der Dienstwegbindung nur bei Parlamentspetitionen oder im Falle der Anzeige von Grundrechtsverletzungen zu.

[882] In die gleiche Richtung geht die – breiter angelegte – Kritik von Koester, ZBR 1981, S. 210 (214): „Die Unterdrückung kritischer Äußerungen in der Beamtenschaft (...) und die Verhinderung politisch unerwünschter Erklärungen von Beamten können in einem Staat, dessen Willensbildung sich durch geistige Auseinandersetzung mit Andersdenkenden vollzieht, die Beschränkung der Meinungsfreiheit des Beamten nicht rechtfertigen. Eine repressive Dienstaufsicht und perfektionistische Reglementierung durch eine autokratische Dienstbehörde (...) lassen eine Mentalität erkennen, die noch eng mit dem Obrigkeitsstaat und seinen Funktionsmechanismen von Weisungen und Gehorsam verbunden ist."

hierzulande doch primär der Institution, nicht wie dort der Gemeinschaft verpflichtet. Zwar wird auch in den USA das Bedürfnis nach Loyalität in den Arbeitsbeziehungen auch des öffentlichen Sektors durchaus anerkannt. Aber man berücksichtigt dieses Bedürfnis primär dort, wo es um die unmittelbare tägliche Zusammenarbeit geht und sich ein geschädigtes persönliches Vertrauensverhältnis in konkreten Störungen der Zusammenarbeit niederschlagen kann. Dagegen wird die Loyalität gegenüber einem entfernten Behördenleiter oder gar bloß gegenüber der abstrakten Institution als weniger schützenswert erachtet, zumal eine Störung dieses Verhältnisses die tägliche Arbeitsleistung nicht tangiere (vgl. Pickering[883]).

3. Anreize: Bewußte Förderung von whistleblowing ?

Die öffentlichen Interessen am Schutz von whistleblowing wurden im Zusammenhang mit dem Problem der „altruistischen" Anzeigen bereits ausführlich behandelt[884]. In diesem Abschnitt soll nun gefragt werden, ob diese Interessen es darüber hinaus - wie in den USA - rechtfertigen würden, auch hierzulande positive Anreize für whistleblowing einzuführen, insbesondere (finanzielle) Belohnungen auszusetzen.

a) Wirksamkeit positiver Anreize

Die Diskussion, ob solche Anreize rechtspolitisch wünschenswert sind, setzt dabei voraus, daß diese überhaupt geeignet wären, Arbeitnehmer zum whistleblowing zu motivieren. In den USA sind hierzu einige sozialwissenschaftliche Untersuchungen angestellt worden, deren Aussagekraft jedoch nicht überschätzt werden sollte, zumal die Ergebnisse meist auf Fragebögen basieren, sich also auf die rückblickende Selbsteinschätzung der Betroffenen stützen.

Zunächst wurde versucht, den „typischen whistleblower" und dessen „typische Motivation" zu ermitteln. Empirische Untersuchungen haben ergeben, daß es sich bei den „typischen" whistleblowern um Langzeitbeschäftigte in gehobener Stellung mit Aufsichtsfunktionen handele[885]. Die „typischen" whistleblower seien „professional employees" und verfügten über ein durch ihre Sozialisation vermitteltes

---

[883] So wurde etwa in der Pickering-Entscheidung, Teil II A II 3, das Bedürfnis nach Loyalität und Vertrauen primär im Verhältnis Arbeitnehmer und unmittelbarer Vorgesetzter anerkannt, hingegen im Verhältnis zur Schulbehörde unberücksichtigt gelassen.

[884] Öffentliche Interessen bestehen natürlich nicht nur am Schutz „altruistischer" Anzeigen, sondern auch an Anzeigen der Verletzung von Rechten, Gesundheits- und Sicherheitsinteressen der Arbeitnehmer.

[885] Vgl. Miceli/Near 1992, S. 124

festes Wertesystem, an dem sie das erlebte Verhalten messen könnten[886]. Diese Arbeitnehmer empfänden meist ein starkes Loyalitätsbewußtsein[887], weshalb sie ihre Anzeigen in der Regel zunächst intern machten - erst wenn interne Abhilfe verweigert werde, brächen viele ihre Loyalität und wendeten sich an externe Stellen.

Das Ergebnis erscheint – zumindest für den deutschen Betrachter – unerwartet. Vor dem deutschen Horizont hätte man vermutet, daß das deutlich häufigere Vorkommen von whistleblowing in den USA u.a. ein Ergebnis der kürzeren und weniger verfestigten Arbeitsverhältnisse in einer „hire and fire"-Welt sei, in der Loyalitätsgefühle gar nicht erst aufkämen, nicht aber, daß es gerade „loyale" Langzeitbeschäftigte sind, die das Bild vom „typischen" whistleblower prägen. Erklärt wird dieser Befund in der sozialwissenschaftlichen Literatur folgendermaßen: Aufgrund ihrer ausgeprägteren Moralvorstellungen seien solche Arbeitnehmer weniger bereit, Mißstände zu tolerieren[888]. Ihre gehobene Stellung in der Unternehmshierarchie bringe zum einen in der Regel ein verstärktes Verantwortungsbewußtsein mit sich und verschaffe ihnen außerdem grundsätzlich mehr Einblick in Unternehmensinterna und damit auch mehr Gelegenheit, Mißstände wahrzunehmen.

Die Ergebnisse der Studien zum „typischen" whistleblower legen nahe, daß die zahlreichen finanziellen Anreize, die das amerikanische System bietet, bei der Entscheidung des Einzelnen für oder gegen whistleblowing zumindest nicht im Vordergrund stehen. Eine Studie des Merit Systems Protection Board (MSPB)[889] bestätigt diese Vermutung. Danach gaben von 13.000 Staatsbediensteten – hypothetisch dazu befragt, welche Faktoren sie am ehesten zum whistleblowing motivieren würden – nur 10% an, daß die vom MSPB teilweise ausgesetzten finanziellen Belohnungen sie wesentlich motivieren könnten. Allerdings wird in der sozialpsychologischen Literatur darauf hingewiesen, daß die Selbsteinschätzung der Arbeitnehmer ganz allgemein dahin gehe, nicht durch finanzielle Anreize motivierbar zu sein. In vielen Fällen gäbe es jedoch ernstzunehmende Indizien dafür, daß diese Selbsteinschätzung falsch sei.[890] Tatsächlich seien insbesondere rangniedrigere Ar-

---

[886] Vgl. Glazer/Glazer 1989, S. 97 ff.; vgl. Miceli/Near 1992, S. 105, die vom „moral judgement development" (MJD) sprechen und ebenfalls vermuten, daß ein höheres MJD das Verantwortungsgefühl und damit Geneigtheit zum whistleblowing verstärkt.

[887] Dworkin/Callahan, 29 American Bus. L. J. 267, 301; vgl. Callahan/Dworkin, 37 Vill. L. Rev. 273, 284

[888] Zwar hätten jüngere Arbeitnehmer tendenziell ein höheres MJD (s.o.) und seien deshalb weniger bereit, Mißstände zu tolerieren, doch würden sie - am Anfang ihrer Karriere stehend- die mit dem whistleblowing verbundenen Kosten eher scheuen. Aus Alter verbunden mit Beschäftigungsdauer könnten jedoch Aussagen über die Geneigtheit zu whistleblowing abgeleitet werden: jüngere und kürzer beschäftigte Arbeitnehmer seien tendenziell weniger geneigt, Anzeigen zu erstatten als ältere, langzeitbeschäftigte Arbeitnehmer, vgl. Miceli/Near 1992, S. 174

[889] U.S. Merit Systems Protection Board 1993, S. 9

[890] Vgl. Miceli/Near 1992, S. 176; Callahan/Dworkin, 37 Vill. L. Rev. 273, 301 (1992)

beitnehmer mit geringerem Einkommen und kürzerer Beschäftigungsdauer durchaus durch finanzielle Anreize motivierbar. Freilich ist dies – wie gezeigt – gerade nicht die Gruppe, welcher der „typische“ whistleblower entstammt.

Nach alledem scheint sich zur Effektivität solcher Anreize keine gesicherte Aussage treffen zu lassen. Ähnliches gilt für die umgekehrte Befürchtung, daß Arbeitnehmer insbesondere im Fall besonders hoher finanzieller Anreize (wie etwa beim False Claims Act) dazu verleitet werden könnten, aus „Geldgier“ *unberechtigte* Anzeigen zu machen. Auch sie ließ sich bislang durch empirische Studien nicht verifizieren.[891]

Es ist also zumindest nicht ausgeschlossen, daß sich mit solchen finanziellen Belohnungen die Anzeigebereitschaft der Arbeitnehmer steigern ließe, ohne sie zu Mißbrauch zu verführen. Den beschriebenen öffentlichen Interessen, insbesondere den Strafverfolgungs- und Gesetzesvollzugsinteressen, könnte mit diesem Instrument also möglicherweise gedient werden. Es bleibt freilich die Frage, ob sein Einsatz hierzulande wünschenswert wäre.

b) Erwünschtheit positiver Anreize

Wahrscheinlich – soviel kann vorweg festgestellt werden – ist die Einführung solcher Anreize im Arbeitsrecht auf absehbare Zeit ohnehin nicht. Zu weit scheint der Weg vom derzeitigen fast völligen Ausblenden öffentlicher Interessen hin zu einer solch radikalen Verfolgung, wie sie das Aussetzen von Belohnungen bedeuten würde.

Es gibt aber auch allen Grund zu zweifeln, ob der Gewinn durch ein vermehrtes whistleblowing und damit höherer Aufdeckungsraten etc. die Nachteile aufwöge, die durch derartige finanziell motivierte Anzeigen für die Arbeitsbeziehungen entstünden. Denn bei aller Kritik an der mitunter übersteigerten Ausdehnung der arbeitsrechtlichen Nebenpflichten in Deutschland – das Zusammenspiel von Interessenwahrungs- und Fürsorgepflichten ist doch eine maßgebliche Vorbedingung für die Entwicklung vertrauensvoller und beständiger Arbeitsbeziehungen. Diese aber könnten beträchtlichen Schaden nehmen, wenn eine solche Anreizregelung eingeführt würde[892].

---

[891] Manche Autoren wollen auf einen solchen Mißbrauch z.B. aus der Tatsache schließen, daß von den fast 300 Klagen, die unter dem False Claims Act zwischen 1986 und 1992 erhoben wurden, die Regierung nur in 42 Fällen beigetreten ist. Callahan/Dworkin, 37 Vill. L. Rev. 273, 325 (1992) legen jedoch überzeugend dar, daß dies auch viele andere Ursachen haben kann.

[892] In den USA werden die Gewichte anders gesetzt, vgl. z.B. die Stellungnahme von Callahan/Dworkin, 37 Vill. L. Rev. 273, 335 (1992) in Bezug auf den FCA. Danach sollen zwar ein paar Millionäre mehr und ein paar Millionen Dollar, die der Staat aufgrund der Aufdeckungen spart, den Vertrauensverlust und die Beschädigung des Betriebsklimas nicht wert sein. Doch wenn sich dadurch mehr Individuen gegen gemeinschaftsschädliche Machenschaften auflehn-

Es gibt gewichtige Gründe, die Motive des whistleblowers innerhalb der Abwägung nicht unberücksichtigt zu lassen: Je nach Beweggrund können die Arbeitnehmerinteressen an whistleblowing im Vergleich zu den Arbeitgeberinteressen mehr oder weniger schutzwürdig erscheinen. Die Aussetzung finanzieller Belohnung und damit das Akzeptieren allein durch Geldgier motivierter Anzeigen würden dieses legitime Differenzierungsmuster zunichte machen.

Zwar wird in der amerikanischen Literatur zu Recht darauf hingewiesen, daß die Motive eines whistleblowers, der zumindest auch durch die Aussicht auf eine Belohnung zur einer (berechtigten) Anzeige bewegt werde, nicht a priori als verwerflich gelten sollten. Vielmehr könne man die „Belohnung" angesichts der regelmäßig erheblichen Nachteile (vgl. Schlußbemerkung C), die dem whistleblower wegen seiner Anzeige drohten, ebensogut als „Kompensation" interpretieren. Aber selbst wenn sich so aus individueller Perspektive das Aussetzen kompensatorischer, also moderater Belohnungen rechtfertigen ließe, so bliebe dennoch zweifelhaft, ob whistleblowing so tatsächlich gefördert würde. Denn dort, wo bereits die Akzeptanz desjenigen whistleblowers keine Selbstverständlichkeit ist, der im Konflikt zwischen Loyalitätsanforderungen gegenüber dem Arbeitgeber und Verantwortung gegenüber der Gemeinschaft den dornenreichen Weg der Anzeige wählt, wird die Aussetzung einer Belohnung mehr schaden als nützen. Das soziale Stigma dessen, der in den Augen mancher ohnehin schon als „Verräter" gilt, würde noch weiter wachsen, wenn er künftig auch noch „für seinen Verrat bezahlt" würde.[893]

Die Gefahr, daß die Schaffung von Anreizen in vielerlei Hinsicht schädlich oder sogar kontraproduktiv sein könnte, ist also nicht von der Hand zu weisen, ganz zu schweigen von dem Systembruch, den die Einführung dieser Form von „private law enforcement" hierzulande bedeuten würde (vgl. oben A III).

---

ten, ein potentieller Betrüger durch die Drohung des whistleblowings abgeschreckt und Betrug leichter aufgeklärt werden könnte und Unternehmen/ Organisationen veranlaßt würden, sich selbst besser zu überwachen, "self-interested (private) law enforcement may be worth its costs." ((Seit der Reform des FCA 1986 bis zum Jahre 1992 hat der Staat fast 70 Mio Dollar an Schadensersatzsummen zugesprochen bekommen, die klagenden Bürger insgesamt 9 Mio Dollar, so Callahan/ Dworkin, 37 Vill. L. Rev. 273, FN 254 (1992)).

[893] In der sozialpsychologischen Literatur wird außerdem zu bedenken gegeben, daß das Setzen externer Anreize zur Abnahme der „internen" Motivationen führen könne. (Dabei wird zwischen internen und externen Motivationen unterschieden. In ersterem Fall handelt das Individuum, um innere Befriedigung zu erlangen, in letzterem, um äußeren Anforderungen zu genügen oder externe Belohnungen zu erlangen ((vgl. Callaham/Dworkin, 37 Vill. L. Rev. 273, 285ff. (1992) sogenannte "cognitive evaluation theory")). Ein interner Anreiz zum whistleblowing kann z.B. der Wunsch sein, zur Verbesserung der Zustände beizutragen. Finanzielle Anreize sind dagegen klar externe Anreize. Der inneren Befriedigung wegen zu handeln, werde weniger attraktiv, sobald externe Anreize vorhanden seien; auch der ursprünglich von seinem Gewissen gelenkte potentielle whistleblower werde den externen Profit maßgeblich in seine Überlegungen mit einbeziehen.

III. Umsetzung der Reformvorschläge

Im vorangegangenen Abschnitt sind einige Denkanstöße formuliert worden, die sich bei Betrachtung des US-amerikanischen whistleblower-Rechts aus deutscher Perspektive ergeben. Im folgenden soll erörtert werden, wie diese Anregungen im deutschen Recht umgesetzt werden könnten und wie wahrscheinlich eine solche Umsetzung wäre.

Dabei erscheint es grundsätzlich sinnvoll, zwischen Entwicklungsperspektiven *de lege ferenda* und solchen *de lege lata* zu unterscheiden. Dementsprechend wird auch die nachfolgende Darstellung die Reformperspektiven der Gesetzgebung und die der Rechtsprechung getrennt behandeln. Allerdings wird dabei zu beachten sein, daß im Arbeitsrecht die Grenzen zwischen rechtsanwendender und rechtsetzender Gewalt verschwimmen, also zwischen Gerichten auf der einen und dem Gesetzgeber (und den Tarifvertragsparteien) auf der anderen Seite. Denn während sich der Gesetzgeber im Arbeitsrecht in – je nach Sichtweise weiser oder ohnmächtiger - Zurückhaltung übt, füllt die höchstrichterliche Rechtsprechung viele der belassenen Freiräume und avanciert so in der Augen mancher zum "Ersatzgesetzgeber".[894] Trotz dieser außergewöhnlich aktiven Rolle der Rechtsprechung gibt es freilich dennoch Reformschritte, die dem Gesetzgeber vorbehalten bleiben. Ginge es etwa um das Setzen positiver Anreize zum whistleblowing, so würde dies die Möglichkeiten selbst einer Judikative, die traditionell stark rechtsfortbildend tätig ist, eindeutig überschreiten.

1. Reformperspektiven de lege ferenda

Auch wenn das deutsche Recht bisher kaum spezielle Normen zum Schutz von whistleblowing enthält, so finden sich doch auch hierzulande entsprechende Forderungen – nicht nur in der wissenschaftlichen Literatur, sondern auch in Entwürfen für gesetzgeberische (dazu unten a) und kollektivvertragliche (dazu unten b) Normsetzung. Diese Entwürfe sollen zunächst kurz vorgestellt und anschließend darauf überprüft werden, ob sie Reformvorschläge enthalten, die in Richtung der Anregungen aus dem amerikanischen Recht gehen.

[894] Das Bundesverfassungsgericht hat diese Rolle des BAG in seiner Entscheidung zur Aussperrung von 1991 ausdrücklich anerkannt, BVerfGE v. 26.6.91 EZA Nr. 97 zu Art. 9 GG; vgl. auch Jobs, DB 1982, S. 2081 ff.

a) Vorschläge für Änderungen durch die Legislative

aa) Arbeitsgesetzbuchkommission von 1977

Bereits der Entwurfs eines Arbeitsgesetzbuches von 1977[895], den eine von der Bundesregierung einberufene Kommission aus Vertretern der Wissenschaft, der Arbeitsgerichtsbarkeit, der Tarifvertragsparteien und der Länder erarbeitet hat, enthält in § 79 III einen Regelungsvorschlag zum Schutz von whistleblowing. Danach darf der Arbeitnehmer einen (ihm selbst oder Dritten) aus dem Betrieb drohenden Schaden an die zuständige externe Stelle anzeigen, wenn er vorher den Arbeitgeber unterrichtet hat und dieser nicht in angemessener Zeit Abhilfe schafft. Die Unterrichtung ist ausnahmsweise entbehrlich, wenn sie dem Arbeitnehmer unzumutbar ist, der Arbeitnehmer zur Anzeige verpflichtet ist oder ein erheblicher Schaden auch bei vorheriger Unterrichtung des Arbeitgebers nicht verhindert werden kann.

Von diesem Regelungsvorschlag würde lediglich ein Teil der denkbaren Fallkonstellationen erfaßt. Ungelöst blieben z.B. Fälle, in denen Dritten kein konkreter Schaden droht, wie es etwa bei Umweltrisiken, die sich erst in ungewisser Zukunft möglicherweise realisieren, der Fall ist.[896] Im übrigen hinge viel davon ab, wie die „Unzumutbarkeit" einer internen Vorschaltbeschwerde definiert würde.

bb) Arbeitskreis Deutsche Rechtseinheit von 1992

Auch der Entwurf eines Arbeitsvertragsgesetzes des Arbeitskreises deutsche Rechtseinheit des 59. Deutschen Juristentages von 1992[897] enthält eine Regelung zum Schutz von whistleblowing. Danach darf der Arbeitnehmer aus dem Betrieb drohende Gefahren für Menschen, Sachwerte oder die Umwelt sowie Straftaten mit Wiederholungsgefahr anzeigen, wobei ein dreistufiges Verfahren vorgesehen ist: Der Arbeitnehmer muß sich zunächst mit seinem Abhilfeverlangen an den Arbeitgeber wenden. Bleibt er damit erfolglos, muß er sich – soweit vorhanden – an die Arbeitnehmervertretung wenden. Erst wenn der Arbeitgeber auch deren Aufforderung nicht nachkommt, darf der Arbeitnehmer zuständige externe Stellen angehen, „wenn anders die Abwendung eines nicht unerheblichen Schadens oder eines nicht unerheblichen Gesetzesverstoßes nicht erreicht werden kann." Ausnahmsweise kann der Arbeitnehmer sich direkt an externe Stellen wenden, „wenn eine Aufforderung offensichtlich nicht zur Abhilfe führen würde".[898]

---

[895] Hrsg: Bundesminister für Arbeit und Sozialordnung, 1977

[896] Vgl. genauer Deiseroth, Berufsethische Verantwortung, S. 370

[897] Gutachten D zum 59. Deutschen Juristentag, Hannover 1992

[898] Absatz II des § 84 regelt speziell für die Verletzung von Arbeitsschutzvorschriften, daß der Arbeitnehmer zur Anzeige berechtigt ist, „wenn die vom Arbeitgeber getroffenen Maßnahmen und bereitgestellten Mittel offensichtlich nicht ausreichen, um die Sicherheit und den Gesundheits-

Auffällig an diesem Entwurf sind die strengen Anforderungen an das „Ob“ und „Wie“ der internen Vorschaltbeschwerde. Von diesem Erfordernis wird nur in Fällen offensichtlich fehlender Erfolgsaussichten abgesehen. Auf Zumutbarkeitserwägungen kommt es nicht an. Im übrigen soll es nicht genügen, daß der Arbeitnehmer irgendeine Möglichkeit betriebsinterner Abhilfe bemüht, sondern er muß hintereinander verschiedene betriebliche Instanzen einschalten[899].

cc) Entwurf des Freistaates Sachsen

Der bereits erwähnte Entwurf eines Arbeitsvertragsgesetzes des Freistaates Sachsen von 1995[900] sieht in § 84 folgende Regelung vor:

„I. Drohen Menschen, Sachwerten oder der Umwelt aus dem Betrieb Schäden oder werden Strafgesetze verletzt und darf der Arbeitnehmer annehmen, daß die Verletzung fortgesetzt wird, so kann er den Arbeitgeber zur Abhilfe auffordern.

II. Ist der Arbeitnehmer aufgrund konkreter Anhaltspunkte der Auffassung, daß die vom Arbeitgeber getroffenen Maßnahmen und bereitgestellten Mittel nicht ausreichen, um die Sicherheit und den Gesundheitsschutz bei der Arbeit zu gewährleisten, und hilft der Arbeitgeber einer darauf gerichteten Beschwerde des Arbeitnehmers nicht ab, kann sich dieser an die zuständige Behörde und den Technischen Aufsichtsdienst des zuständigen Trägers der gesetzlichen Unfallversicherung wenden. Hierdurch dürfen dem Arbeitnehmer keine Nachteile entstehen.“

Ein externes Anzeigerecht ist also überhaupt nur in Bezug auf den Arbeitsschutz vorgesehen, wobei die Regelung im wesentlichen der des Arbeitsschutzgesetzes entspricht. Für sonstige Anzeigen wird dagegen lediglich ein internes Beschwerderecht gewährt. Dieses Gesetz scheint den whistleblower-Schutz also auf dem kleinsten gemeinsamen Nenner festschreiben zu wollen.

dd) Entwurf des Landes Brandenburg

Demgegenüber sieht der ebenfalls bereits zitierte Entwurf des Landes Brandenburg für ein „Gesetz zur Bereinigung des Arbeitsrechts“ aus dem Jahr 1996[901] folgende Regelung vor:

---

schutz bei der Arbeit zu gewährleisten.“ In der Begründung des Entwurfs wird klargestellt, daß sich der Arbeitnehmer davon unabhängig auch an den Betriebsrat wenden kann, der nach § 80 I Nr.1 BetrVG insoweit zuständig ist, § 84, Gutachten D zum 59. Deutschen Juristentag 1992, S. 114 f.

[899] Zur diesbezüglichen Kritik, siehe oben Teil IV D II 1

[900] Gesetzesantrag des Freistaates Sachsen vom 23.05.1995 BRats-Drucksache 293/95

„I. Drohen Menschen, Sachwerten oder der Umwelt aus dem Betrieb Schäden oder werden Strafgesetze verletzt, so ist der Arbeitnehmer berechtigt, den Arbeitgeber zur Abhilfe aufzufordern.

Kommt der Arbeitgeber der Aufforderung nicht nach, so kann sich der Arbeitnehmer an die zuständige außerbetriebliche Stelle wenden. Der Arbeitnehmer darf sich unmittelbar an die außerbetriebliche Stelle wenden, wenn nicht zu erwarten ist, daß eine Aufforderung zur Abhilfe führen würde.

II. Absatz I gilt entsprechend, wenn Arbeitsschutzvorschriften im Betrieb nicht eingehalten werden."

Bemerkenswert an diesem insgesamt weiterreichenden Entwurf ist vor allem, daß „altruistische" Anzeigen gleich behandelt werden wie jene, in denen es um eine Verletzung von Arbeitnehmerrechten geht. Doch auch dieser Entwurf schützt nicht alle denkbaren Gegenstände von whistleblowing. So würde etwa die Anzeige der Verschwendung von Steuermitteln nicht erfaßt. Bezüglich der ausnahmsweisen Entbehrlichkeit der internen Vorschaltbeschwerde ist der Entwurf restriktiver als der der Arbeitsgesetzbuchkommission von 1977, jedoch großzügiger als der des Juristentages von 1992.

b) Tarifvertragsentwürfe

Auch auf Tarifvertragsebene hat es Versuche gegeben, Normen zum Schutz von whistleblowing einzuführen. Ausgegangen sind sie – wenig verwunderlich – stets von Arbeitnehmerseite. Die IG Metall verabschiedete bereits 1980[902] die folgende Entschließung: „Jeder Arbeitnehmer hat das Recht zu unmittelbaren und direkten Beschwerden bei staatlichen Stellen oder sonstigen hierzu berufenen Institutionen".[903]

Seit Anfang der neunziger Jahre haben verschiedene Gewerkschaften whistleblower-Rechte speziell zu Ökologiefragen in ihre Tarifvertragsentwürfe aufgenommen. So ist im Entwurf der Gewerkschaft Nahrung/Genuß/Gaststätten von 1992 zu einem „ökologischen Tarifvertrag" ein Anzeigerecht an betriebsexterne Stellen bei Gefahr von beeinträchtigenden Umweltbelastungen durch den Produktionsablauf

---

[901] Gesetzesantrag des Landes Brandenburg vom 12.9.96 BRats-Drucksache 671/96

[902] Auf ihrem 13.ordentlichen Gewerkschaftstag im September 1980, Entschließung Nr. 17, Der Gewerkschafter, Nr. 9a/1980 S.72; Le Friant, Verantwortung des Arbeitgebers, S. 63

[903] Entschließung Nr. 16, Der Gewerkschafter Nr. 91/1980 S. 72; in einer weiteren speziellen Entschließung zum Arbeitsschutz heißt es: „Deshalb fordert die IG Metall im einzelnen:...Grundrechte für den einzelnen Arbeitnehmer auf Sicherstellung seiner körperlichen Unversehrtheit, z.B. das Recht der Inanspruchnahme außerbetrieblicher Stellen."

bzw. die herzustellenden Produkte vorgesehen. Voraussetzung ist, daß sich der Arbeitnehmer zuvor erfolglos betriebsintern um Abhilfe bemüht hat. Die beiden einzigen gegenwärtig bestehenden Kollektivvereinbarungen[904], die auf diesem Tarifvertragsentwurf aufbauen, sehen das externe Anzeigerecht jedoch nicht vor.[905]

Auch der Entwurf eines „Rahmentarifvertrages zum Ökologischen Wirtschaften" der Gewerkschaft ÖTV von 1994 enthält in § 8 III ein Anzeigerecht bei Verdacht auf umweltgefährdende Belastungen durch den Arbeitsablauf, die Dienstleistungen oder die Entsorgung von Materialien sowie bei arbeitsbedingten Gesundheitsgefahren. Anzeigenadressat sind die für die Überwachung zuständigen außerbetrieblichen Institutionen. Voraussetzung ist, daß der Arbeitnehmer nach erfolgter interner Beschwerde nicht in angemessener Frist über den Verlauf der Nachprüfung und die geplanten Maßnahmen informiert oder dem Beschwerdegrund nicht abgeholfen wurde. Auch diese Klausel ist über das Entwurfsstadium nicht hinausgelangt.

Angesichts ihres Ursprungs im Arbeitnehmerlager verwundert es nicht, daß diese Vorschläge zumindest in einzelnen Punkten weitergehende Schutzrechte vorsehen als ihre Pendants auf Gesetzgebungsebene. Bemerkenswert ist, daß durch die ökologische Ausrichtung der beiden Vertragsentwürfe die Gewerkschaften ihre Rolle als Sachwalter bloßer Partikularinteressen klar überschreiten.

c) Zwischenergebnis

Insbesondere bei den Gesetzesentwürfen handelt sich durchweg um Vorschläge, bei denen das reformerische Moment erkennbar im Hintergrund steht. Zuvörderst fixieren sie, was sich in der Rechtsprechung bisher entwickelt hat, und nutzen zur Gestaltung allenfalls jene Freiräume, die ihnen durch Unklarheiten im bestehenden Recht belassen sind. Die Situation ist kaum verwunderlich angesichts der bereits eingangs angesprochenen traditionellen Zurückhaltung des Gesetzgebers in diesem Rechtsbereich. Wenn auch nur eine geringe Chance bestehen soll, daß ein Entwurf letztlich zum Gesetz werde, so sollte er sich tunlichst nicht durch polarisierende Vorschläge hervorheben.

Dementsprechend finden sich selbstverständlich keine Anreizregelungen; von dem Erfordernis einer internen Vorschaltbeschwerde werden nur wenige Ausnahmen gemacht; externe Anzeigen gegenüber anderen Stellen als den zuständigen Behörden sollen grundsätzlich unzulässig sein. Bei den möglichen Anzeigegegenständen fällt auf, daß einige der Entwürfe immerhin nicht mehr nach eigener und Drittbe-

---

[904] Nämlich die "Betriebsvereinbarung zum Schutze der Umwelt" von der Fürstenberger Fleischwaren GmbH in Eisenhüttenstadt sowie der ökologische Firmentarifvertrag der Privatbrauerei Schmucker in Mosautal (schriftliche Auskunft der Gewerkschaft NGG)

[905] Vgl. auch den Umwelt-Tarifvertrag der Deutschen Telekom AG, der bei Beschwerderechten (§ 5) ebenfalls außerbetriebliche Beschwerderechte ausklammert.

troffenheit abstufen. Gefahren für Menschen, Sachwerte oder die Umwelt sowie Straftaten werden als zulässige Anzeigegegenstände gleichwertig behandelt. Anzeigen oder Kritik an bloß unlauteren oder moralisch verwerflichen Praktiken werden in keinem der Entwürfe geschützt.

Zu begrüßen ist der in den Gesetzesentwürfen durchgängig verfolgte Ansatz, die whistleblower-Rechte allgemein zu regeln – und sie nicht etwa, entsprechend dem US-amerikanischen Beispiel, jeweils per Annexvorschrift in Spezialgesetze zu inkorporieren. Die damit verbundenen Mängel (Unübersichtlichkeit, Lückenhaftigkeit und Zufälligkeit) sind in der Darstellung des US-amerikanischen Rechts beschrieben worden.

Die Regelungsentwürfe beziehen sich als Bestandteil von Gesamtentwürfen zum Arbeitsvertragsrecht naturgemäß nur auf Arbeitsverhältnisse. Entwürfe zur Regelung der whistleblower-Rechte von Beamten existieren nicht[906].

Auffällig ist, daß sich der klassische Frontverlauf zwischen „links und rechts", zwischen mehr und weniger Arbeitnehmerrechten auch in den Regelungsvorschlägen zum whistleblower-Schutzes abzeichnet (vgl. insbesondere die beiden neuesten Entwürfe, nämlich den von Sachsen auf der einen und den von Brandenburg auf der anderen Seite). Dies belegt den geringen Stellenwert, den man den öffentlichen Interessen in Rahmen der whistleblower-Problematik auch in der rechtspolitischen Diskussion beimißt. Würden nämlich Ziele wie ein besserer Gesetzesvollzug und eine effektivierte Strafverfolgung ein Rolle spielen, wären die Entwürfe möglicherweise weniger eindeutig den politischen Lagern zuzuordnen.

Insgesamt zeigt der Blick auf die existenten Reformentwürfe, daß sich derzeit in Deutschland zumindest keine grundlegenden Änderungen des für whistleblowing relevanten Normenmaterials abzeichnen - weder durch den Gesetzgeber noch durch die Tarifvertragsparteien. Umso mehr rückt die Frage in den Vordergrund, ob nicht einige der im vorangegangenen Abschnitt formulierten Anregungen aus dem US-amerikanischen Recht auch de lege lata durch die Rechtsprechung aufgegriffen werden könnten. Dazu im folgenden.

2. Reformperspektiven de lege lata

Spielräume für eine Neuorientierung der Rechtsprechung scheinen durchaus gegeben. Derzeit - das ist oben ausführlich beschrieben worden - werden in der vorzunehmenden Interessenabwägung zur Ermittlung der Reichweite der arbeitsrechtlichen Verhaltenspflichten öffentliche Interessen grundsätzlich nicht berücksichtigt. Eine Akzentverschiebung der Rechtsprechung in diesem Punkt könnte der Schlüssel zur Umsetzung gleich mehrerer der oben genannten Anregungen sein. Eine

---

[906] Auch der Entwurf der ÖTV bezieht sich wohl nur auf Arbeitnehmer, nicht aber auf Beamte.

Ausweitung des Schutzes für Anzeigen gegenüber externen Adressaten bei „altruistischem" Anzeigegegenstand und eventuell sogar bei Kritik und Enthüllungen bezüglich legaler Mißstände wären möglich.

Nun finden solche Abwägungen nicht im „luftleeren Raum" statt, können die Gerichte nicht bar jeglicher Bindung entscheiden, welche Interessen sie berücksichtigen und welches Gewicht sie ihnen beimessen wollen. Vielmehr sind sie gehalten, ihre Wertungen rechtlich zu fundieren, sie abzuleiten aus den Wertentscheidungen primär der Verfassung, aber auch der einfachen Gesetze und nicht zuletzt auch ihrer eigenen Spruchpraxis. Ob die öffentlichen Interessen zugunsten eines stärkeren whistleblower-Schutzes auch hierzulande in die Abwägung eingestellt werden können, hängt deswegen davon ab, ob die Gerichte dabei in der beschriebenen Weise an „Vorhandenes" anknüpfen könnten. Dies zu untersuchen, ist Ziel dieses vorletzten Abschnitts.

a) Strukturprinzipienkomponente des Art. 5 I GG im Privatrecht

In gewissem Umfang ließe sich die Einbeziehung solcher öffentlicher Interessen direkt verfassungsrechtlich abstützen, nämlich soweit sie in Art. 5 I GG verankert sind. Das BVerfG geht - wie oben[907] beschrieben - in ständiger Rechtsprechung von einer Doppelfunktion der Meinungsfreiheit als Individualgrundrecht und als objektives Strukturprinzip aus. Unbestritten ist weiter, daß der „Wertgehalt" dieses Grundrechts auch bei der Bestimmung der arbeitsvertraglichen Pflichten von Bedeutung ist. Entgegen der stillschweigenden Spruchpraxis der Arbeitsgerichte ist kein Grund ersichtlich, warum dies nur für die individualrechtliche Komponente des Art. 5 I GG gelten solle, also für das verfassungsrechtlich geschützte Interesse des Arbeitnehmers an seiner Meinungsfreiheit als Grundvoraussetzung für persönliche Autonomie und Selbstentfaltung. Der „Wertgehalt" des Art. 5 I GG umfaßt schließlich auch die objektivrechtliche, institutionelle Komponente der Meinungsfreiheit. Die Funktion der Meinungsfreiheit als Garant eines offenen und informierten demokratischen Diskurses in der pluralistischen Demokratie muß deshalb auch im Rahmen der Drittwirkung des Art. 5 I GG Berücksichtigung finden.

Unter Verwendung anerkannter dogmatischer Instrumente könnten so also auch öffentliche Interessen in die Abwägung einbezogen werden[908]. Der Meinungsfreiheit käme dann im Rahmen dieser Abwägung eine ähnliche Rolle zu wie etwa im Deliktsrecht, wo bei der Auslegung der §§ 823 ff. BGB im Lichte des Art. 5 I GG die Berücksichtigung auch öffentlicher Interessen anerkannt ist (dazu sogleich aa)).

---

[907] Teil III I 1 c

[908] Eine Neuorientierung würde dies für die Rechtsprechung freilich dennoch bedeuten. Denn wie gezeigt sind bislang sowohl richterliche Inhaltskontrolle (dazu oben A II) als auch richterliche Vertragskonkretisierung darauf beschränkt, Individualinteressen zur Geltung zu bringen.

aa) Beurteilung von Meinungsäußerungen im Deliktsrecht

Das Deliktsrecht bietet Unternehmen gegenüber öffentlichen Meinungsäußerungen deutlich weniger Schutz als das Arbeitsrecht. Dies verwundert zunächst nicht, zumal sich - wie oben ausgeführt - die Einschränkungen der Meinungsfreiheit im Arbeitsrecht ja gerade aus der besonderen Beziehung der Arbeitsvertragsparteien zueinander ergeben. Auffällig ist aber dennoch, wieviel größer das Gewicht ist, das im Deliktsrecht den öffentlichen Interessen im Rahmen der Beurteilung der Zulässigkeit von Meinungsäußerungen beigemessen wird.

Deliktischer Schutz in Bezug auf Unternehmenskritik und Enthüllungen von Betriebsinterna wird heute neben §§ 824 und 826 BGB primär über die dogmatische Figur des Rechts am eingerichteten und ausgeübten Gewerbebetriebes (als absolutem Recht im Sinne des § 823 I BGB) gewährt. Für dieses Recht gilt die Besonderheit, daß bei Eingriffen in den Gewerbebetrieb die Rechtswidrigkeit nicht - wie sonst - vermutet wird, sondern positiv zu begründen ist. Die Rechtswidrigkeit einer unternehmensschädigenden Meinungsäußerung hängt damit von den Gesamtumständen, insbesondere den kollidierenden Rechtsgütern ab. Dabei kommt es nach der Rechtsprechung des BGH und des BVerfG für das Gewicht der Meinungsfreiheit im Rahmen dieser Abwägung vor allem darauf an, welchen Interessen die konkrete Äußerung zu dienen bestimmt ist. Als in besonderem Maße rechtfertigend werden dabei die öffentlichen Interessen betrachtet. So muß sich der Gewerbetreibende insbesondere dann einer öffentlichen Kritik stellen und sich dabei auch herabsetzende oder gehässige Äußerungen gefallen lassen, wenn es sich um einen Beitrag zum geistigen Meinungskampf handelt, der die Öffentlichkeit wesentlich berührende Probleme betrifft und Fragen von allgemeinem Interesse anspricht[909]. Bei wahrheitsgemäßen Äußerungen zu Themen, an denen ein ernsthaftes Informationsbedürfnis der Öffentlichkeit besteht, wird Rechtswidrigkeit nur angenommen, wenn zwischen dem verfolgten Informationszweck und der Beeinträchtigung des Gewerbetreibenden ein unangemessenes Verhältnis besteht.[910]

In die gleiche Richtung weisen die höchstrichterlichen Entscheidungen zu Boykottaufrufen. Solche Aufrufe seien durch Art. 5 I GG insbesondere dann geschützt, wenn sie als Mittel des geistigen Meinungskampfes in einer die Öffentlichkeit wesentlich berührenden Frage eingesetzt werden und ihnen die Sorge um politische, wirtschaftliche, soziale oder kulturelle Belange der Allgemeinheit zugrundeliege.[911]

---

[909] Eine rechtswidrige Meinungsäußerung wird in solchen Fällen nur angenommen, wenn es sich um böswillige und gehässige Schmähkritik handelt. Auch dann sei jedoch zu prüfen, ob diese Form der Äußerung zur Wahrnehmung berechtigter Interessen (Gedanke des § 193 StGB) zulässig ist; so Erfurter Kommentar/ Mertens, § 823 Rdnr. 501; BGHZ 65, 325, 331f; BGH NJW 1970, 187, 189; BGH AfP 1978, 620, 621f.

[910] BGHZ 36, 77, 82 f.

[911] BVerfGE 25, 256 (264)

So verdiene z.B. der Zweck, die Öffentlichkeit vor gesundheitsschädigenden Wirkungen eines bestimmten Produkts zu warnen, grundsätzlich Vorrang vor den gewerblichen Interessen des Herstellerunternehmens[912].

Auch sofern im Zusammenhang mit Arbeitnehmer-whistleblowing nicht die Zulässigkeit von Kündigungen, sondern von (nachvertraglichen) deliktischen Unterlassensansprüchen in Frage steht[913], wird die objektivrechtliche Komponente der Meinungsfreiheit in deutlich stärkerem Maße in die Interessenabwägung einbezogen. So hat der BGH im „Wallraff"-Fall betont, daß die Abwägung (im Rahmen des § 823 I BGB) unter dem Einfluß der Wertentscheidung stehe, die das Grundgesetz mit der Gewährleistung der Meinungsfreiheit auch für das Zivilrecht verbindlich getroffen habe. Dies führe u.a. dazu, daß Arbeitnehmer sich über solche Vorgänge im Unternehmen kritisch äußern dürften, „an denen die Allgemeinheit ernstlich, also nicht nur aus Neugierde, interessiert ist, weil diese auch sie unmittelbar angehen. Dies gilt jedenfalls dann, wenn es um die Aufdeckung von gewichtigen Mißständen geht, durch die die Öffentlichkeit betroffen ist und denen durch betriebsinternes Vorstelligwerden nicht erfolgreich begegnet werden kann". Das Interesse des Arbeitgebers an der Wahrung seines Ansehens sei vor wahren Berichterstattungen deliktisch nicht geschützt, zumindest dann nicht, wenn diese nicht zu Wettbewerbszwecken gemacht würden. (Zwar biete die nachvertragliche arbeitsrechtliche Treuepflicht dem Arbeitgeber weitergehenden Schutz als das Deliktsrecht, jedoch verbiete auch sie nicht, daß gravierende Mißstände nach Ausscheiden aus dem Arbeitsverhältnis enthüllt würden.[914]) Auch das Interesse daran, die innerbetriebliche Sphäre vor der Öffentlichkeit geheimzuhalten, schütze nicht absolut vor Enthüllungen.[915] Für die Öffentlichkeit sei die Art und Weise, wie eine Zeitung entsteht und auf die Meinungsbildung durch Selektion und Präsentation der Information Einfluß nimmt, von besonderem Interesse. Dies müsse für die Belastbarkeit der Vertraulichkeitssphäre mitberücksichtigt werden. Das Interesse der Öffentlichkeit sei dabei nicht auf die Aufdeckung besonders massiver Rechtsverstöße beschränkt.

Diese Entscheidung ist zwar – wie bereits dargestellt – vom BVerfG aufgehoben worden. Dabei hat es jedoch nicht den hier relevanten Aspekt, nämlich die Berücksichtigung des öffentlichen Interesses an der Aufdeckung der Mißstände, beanstan-

---

[912] Vgl. Wendeling-Schröder, Autonomie im Arbeitsrecht, S. 198

[913] Am Rande wurden auch arbeitsvertragliche Unterlassensansprüche geprüft, s.o. Teil III B III 2 bb

[914] Vgl. BGH 80 S. 25, 31f.

[915] Daran ändere auch die verfassungsrechtliche Garantie der Pressefreiheit nichts. Denn diese sei um der Meinungsfreiheit willen garantiert. Damit wäre es unvereinbar, wenn ein Zeitungsverlag die Pressefreiheit dafür in Anspruch nehmen könnte, den redaktionellen Arbeitsbereich und seine Entscheidungsstrukturen einer öffentlichen Diskussion völlig zu entziehen, vgl BGH 80 S. 25 (33).

det. Grundlage der Aufhebung war vielmehr die Einschätzung, daß der BGH den entgegenstehenden, auf Seiten des Arbeitgebers zu berücksichtigenden Interessen kein hinreichendes Gewicht beigemessen habe. Dabei hob das Verfassungsgericht wesentlich auf die Besonderheit des konkreten Falles, nämlich die Betroffenheit der Pressefreiheit auf Arbeitgeberseite ab. Die vom BGH zugunsten des Arbeitnehmers berücksichtigten öffentlichen Interessen fanden im übrigen auch in der vom BVerfG vorgenommenen Abwägung ausdrückliche Erwähnung: Die Bedeutung der Information für die Öffentlichkeit, so das BVerfG, müsse eindeutig gegenüber den Nachteilen der Veröffentlichung überwiegen – was es allerdings im konkreten Fall aus den genannten Gründen verneinte.

bb) Folgerungen für das whistleblower-Recht

Würde man auch im Rahmen der Drittwirkung der Grundrechte auf die arbeitsvertraglichen Pflichten die objektivrechtliche Komponente der Meinungsfreiheit stärker berücksichtigen, so stellte sich weiter die Frage, welche der oben (unter II) aufgeführten öffentlichen Interessen auf diesem Wege in die Abwägung einbezogen werden könnten. Zweifellos wären die in der amerikanischen First Amendment-Rechtsprechung berücksichtigten Interessen integrierbar, nämlich das Bedürfnis nach freien und unbehinderten Debatten zu Fragen von „public concern“ bzw. der Wert einer informierten Öffentlichkeit für das Funktionieren des Demokratie[916]. Fraglich ist jedoch, inwieweit auch die in den USA über die „public policy”-Ausnahme geschützten öffentlichen Interessen an Gesetzesdurchsetzung, Strafverfolgung und Gefahrenbekämpfung über die Strukturprinzipienkomponente des Art. 5 GG in die Abwägung integrierbar wären.

Man denke beispielsweise an einen Fall von whistleblowing in Form der schlichten Enthüllung strafbaren Verhaltens. Den „freien Kampf der Meinungen“ hiermit in Verbindung zu bringen, dürfte zwar noch keine großen Schwierigkeiten bereiten, zumal man sich in Einklang mit der Verfassungsgerichtsrechtsprechung auf die Bedeutung von Tatsacheninformationen als Grundlage jeder Meinungsbildung berufen kann.[917] (Daß öffentliche Interessen nicht nur an Meinungsäußerungen i.e.S., sondern auch an Sachinformation über Art. 5 I GG Berücksichtigung finden, zeigt u.a. der „Wallraff“-Fall, wo das öffentliche Interesse an der Aufdeckung gravierender Rechtsverstöße betont wird[918].) Eine Schwierigkeit bleibt jedoch. Sofern die Anzeige nicht gegenüber den Medien oder einer breiten Öffentlichkeit, sondern ei-

---

[916] Pickering, 391 U.S. 563, 569ff

[917] BVerfGE 61,1ff; BVerfGE 85,1(15)

[918] Die Vermutung spricht für die Zulässigkeit der freien Rede, wenn es sich um einen Beitrag zum geistigen Meinungskampf in einer die Öffentlichkeit wesentlich berührenden Frage handelt, BVerfG NJW 85, 787; vgl. auch BVerfG NJW 84, 1415.

ner Behörde erfolgt, kann man das öffentliche Interesse an der Anzeige nur schwerlich auf Art. 5 I GG stützen, zumal eine solche Anzeige der *öffentlichen Meinungsbildung* kaum dienlich sein wird. Denn der Grund für die vielfach angenommenen Beschränkung der whistleblower-Rechte auf Behördenanzeigen liegt gerade darin, eine öffentliche Debatte mit all ihren möglichen Nebenwirkungen zu vermeiden.

Die Meinungsfreiheit gewinnt in solchen Fällen also nur über ihre individualrechtliche Komponente Bedeutung, der allerdings – wie oben gezeigt[919] - auch in Fällen „altruistischen" Handelns im Hinblick auf die Belastungen durch eine „verordnete Verantwortungslosigkeit" stärkeres Gewicht beigemessen werden sollte.

b) Rechtsgedanke des § 193 StGB

In gewissem Umfang öffnet auch die Formel von der „Wahrnehmung berechtigter Interessen" (§ 193 StGB) den Weg für eine Einbeziehung öffentlicher Interessen in die Abwägung[920]. Daß § 193 StGB als Rechtsgrundsatz auch außerhalb des Strafrechts gilt, ist allgemein anerkannt. So hat das BAG im oben erwähnten „Chefarzt"-Urteil folgende Feststellung getroffen: „Der in § 193 StGB seinen Ausdruck findende, aber auch im bürgerlichen Recht geltende Grundsatz der Wahrnehmung berechtigter Interessen kann wegen der Ausstrahlungswirkung des Art. 5 GG den Arbeitnehmer berechtigen, sich an die Öffentlichkeit zu wenden".[921]

Wie diese Feststellung zeigt, sind es bei Meinungsäußerungen in erster Linie die über Art. 5 I GG geschützten Interessen, die als „berechtigt" i.S.d. § 193 StGB anerkannt werden.[922] § 193 StGB ist jedoch nicht auf diese Interessen beschränkt. Er setzt lediglich voraus, daß ein anerkennenswerter Zweck verfolgt wird, d.h. ein solcher, der dem Recht oder den guten Sitten nicht zuwiderläuft[923]. Die Wahrnehmung der Interessen wird von der überwiegenden Meinung nur dann als berechtigt angesehen, wenn die Interessen den Äußernden „persönlich angehen" [924]. Es kann auch ein fremdes Interesse sein, wenn er diesem so nahe steht, daß er sich billiger- und vernünftigerweise zu dessen Verfechter machen darf. Dabei wird davon ausgegan-

---

[919] B II 2 a bb

[920] So Ramm, AuR 1973, S. 220 (222)

[921] „Chefarzt"-Urteil, BAG v. 5.2.1981 – 2 AZR 883/ 78, s.o.; auch in dem BAG-Fall von 1991, s.o. Teil III B III 1 ii und im „WDR"-Fall des BAG von 1981, s.o. Teil III B III 2 dd wird geprüft, ob die Anzeige unter dem Gesichtspunkt der Wahrnehmung berechtigter Interessen gerechtfertigt ist; vgl. auch BVerfG NJW 1983, 1415f., wo geprüft wird, ob die Äußerung durch Art. 5 I GG und § 193 StGB gedeckt ist.

[922] Vgl. Lenckner in Schönke/Schröder § 193 Rdnr. 8

[923] Herdegen in Leipziger Kommentar, § 193 Rdnr. 18

[924] Zit.: Herdegen in Leipziger Kommentar, § 193 Rdnr. 18

gen, daß dies bei Interessen der Allgemeinheit stets der Fall ist[925]. Diese dürfen also von jedermann wahrgenommen werden.

Über den Grundsatz der Wahrnehmung berechtigter Interessen ließe sich insofern auch das öffentliche Interesse an *Behörden*anzeigen in die Abwägung integrieren, was ja – wie gezeigt – nur schwerlich über Art. 5 I GG im Rahmen der Drittwirkung berücksichtigt werden kann.

In der beamtenrechtlichen Literatur wird zwar betont, daß § 193 StGB im Beamtenrecht keine Anwendung finde. Diese Stellungnahme scheint sich jedoch auf eine unmittelbare Anwendung zu beziehen. Wenn ausgeführt wird, daß für die Anwendung dieses strafrechtlichen Rechtfertigungsgrundes im Disziplinarrecht kein Raum sei[926], so bedeutet dies nicht, daß der Rechtsgedanke des § 193 StGB nicht in die Bestimmung der Reichweite der beamtenrechtlichen Pflichten und damit in die Abwägung einfließen dürfte.[927]

c) Ergebnis

Eine Berücksichting öffentlicher Interessen im Rahmen der Abwägung wäre also bereits de lege lata und unter Einsatz herkömmlicher dogmatischer Instrumente möglich. Eine Neuorientierung des deutschen whistleblower-Rechts braucht also nicht nur über den Gesetzgeber zu erfolgen. Auch die Rechtsprechung hätte – wie gezeigt – Spielräume für eine weitergehende Berücksichtigung öffentlicher Interessen im Rahmen der Bestimmung der Reichweite der relevanten arbeitsrechtlichen Pflichten sowie bei der Kontrolle ausdrücklicher Vereinbarungen.

Vereinzelt haben – das hat die Darstellung zum deutschen Recht gezeigt – Gerichte bereits Schritte in diese Richtung gemacht. So hat das LAG Baden-Württemberg im „Hackfleisch"-Fall besonders hervorgehoben, daß die Arbeitnehmerin die Behörde über die Verletzung von Vorschriften informiert habe, „deren Einhaltung von erheblichem öffentlichen Interesse ist, zumal sie dem Schutz der Gesundheit und des Lebens dienen". Das LAG Frankfurt hat im zweiten „Hoechst"-Fall das „öffentliche Interesse an der Aufdeckung von Störfällen in der Chemieindustrie" betont. Immerhin erwähnenswert ist schließlich noch das später aufgehobene Urteil des AG Frankfurt zum ersten „Hoechst"-Fall, in dem es prüfte, ob die Enthüllungen des Arbeitnehmers dem Gemeinwohl dienlich waren [928].

---

[925]Vgl. Herdegen in Leipziger Kommentar, § 193 Rdnr. 19; Lenckner in Schönke/Schröder § 193 Rdnr. 12

[926]Claussen/Janzen, Bundesdisziplinarordnung, Rdnr. 45b

[927]Vgl. GKÖD/Weiß J 630 Rdnr. 75

[928]Urteil des AG Frankfurt, Az 12 Ca 31/82, S. 23 „Es liegen auch keine Anhaltspunkte dafür vor, daß der Kläger erwarten konnte, durch dieses unrechtmäßige Mittel (Aufstellung unwahrer Behauptungen über den Arbeitgeber in der Fernsehsendung Report) wiederum etwas Wesentliches

An dieser Stelle sei klargestellt, daß die Berücksichtigung auch öffentlicher Interessen über die Drittwirkung und den Rechtsgedanken des § 193 StGB sowie die verstärkte Berücksichtigung der Arbeitnehmerinteressen an altruistischen Anzeigen nicht bedeutet, daß die schützenswerten Arbeitgeberinteressen stets verdrängt würden. Vielmehr bedarf es weiterhin einer Abwägung der widerstreitenden Interessen – obschon mit gegenüber bisher verschobenen Akzenten.

C. Schlußbemerkung: Das Problem der Anonymität

Auch bei weitgehenden whistleblower-Rechten – dies muß bei allen Reformdiskussionen im Auge behalten werden - bleibt whistleblowing ein gefährliches Unterfangen, das dem whistleblower ein hohes Maß an persönlicher Risikobereitschaft und – im Falle „altruistischen" whistleblowings – überdies Zivilcourage abverlangt. Bereits in der Einleitung wurde darauf hingewiesen, daß auch ein ausgeprägter Rechtsschutz für whistleblower nicht verhindern kann, daß diese Vergeltungsmaßnahmen ausgesetzt sind. Insbesondere die Gefahr rechtlich nicht faßbarer oder nur schwer beweisbarer Repressionen und Sanktionen bleibt bestehen. Abgesehen davon kann auch das Durchfechten eines langwierigen Rechtsstreits für den Betroffenen und seine Angehörigen zu einer unerträglichen Belastung werden. Dies gilt umso mehr in Zeiten hoher Arbeitslosigkeit und geringer Beschäftigungsalternativen.

Angesichts der Risiken werden viele potentielle whistleblower es auch bei klarer Rechtslage vorziehen, zu schweigen und – falls sie unter diesen Umständen tatsächlich nicht weiterarbeiten können – freiwillig auszusteigen. Der wirksamste Schutz vor den eben geschilderten Risiken ist selbstverständlich die Wahrung der Anonymität. Bestes Beispiel ist der schon eingangs erwähnte Fall des Watergate-whistleblowers „Deep Throat", dem es gelungen ist, unentdeckt zu bleiben und somit jeglicher Vergeltung zu entgehen.

Oft werden der Wahrung der Anonymität bereits praktische Hindernisse entgegenstehen. In vielen Fällen wird sich die Identität des Anzeigenden schon deshalb nicht geheimhalten lassen, weil der Arbeitgeber aus den weitergeleiteten oder veröffentlichten Informationen auf den „Informanten" schließen kann, etwa wenn die konkreten Informationen nur speziellen Arbeitnehmern zugänglich waren oder sich in kleineren Betrieben der Kreis der „Verdächtigen" leicht eingrenzen läßt. Überdies verringert hierzulande das – grundsätzlich berechtigte – Erfordernis einer internen Vorschaltbeschwerde die Chancen der Anonymitätswahrung beträchtlich[929].

---

für das Gemeinwohl erreichen zu können, das seine Handlungsweise nochmals in einem anderen Licht erscheinen ließe."

[929]In den USA ist die Anonymitätswahrung bei externem whistleblowing wegen der im Regelfall nicht erforderlichen internen Vorschaltbeschwerde leichter möglich. Im behördlichen Verfahren

Die Einsicht, daß der rechtliche Sanktionsschutz tatsächliche Vergeltung vielfach nur ungenügend zu verhindern vermag, sollte Anlaß geben nachzudenken, wie ein Ausgleich hergestellt werden kann zwischen dem berechtigten Interesse des Arbeitgebers an zunächst interner Beanstandung und dem nicht minder berechtigten Befürchtungen des Arbeitnehmers, zum weitgehend wehrlosen Opfer arbeitgeberseitiger Sanktionen zu werden. Zu denken wäre insoweit etwa an die Einrichtung anonymitätswahrender innerbetrieblicher Beschwerdestellen[930], die Verpflichtung des Betriebsrates auf Anonymitätswahrung[931] oder zumindest an eine Berücksichtigung der tatsächlichen Risiken für den Arbeitnehmer bei der Prüfung der „Zumutbarkeit" einer Vorschaltbeschwerde.[932]

In der juristischen Diskussion hierzulande scheint man für anonymes whistleblowing allerdings wenig Verständnis aufzubringen. In dem LAG-Urteil zum zweiten „Hoechst-Fall" heißt es über den Arbeitnehmer: „Sein anonymes Auftreten (in der Fernsehsendung „Report") zeigt gerade sein Wissen um seine zweifelhafte Vorgehensweise."[933] Daß zwischen „Recht haben" und „Recht bekommen" speziell im Fall von whistleblower-Sanktionen Welten liegen können, will das Gericht offenbar nicht wahrnehmen. Statt dessen geißelt man hierzulande die „Verschlagenheit", wie sie in anonymen Anzeigen zutage trete. So ist im Gemeinschaftskommentar zum Recht des öffentlichen Dienstes zu lesen: „Der Umstand, daß eine `Flucht in die Öffentlichkeit´ anonym erfolgt, kann für sich gesehen bereits unwürdig i.S. des § 54 S.3 BBG sein (...). Solches Sichverstecken und Beeinflussen der Öffentlichkeit aus dem Dunkeln offenbart regelmäßig erhebliche Persönlichkeitsmängel, weil vom Beamten wenigstens der Mut zu fordern ist, zu seiner Äußerung zu stehen, selbst auf die Gefahr hin, dabei Unannehmlichkeiten ausgesetzt zu sein."[934]

---

selbst bzw. bei Information der Medien bestehen in Deutschland weitgehende Möglichkeiten zum Schutz der Anonymität. So ist der Arbeitnehmer bei Behördenanzeigen gegen eine Preisgabe seiner Daten durch die Verwaltungsverfahrensgesetze weitgehend geschützt. Nach § 29 II VwVfG kann Akteneinsicht verweigert werden, wenn Informationen wegen der berechtigten Interessen Dritter geheimgehalten werden müssen. Dies wird bei nicht offensichtlich falschen Auskünften durch Behördeninformanten angenommen, so Rützel, Umweltschutz durch Arbeitsrecht, S. 214. Bei Anzeigen gegenüber den Medien greift der über die Pressefreiheit garantierte Informantenschutz.

[930] Vgl. die amerikanischen Modelle in Fn 1

[931] Vgl. die unterschiedlichen Positionen oben, Teil III B II 2

[932] Bei nachvollziehbaren Befürchtungen von Vergeltungsmaßnahmen müßte dann von dem Erfordernis der Vorschaltbeschwerde ausnahmsweise abgesehen werden. – Ähnlich wie z.B. in der schiedsgerichtlichen Entscheidung Town of Plainville[932], in der festgestellt wird, daß der Arbeitnehmer zwar grundsätzlich die vorgegebenen Beschwerdewege einhalten solle, er aber die Loyalitätspflicht dann nicht verletze, wenn er vernünftige Gründe habe, diese zu überspringen. Im konkreten Fall habe er Vergeltung von den vorgesetzten Stellen fürchten müssen, weshalb es legitim gewesen sei, einen anonymen Brief an höhere (externe)Stellen zu richten.

[933] LAG Frankfurt v. 16.4.89 – 11 Sa 1357/ 88

[934] GKÖD/ Weiß J 630 Rdnr. 34

Es scheint, als bedürfe es hierzulande vor allem eines grundlegenden Bewußtseinswandels. Bis dahin kann man nur hoffen, daß es weiterhin Idealisten gibt, die – wie jüngst der Kommissionsangestellte Paul v. Buitenen – „wenigstens" den Mut aufbringen, sich ein paar „Unannehmlichkeiten" auszusetzen.

Zusammenfassung der Ergebnisse

1. Unter „whistleblowing" versteht man kritische Äußerungen, Beschwerden oder Anzeigen von abhängig Beschäftigten über Mißstände oder Fehlverhalten in ihrem Unternehmen bzw. ihrer Behörde. Man unterscheidet internes und externes whistleblowing. Ersteres erfolgt gegenüber dem Arbeitgeber, Vorgesetzten oder anderen betrieblichen bzw. innerdienstlichen Stellen, letzteres insbesondere gegenüber Medien, Interessenverbänden oder der Öffentlichkeit als solcher. Die zentrale rechtliche Frage im Zusammenhang mit whistleblowing ist, ob und inwieweit solche Arbeitnehmer vor Sanktionen seitens des Arbeitgebers geschützt werden sollen.

2. In den USA ist whistleblowing Gegenstand eines ausdifferenzierten Geflechts von Richterrecht und speziellen gesetzlichen Normen. Whistleblower werden insbesondere über die bundesrechtliche First Amendment-Rechtsprechung sowie über die (landes-)richterrechtlich entwickelte „public policy"-Ausnahme zur „at will"-Doktrin geschützt. Daneben existieren zahlreiche Normierungen des Bundes sowie der Einzelstaaten, die entweder als Annexregelungen zu Spezialgesetzen whistleblower-Schutzvorschriften enthalten oder aber als eigenständige whistleblower-Gesetze konzipiert sind.

a) Die Mehrzahl der Arbeitnehmer in den USA ist „at-will" beschäftigt. Dies bedeutet, daß grundsätzlich Arbeitgeber wie Arbeitnehmer das Recht haben, das Arbeitsverhältnis jederzeit und ohne besonderen Grund zu beenden. Gesetzgeber und Rechtsprechung haben diesen Grundsatz allerdings im Laufe der Zeit durch zahlreiche Ausnahmen eingeschränkt, u.a. zum Zwecke des Schutzes und der Förderung von whistleblowing.

b) Über die First Amendment-Rechtsprechung werden whistleblower geschützt, soweit ihre Kritik oder Enthüllungen Fragen von öffentlichem Interesse zum Gegenstand haben und in der Abwägung mit den Effizienzinteressen der Verwaltung die individuellen wie kollektiven Interessen am Schutz der Äußerungsfreiheit überwiegen. Private Arbeitnehmer können den First Amendment-Schutz nicht in Anspruch nehmen, da dem amerikanischen Recht eine derartige Drittwirkung der verfassungsrechtlichen Garantien fremd ist.

c) Die „public policy"-Ausnahme schützt Arbeitnehmer, deren Kündigung oder sonstige Sanktionierung im Widerspruch zu wichtigen öffentlichen Interessen steht. Eine der wichtigsten Fallgruppen ist whistleblowing. Der Schutz ist hierbei allerdings grundlegend anders motiviert als unter der First Amendment-

Rechtsprechung. Letztere beschränkt die „at-will“ Regel zum Schutz dessen, was die Äußerungsfreiheit des First Amendment garantiert, nämlich die freie Entfaltung der Persönlichkeit sowie die Sicherung der Voraussetzungen des öffentlichen Diskurses in der pluralistischen Demokratie. Die „public policy“-Ausnahme dagegen beschränkt die „at-will“-Doktrin primär um des Interesses willen, das die Öffentlichkeit an der Gesetzesdurchsetzung, Strafverfolgung und Beseitigung sonstiger Mißstände hat.

d) Der gesetzliche whistleblower-Schutz des Bundes und der Länder ist außerordentlich vielgestaltig, so daß sich lediglich Tendenzen beschreiben lassen. Einige Gesetze beschränken sich nicht auf den Schutz von whistleblowern vor Vergeltung, sondern sehen finanzielle Anreize in Form von Belohnungen vor, um whistleblowing noch weitergehend zu fördern.

e) Hauptkritikpunkte am amerikanischen whistleblower-Recht sind dessen Unübersichtlichkeit und Lückenhaftigkeit.

3. In Deutschland fristet das Thema Arbeitnehmeranzeigen verglichen mit den USA ein Schattendasein. Spezielle gesetzliche Normierungen zum whistleblower-Schutz finden sich lediglich in der Gefahrstoffverordnung, dem Arbeitsschutzgesetz und zwei Landesdatenschutzgesetzen. Auch haben whistleblower-Fälle die Gerichte bislang nicht häufig beschäftigt.

a) In Deutschland genießt die Mehrzahl der Arbeitnehmer Kündigungsschutz nach dem KSchG. Dabei kommt es für die Zulässigkeit von whistleblowing wesentlich darauf an, ob dieses eine Verletzung des Arbeitsvertrags und damit einen Kündigungsgrund i.S.d § 1 KSchG darstellt. Die Hauptleistungspflichten werden durch whistleblowing regelmäßig nicht tangiert. Betroffen sind primär die vertraglichen Nebenpflichten, namentlich die Treue- bzw. Interessenwahrungspflicht, die Verschwiegenheitspflicht und die Pflicht zur Wahrung des Betriebsfriedens. Die Reichweite dieser richterrechtlich entwickelten Verhaltenspflichten wird unter Abwägung der Interessen von Arbeitgeber und Arbeitnehmer bestimmt. Besonders zu berücksichtigen ist dabei das Grundrecht der Meinungsfreiheit, das über mittelbare Drittwirkung auf das Arbeitsverhältnis einwirkt.

b) Das BAG geht in ständiger Rechtsprechung davon aus, daß die richterrechtlich entwickelten „Grundregeln des Arbeitsverhältnisses“, zu denen die erwähnten Nebenpflichten gehören, als „allgemeine Gesetze“ i.S.d. Art. 5 II GG geeignet seien, die Meinungsfreiheit zu beschränken. In der Literatur wird dies vielfach kritisiert. Nach der hier vertretenen Auffassung ist die verfassungsrechtliche Schrankendogmatik jedoch ohnehin nicht auf Drittwirkungsfälle zu übertragen, weil sich diese Fälle in ihrer Struktur wesentlich von der klassischen Konstellation des staatlichen Grundrechtseingriffs unterscheiden.

c) Internes whistleblowing stellt grundsätzlich keine Verletzung des Arbeitsvertrags dar. Im öffentlichen Sektor ist allerdings der Dienstweg einzuhalten.

d) Die Zulässigkeit von externem whistleblowing wird dagegen grundsätzlich sehr restriktiv beurteilt. Öffentliche Interessen bleiben bei der Beurteilung des whistleblower-Schutzes unberücksichtigt, es findet lediglich eine Abwägung zwischen den betroffenen Interessen der Vertragsparteien statt. Dabei wird den Loyalitätsinteressen regelmäßig großes Gewicht beigemessen - im öffentlichen Sektor mehr noch als im privaten.

4. So kommt man in vielen Einzelfragen zu grundlegend anderen Ergebnissen als in den USA, wo der whistleblower-Schutz primär öffentlichen Interessen zu dienen bestimmt ist. Loyalitätsinteressen spielen in den USA nur eine untergeordnete Rolle, zumal der whistleblower-Schutz regelmäßig nicht davon abhängt, ob eine Vertragsverletzung vorliegt. Am klarsten zeigen sich die Unterschiede zwischen beiden Rechtsordnungen in der Frage des zulässigen Anzeigegegenstandes sowie der Notwendigkeit einer internen Vorschaltbeschwerde:

a) In Deutschland dürfen primär Verstöße angezeigt werden, die eigene Interessen des Arbeitnehmers betreffen. Vielfach wird betont, der Arbeitnehmer dürfe sich nicht zum „Sachwalter der Öffentlichkeit“ machen. In den USA dagegen wird vorrangig whistleblowing zu Gegenständen geschützt, die außenstehende Dritte, die Allgemeinheit oder die Umwelt betreffen.

b) Hierzulande wird für die Zulässigkeit von externem whistleblowing regelmäßig verlangt, daß der Arbeitnehmer sich zuvor – als Tribut an die Loyalitätspflicht - vergeblich um innerbetriebliche Abhilfe bemüht hat. Eine solche interne Vorschaltbeschwerde würde den öffentlichen Interessen an Strafverfolgung und Gesetzesvollzug durch Abschreckung zuwiderlaufen, weshalb sie in den USA regelmäßig für entbehrlich gehalten wird. Wenn auch in Deutschland Ausnahmen von dem Erfordernis der internen Vorschaltbeschwerde gemacht werden, so werden diese nicht mit öffentlichen Interessen, sondern mit Zumutbarkeitserwägungen für den Arbeitnehmer begründet.

5. Die rechtlichen und tatsächlichen Unterschiede im Umgang mit whistleblowing in den USA und Deutschland lassen sich zum Teil auf grundsätzliche Systemunterschiede zurückführen. Auch läßt sich zeigen, daß die Wertungsunterschiede im Bereich des whistleblowing in anderen Rechtsbereichen ihre Entsprechung haben und insofern als Ergebnis unterschiedlicher Grundwerthaltungen in beiden Rechtsordnungen gedeutet werden können.

a) Im Gegensatz zum individualistischen Arbeitsrechtssystem der USA werden im kollektivistischen deutschen System Kritik und Beschwerden durch betriebliche Arbeitnehmervertretungen vielfach kanalisiert, und die Aktivitäten des Betriebsrats erübrigen häufig ein whistleblowing. So ist whistleblowing hierzulande primär in Fällen bedeutsam, wo entweder betriebliche Arbeitnehmervertretungen nicht existieren oder versagen, bzw. dort, wo es um Themen geht, die nicht in die klassische Zuständigkeit der Arbeitnehmervertretungen fallen.

b) Die amerikanische Rechtsprechung rechtfertigt ihre Beschränkung der „at will"-Doktrin mit dem Schutz der Interessen Dritter bzw. der Allgemeinheit, da diese im Gegensatz zu den Arbeitsvertragsparteien keinen Einfluß auf die Vertragsgestaltung hätten. Dagegen wird die richterliche Vertragskorrektur hierzulande (nur) zur Wiederherstellung der Vertragsgerechtigkeit, also zum Schutz der Arbeitsvertragsparteien eingesetzt.

c) Im amerikanischen Recht läßt sich ganz generell eine größere Bereitschaft des Gesetzgebers beobachten, die Aufdeckung von Gesetzesverstößen nicht allein den Verfolgungsbehörden zu überlassen, sondern auch Bürger an der Strafverfolgung bzw. Gesetzesdurchsetzung zu beteiligen und sie für Informationen zu belohnen, die der Exekutive bei der Erfüllung dieser Aufgaben nutzen (sogenanntes „private law enforcement").

6. Der Schutz, den whistleblower in den USA genießen, ist, gemessen am Schutzniveau, welches das US-amerikanische Recht anderen Arbeitnehmern zuteil werden läßt, ungewöhnlich hoch. Diese „relative" Stellung ist in Deutschland deutlich schlechter. Wenn im Ergebnis trotzdem das deutsche Recht stärkeren whistleblower-Schutz gewährt als das US-Recht, so läßt sich das primär auf das Fehlen eines allgemeinen Kündigungsschutzes in den USA zurückführen, mitunter auch auf einen der vielen konstatierten Mängel des amerikanischen whistleblower-Rechts. Ungeachtet dieser Schwächen enthält das amerikanische Recht jedoch einige deutlich weitergehende Ansätze zum Schutz von whistleblowing, die als Denkanstöße auch für unser System dienen können:

a) Auch hierzulande bestehen gewichtige Interessen an einem verstärkten Schutz „altruistischer" Arbeitnehmeranzeigen, und zwar sowohl aus öffentlicher als auch aus Arbeitnehmerperspektive.

b) Medienwhistleblowing sollte zumindest dann auch hierzulande geschützt werden, wenn die angegangenen Behörden „unzureichend" reagiert haben.

c) Der amerikanischen Anregung folgend, sollte auch die Anzeige „legaler" Mißstände zumindest im öffentlichen Sektor nicht kategorisch abgelehnt werden.

d) Die whistleblower-Rechte im öffentlichen Sektor dürfen nicht generell restriktiver gehandhabt werden als im privaten. Im Gegenteil spricht viel dafür, auch hierzulande entsprechend dem amerikanischen Beispiel gerade im öffentlichen Sektor einen besonders weitgehenden whistleblower-Schutz zu ermöglichen. Die strenge Dienstwegbindung sollte gelockert werden, insbesondere wenn nicht die Öffentlichkeit, sondern lediglich andere staatliche Stellen Adressat des whistleblowing sind.

e) Eine gezielte Förderung von whistleblowing etwa durch Setzen finanzieller Anreize erscheint dagegen nicht erstrebenswert.

7. Der Blick auf die derzeit existenten Reformentwürfe läßt erkennen, daß sich in Deutschland zumindest keine grundlegenden Änderungen des für whistleblowing relevanten Normenmaterials abzeichnen. Spielräume für eine Neuorientierung sind jedoch auch de lege lata gegeben.

a) Die Einbeziehung öffentlicher Interessen in die Abwägung, die der Schlüssel zur Umsetzung gleich mehrerer der oben genannten Anregungen wäre, ließe sich in gewissem Umfang bereits auf Art. 5 I GG stützen. Es ist kein Grund ersichtlich, warum lediglich die individuelle Komponente der Meinungsfreiheit im Rahmen der Drittwirkung Berücksichtigung findet. Der "Wertgehalt" des Art. 5 I GG umfaßt auch die objektiv-rechtliche, institutionelle Komponente der Meinungsfreiheit als Garant eines offenen und demokratischen Diskurses in der pluralistischen Demokratie.

Öffentliche Interessen an whistleblowing gegenüber Behörden lassen sich dagegen nicht auf Art. 5 I GG stützen, zumal solche Anzeigen zur öffentlichen Meinungsbildung nicht beitragen. Die Meinungsfreiheit gewinnt in diesen Fällen nur über ihre individualrechtliche Komponente Bedeutung. Dieser sollte allerdings im Hinblick auf die Belastungen durch eine „verordnete Verantwortungslosigkeit“ stärkeres Gewicht beigemessen werden.

b) Auch die Formel von der „Wahrnehmung berechtigter Interessen“ (§ 193 StGB) öffnet den Weg für die Einbeziehung öffentlicher Interessen in die Abwägung, und zwar auch in Fällen von Behördenanzeigen.

c) Die Berücksichtigung öffentlicher Interessen bedeutet nicht, daß sie die schützenswerten Arbeitgeberinteressen stets verdrängen würden. Vielmehr bedarf es weiterhin einer Abwägung der widerstreitenden Interessen – wobei jedoch das Spektrum der zu berücksichtigenden Interessen breiter und die Gewichte mithin verschoben sind.

Literaturverzeichnis[935]

Adler, James N./ Daniels, Mark: Managing the Whistleblowing Employee, Labor Lawyer, Band 8 (1992) S. 19ff

AKBGB: Kommentar zum Bürgerlichen Gesetzbuch, Band I, Reihe Alternative Kommentare 1987, (zit: AKBGB/(Bearbeiter))

American Law Institute (Hrsg.): Restatement of the Law – Torts, Band IV (1939), (zit.: Restatement of Torts)

American Law Institute (Hrsg.): Restatement of the Law (Second) Agency 2d, Band I und II (1958), (zit.: Restatement (Second) of Agency)

American Law Institute (Hrsg.): Restatement of the Law (Second) Torts 2d, Band IV (1979), (zit.: Restatement (Second) of Torts)

Angermaier, Max: Das neue Arbeitsschutzgesetz - eine erste Einschätzung, AiB 1996, S. 522ff

Arbeitskreis Deutsche Rechtseinheit im Arbeitsrecht: Welche wesentlichen Inhalte sollte ein nach Art. 30 des Einigungsvertrages zu schaffendes Arbeitsvertragsgesetz haben ?, Gutachten D zum 59. Deutschen Juristentag, Hannover 1992, (Hrsg. Ständige Deputation des Deutschen Juristentages)

Arndt, Volker: Der Betriebsbeauftragte im Umweltrecht - Garant im Umweltstrafrecht ? 1985

Arndt/Baumgärtel u.a.: Gesamtkommentar öffentliches Dienstrecht (GKÖD), Recht der Arbeiter und Angestellten im öffentlichen Dienst, Loseblattausgabe, Stand 1998, (zit.: GKÖD/ (Bearbeiter))

Badura, Peter: Arbeitsrecht und Verfassungsrecht, RdA 1999, S.8ff

Barnett, Tim: Overview of State Whistleblower Protection Statutes, Labor Law Journal, Band 43 (1992) S. 440ff

Baumbach/Hefermehl: Wettbewerbsrecht, 21. Auflage, 1999

Becker/ Etzel. (Red.): Gemeinschaftskommentar zum Kündigungsschutzgesetz und zu sonstigen kündigungsschutzrechtlichen Vorschriften, 5. Auflage 1998, (zit.: KR/(Bearbeiter))

Bergmann/Möhrle/Herb: Datenschutzrecht, Handkommentar, Band 2, Loseblattsammlung, Stand 1999

Bernstein, Carl/ Woodward, Bob: All The President`s Men, 1974

---

[935] Die Zitierweise deutscher und amerikanischer Titel richtet sich nach den Gepflogenheiten des jeweiligen Landes.

Betriebsberater (Kolumne): „Die Taufkirchner Antn moant", Rubrik Steuerrecht, BB 1998 S. 241

Bieler/ Braun: Öffentliches Dienstrecht, Band II, Recht der Arbeiter und Angestellten, 2. Auflage 1997

Bingham, Lisa B.: Employee Free Speech in the Workplace: Using the First Amendment as Public Policy for Wrongful Discharge Actions, Ohio State Law Journal, Band 55 (1994) S. 341ff

Blomeyer, Wolfgang: Die rechtliche Bewertung des Betriebsfriedens im Individualarbeits- und Betriebsverfassungsrecht, ZfA 1972, S. 85ff

Bodner, Bruce: Constitutional Rights -- United States Supreme Court Gives Public, Employees Greater Latitude to Curb Public Employee Speech -- Waters v. Churchill, 114 S. Ct. 1878 (1994), Temple Law Review, Band 68 (1995) S. 461ff

Boyle, Robert D.: A Review of Whistle Blower Protections and Suggestions for Change, Labor Law Journal, Band 41 (1990) S. 821ff

Brown, H.H.: 42 U.S.C. S 1983: The Vehicle for Protecting Public Employees' Constitutional Rights, Baylor Law Review, Band 47 (1995) S. 619ff

Brox/Rüthers: Arbeitsrecht, Lehrbuch, 13. Auflage 1997

Buchner, Herbert: Meinungsfreiheit im Arbeitsrecht, ZfA 1982, S. 49ff

Bücker/ Feldhoff/ Kothe: Vom Arbeitsschutz zur Arbeitsumwelt, 1994

Bundesminister für Arbeit und Sozialordnung (Hrsg.): Entwurf eines Arbeitsgesetzbuches, 1977

Bundesvereinigung der Deutschen Arbeitgeberverbände (Hrsg.): Die personen- und verhaltensbedingte Kündigung, Dokumentation, Fachtagung 2.3.1989, (zit.: Arbeitgeberverband Dokumentation Fachtagung 1989)

Bureau of Labor Statistics: Developments in Labor-Management Relations: Union Members Summary (Stand Januar 1997), http://stats.bls.gov/news.release/union2.nws.htm

Callahan, Eletta Sangrey/ Dworkin, Terry M.: Do Good and Get Rich: Financial Incentives for Whistleblowing and the False Claims Act, Villanova Law Review, Band 37 (1992) S. 279ff

Caminker, Evan: The Constitutionality of Qui Tam Actions, Yale Law Journal, Band 99 (1989) S. 341ff

Canaris, Claus-Wilhelm: Grundrechte und Privatrecht- eine Zwischenbilanz, 1999

Cheng, Carl: Important Rights and the Private Attorney General Doctrine, California Law Review, Band 73 (1985) S. 1929ff

Claussen/ Janzen: Bundesdisziplinarordnung, 8. Auflage 1996

Coester-Waltjen: Die Inhaltskontrolle von Verträgen außerhalb des AGBG, AcP 1990, S.1ff

Colneric, Ninon: Anmerkung zu LAG Baden-Württemberg vom 3.2.1987, AiB 1987 S. 260ff

Comment: Protecting the Private Sector At-Will Employee who "Blows the Whistle" , A Cause of Action Based Upon Determinants of Public Policy, Wisconsin Law Review (1977) S. 777ff.

Corello, Sara A.: In-house Counsel's Right to Sue for Retaliatory Discharge, Columbia Law Review, Band 92 (1992) S. 389ff.

Däubler, Wolfgang: Gewerkschaftsrechte im Betrieb, 6. Auflage 1990

Däubler/ Kittner./ Klebe (Hrsg.): Betriebsverfassungsgesetz, Kommentar für die Praxis, 6. Auflage 1998

Deiseroth, Dieter: Berufsethische Verantwortung in der Forschung: Möglichkeiten und Grenzen des Rechts, Recht und Zukunftsverantwortung Band 1, 1997

Denck, Johannes: Arbeitsschutz und Anzeigerecht des Arbeitnehmers, DB 1980 S. 2132ff

Dieterich, Thomas: Die Grundrechtsbindung von Tarifverträgen, Festschrift für Günter Schaub zum 65.Geburtstag, 1998, S.117ff

Dietz/Richardi: Betriebsverfassungsgesetz, Kommentar, 7. Auflage 1998

Dietz/Richardi: Bundespersonalvertretungsgesetz, Kommentar, 2.Auflage 1978

Dreher/Tröndle: Kommentar zum StGB, 47. Auflage 1995

Dürig, Günter: Der Grundrechtssatz von der Menschenwürde, AÖR 81, 1956, S. 117ff

Dworkin, Terry M./ Callahan, Elletta Sangrey: Employee Disclosures to the Media: When is a "Source" a "Sourcerer"?, Hastings Communications and Entertainment Law Journal, Band 15 (1993) S. 357ff.

Dworkin, Terry M./ Callahan, Elletta Sangrey: Internal Whistleblowing: Protecting the Interests of the Employee, the Organization, and Society, American Business Law Journal, Band 29 (1991) S. 267ff.

Dworkin, Terry M./ Near, Janet P.: Whistleblowing Statutes: Are They Working ?, American Business Law Journal, Band 25 (1987) S. 241ff.

Erfurter Kommentar zum Arbeitsrecht: Dieterich/ Hanau/ Schaub (Hrsg.), Becksche Kurzkommentare, Band 51, 1998, (zit.: Erfurter Kommentar/ (Bearbeiter))

Estlund, Cynthia L.: Free Speech and Due Process in the Workplace, Indiana Law Journal, Band 71 (1995) S. 101ff.

Estreicher, Samuel/ Harper, Michael C.: Cases and Materials on The Law Governing the Employment Relationship, 1990, (zit.: Estreicher/Harper 1990)

Fabricius/Wiese/Kraft/Kreuz: Gemeinschaftskommentar zum Betriebsverfassungsgesetz, Band II, 6. Auflage 1997, (zit.: GK-BetrG/(Bearbeiter))

Falke/Höland/Rhode/Zimmermann: Kündigungspraxis und Kündigungsschutz in der Bundesrepublik Deutschland, 1981

Fastrich, Lorenz: Richterliche Inhaltskontrolle im Privatrecht, 1992

Feerick, John: Toward a Model Whistleblowing Law, Fordham Urban Law Journal, Band 19, Spring 1992 S. 585ff.

Fidell, Eugene R.: Federal Protection of Private Sector Health and Safety Whistleblowers, Administrative Law Journal, Band 2 (1989) S. 1ff.

Finger, Hans-Joachim: Die Meinungsfreiheit des Beamten, ZBR 65 S. 225ff

Finkin, Matthew W./Goldman, Alvin L./ Summers, Clyde W.: The Legal Protection for the Individual Employee, 1. Auflage 1989 und 2.Auflage 1996, (zit.: Finkin u.a. 1989 bzw. 1996)

Fischer, Frank: Der Betriebsbeauftragte im Umweltschutzrecht: Stellung eines Funktionsträgers aus arbeitsrechtlicher Sicht, Arbeits- und Sozialrecht Bd. 40, 1996

Fisher, Bruce D.: The Whistleblower Protection Act of 1989: A False Hope for Whistleblowers, Rutgers Law Review, Band 43 (1991) S. 355ff.

Fitting/ Kaiser/ Heither/ Engels: Betriebsverfassungsgesetz, Handkommentar, 19. Auflage 1998

Fortner, Keith D.: Constitutional Law -- First Amendment and Freedom of Speech-- Public Employers Must Conduct a Reasonable Investigation to Determine if an Employee's Speech is Protected Before Discharging the Employee Based Upon the Speech, Waters v. Churchill, 114 S. Ct. 1878 (1994), University of Arkansas Little Rock Law Journal, Band 18 (1996) S. 463ff.

Froschauer, Bernd: Arbeitsschutz und Umweltrecht, Mannheimer Beiträge zum Arbeitsrecht, Band 5, 1994

Gach/ Rützel: Verschwiegenheitspflicht und Behördenanzeigen von Arbeitnehmern, BB 1997, S. 1959ff

Gamillscheg, Franz: Die Grundrechte im Arbeitsrecht, AcP 164 (1964), S. 385ff

Giegerich, Thomas: Privatwirkung der Grundrechte in den USA: die State Action Doctrine des US Supreme Court und die Bürgerrechtsgesetzgebung des Bundes, 1992

Glazer, Myron P./ Glazer, Penina M.: The Whistlebowers, Exposing Corruption in Government and Industry, (New York) 1989, (zit.: Glazer/Glazer 1989)

Großbach/ Born: Die "whistleblower" Gesetzgebung in den USA, ArbuR 1989, S. 374ff

Harvard Law Review Association: The Supreme Court 1982 Term, I.Constitutional Law, F. 2., Harvard Law Review, Band 97 (1983) S. 164ff – ohne Nennung des Autors

Harvard Law Review (Note): Protecting At- Will Employees Against Wrongful Discharge: The Duty to Terminate Only in Good Faith, Band 93 (1980) S. 1816ff – ohne Nennung des Autors

Hassel/Kluge: Die quantitative Entwicklung der Mitbestimmung in Deutschland, Gewerkschaftliche Monatshefte 3/99, S.167ff

Hermes, Georg: Grundrechtsschutz durch Privatrecht auf neuer Grundlage?, NJW 1990, S. 1764ff

Hess/Schlochauer/Glaubitz: Kommentar zum Betriebsverfassungsgesetz, 4.Auflage 1993

Hinrichs, Werner: Das Beschwerde- und Anzeigerecht der Arbeitnehmer, Das Arbeitsrecht der Gegenwart, Band 18, 1980, S. 35ff

Hitzfeld, Ulrike: Geheimnisschutz im Betriebsverfassungsrecht, 1990

Hoyningen-Huene/Hoffman: Politische Plaketten im Betrieb, BB 1984, S. 1050ff

Hueck/Hoyningen-Huene: Kündigungsschutzgesetz, Kommentar, 12. Auflage 1997

Hueck/Nipperdey: Lehrbuch des Arbeitsrechts, 7. Auflage 1963

Hueck/Riezler/Molitor: Der Arbeitsvertrag und der Entwurf eines allgemeinen Arbeitsvertragsgesetzes, 1925

IG-Metall (Hrsg.): Entschließung Nr. 16 ff.des 13. odentlichen Gewerkschaftstages im September 1980, Sonderdruck „Der Gewerkschafter“ Nr. 96/ 1980,S. 69ff

Jander/ Lorenz: Kündigungsschutz im amerkanischen Arbeitsrecht, Das Ende der Employee-at-Will Doktrin, RdA 1990, S.97ff

Jarass, Hans D.: Öffentliche Verwaltung und Presse, DÖV 1986 S.721ff

Jarass/ Pieroth: Grundgesetz für die Bundesrepublik Deutschland, Kommentar, 4. Auflage 1997

Jobs, Friedhelm: Das Bundesarbeitsgericht als Ersatzgesetzgeber ?, DB 1982, S.2081ff

Judd, Jeffrey M.: The Implied Convenant of Good Faith and Fair Dealing: Examining Employees' Good Faith Duties, Hastings Law Journal, Band 39 (1987/88) S. 483ff

Kamer, Gregory J./ Abbott, Scott M.: How Much Can You Say at the Workplace ? Human Rights, Band 22 (Spring 1995) S. 22ff

Kempff, Gilbert: „Treuepflicht“ und Kündigungsschutz. Gemeinschafts- und Treuegedanke – eine Ideologie?, DB 1979, S. 790ff

Kempff, Gilbert: Grundrechte im Arbeitsverhältnis: zum Grundrechtsverständnis des Bundesarbeitsgerichts, 1988

Kissel, Otto: Arbeitsrecht und Meinungsfreiheit, NZA 1988, S. 145ff

Kittner, Michael: Neues Kündigungsschutzrecht außerhalb des Kündigungsschutzgesetzes, NZA 1998, S. 731ff

Kittner/ Trittin: Kündigungsschutzrecht, Kommentar für die Praxis, 3. Auflage 1997

Kittner/Pieper: Arbeitsschutzgesetz: Basiskommentar, 1997

Knack, M.E.: Do State Fair Employment Statutes by "Negative Implication" Preclude Common-Law Wrongful Discharge Claims Based on the Public Policy Exception ? Memphis State University Law Review, Band 21 (1991) S. 527ff

Knemeyer, Franz-Ludwig: Die Wahrung von Betriebs- und Geschäftsgeheimnissen bei behördlichen Umweltinformationen, DB 1993, S. 721ff

Knorr/ Bichlmeier/ Kremhelmer: Handbuch des Kündigungsrechts, 4.Auflage 1998

Koester, Helmuth: Zur Meinungsäußerungsfreiheit im Beamtenverhältnis, ZBR 1981 S. 210ff

Kohn, Stephen M./ Kohn, Michael D.: The Labor Lawyer's Guide to the Rights and Responsibilities of Employee Whistleblower, (Connecticut) 1988, (zit.: Kohn/Kohn 1988)

Kohn, Stephen M.: The Whistleblower Litigation Handbook. Environmental, Health and Safety Claims, (Wisconsin) 1990, (zit.: Kohn 1990)

Kuhlman-Marco, Vanessa F.: Blowing the Whistle on the Employment At-Will Doctrine, Drake Law Review, Band 41 (1992) S. 339ff

LeFriant, Martine: Die straf- und verwaltungsrechtliche Verantwortung des Arbeitgebers, 1987

Leinemann, Wolfgang (Hrsg.): Kasseler Handbuch zum Arbeitsrecht, Band I, 1997, ((zit.: (Bearbeiter) in Kasseler Handbuch))

Lieberwitz, Risa L.: Freedom of Speech in Public Sector Employment: The Deconstitutionalization of the Public Sector Workplace, University of California Davis L. Rev., Band 19 (1986) S. 597f

Lofgren, Lois A.: Whistleblower Protection. Should Legislatures and the Courts Provide a Shelter to Public and Private Sector Employees Who Disclose the Wrongdoing of Employers?, South Dakota Law Review Band 38 (1993) S. 316ff

Löwisch, Manfred: Arbeitsrecht Lehrbuch, 4. Auflage 1996

Malin, Martin H.: Protecting the Whistleblower From Retaliatory Discharge, University of Michigan Journal of Law Reform, Band 16 (1982/83) S. 277ff

Massaro, Toni M.: Significant Silences: Freedom of Speech in the Public Sector Workplace, Southern California Law Review, Band 61 (1987) S. 1ff

Maunz/Dürig/Herzog/Scholz: Grundgesetz Kommentar Bände I bis III, Loseblattausgabe, Stand Juni 1998 ((zit.: (Bearbeiter) in Maunz/Dürig))

Mayer-Maly, Theo: Arbeitsverhältnis und Privatsphäre, AuR 1968, S. 1ff

Miceli, Marcia P./Near, Janet P.: Blowing the Whistle, The Organizational and Legal Implications for Companies and Employees, 1992

Moskowitz, Seymour: Employment-At-Will and Codes of Ethics: The Professional's Dilemma, Valpariso University Law Review, Band 23 (1988) S. 33

Möx, Jochen: Außerbetriebliche Beschwerde bei Gesundheitsgefährdungen am Arbeitsplatz, AiB 1987, S. 382ff

Mückenberger, Ulrich: Anmerkung zum Urteil des Arbeitsgerichts Frankfurt am Main, Az. 12 Ca 31/82, KJ 1983, S.81ff

Müller, Bernd: Arbeitsrecht im öffentlichen Dienst, 4. Auflage 1998

Münchner Kommentar zum Bürgerlichen Gesetzbuch: Ulmer, Peter (Red.), Bd. 4 und 5, 3. Auflage 1997, (zit: MünchKomm/(Bearbeiter))

Nielson, Howard C., jr.: Recklessly False Statements in the Public-Employment Context, Chicago Law Review, Band 63 (1996) S. 1277ff

Nikisch, Arthur: Allgemeine Lehren und Arbeitsvertragsrecht, I. Band, 3. Aufl. 1961

Oesterle, Jim: Implementing the Incentive Purpose of the Private Attorney General Exception, Washington Law Review, Band 60 (1985) S. 489ff

Otto, Hansjörg: Toleranz in den Arbeitsbeziehungen. Eine Zwischenbilanz der Auseinandersetzung um Arbeitnehmerentfaltung und Tendenzschutz, AuR 1980, S. 289ff

Pave, Margo: Public Employees and the First Amendment Petition Clause: Protecting the Rights of Citizen-Employees who File Legitimate Grievances and Lawsuits Against their Government Employers, Northwestern University Law Review, Band 90 (1995) S. 304

Perritt, Henry H., jr.: Employee Dismissal Law and Practice, Band 1 und Band 2, (4th Edition) 1998, (zit.: Perritt Bd. 1, 1998 bzw. Perritt Bd. 2, 1998)

Perritt, Henry H., jr.: The Future of Wrongful Dismissal Claims: Where Does the Employer`s Self Interest Lie?, University of Cincinnati Law Review, Band 58 (1989) S. 397ff

Pieroth/ Schlink: Grundrechte, Staatsrecht II, 14. Auflage 1998

Plog/ Wiedow/ Beck/ Lemhöfer: Kommentar zum Bundesbeamtengesetz, Loseblattsammlung, Stand 1999

Post/ Braun: Öffentliches Dienstrecht, Band I , Beamtenrecht, 1991

Präsidium des Bundes der Steuerzahler (Hrsg.): Die Öffentliche Verschwendung, Schwarzbuch des Bundes der Steuerzahler XXVI

Preis, Ulrich: Grundfragen der Vertragsgestaltung im Arbeitsrecht, 1993

Preis/Reinfeld: Schweigepflicht und Anzeigerecht im Arbeitsverhältnis, AuR 1989, S. 361ff

Ramm, Thilo: Anmerkung zu BAG vom 28.9.72 – 2 AzR 469/ 71, AuR 73, S. 220 ff

Reimann, Mathias: Einführung in das US-amerikanische Privatrecht, JuS-Schriftenreihe, 1997

*Reinfeld, Roland:*Verschwiegenheitspflicht und Geheimnisschutz im Arbeitsrecht, 1989

Remmert, Andreas: Die Meinungsfreiheit im Arbeitsrecht der Vereinigten Staaten von Amerika und der Bundesrepublik Deutschland, 1990

Rheinstein, Max: Einführung in die Rechtsvergleichung, 2. Auflage 1987

Ropohl, Günter: Ethik und Technikbewertung, 1996

Rothstein, Mark A./Craver, Charles B./ Schroeder, Elinor P./Shoben, Elaine W./ Vander-Velde, Lea S.: Employment Law (Minn.) 1994, (zit.: Rothstein u.a. 1994)

Rudolph, Helmut: Die Absicherung von Arbeitern und Angestellten nach dem Kündigungsschutzgesetz, IAB Kurzbericht Nr.5/1996 S.2

Rudolphi/ Horn: Systematischer Kommentar zum StGB, Band II, Besonderer Teil, Loseblattsammlung, Stand 1997

Rützel, Stefan: Umweltschutz durch Arbeitsrecht. Umweltrechtliche Arbeitnehmeranzeigen im Recht Deutschlands und der USA, 1996

Schaub, Günter: Arbeitsrechts-Handbuch, 8. Auflage 1996

Scheerbarth/ Höffken: Beamtenrecht, 4. Auflage 1982

Schmidt-Rimpler, Walter: Grundlagen einer Erneuerung des Vertragsrechts, AcP 1941, 130ff

Schnellenbach, Helmut: Beamtenrecht in der Praxis, 3. Auflage 1994

Schönke/Schröder: Kommentar zum StGB, 25. Auflage 1997

Simitis, Spiros: Die verordnete Sprachlosigkeit. Das Arbeitsverhältnis als Kommunikationsbarriere, Festschrift für Helmut Simon, 1987, S. 329ff

Söllner, Alfred: "Wes Brot ich eß', des Lied ich sing"- Zur Freiheit der Meinungsäußerung im Arbeitsverhältnis, Festschrift für Wilhelm Herschel 1982, S.389ff, (Hrsg. Hanau u.a.)

Stahlhacke/ Preis/ Vossen: Kündigung und Kündigungsschutz im Arbeitsverhältnis, 7. Auflage 1999

Steiner, Udo (Hrsg.): Besonderes Verwaltungsrecht, 6. Auflage 1999

Stürner, Rolf: U.S.-amerikanisches und europäisches Verfahrensverständnis, in Festschrift für Ernst C. Stiefel, 1987 S. 763ff

Summers, Clyde W.: The Privatization of Personal Freedoms and Enrichment of Democracy.

Some Lessons From Labor Law, University of Illinois Law Review 1989, S. 689ff

Thüsing, Gregor: Die Entwicklung des U.S.-amerikanischen Arbeitsrechts in den Jahren 1997 und 1998, NZA 1999, S. 635ff

United States: U. S. Code Congressional and Administrative News, 1977 S. 1077, 1404, (zit.:1977 U.S. Code Cong.&Admin. News 2723)

United States: U.S. Code Congressional and Administrative News, 1978 S. 2723, (zit.:1978 U.S. Code Cong.&Admin. News 1077, 1404)

United States Congress: Congressional Record: Proceedings and Debates, Band 78 (1934) S. 3678ff

United States Department of Labor/ United States Department of Commerce (Hrsg.): Fact Finding Report. Commission on the Future of Worker-Management Relations, Washington 1994

United States Merit Systems Protection Board: Whistleblowing in the Federal Government: An Update, 1993, (zit.: U.S. Merit Systems Protection Board 1993)

Uttlinger/Breier/Kiefer/Hoffmann: Bundes-Angestelltentarifvertrag, Loseblattausgabe, Stand 1998, (zit: U/B/K/H-BAT)

Wank, Rolf: Der Entwurf eines Arbeitsschutzrahmengesetzes im Spannungsfeld von Verfassungs- und Gemeinschaftsrecht, Festschrift für Otfried Wlotzke, 1996, S. 617ff

Wank, Rolf: Der neue Entwurf eines Arbeitsschutzgesetzes, DB 1996, S. 1134ff

Wank, Rolf: Rechtsfortbildung im Kündigungsschutzrecht, RdA 1987, S. 129ff

Weber, Hansjörg: Die Nebenpflichten des Arbeitgebers, RdA 1980, S. 289ff

Weber, Hellmuth v.: Zum illegalen Staatsgeheimnis, JZ 1966 S. 250ff

Weiß, Hans-Dietrich: "Flucht in die Öffentlichkeit" - Ausdeutung eines vermeintlich bekannten Tatbestandes, ZRB 1984, S. 129ff

Weiß, Hans-Dietrich: Gesamtkommentar öffentliches Dienstrecht (GKÖD), Disziplinarrecht des Bundes und der Länder, Loseblattsammlung, Stand 1998, (zit: GKÖD/ (Bearbeiter))

Weiss, Manfred: Anmerkung zu LAG BW v. 20.10.1976-6 Sa 51/76, EzA zu § 1 KüSchG, verhaltensbedingte Kündigung

Wendeling-Schröder, Ulrike: Autonomie im Arbeitsrecht. Möglichkeiten und Grenzen eigenverantwortlichen Handelns in der abhängigen Arbeit, 1994

Wendeling-Schröder, Ulrike: Das "Prinzip Verantwortung" im Arbeitsleben, WSI Arbeitsmaterialien Nr.21

Wendeling-Schröder, Ulrike: Gewissen und Eigenverantwortung im Arbeitsleben, BB 1988, S. 1742ff

Westman, Daniel P.: Whistleblowing: The Law of Retaliatory Discharge, 1991, (zit.: Westman 1991)

Wilhelm, Bernhard: Die freie Meinung im öffentlichen Dienst,1968

Willborn, Steven L./ Schwab, Stewart J./ Burton, John F., jr.: Employment Law, Cases and Materials, 1993, (zit.: Willborn u.a. 1993)

Wlotzke, Otfried: Das neue Arbeitsschutzgesetz- zeitgemäßes Grundlagengesetz für den betrieblichen Arbeitsschutz, NZA 1996, S. 1017ff

Wood, Horace Gay: A Treatise on the Law of Master and Servant: Covering the Relation, Duties and Liabilities of Employers and Employees, 1877 (Albany, N.Y.)

Yager, Daniel V./ Reesman, Ann Elizabeth: Private Sector Whistleblower Protections: Existing Law and Proposed Expansions, (2nd Edition)1989, (zit.: Yager/Reesman 1989)

Yale Law Journal (Note): Free Speech, the Private Employee and State Constitutions, Yale Law Journal, Band 91 (1982) S. 522 – ohne Nennung des Autors

Yale Law Journal (Note): Private Abridgement of Speech and the State Constitutions Band 90 (1980) S. 165 – ohne Nennung des Autors

Zacher, Hans F.: Horizontaler und vertikaler Rechtsvergleich, In: Sozialrechtsvergleich im Bezugsrahmen internationalen und supranationalen Rechts, Colloquium der Projektgruppe für internationales und vergleichendes Sozialrecht der Max-Planck-Gesellschaft, (Hrsg.) Zacher, Tutzing 1977, 1978 S. 9ff

Zacher, Hans F.: Vorfragen zu den Methoden der Sozialrechtsvergleichung, In: Methodische Probleme des Sozialrechtsvergleiches, Colloquium der Projektgruppe für internationales und vergleichendes Sozialrecht der Max-Planck-Gesellschaft, (Hrsg.) Zacher, Tutzing 1976, 1977 S. 21ff

Zachert, Ulrich: Plaketten im Betrieb – Ausdruck von Meinungsfreiheit oder Störung des Betriebsfriedens?, AuR 1984, S. 289ff

Zöllner/Loritz: Arbeitsrecht, Lehrbuch, 5. Auflage 1998

Zweigert/Kötz: Einführung in die Rechtsvergleichung, 3. Auflage 1996